YAN JIANG XUE

主 编：李淑章

副主编：王金岗 林忠雄

撰 稿（按姓氏笔画排列）

王金岗（河北经济管理干部学院）

刘美森（四川行政财贸管理干部学院）

孙炜东（内蒙古管理干部学院）

何勇向（江西行政管理干部学院）

李淑章（内蒙古管理干部学院）

林忠雄（天津市管理干部学院）

林忠美（河北经济管理干部学院）

陶宇咸（安徽行政管理干部学院）

赖名祜（江西行政管理干部学院）

演讲学

马誉尺题

内蒙古出版集团
内蒙古人民出版社

社会我们有时工作效率不高,许多本来用三言两语就可以说清楚的事情,却被完全淹没在某些同志的不着边际的长篇大论之中了。演讲,这个人人都有机会遇到,对谁都很重要的事情,其中确有许多值得思考、令人感兴趣的奥秘。事实一再表明,演讲能力是可以提高的,这方面的实践也是有规律可循的。因此,作为一门学科,应社会的广泛需要,演讲学应运而生了,并在门类众多的学科林中占有不可取代的一席之地。

在当今世界,尤其是在"交际"、"公关"日盛的现代社会,演讲的作用越来越重要,越来越明显了。当代生活的各个领域,大到解决国际争端,小到调解邻里纠纷,无不需要口才的力量。作为新时代的党政干部,随着改革的深化,开放的扩大,更需要具备良好的演说素养。宣传群众,如能大方潇洒,妙语服人,就能赢得信赖,使群情振奋,万众一心;经济的协商与洽谈,如能出语稳健,有理有节,就可获得百万资财,为国家争光、增利;法庭辩论,如能义正词严,以事实为依据,以法律为准绳,就能有效地击退邪恶,维护正义;做思想政治工作,如能辞恳意切、启人心智,就可使迷惘者清醒,沉沦者振作。刘勰说:"一言之辩,重于九鼎之宝;三寸之舌,强于百万之师。"在信息如此重要的今天看来,这段名言的夸张色彩似乎也相应地减弱了。

眼下研究演讲的专家越来越多,可作为一门学科系统成书的还不多见。《演讲学》的作者大胆探索,从多方位剖析演讲现象,积极地为演讲学的研究出力,热情地为提高人们的演讲水平献策。《演讲学》的成书,实在是一件非常有益的事情。

序　言

列之山

　　放在案头的是一本厚厚的《演讲学》书稿,作为该书的第一个读者,当然要写下一些感受的。

　　专门从事演讲,即如西方的一些职业演说家之类的人,在我们的生活中是不会多的,可是在社会中从事其他工作的所有的人,几乎都离不开演讲。演讲也有广义、狭义之分。广义的演讲即是人与人之间的言语交际,人们相互间要沟通思想,联络感情,传播知识,交流经验,这一切都必须用语言来实现。"语言是人类最重要的交际工具",语言表达是人类的第一表达方式。怎样表达,里面确实蕴含着诸多的技能、技巧和规律。"一样话,百样说",运用不同的表达方法,往往会收到截然不同的表达效果。列宁说:"一个鼓动家就是善于对群众讲话,善于用自己的热情之火激动群众,善于抓住突出的、说明问题的事实的人民演说家。"的确,古今中外的政治活动家,有几个不是卓越的演说家的呢?从广阔的意义上来讲,演讲水平的高低,一定程度上标志着一个民族的文明程度。如果社会中尽是些连自己的思想都表述不清的人,那么很难设想,这个社会能是个先进的、充满生机与活力的

1

这本书体例新颖,见解独到,特别是其中演讲的艺术、演讲与幽默等章节,更具风采。全书语言新鲜活泼,例证生动丰富,论证周严缜密,在不多见的演讲学著作中,是独具特色的一本。所以,我愿把它推荐给读者,相信能够收到有志于提高自己语言表达能力的党政干部及社会各界演讲爱好者的欢迎。

1989 年 8 月 4 日

目　录

第一章　绪　论

第一节　什么是演讲学

演讲学是研究演讲活动的科学。它应用哲学、语言学、文章学、逻辑学、美学、心理学、教育学和伦理学等社会科学的基本理论,借鉴朗读、话剧、说书、影视以及相声等表演艺术技巧,来研究演讲现象,总结演讲规律,已达到提高演讲水平、推动演讲活动的目的。它是一门综合性的应用学科。

我国正处于改革开放、发展社会主义有计划的商品经济和进行两个文明建设的历史时期。在这一新的历史时期里,科技奋飞,知识倍增,信息裂变,交往频繁,作为交际与传播手段之一的演讲学活动,也随之蓬勃开展,研究演讲活动的演讲学成了亟待发展的学科。

学习和研究演讲学,对于促进物质文明建设和精神文明建设具有十分重要的意义。我们要积极提倡广大青少年、管理干部、国家公务员、宣传教育工作者和各行各业的公共关系人员学习和研究演讲学。

一、演讲的概念

演讲,又称"讲演"或"演说"。"演说"一词,在我国历史

1

文献中很早就出现过。如《尚书》的《疏》中有这样的话："此经开源子首，覆更演说……"又如《北史·熊安生传》："公正于是问所疑，安生皆为一一演说，咸究其根本。"再如《红楼梦》："贾夫人仙逝扬州城，冷子兴演说荣国府。"根据以上引文，"演说"一词，在我国古代是"阐述"的意思。

"演"的本义是"长流"，《说文解字》说："演，长流也。"从"长流"这一本义引申为"推演"，然后再引申为"演绎"、"阐述"，后来又引申出"表演"的意义。

对于"演讲"（"演说"）概念的理解，在关于演讲的论著中，有的偏重于"讲"（"说"），有的偏重于"演"。

偏重于"讲"（"说"）来理解"演讲"（"演说"）概念的，认为"演讲"（"演说"）就是"讲话"（"说话"），"凡讲话就都是演讲"。我们把对"演讲"（"演说"）的这种泛义的理解，称之为最广义的演讲概念。这种完全排斥了"演"的意义来理解"演讲"的概念，混淆了当众阐述事理的谈话与日常的寒暄、聊天的界限，不利于演讲这一语言艺术的发展和提高。

偏重于"演"（表演）来理解"演讲"（"演说"）概念的，认为"演讲"（"演说"）是表演性的讲话（说话），是"边演边讲，边讲边演"。我们把对"演讲"（"演说"）的这种狭义的解释，称之为最狭义的演讲概念。这种过分强调"表演"意义的理解，混淆了说话艺人的表演艺术和演讲者当众阐述事理的语言艺术的界限，易于使讲话活动失去群众性，使大家因"边讲边演"的困难而止步；或者偏离了目的性，不利于演讲这一语言艺术的发展和普及。

演讲作为一门独立的语言艺术，对其概念既不能理解得过宽，也不能理解得太窄。我们认为这样给"演讲"下定义比

2

较合适:演讲是人们面对较多的听众,运用口语和态势语言等,来阐述事理、抒发感情的一种宣传活动。这一定义比较明确地概括了演讲活动的主要内容:

（一）演讲者。演讲是人的活动,可以说演讲的主体是人,而不是别的什么,如录音、电影之类。由于科学技术的发展,录音报告、广播讲话、电视演说,演讲者虽然可以不必到听众所在的场所,但总是人们演讲的录音录像,演讲者仍是缺少不了的。

（二）听众。无论是什么人的演讲,都是面对听众的,哪怕是封闭在电台或电视台的录音录像室内进行的演讲也不例外,只不过这种演讲的听众不在面前而在收音机旁或荧光屏前而已。听众可以说是演讲者的客体。

（三）演讲的目的——阐述事理和抒发情感。演讲之所以有别于日常的谈话,就在于它要充满感情地、比较系统地阐述事理。它不是你一言我一句的寒暄和随意交谈,而是比较完整的一番谈话。哪怕是比较简短的即席表演,其内容也应是情理交融的。

（四）演讲的手段——运用口语和态势语言。演讲主要是运用口语。但也离不开态势语言,即动作、表情等。它不是形诸文字的文章,也不是不必张嘴的舞蹈或其他表演艺术。

二、演讲学的研究对象

演讲学的研究对象是演讲活动,包括以下几个方面:

（一）对演讲历史的研究。

演讲在人类文明中有着十分悠久的历史,它与一定社会的经济生活、政治生活、民族习俗、道德观念等有着非常密切的联系。对于演讲的产生、发展及其与一定经济基础和上层建筑的关系的研究,是演讲学研究的一项重要任务。

(二)对演讲者的研究。

演讲者是演讲活动的主体。对演讲者必备素质、修养和技能技巧的研究,是演讲学的又一重要任务。这方面的研究,包括对古今中外著名演讲家的评价、借鉴和当代演讲者的选拔、培养的研究。

(三)对演讲稿写作的研究。

演讲一般都要事先写作演讲稿,即使是即席演讲,也要想一想,有一个简单的腹稿,做到心中有数。演讲稿的选题、立意,以及它的谋篇、布局,它的遣词、造句,也是值得研究的。

(四)对演讲艺术的研究。

演讲是一门语言艺术,在演讲中怎样正说和反说,怎样纵比和横比,怎样设置悬念和进行强调,怎样反问和激将,怎样回避和回敬,以及怎样利用声音、手势、姿态、仪容和情感来增强表达效果,都是需要研究的。

(五)对演讲活动组织的研究。

演讲活动的组织,包括如何挑选演讲者,如何选择布置演讲场所,如何组织听众,如何收集演讲的反映和评价演讲的效果,如何演讲的效果,如何组织演讲比赛。

(六)对演讲学与其他相关学科的关系的研究。

演讲是一门综合性的学科,与许多学科有着密切的联系,比如与哲学、语言学、文章学、逻辑学、美学、传播学、心理学、教育学、伦理学等的关系就十分密切。对于演讲学与这些学科之间的区别和联系也应该进行研究。演讲修辞学、演讲逻辑学、演讲心理学、演讲美学以及教师口才学、商业口才学、外交口才学、司法口才学等交叉学科和边缘学科的出现，说明演讲学的研究正在不断扩展。

三、演讲学研究的方法

学习研究演讲学，也像学习和研究其他任何科学一样，最基本的方法是马克思主义的唯物辩证法，至于学习研究演讲学的具体方法，常使用的有历史研究法、比较研究法、心理研究法等。

（一）唯物辩证法。

演讲活动，属于精神文明建设的范畴，属于上层建筑领域，由社会经济基础决定，同时反作用于经济基础。演讲活动与其他活动，如政治活动、外交活动、教育活动等有着相互作用、相互影响的关系。运用唯物辩证法研究演讲学，首先要求我们注意演讲活动与其他活动的联系。

根据辩证唯物主义的原理，演讲学的理论来源于演讲活动的实践，又反过来指导实践，服务于演讲实践。所以演讲学的研究一刻也不能脱离实践，必须坚持理论联系实际、实事求是的科学态度。

（二）历史研究法。

历史研究是从研究历史来考察演讲的起源和发展，从演讲活动的历史演变中找出带有规律性的东西，寻求现在和将来具有实际指导意义的演讲学理论原则。这种研究方法也就是对演讲活动作追本溯源的研究，明其原因，识其演变，知其影响，寻求"因果"，以鉴往察今，借古启今。

历史研究法的重要意义正如恩格斯所指出的那样："历

史从哪里开始,思想进程也应当从哪里开始,而思想进程的进一步发展,不过是历史过程在抽象的、理论上前后一贯的形式上的反映。"(《马克思恩格斯选集》第二卷,第122页)

(三)比较研究法。

演讲学的研究不仅要从纵的角度研究演讲活动演变的历史,而且要从横的角度,对各国演讲活动和演讲理论的现状进行比较研究。

演讲学在我国还是一门亟待发展的学科,对世界各国,特别是发达国家的演讲活动和演讲学理论作认真的考察研究,无疑对发展我国的演讲活动和演讲理论有着重要的借鉴意义。

比较是为了吸收和借鉴,但也不能盲目模仿,不能不加批判地生搬硬套,只有结合我国的国情、民情,经过分析和消化,才能为我所用。

(四)心理研究法。

心理研究方法,是近二三十年才盛行起来的一种理论研究方法。心理研究法运用于演讲学的研究,就是以研究个人的和社会的心理因素为基点,研究演讲活动中人的内在心理要求与人的行为动机之间的关系,以及环境因素对人的影响作用的研究方法。

以上分别列举了几种常用的研究方法,但科学研究是一种综合劳动,各种方法的运用不是孤立的,常常是综合运用,互为补充。

四、演讲学和其他学科的关系

演讲学是一门具有综合性的学科,研究的内容与许多学科有密切联系。

（一）演讲学与语言学。

语言学是以语言为其研究对象的科学。演讲是一种语言艺术,演讲学的研究是离不开语言学的理论的;同时,演讲学的研究成果,又丰富了语言学的内容。

我们每人每天都在使用语言,人们进行交往的时候都离不开语言。但是,未必人人都认识语言的本质是什么,也未必都有能讲清楚语言是一种什么样的结构体系。一些人是不自觉地学习和掌握了至少一种语言,但是对语言仍然缺乏科学的认识。一个希望取得成功的演讲者,应该重视语言学的修养,以便更准确、更科学地运用语言。列宁是一位杰出的演讲家,同时也被人们誉为"驾驭俄罗斯语言的大师"。

（二）演讲学与文章学。

演讲是口头表达,文章是书面表达,二者虽然在表达方式上有"讲"和"写"的区别,但它们所研究的都是人类思维表达的规律,都把语言作为研究的对象。

一般的演讲者,大多在演讲前准备了"文章"（演讲稿）,演讲的记录整理出来也就是"文章",从这个意义来说,演讲稿离不开文章。文章的传播,主要是:一靠印刷,二靠宣讲。从这个意义来说,文章也离不开演讲。

至于选题、立意、谋篇、布局、遣词、造句等表达上的问题,是演讲学和文章学都要研究的课题。演讲学和文章学的研究是互相渗透、互相借鉴、互相促进的。

（三）演讲学与美学。

美学是研究美、美感和艺术美的科学。

演讲应该给人一种美的享受,应该有审美的价值。如果演讲不能给人以美感,就会使人厌恶,就会失去听众。因此演讲学的研究是离不开美学原理的。

随着美学原理应用于演讲学的研究,逐渐形成了一门研究演讲艺术的审美理论——演讲美学。演讲美学的内容包括:演讲的审美观、演讲美的本质、演讲的内容美、演讲的形式美、听众的美感、演讲的审美价值等等。

(四)演讲学与心理学。

心理学是研究人的行为、动机、心理需求的相互关系和活动规律的科学。心理学的理论对于演讲学的意义可以从以下两个方面来理解:

第一,调节演讲者的心理因素,有利于提高演讲水平。一个演讲者,应该具有哪些心理素质呢?首先是自信意识,即对演讲的成功要充满自信心。其次是吸引意识,即以引起别人的注意力为满足的一种心理需求。第三是反馈意识,即重视听众反应的意识。初次登台或演讲经验不足的演讲者,要特别注意调节自己的主观心理因素,以超越妨碍演讲成功的心理障碍。

第二,调节听众的心理因素,有利于增强演讲效果。演讲的效果是从听众那里取得的,听众的心态,直接影响着演讲的效果。听众对演讲的心理要求,有人总结为"九求""九厌"。即"求新厌旧、求精厌杂、求实厌空,求奇厌平、求近厌远、求短厌长、求知厌乏、求活厌呆、求情厌教"。听众的心态和情绪是演讲者、演讲组织者和演讲理论研究者万万不可忽视的。

(五)演讲学与传播学。

传播学是一门新兴科学,20 世纪 40 年代美国首先开始了这门学科的研究。传播学的形式是多种多样的:有亲身传播,即人与人之间面对面的交流;有团体传播,即两个人以上的人群之间的交流;有大众传播,即通过报刊、广播、电视、书籍等手段向为数众多的人传递信息。演讲是一种很普遍的传播现象,是一人向众人传播信息,属于大众传播,其传播手段有只用口讲,也有用广播或电视进行广播讲话、电视演说的。因此,演讲也是包含在传播学的研究对象之中的。

随着传播学的发展,许许多多的传播学研究成果对演讲来说都是可以借鉴的,有的结论甚至对演讲活动有着直接的指导意义。所以,任何一个致力于演讲的人,都应该了解传播学,研究传播学。

同演讲学有关的学科,除以上说及的语言学、文章学、美学、心理学、传播学而外,还有哲学、逻辑学、教育学、伦理学、人才学及表演艺术等。

第二节　演讲学的发展概况

演讲学既然是研究演讲活动的科学,那么,演讲学的发展就必然是与演讲活动的发展紧密联系的。演讲学是在演讲实践活动长期发展的基础上逐渐形成的,又在演讲实践活动进一步发展中充实、完善、深化。

一、演讲活动的历史回顾

演讲是演讲者当众阐述事理的讲话。随着人类社会的形成,既产生了语言这一人类的交际工具,又出现了"当众阐述事理"的社会要求,演讲活动就随社会实践的需要而产生,又随社会文明的发展而发展。演讲活动与人类文明有着几乎同样悠久的历史。

（一）原始人类的演讲活动。

人类最初的社会是原始社会。漫长的原始社会经历了原始人群和氏族公社两个历史阶段。原始人群时期，人们在从事采集、狩猎、畜牧或农业活动时，一般都采用简单协作或按照性别、年龄的自然分工。采集或捕获的食物实行平均分配。原始人主要依靠人们的习惯和自觉性来组织生产和生活活动。在社会生活中虽然已有"当众阐述事理的讲话"，但内容是极其简单的。这种内容简单的"当众阐述事理的讲话"，是演讲的萌芽。到了旧石器时代的晚期，生产逐步发展，原始人的居住地也相对地固定下来。按照人们的血统关系结成的集团——氏族公社，成为社会的基本单位。于是，人类进入了氏族公社时期。在氏族公社时期，"当众阐述事理的讲话"伴随着人类最早的教育活动而发展起来。当时没有文字，年长的一代靠口头语言向下一代传授生产经验和生活经验。燧人氏教民钻木取火、伏羲氏教民结网渔猎、神农氏教民稼穑、有巢氏教民造屋等传说，就是这种"当众阐述事理"的早期教育活动的反映。可以说，燧人氏、伏羲氏、神农氏、有巢氏是古代传说中最早的演讲家。

后来由几个有血缘关系的氏族再构成为部落。部落已经有了比较明确的领域和特定的名称。部落的重大事务由议事会讨论决定。部落议事会由各氏族的氏族长和军事首领组成。氏族长和军事首领在部落议事会上"当众阐述事理的讲话"就是部落时期有代表性的演讲活动。可惜，那时没有文字，这些演讲都未能记录下来。

到了原始社会后期,有的近亲部落还联合起来组成部落联盟会议,来决定部落联盟的重大事务,并推选部落联盟的首领。《尚书》中的《尧典》、《皋陶漠》、《甘誓》等篇,就是后人对部落联盟活动的追忆。《尧典》是记载尧、舜禅让的,记录了尧、舜"当众阐述事理的讲话"的片段。《皋陶漠》是舜、禹、皋陶等人在一次会议上的讨论记录,中心发言人是皋陶,文中记下了舜、禹、皋陶"当众阐述事理的"话"的片段。皋陶的讲话是比较系统的,阐述了如何继承尧的传统、把国家治理得更好的见解和主张。《甘誓》是夏启出兵讨伐有扈氏前,在甘这个地方向部队发表的战争动员演讲,是远古流传下来的最早的完整的演讲辞。

(二)奴隶社会的演讲活动。

随着生产力的发展,随着私有财产的出现,原始社会开始瓦解。到了公元前三千多年至公元前两千多年,尼罗河流域、底格里斯河和幼发拉底河流域、印度河流域和地中海的克里特岛相继出现了许多奴隶制国家。中国从公元前21世纪的夏朝开始,建立了奴隶制国家。随后,在公元前一千年至公元前五百年左右,在欧洲大陆,古希腊、古罗马也相继建立了奴隶制国家。

在奴隶社会里,由于阶级和阶级斗争的出现,由于国家管理活动的出现,"当众阐述事理的讲话"——演讲,被运用得更加广泛和更加经常了,成了阶级斗争的工具。

我国奴隶社会的演讲,在《尚书》中有许多记载。比如《汤誓》,是成汤发动灭夏战争的动员演讲;《盘庚》是商王盘庚决定迁都,为了说服百官和民众而先后发表的三次演讲;《牧誓》是武王伐纣时的誓词,和《汤誓》一样,是一篇战争动员演讲。

到了春秋时期,老子创立了道家学派,孔子创立了儒家学派。他们为了宣传自己的学说主张,有的坐而论道,有的周游列国,发表了许多学术性演讲。这些学术性演讲的要旨,分别记载在《道德经》和《论语》中。

在奴隶社会时期的古埃及、古印度,演讲已经成为一种相当普遍的社会现象。在古希腊,专制统治崩溃以后,出现了奴隶民主政治时期,当时的政治家则把演讲当作管理国家民众的一种重要工具,因此,古希腊的政治演讲颇为盛行。如德摩斯梯尼,就是古希腊一位伟大的政治演讲家。古罗马的政治演讲也十分盛行,西塞罗就是凭他的演讲才华出任罗马的检察官和执行官的。

(三)封建社会的演讲活动。

我国的封建社会是从战国时期开始的,历经两千多年。在我国漫长的封建社会里,演讲活动有了新的发展。

1.百家争鸣。

演讲作为学说争鸣的手段,起于春秋后期,到了战国已经鼎盛。诸子百家凭着"三寸不烂之舌",四处游说,宣传自己的学说主张。以后历代也都把演讲作为学说争鸣的手段,推进着学术活动的发展。

2.革命鼓动。

在封建社会里,以农民为主体的革命运动此起彼伏。演讲,又作为鼓动革命的手段被广泛应用。比如《史记·陈涉世家》中就记载了秦末农民起义领袖陈涉在大泽乡鼓动农民揭竿起义的简短而富有鼓动性的演讲。陈涉的演讲摆事实,讲利害,很有说服力和感染力。又比如《学海类编》中关于方腊起义的记叙,就实录了方腊在漆园慷慨陈辞鼓动起义的演讲。方腊在演讲中突出地揭露了北宋末年残酷的阶级压迫和剥削,说明了农民起义的重要性和必要性。

3. 宗教宣传。

随着佛教的传入,演讲,又作为宗教宣传的手段被应用。由于佛教教义深奥晦涩,领悟艰难,要想让更多的黎民百姓接受,于是出现了一种通俗的宣传形式——变文俗讲,这就是一种宗教宣传演讲。

4. 书院讲学。

演讲自古就作为教育手段被应用。从唐代开始,宋、元、明、清几代,书院讲学之风盛行,教学演讲得到长足的发展。著名的书院有江西的白鹿洞书院、河南的应天府书院和嵩阳书院、湖南的岳麓书院和石鼓书院、江苏的茅山书院等。著名的书院演讲家,有在应天书院讲学的范仲淹,在白鹿书院讲学的朱熹,在嵩山书院讲学的程颢、程颐等。

封建社会时期的演讲活动在其他国家得到了发展。到了欧洲封建社会晚期的文艺复兴时期,反映新兴资产阶级要求的政治演讲兴起,如德国马丁·路德倡导宗教改革的演讲就很有影响。反对封建统治的农民起义领袖托马斯·闵采尔等曾深入民间进行宣传演讲活动,鼓动农民起义。

(四)资本主义社会的演讲活动。

17世纪40年代开始的英国资产阶级革命,标志着资本主义社会的开端。随着资本主义自由竞争意识的发展,演讲活动更加兴盛。英国议会,是英国演讲家舌战的场所;口若悬河的皮特,就是凭着演讲才能而跃升为全英首相的。

在美国,总统华盛顿和林肯等都是出色的演讲家。后来美国历届总统要在竞选中产生,演讲是竞选的重要手段。在当今的美国,群众性演讲是美国教育系统的一个重要特色。小学生经常被指名当众说话;中学生要接受各种严格的演讲训练,在高等学校里,演讲是一种专业学习。据不完全统计,美国有 3300 所大专院校里设有演讲学院、演讲学系、演讲学专科。现在美国攻读博士学位的演讲院系已达 645 所,几乎占美国全部高校总数的1/5。

无产阶级一登上历史舞台,无产阶级的革命导师马克思、恩格斯就非常重视演讲的政治作用。无产阶级革命家李卜克内西、拉法格和蔡特金等都是杰出的演说家。

中国在资产阶级改良运动、旧民主主义革命和新民主主义革命运动中,演讲也被广泛地运用。康有为、梁启超、谭嗣同等都是改良运动的启蒙演说家;孙中山、章太炎、陈天华、秋瑾等是旧民主主义革命的杰出演说家;李大钊、陈独秀、鲁迅、毛泽东、萧楚女、周恩来、闻一多则是新民主主义革命的杰出演说家。

(五)社会主义国家的演讲活动。

1917 年俄国十月革命的胜利,开辟了人类历史的新纪元,社会主义国家的演讲活动在促进社会主义物质文明建设和精神文明建设中发挥着巨大的作用。

前苏联共产党人和工人阶级,无论在反对外国武装干涉和国内战争时期,在建设和保卫社会主义国家时期,以及在战后的多次改革中,都把演讲作为宣传政策和教育动员民众的重要手段。比如列宁 1920 年 10 月 2 日在俄国共产主义青年团第三次全国代表大会上的演讲,就是一次杰出的演讲。在这场演讲中,列宁高瞻远瞩,根据"从某种意义上可以说,真正建立共产主义社会的任务正是要由青年来担负"这一基本观点,给前苏联青年,尤其是给共青团员提出了新的战斗任务:"就是要学习"。并详细论述了学习什么、怎样学,以及如何培养青年,以便使他们能够完成老一代革命者所开创的伟大事业。

在我国解放初期,为了传播新思想,动员民众保卫和建设新中国,各地经常举行群众集会,党政领导人和各界代表经常在群众集会上发表演讲,大学生、中学生还走向街头发表宣传演讲,十分活跃。五六十年代的英模报告演讲,风行全国,感人至深。文化大革命中,林彪、"四人帮"煽动"四大",派性演讲是中国现代演讲史上的一个黑斑,有许多教训值得吸取。1976年天安门事件,革命群众以演讲为手段,声讨祸国殃民的"四人帮",这是中国现代演讲史上的光辉一页。在当前改革开放的大好形势下,演讲活动正在全国各地蓬勃开展,重展雄姿,有力地促进着社会主义的物质文明建设和精神文明建设。

二、演讲学的产生和发展

随着演讲活动的兴起与发展,探索演讲规律、研究演讲技巧的需要也随之产生。远在公元前25世纪,古埃及伊雷斯法老的老臣普洛霍特就撰写了有关如何说话的教谕,可说是演讲理论的萌芽。古希腊哲学家亚里士多德在他的《诗学》、《修辞学》、《工具篇》等著作中,比较系统地论述了演讲方式、听众心理、语言风格等问题,可说是演讲理论的初步形成。古罗马学者昆体良推出《演讲学原理》,是演讲学作为一门独立学科问世的标志。

对于演讲辩说的研究,在我国古代也很早就有了,只不过那时未能形成全面系统的演讲学理论。儒家学派就很注意语言表达,把"言语"列为孔门四科之一,主张言之有物、有序、有文采。孔子提倡"辞达而已矣",强调"情欲信,辞欲巧"(《礼记·表记》),反对"巧言令色",认为"巧言令色鲜矣仁"(《论语·学而》),"巧言乱德"(《论语·卫灵公》),并说"君子耻其言而过其行"(《论语·宪问》)。孟子主张"言近而旨远"(《孟子·尽心》),认为"皮辞(片面的话),知其所蔽;淫辞(过头的话),知其所陷;邪辞(不正确的话),知其所离;遁辞(躲闪不清的话),知其所穷"(《孟子·公孙丑上》)。荀子主张言辞要遵守道德规范,强调"凡言不合先王,不顺礼义,谓之言,虽辩,君子不听"(《荀子·非相》),要求"口不出恶言"(《荀子·乐论》)。荀子主张语言美,说:"言语也美,穆穆皇皇。"(《荀子·大略》)他还提出了谈话的原则、态度和方法,认为:"谈说之术:矜庄以莅之,端诚以处之,坚强以持之,譬称以喻之,分别以明之,欣欢芬芗以送之,宝之,珍之,贵之,神之,如是则说常无不受。虽不悦人,人莫不贵,夫是之谓为贵其所贵。"(《荀子·非相》)韩非子在《说难》、《问辩》等篇中,也对有关演讲的问题做了许多精辟的论述。以后历代,也有一些学者重视演讲理论的研究探讨,比如西汉学者刘向在二十卷的《说苑》一书中的《善说》卷就总结了春秋以来的"谈话艺术",对有关演讲口才的问题进行了专门论述。

辛亥革命和"五四"运动的相继爆发,民主革命向前推进,新思潮不断涌进中国,演讲活动带着崭新的气息和内容出现了前所未有的热潮,推动着演讲理论的研究。中国有志于演讲理论研究的文人学者,首先把欧美和日本学者的演讲学著作翻译介绍到中国来。先后翻译出版了冈野英太郎的《演说学》、卫南斯的《演讲学》、郝理思特的《演说学》、威克尔的《怎样演讲》、克契门的《论术之实习与学理》、雷特的《怎样与人谈话》等，接着中国学者的演讲学论著也相继问世，其中较有影响的是：袁泽民的《演说》、王德崇的《国语演说辩论术概论》、徐松石的《演讲学大要》、余楠秋的《演讲学概要》、程湘帆的《演讲学》、尹德华的《演讲术例话》、杨炳乾的《演说学大纲》、孟起的《怎样演讲》、彭蠡的《演讲术》、任毕明的《演讲雄辩谈话术》等，演讲学理论体系在我国逐渐形成。

第三节　为什么要研究演讲和演讲学

演讲学是一门需要认真研究的学问，因为自古以来演讲在社会生活中就发挥着巨大的作用。随着"四化"建设和各项改革的推进，特别是社会中义民主化的深入发展，演讲在我国现代生活中占有越来越重要的地位。

一、演讲是政治斗争的有力武器

自从人类进入阶级社会以后，演讲就被作为政治斗争的武器使用了。比如《尚书》中的《汤誓》就是三千五百多年前中国奴隶社会时期，成汤为发动推翻夏朝这一重大政治斗争而发表的讲演。在这篇演讲里，成汤首先解释了发动灭夏战争的理由。成汤以"吊民伐罪"的姿态，痛斥夏桀的暴政，说明讨伐夏桀是为了解除人民疾苦云云。在这场激烈的斗争中，成汤由于取得了人民群众的支持，迅速地取得了胜利，灭掉了夏朝，建立了自己的统治，使奴隶制度获得进一步发展。

在世界现代史上，在第二次世界大战中，各国人民反对法西斯的斗争是一场空前激烈的政治和军事搏斗。在这场决定世界命运的决战中，各国政府首脑、群众领袖和反法西斯斗士都把演讲作为武器，用以动员群众打击敌人。比如1941年年12月7日，法西斯日本经过精心策划、周密准备之后，向美国太平洋舰队主要海空基地和舰队司令部所在地，位于太平洋上夏威夷岛瓦胡岛的珍珠港发动突然袭击，使美国太平洋舰队遭到惨重损失。美国总统罗斯福获悉这一情况后，立即驱车赶赴国会山，发表了题为《1941年12月7日——一个遗臭万年的日子》的演讲，运用演讲这一政治斗争的武器，揭露并历数日军的侵略行径，要求参众两院同意正式对日宣战。罗斯福的演讲只用了六分半钟时间，参议院便以八十票对零票，众议院以388票对一票通过了对日宣战的决议。

中国人民在推翻蒋家王朝的斗争中，也运用了演讲这一有力武器。无产阶级革命家运用它，革命的民主主义战士也运用它。比如1946年7月15日闻一多先生在昆明举行的"李公朴先生追悼大会"上的演讲——《最后一次的讲演》，每一句话都像一发炮弹一样，击中了国民党的法西斯暴政，击中了国民党挑动内战的阴谋，声张了人民民主的正气，表示了闻一多先生斗争到底的英雄气概，正确评价了李公朴先生的革命精神，鼓舞了当年反迫害、反内战的民主斗争。

二、演讲是思想教育的基本手段

自古以来，演讲就作为思想教育的基本手段在运用。比如《尚书》中的《无逸》，就是我国古代最早的一篇"训辞"，即思想教育演讲。相传周武王姬发死时，儿子成王幼小，而王朝初建，政权尚不稳定，因此嘱托其弟周公旦摄政治理天下。周公摄政七年，平定了内乱，建成了国都洛邑，然后归政于成王。《无逸》就是周公归政时的演讲。这篇训导演讲紧紧围绕着"无逸"这一中心，总结了商、周两代君王正反两方面的经验教训，说明当政者只有"知小人之依"、"所其无逸"，才能享国日久，立于不败之地，反之轻则短寿，重则亡国。周公的这番训导演讲，对成王和众臣都是有力的教育。其中的某些思想，如要关心人民疾苦、不可沉溺于享乐等，至今都还有其积极意义。

无产阶级革命导师都把演讲作为宣传革命道理、唤起人民觉悟的手段。比如1918年11月7日，俄国十月社会主义革命胜利一周年的时候，列宁《在马克思恩格斯纪念碑揭幕典礼上的讲话》的中心，就是向前苏联无产阶级和广大革命群众说明马克思恩格斯所创立的科学社会主义学说一定会在全世界取得最后胜利，以坚定前苏联无产阶级和广大革命群众战胜困难的信心。又比如1942年2月8日毛泽东同志在延安干部会上所作的题为《反对党八股》的演讲，就是运用辩证唯物主义的观点，全面地分析了党八股产生的根源，深刻地揭露了党八股的罪状和危害，精辟地论述了反对党八股、树立马克思列宁主义文风的重要性和必要性，以教育广大干部。

当前，在我国，更把演讲当作宣传爱国主义、宣传社会主义初级阶段理论和政策、宣传共产主义人生观和世界观、宣传法制、宣传民主和科学的重要手段，以促进精神文明建设。比如十年动乱使一些青年的社会主义信念发生动摇，以至于有的拜佛,有的信教,有的消极厌世,有的欺世玩世。大学生楼炳文针对这些现象,发表了题为《信念的力量》的演讲,联系实际说明了什么是信念、什么是信念的力量、什么是最崇高的信念的力量,给青年人以极大的启迪和教育。被誉为当代杰出演讲家的李燕杰和曲啸,就都是以演讲为手段致力于对青少年进行共产主义的人生观和世界观的教育而深受广大青少年欢迎的。

三、演讲是传播科学文化的重要工具

前面在介绍演讲活动的历史时,就列举过原始社会燧人氏教民钻木取火、伏羲氏教民结网渔猎、神农氏教民稼穑、有巢氏教民造屋的传说;列举过春秋战国时期诸子百家广招门徒传授自己的学说主张;列举过历代书院的讲学。这些例子充分说明了自古以来演讲就是传播科学文化的重要工具。

到了资本主义社会,科学文化迅速发展,不少科学家除了出版学术著作而外,也把演讲作为传播科学文化的重要工具。比如英国博物学家赫胥黎在达尔文发表《物种起源》一书后,曾竭力支持和宣传进化学说,与当时宗教势力作斗争。1893年,他发表了《进化论与伦理学》的演讲,把相当深奥的哲理讲得通俗易懂,饶有兴味,同时又在诙谐、新颖的比喻阐述中,不时顺手一击宗教势力所散布的虚伪的伦理信条。又比如美籍德国物理学家爱因斯坦,同时也是一位杰出的演说家,他一生发表过许多精彩的演讲。他的演讲热情奔放,常常将科学的分析、哲理的思辨和想象的绮丽描绘,和谐地融合在一起,具有一种独特的语言魅力。他每到一处演讲,大厅里总是挤得水泄不通。

随着我国科学技术的迅猛发展,国内外学术交流活动日益增多,学术演讲、学术讲座、科研成果报告、学术讨论发言、学位论文答辩等活动非常活跃,演讲作为传播科学文化的工具的作用就更加突出了。

第四节　演讲的特点

事物的特点指的就是它同其他事物能够区别开来的特殊性。我们研究某一事物的特点,主要应当探求它同自己最邻近的事物的不同之处。与演讲相邻近的事物主要是写文章和一般说话等等,所以,只要我们把演讲同写文章、一般说话等活动区别开来,演讲的特点便清楚了。

根据我们前面讲过的演讲的意义,演讲的主要特点似可表述如下:

一、口语性

口语性就是有声性。演讲的这一特点,使它同写文章严格区别开来。演讲是通过口头语言告诉听众什么,而不是靠书面语言告诉读者什么。这一特点给我们的启示主要有两点。

(一)演讲既然是靠口头语言,那就告诉我们,演讲不像写文章那样,必须掌握文字的人才能进行;只要是会说话,人人都可以学会。在这个意义上,演讲比写文章容易一些,它是应用更为广泛的一种宣传活动。

(二)演讲既然是靠口头语言,那就必须做到"上口"、"入耳";也就是说,演讲要像平常说话那样通俗、流畅,要使听众像听平常说话那样,一听就懂。演讲的声音一落,一切都很快消失了,演讲者和听众,谁也无法让它停住,从而慢慢考虑、欣赏;所以,演讲最忌讲听众一下子听不懂的话。这一点,演讲同写文章有本质的区别:写文章靠文字把作者的思想感情固定下来,读者一下子看不懂,可以多看几遍,甚至可以请教别人或查阅有关资料;而演讲却稍纵即逝,它是无法给听众提供这种方便的。

二、群众性

群众性就是社会性。演讲是面对较多听众的,是一种社会活动。这一点又同平常说话有本质的区别。平常说话可以是两人间的窃窃私语,也可以是几个人之间的亲切交谈……而演讲必须是面对较多人的公开活动。演讲的这一特点给我们的启示也有两点。

(一)演讲既然是把多数人作为对象,而不是对一两个人讲话,那就必须考虑多数人共同的需求,要涉及群众共同关注的社会问题,要解决由于听众诸方面的参差不齐而产生的"众口难调"的问题。这些问题如果得不到解决,演讲就从根本上失掉了它存在的价值。所以,面对听众讲他们共同关心的问题,实在是演讲的特点所决定的。

(二)演讲既然是以群众为对象,那就有个群众路线的问题。演讲必须反映群众的愿望和要求,又不能迎合群众某些不健康的思想、要求和兴趣。要用演讲去争取群众,提高群众,而不是脱离群众,迁就群众。所以,演讲者通过自己的演讲来提高群众的认识,给群众以更新、更深、更大的启发,这也是由演讲的特点所决定的。

三、时限性

时限性指的是,演讲只能在某一特定的时间里进行,不能无限制地说下去。这就告诉我们,演讲不像文章,可以拿回去,也可以过一段时间再看,因而可长可短,长的文章可以写它几大部,用很长时间去阅读欣赏。演讲的这一特点对我们的要求起码有以下两点。

(一)演讲要尽量简短,要在最短的时间里说完要说的东西。演讲的时间一般是一两个小时,很少占半天的时间,至于连讲一整天的事,更是罕见。把那么多听众集中在一起,坐在或站在一个场所里,呆上几个钟头,那实在是不容易的事儿。一个演讲者如果不考虑这一情况,只顾自己信口开河,天南海北地夸夸其谈,那绝不是演讲,而是打定主意给群众罪受。

(二)要重点突出,集中讲清楚一两个问题。因为时间这样短,如果什么问题都想解决,最后只能是什么问题也解决不了。高明的演讲者,总是抓住演讲这段可贵的时间,调动一切手段,竭力阐述一个中心,突出一个重点,务求给观众留下深刻的印象。伤其十指,不如断其一指。在有限的时间,能够解决群众的一个或半个问题,总比什么问题也解决不了好得多。

四、临场性

临场性也可称作应变性。演讲的这一特点是说,演讲是面对活生生的人,演讲者和听众,不管是哪一方,他们的一举一动,音容笑貌,对方都能感觉到,反馈异常迅速,效果立竿见影。这一特点就给演讲者出了很多难题。

（一）因为演讲者的对象是活生生的人，所以，演讲的内容和表达形式必须随着听众的听讲情况做相应的变化。这就要求演讲者除了在演讲前尽量对听讲对象进行认真的了解调查外，还必须有高度的预见性，对临场可能出现的种种情况，事先作出判断，想出对付的办法。否则，事到临头，手足无措，那就注定要失败的。

（二）因为演讲是演讲者和听众共同完成的活动，在某种意义上讲，同打仗有类似之处。打仗要随着战斗形势的发展变化而不断修改作战计划；演讲也一样，要随着演讲形势的发展变化而不断改变演讲的内容和表达方式。因此，不能企求事先准备好的演讲稿或演讲提纲可以完全付诸实现，部分地改变原来的设计是常有的事，甚至全部地改变原来的设计，也不是不可能的。这就要求演讲有很高的应变能力，善于审时度势，即兴发挥，驾驭演讲的全过程。

五、交流性

交流性也可以称作表情性。演讲活动中，演讲者同听众面对面，彼此的情态、眼神、举手、投足，任何一点细微之处，都看得清清楚楚。演讲的这一特点，就要求演讲者除了以理服人外，还必须以情动人，要自始至终同听众保持感情交流。要做到你说的正是他想的，你回答的正是他想知道的，你恨得正是他的仇人，你爱的正是他的亲朋。要做到这些，那就必须在下列几方面付出艰辛的劳动。

（一）感情要健康。坚决反对低级腐朽的东西，反对一切反动的东西。用不健康的情感去影响听众，是演讲者不可饶恕的罪过。

（二）感情要真挚。坚决反对矫揉造作，反对虚伪欺诈、装腔作势。演讲者如果内心毫不悲伤，即使流下眼泪，听众也会知道那是假的。

（三）感情要充沛。坚决反对没精打采，反对拖泥带水。须知感情充沛是演讲者认真负责的表现，它往往会赢得听众的尊敬和支持。

（四）感情要有波澜。坚决反对四平八稳，反对死水一潭。感情这种东西像江河中的流水，一波三折，有起有伏；演讲者只有充分激发起自己感情的波澜，才能使听众的感情与之共鸣，最后使无数的感情支流，汇成汹涌澎湃的江河，一齐奔向演讲者所希望到达的大海之中。

（撰稿：前三节刘美森、第四节李淑章）

思考与练习

一、什么叫演讲？什么叫演讲学？你对书上的提法有什么意见？

二、关于什么是演讲，什么是演讲学，不少研究演讲的人都提出自己的看法。下面是从一些演讲著作中摘录下来的几种讲法，请你比较它们的优劣。

（一）演说者，运用姿态、声音，以感动群众之有组织之陈述也。（杨炳乾《演说学大纲》）

（二）演者何？流也，通也，润也，引也，广也，延也。说者何？释也，言也，告也，解也，训也，述也，又所论之辞也。学者何？就宇宙间一切现象而发现其原理、原则，成为确实之知识之谓也。演说者，即以己之思想发而为文字，发而为语言，发而为声音，发而为动作，使听者悦服之、感动之，即时表同情于己。故以演说为学者，宜深求其演说中之各种原理、原则，而为一种技术之科学之谓也。（袁泽民《演说》）

（三）演讲乃放大伸张与提高之谈话也。（徐松石《演讲学大要》）

（四）演讲是语言和动作配合表达的一种宣传技术。（任毕明《演讲雄辩谈话术》）

（五）演说也就是演讲，即当着众多人的面讲话。（黄士基《演说的技巧与艺术》）

（六）演讲就是演讲者通过语言表达思想、传递信息的活动。（《演讲学》河南人民出版社出版）

（七）演讲是人们的一种现实性的社会实践活动，是"讲"和"演"密切结合的口语表达的最高形式，是以广大听众为对象，以表达主观思想感情为途径，以说服人、感染人、培养人、改变人的思想和行为为目的的宣传教育的重要手段。

演讲学是一门研究关于口头语言表达中的演讲艺术的学问，是从演讲实践中概括和总结出来的系统化的演讲理论；它还是一门带有方法论性质的实用科学，有很强的实践性和综合性，是社会科学的一个重要分支。（季世昌、朱净之《演讲学》）

三、请你用最概括的文字写出演讲学的发展概况来。

四、演讲的作用，除了本书提到的三点以外，不少人还认为演讲是培养现代化人才的有效途径。对此，请你结合实际，谈谈自己的看法。

五、演讲究竟有哪几个特点，专家们众说不一，莫衷一是。下列两种看法,都有道理,请你把它们同本书的看法做一比较,以便提高自己的分析辨别能力。

(一)演讲作为最直接、最灵便、最经济和极有效的口语表达形式和宣传教育艺术,有着与一般口头语言和书面文章不相同的特点,这种特点大体上有以下几种基本表现:

1. 鼓动性强。

2. 艺术性强。

3. 适应性强。

4. 时间性强。

(二)演讲具有综合性、艺术性、现实性等明显特征:

1. 综合性:演讲必须具备演讲者、听众、信息、时境等四个要素,演讲是上述四个要素的有机结合体。

2. 艺术性:

3. 现实性:演讲者是现实社会的人,演讲的内容是社会现实问题,演讲的目的是说服教育现场的听众。

六、有人说:"演讲没有太大的用处,重要的事读中央的文件就行了。"你对这种看法持什么态度?

七、有人认为,演讲与写文章没多大区别,它们的唯一区别就是,文章是用书面语言表达的,演讲是用口头语言表达的。所以,他认为,只要事先写好演讲稿,到时候,照着演讲稿念下来就行。你同意这种说法吗?请从理论上加以说明。

(撰稿:李淑章)

第二章　演讲者应具备的条件

　　演讲是一种实践性很强的智力活动,是通过口语表达方式把自己的思想品德、知识学问、能力、技巧、经验阅历等多方面内容加以综合运用,形成语言概念,借以感召听众的活动过程。一个优秀的演讲者必须具备一定的条件。有高尚的思想情操,有坚定正确的政治方向,有求实精神,有良好的口才,有敏捷的头脑.有广博的科学文化知识,有丰富的社会阅历和生活经验,富有创造精神。一句话,演讲者应该在德、才、学、识诸方面努力提高。唯有如此,方能成为听众欢迎的合格演讲者。

第一节　崇高的理想和高尚的道德情操

一、真理与正义的传播者应具备崇高的理想、坚定的信念

　　一个演讲者就是站在大庭广众面前把自己的思想观念、情感态度表达出来,感召听众的人。马克思说过,语言是思想的直接现实。语言是思维的产物,只有心中有数,语言才能顺利地从唇齿间流出。只有充满理想,语言才有光华;只有信念坚定,言辞才能慷慨激昂,整个精神状态,方能显得饱

满、热情,方能以自己的热情去感染听众,使听众接受、赞同。

什么是理想?理想是人们对未来的憧憬和向往。什么是信念?信念是人们对正确的思想和观念的确信与认同。人生的理想,是一种巨大的精神力量,它能够引导社会和人们不断地向着光明和未来勇往直前;人生的信念,是产生巨大力量的源泉,它能够促使人们为之追求奋进,不断实践。有理想,才有奋斗的目标;有信念,才有追求的决心和力量。纵观历史上一切成功的演讲者,大多与崇高的理想、正义的事业相联系。因为只有专心致志于远大理想的人,才可能避免个人得失的斤斤计较,成为高尚的脱离低级趣味的人,才能把理想的实现作为终身奋斗目标。换句话说,有了崇高的理想,演讲者才能充满希望,才能满怀激情,慷慨陈词,为宣传和实现崇高的理想而大声疾呼甚至不惜牺牲生命;有了崇高的理想,演讲者的心灵深处才会萌生一种神圣的责任感,才愿意去研究、掌握理想目标的全部内容,运用最科学的世界观和方法论去观察社会,分析问题,这样演讲者才算拥有了锐利无比的思想武器,才能站得高,看得远,识本质,察细微,不为假象迷心窍,不为琐事遮耳目,面对强敌而毫不畏惧,主动出击,猛追穷寇;也只有树立了崇高的理想,演讲者才敢于用严肃鲜明的态度承认和纠正自己的不足与错误,而不至于强词夺理,文过饰非,搪塞了事。革命的进步的演说者从来就有这样的执著精神和光荣传统,让我们把演讲史册翻开一页看看:

1932年保加利亚共产党总书记季米特洛夫因希特勒分子制造国会纵火案而遭陷害被捕入狱,在法西斯的法庭上,季米特洛夫为自己辩护,作了举世闻名的"最后发言":

"我不是一个因所操职业而来出庭的律师。我是作为一名被诬告的共产党人在为自己进行辩护,我在为自己的共产党人的革命荣誉而进行辩护。我为我的理想,为我的共产主义信念而进行辩护,我为我的意义和内容进行辩护。因此我面对法庭所说的每一句话,都与我血肉相关,我的每一句话都表示我对这种不正当的控诉,对这种硬加之于共产党人以纵火焚烧国会这一反共产主义的罪名,感到极大的愤怒。"

　　这位坚持共产主义理想和信念的勇士,面对威胁诱逼的强敌,毫无惧色,从一般的共产党人谈到保加利亚、德国、前苏联共产党,谈到共产国际和全世界日益高涨的革命运动,谈到这场革命运动所承担的历史使命。字字落地有声,句句义正辞严。既表现出他对日益高涨的革命运动的热情和希望,也表现了他对反动的法西斯的揭露与鄙视,法庭成了他演讲、宣传革命真理的战场。虽然他的演讲不时被打断,最终被无理地剥夺了发言权,可是他那深邃的思想、坚定的信念已伴随他说出的辩护词,传到了千家万户。共产主义理想与信念的光辉已震撼了世界上最广大的民众。迫于真理的威慑,世界人民的声援,莱比锡法庭不得不宣布季米特洛夫无罪释放。这是季米特洛夫辩护演讲的成功,是共产主义理想和信念的胜利。

　　虽然理想和信念在不同的历史阶段,在不同的阶级,不同人物的理解中,具有不同的内涵,但有个共同点就是追求真理,倡导文明,声张正义,宣传真善美。凡在青史留名的演讲者在当时的历史条件下,都代表着时代先进的思潮和理论,具有较先进的世界观,他们的演讲总能反映出人民的某些愿望和追求,并鼓舞着他们为之而奋斗。事实表明,任何一个正直的演讲者都必须有明确的立场和奋斗目标,要有为真理、正义事业而献身的精神,要把自己确认的理想、信念讲出来,传出去,让听众认可接受,坚定听众的信念和决心。可以说,理想和信念是演讲行为的动力和追求目的,也是我们讨论它的意义所在。

二、演讲者应是品德高尚的人

与理想、信念紧密相连的条件是,演讲者应该是品德高尚的人。一般地说,真正具有崇高理想的人,思想品德必然高尚。这种正相关关系在社会现实中不胜枚举。我们强调演讲者的品德情操也是与演讲目的紧密相关的。要想正人,先要己正;要教育感化别人,自己先要行得正,坐得稳。古人云:其身正,不令而行;其身不正,虽令不行。

从演讲者的角度讲,重视个人道德情操的修养,是中华民族传统美德的延续,展示了演讲者自身的品德风貌,也决定了演讲的价值量和可信度。品德高尚的人,"心底无私天地宽",不计较个人的得失,演讲时必然会深明大义,弃恶扬善,不为世俗偏见所囿,敢说真话,尊重他人,愿意剖腹掬心。无论其演讲技巧如何,他总以真面目袒露在听众面前,讲事实,摆道理,谈感受,不隐瞒,不夸张,演讲过程自然生动,令听讲者相信、佩服。

从听众角度讲,你的品德高尚,行为端正,言语也自然可信。听众往往就是带着"向你学到一点东西"的心理来听你的演讲。如果你讲的正是听众想讲而未讲出的,你所做的正是听众想做而未做到的,那么,听众会对你佩服得五体投地。假如你演讲中出现了一些失误或不足,听众也会谅解。这种由人格带来的宽容，正如诗人但丁所说的，"道德常常能增补智慧的缺陷，而智慧却永远填补不了道德的缺陷"。只要演讲者赢得了听众的好感，信度会促成演讲效果大大提高。

我们都有这样的体会，无论听什么内容的演讲或报告，都想先打听演讲者是谁。如果听说演讲者是位德高望重的权威人士，听众的兴趣就要大些，自愿去听讲的人也会多些。就是说，品德高尚、功勋卓著的人站在讲台上，虽未开口，听众已服了三分。这种现象，社会心理学中叫做"晕轮效应。"当一个人被赋予了一个肯定的或社会喜欢的特征，那么他就可能还被赋予许多其他特征；一个权威在某一领域显示了超群的才能，那么人们对他能力的评价，往往会超过他真正的才华。这种识觉上的偏差在现实中影响确实很大。那些被人们认为是高尚的人，也可能被认为是聪明非凡，经验丰富、有创造天才的人。站在讲坛的那些有声望的政治家、社会活动家、英雄、学者，只要事先得到听众的敬慕和爱戴，他的一切言行，包括他的思想、经历、经验很容易得到听众的认可、信服。正如古人云：有威则可畏，有信则乐从。而另一些默默无闻的演讲者，听众对其演讲的兴趣就不是很大，印象和记忆会随着演讲的结束而迅速消失。

当然，现时代的听众并不是盲目的信徒，个人崇拜早已过时。一旦听众了解到站在台上夸夸其谈的人在实际生活中并不是那么光彩，甚至品行上有劣迹，那带有晕轮的形象立即会蒙上阴影，你越是说得天花乱坠，听众越是反感，渐渐会对你一切都看不顺眼。这并不难想象，你要让别人为民奋斗，做出成绩，自己却拿不出东西来；要别人为政清廉，自己却贪污索贿；要别人发扬革命精神危难时刻挺身而出，自己却躲在很远很远的安全区瞎指挥，乱鼓动。别人能信服吗？能听你的吗？因为人们不是仅仅在听你说什么，更关心你自己在做什么。高尚的行为本身就是无形的感召力，单凭巧簧之舌是办不了事的。

近几年中国大地上演讲之风盛行，涌现出不少的优秀演讲者，他们当中有老山英雄史光柱、徐良，有不计个人得失，献身科技事业的科学家刘晨辉，还有曲啸、李燕杰、景克宁等，像他们这样一批爱国爱民、品德高尚的人，每一次演讲，都受到广大听众的热情欢迎。他们谈的最多的是理想、信念，但这些"高调"出自他们之口，则显得那么自然、真实、可信，毫无枯燥、空洞之感。关键之处在于他们本身具有值得人们敬佩的品行和功德。

如果有人说，历史上不是也有臭名昭著、品德恶劣的人进行过成功的演讲吗？法西斯罪魁希特勒，卖国贼汪精卫不都是摇唇鼓舌是被人公认的演说家吗？确实，历史正像哲学家休谟说的："偶然一个糟糕的诗人或演说家，以权威和偏见做靠山，也会风行一时。但他的名气决不能普遍或长久。"这些历史的罪人是利用了演讲这种思想交流的工具，利用当时一些人不明真相的缺空，到处煽风点火，蛊惑人心，给人民、给社会带来巨大的危害。希特勒正是从默默无闻变成战争狂，把整个德国变作杀戮的战场，煽起了第二次世界大战的战火。然而，当人们醒悟之时，就是真相大白，罪魁行将灭亡之日。任何与人民为敌，倒行逆施的人，演讲手段虽高明，但由于思想反动，到头来，只能是历史上的反面教员，为后人所唾弃。

总之，演讲者的立场观念、品德风貌对演讲目的、演讲效果起了非常重要的作用。社会主义社会的意识形态,要求演讲人注重用革命的思想和革命精神去教育听众,影响听众,启发听众。同时,听众应该有鉴赏能力,善于识别演讲内容的真善美和假恶丑,不可被一些美丽的词藻和虚假的情感所迷惑。

第二节　良好的口才和敏捷的头脑

一、口才是演讲者必备的基本条件

演讲演讲,说是演,主要在于讲。演是生动地再现所准备的一切有目的的活动,讲是主要的表述手段。演只是吸引人的外在表象,讲才是吸引听众的功夫所在。所谓口才,指的是善于用口语准确、恰当、生动地表达情意。演讲者是否具备良好的口语表达能力,关系到能否把思想情感表述出来的问题。如果演讲者口齿不清,他纵然有再高明的见解,再新颖的议论,也只能像茶壶里的汤团——有嘴倒不出,别人无法了解,无从理会。

衡量口才的基本标准,首先要求口齿清晰。清晰,就是发音吐字清楚、明白,无杂音,不含糊。无论何种形式的演讲,无论讲什么内容,都必须保证让听众能听明白。拿破仑对他的秘书最多的训令就是:“清晰! 明白!”为什么演讲必须清晰,明白,因为演讲不像发表文章有充足的时间让读者去阅读揣摩,一遍看不懂还可以再看一遍。演讲作为通过有声语言传递信息的过程,是一股高低有序的语流,说完后便不留痕迹(当然不指录音),听众要从稍纵即逝的语流中去捕捉信息,去理解体会。如果口齿不清,言谈间带有许多无意义的杂音,势必成为人们接受信息的严重障碍。有的人演讲时有许多不良习惯,不是鼻子一哼一哼地难出气,就是喉咙不通畅,不断清嗓子,有的一句一个长音,有的"啊、啊"个不停,自己觉得不自在.听众也替他难受,性急的听众干脆放弃继续听讲的念头,在台下聊起天来。台上大讲,台下小讲,热闹非凡。可见,口齿不清实为演讲者的大忌。

其次,演讲用语要准确、恰当。演讲者除需口齿伶俐外,还要能准确地遣词造句,言必及义。想说的话,想表的态,应尽情表达且恰如其分。优秀的演讲者迅速准确地传递在己需要发出的信息,既做完自己想做的事,又能让他人愉快地接受。1972年美国总统尼克松访华,周总理接见时说:由于听众周知的原因,中美两国隔绝了二十多年,现在你从大洋彼岸伸出手来,我们很高兴。接见时在座的江青则劈头盖脑地斥问:以前你们为什么不来?一个言简意赅,恰当使用语言的工具,含蓄地指出隔绝的原因,不伤客人的面子,又表明了我们的正义立场;一个粗鲁简单,出口不逊。难怪尼克松多年之后回忆时还称赞周先生才华出众,说江青使人不快,褒贬言辞脱口而出。可见,不同的会见用语给他留下了深刻的印象。俗话说,会说的说得人笑,不会说的说得人跳。中华民族有几千年的文明史,留给了我们一个丰富的语言宝库,我们要随时注意学习、吸收、积累。满腹经纶方能出口成章,掌握大量语汇精华,方能语随人意,笑口常开。

最后要求演讲者谙于音量、音高和节奏的运用。凡被称为有口才的人都自觉不自觉地精通有声语言的表达方式,能把声调加以适当的安排,借以表达不同的情绪。比如什么时候说得响亮,什么时候说得柔和,什么时候说得快,什么时候说得慢,什么时候不快不慢,不高不低,根据不同的需要采取不同的表达方式。这些人具有对有声语言的细微语感和捕捉能力,善于使用语言又能进行有效的语言创作。我们一切有志于演讲事业的人应该培养和锻炼出这种才能。只有掌握了这些技能,才能更好地运用高低起伏的语调节奏去表现复杂强烈的思想感情,才能像曲啸那样在黑暗中演讲两个半小时而听众有增无减,才能称得上有"口才"。

当然,口才对于每个具体的人来说并不绝对公平:有的人天生伶牙俐齿,能说会道,加上爹妈给的好嗓门,先天具备演讲的优越条件,而有的人则生来讷口笨舌,不善言谈,甚至还有口吃的生理缺陷。面对这个事实,我们必须正确对待。那些具备天赋才能的人,若不经常锻炼,没有社会信息的刺激,久而久之,其天分就会泯灭,口才不会出现;而那些没有先天优越条件的人,只要后天努力,口才是会训练出来的。古希腊卓越演讲家德摩斯梯尼,年轻时有发音不清、说话气短的毛病,这在当时的雅典城邦对想当一名演讲家的人来说是致命的缺陷。失败、打击并没使他气馁,反而坚定了他刻苦学习、苦练技能的决心。为了练嗓音,他把小石头含在嘴里朗诵,迎着呼啸的大风讲话。为了克服气短的毛病,他故意一面攀登陡峭山坡,一面不停地吟诗。就凭着这种刻苦精神,他终于成了雅典城邦一位闻名于世的大演讲家。我国著名演讲家曲啸,小时候性格内向,说话口吃,而且越急越结巴,有时候脸涨得通红,说不出一句话来。他是靠后天的磨炼,纠正缺陷,才成为口齿清晰、思想敏捷、具有独特口语表达功力的演讲家的。大量事实证明,良好的口才主要是靠培养训练出来的。你若想做一名演讲者,你就得不怕辛苦,刻苦训练,或使你的演讲天赋得到充分发挥,或不断培养自己口语表达才能,弥补先天不足。有志者事竟成——这是成功的演讲家们给我们的启示。

二、演讲者应有敏捷的头脑

如果说你经过艰苦的努力,终于使自己的口才得到了他人的肯定,那么我们要问,这一切应归功于谁?我们认为要归功于你那一切言行的总指挥部——头脑。因为演讲是一种以复杂的智力支出为主的脑力活动。可以断言,能否当一名演讲者,能否培养出良好的口才,决定于你的大脑能力。所谓大脑能力,是指人的观察力、记忆力、想象力、思维力和注意力五种能力的综合,具体体现在人掌握知识的快慢、深浅、难易与巩固的程度上。大脑发达的人,经过学习和培养,很快就会具备各种演讲能力,以适应需要;而大脑先天性发育不良者,就很难做到了。

演讲,无论怎样给它定义,其活动本身就是一种充分使用大脑能力的智力活动,都必须充分运用头脑的才智:回忆、分析、推导、想象、概括,列提纲,找素材,撰写讲稿或记下提示词,然后登上讲台,去适应听众,适应特定的命题和场合,追求理想的演讲效果。整个过程,每一步都离不开头脑的智慧,都要靠头脑的思维机制去逐次安排;离开这个指挥部,只能一事无成。

演讲者要有敏锐的观察力。在现实生活中,命题演讲多,给予充分的时间准备之后再演讲的机会多,但临时通知,即席演讲的事也时有发生,确是测验演讲者的智力、知识和大脑能力的最好机会。即兴演讲要求演讲者有敏锐的观察力,演讲者应在短短的时间内细心而广泛地观察周围的环境,迅速选择有利的角度,快速组织素材,依赖某一事物的触发,捕捉命题,乘兴发挥。在此我们举一成功的事例:1987年4月,当代著名诗人公刘出访西德,在海姆佗市的市长接见仪式上被推举为客方代表作即兴演讲。他刚从海姆佗市大街上走过,敏感地发现沿街的橱窗随处可见米老鼠和花衣吹笛人的装潢标志,立即想到闻名世界的德国民间传说故事。公刘就以此为触发点,把自己的见闻和感受与这一民间传说融为一体,大加发挥,编造了一个荒诞风趣的当代童话,以一个来访者与花衣吹笛人的谈话方式,指出了德国亟待解决的人口老化问题,并表示了自己对联邦德国和海姆佗市人民的友好情意。他凭借敏捷的观察力,加上其丰富的才智,巧妙地就地取材,因地设喻,洋洋洒洒,幽默风趣地演讲一番。自然博得了海姆佗市市民的热烈欢迎。

演讲需要记忆,只有头脑聪颖的人,才会有较强的记忆能力。成功的演讲基本上都是脱稿演讲,生活中通常采用的方法是先把讲稿写好,背熟后上台用一定的表达方式把它演讲出来。也有的是先写提纲,收集素材,并把它记住,上台后再次发挥。不管怎样,记得住,记得准确,才能保证演讲的连续性。否则,演讲中脱节或卡壳就使自己很尴尬。据报载美国有一个名叫吉姆法雷的人,他没有受过高等教育,却在46岁时得到4所大学的荣誉学位,并成为民主党全国委员会的负责人,美国邮政部长。他在事业上成功的重要催化因素就是记忆力强。他认为能说出对方的姓名,这会成为对方所听到的最甜蜜的语言,这比无聊的奉承话更具说服人的魔力。

他的绝招是牢记别人的姓名,竟能准确地叫出五万个人的姓名。凡有一点演讲经历的人都能证实,好的记忆确是演讲成功的基本条件。

演讲还要有敏捷的思维力和丰富的想象力。演讲任何内容,都要对其复杂的现象进行思维分析和想象概括。思维力引导我们在事物的发展运动中,在事物的相互联系中发现生活的哲理,用合乎逻辑的力量和推导方式向听众解释说明。想象力则帮助我们的思维不受逻辑框架的约束而自由驰骋,帮助我们透过各种分散的经验材料,想象在它们之间可能存在的联系和可能发生的相对作用的图景;通过我们所感知的事实经验去想象我们无法直接感知的事实背后隐蔽的机制,透过事物外部现象去发掘现象的本质。思维中的逻辑性与想象中的自由性是矛盾的统一体,两者有机结合,可使你纵横发挥,措置自如。

演讲者还需要高度的注意力,包括自己注意力的高度集中和吸引听众的注意力。当你步入讲台,台下众目睽睽,你或多或少会产生一种紧张感。我们认为,有一些紧张感是正常的,一定程度上还有利于演讲,它能退,逼你注意力更集中。当然,过度的紧张只能导致演讲失败。在情绪紧张的时候,你就要善于利用你居高临下整个景致尽收眼底的优势,环顾全场,注意一下大多数听众的态度,镇定自如地按既定内容讲下去。全场若出现部分赞许、部分反感的举动,你不要慌张,更不要急于下台或急于调换演讲内容,对自己产生怀疑。要控制好自己的情绪,注意那些赞许的听众,将真情实感投入到演讲中去,慢慢地你就会忘掉周围的一切,尽情发挥并表现自然生动,听众的注意力也会慢慢地集中到你身上来。另外,由于你所在位置的突出,本人注意力集中也很重要。你若东张西望,注意力分散,一旦卡壳,若想补救则十分困难。演讲者必须避免这种情况发生。有时,你会碰上不利的演讲环境,比如天气恶劣,或开会时间已经很长,听众已有不耐烦情绪等。这时,演讲者除自己镇定、注意力集中外,还要设法稳住听众。中国现代革命恽代英同志在一次演讲时就采用了一种异乎寻常的举动,成为演讲史的一段佳话。那是一次晚间会议,轮到他最后一个演讲,天气炎热,听众已坚持很长时间了,疲乏、困倦使听众无法集中注意力。恽代英同志一走上讲台,便"哈、哈、哈"三声大笑,昏昏欲睡的听众吃了一惊,以为他是闹什么神经病,也跟着哄堂大笑起来。这一笑就把听众疲乏和困倦全笑跑了,恽代英同志的演讲也就开始了。这种出人意料的行为是在特殊情况下的应急之举,不可滥用。演讲者应具备的能力,如观察力,思维力,想象力,记忆力,注意力,还有在演讲中的应变力,都会在演讲实践中充分体现出来。演讲家曲啸在谈演讲经验时指出:"演讲中出人意料的事故是经常的,如突然停电,杂音干扰,气候冷热骤变,听众中出现局部的秩序不好等等。怎么办?这就需要演讲者具有良好的心理品质,反映在注意力的广泛性,思维力的敏捷性,观察力的预见性和记忆力的准确性等等,这些品质的锻炼需要长期进行。"从曲啸的介绍中,他要求演讲者应具备的心理品质,都是大脑功能的分项运用,都可以归结为一句话:演讲者应有一个敏捷的头脑,然后才有那种能力的产生。虽说上帝赐予每个人的头脑在聪颖程度上有着某种差别,但后天的智力开发和技能的开发对大多数人说来则是最重要的。若想成为优秀的演讲者,就要勤用

40

脑,使自己变得更聪明一些。

第三节 广博的知识和丰富的
生活经验

一、演讲者应有广博的知识

前面说过,演讲是一种以复杂的智力支出为主要方式的脑力劳动,演讲者必须具备显示智力水平的科学文化知识。尤其在当今,现代科学一方面高度分化,一方面高度融合,边缘科学相继而出,自然科学与社会科学逐渐交融。如果不了解、不具备这些新知识,跟不上现代科学文化发展的步伐,演讲内容必然陈旧不堪,毫无新意,甚至和当代科学大相径庭,那就起不到演讲的作用。所以演讲者既要有点历史知识,又要有点现代科学知识,既要学点社会科学,又要掌握一点自然科学,在一定意义上是文理兼通,博专并具。只有知识丰富,思想才能博大精深,演讲才能充实新鲜。

从总体上讲,古今中外,东南西北,演讲的形式多种多样,不拘一格。演讲的内容更是包罗万象,涉猎的知识无所不包。翻翻前辈留下的著名演说词,哪一篇不蕴含着丰富的知识,复杂的内容,深刻的思想? 看看青史留名的著名演说家,哪一位不是学识渊博、见多识广的大学问家? 从德摩斯梯尼、西赛罗到华盛顿、林肯,从马克思、恩格斯到毛泽东、周恩来……无论从事何种职业,无论生活在哪个年代,哪种国度,无论何种性别、性格,无一不是才华出众的学者、思想家、社会活动家。

刘少奇同志曾经说过："我们的作家如果要成为一个好的专业作家,应该具有丰富的知识,应该懂得自然科学:物理学、化学、代数、几何、微积分,也应该懂得历史知识和世界文学知识,至少应该懂得一种外国文,要能看原文。"对作家的要求是这样,对演讲者的要求肯定不会低于这个标准。因为演讲者实际上是一个口头创作的作家。作家用笔把创作内容写出来让人看,演讲者则要用口把它直接说出来让人听;作家可以选择幽静的环境与时间进行创作,深思熟虑,反复推敲,演讲者却没有选择演讲环境的自由,更没有充足的时间反复推敲,有时必须现场演说,而且不能流露出无把握、犹豫不定的样子。所以说,演讲者没有广博的知识,要想取得好的演讲效果是不可能的。

具体地讲,演讲者就是文化知识的传播者,演讲过程就是运用知识的过程。

(一)要演讲就要有一定的语言文字、逻辑修辞等知识。演讲者要用文字把自己的观点写下来,记牢,再说给听众听。这就要求演讲者选用准确的语汇、合适的句式将语句按照一定的语法规则排列组合好,再运用恰当的修辞手段进行加工润色,最好选用一定的语调、节奏把它演讲出来。有时,因时间仓促,只能写个演讲提纲,这时又要运用逻辑知识,按照一定的逻辑顺序写出提纲,或根据逻辑推理,扼要写下几个必须突出的词汇,然后顺着这一思路演讲下去。这是最起码的知识要求,做不到这一点,就不能上台演讲。

(二)演讲者要有一定的社会学、心理学以及其他社会科学知识。就演讲命题而言,演讲者必须充分认识自己的社会身份,认清自己在演讲中所扮演的社会角色,从而确定自己演讲的角度与演讲的内容,同时也必须了解听众的来源、知识结构和心理需求,选择那些听众感兴趣的、所关注的社会热门话题进行演讲。没有关于社会学、心理学的常识,就可能选择了力不从心的命题以及造成不符合听众心理定势的局面,出力不讨好。另外,任何一种热门话题,都有各色各样的社会背景,都不是单一的科学理论可以解释清楚的,而社会构成的各个部门、问题与条件都是相互交叉、相互渗透在一起,若想讲清观点,就必须具备各种社会科学知识,并将其成功地加以综合运用,方能达到目的。

(三)演讲者还必须具备一定的自然科学知识。当今时代,社会科学与自然科学逐渐交融,知识界限难以划清。除演说纯理论性的科学论文以外,多数演讲命题,都与自然科学和社会科学有关。改革的年代,不少企业家爱用公开演讲方式来解决一些实际问题,这些问题都不同程度地要应用自然科学知识和社会科学理论给予解决。从社会效果来看,演讲者是社会鼓动家;从学识结构上来看,演讲者应该是所谓的"杂家"。

演讲者应有广博的知识,这是必要的。但不是说非如此就不能登台演讲。演讲的本身也是学习新知识的过程。沈阳铁路局总工会干部张健,为了准备一篇演讲稿,曾经先后翻阅了上百册有关书籍,多达千万余字,从中摘录了七万多字的资料。一篇演讲稿,涉猎了133个地名,94个历史人物,79个年代,131个数据,经过努力,他终于被选为优秀演讲员。书山有路勤为径,我们每个人如果都能像他那样,刻苦学习,充分准备,我们的演讲也会收到满意的效果。

二、演讲者要有丰富的生活经验

生活经验,其内涵是丰富的,作用是实在的。只要我们留心观察社会,我们就会发现:大凡演讲者受欢迎,演讲受肯定,不是其有独特的生活经历,就是道出了人生的真谛。大家熟悉的演讲家曲啸、彭清一、景克宁、张海迪等,都善于现身说法,从自己的生活经历谈起,从不同的角度谈理想、信念与追求,谈成功的喜悦和失败的沮丧。张海迪告诉人们,残疾人怎样在困难面前做生活的胜利者;战斗英雄史光柱给人们描述血与火的战场,生与死的考验,革命战士的心愿和理想。他们都在自己熟悉的领域内体验着、总结着生活的真理,向人们提供带有普遍指导意义的生活经验。这一切对听众来说,真实可信,使人振奋。可以说,生活经验丰富的人,演讲成功的机会就多;反之,成功的机会就少。

现代社会思潮趋向崇尚实用,反对浮夸。因此,听众注重演讲者的经验之谈,也在情理之中。听众千差万别,演讲者若能知晓不同类别的听众头脑中具有的信息类型和兴奋点,就可以针对听众最普遍的信息需求去搜集整理信息,再传递给听众。这样的经验与信息的传递,讲者津津乐道,听者兴趣盎然。如若碰到你演讲描述的生活情境有相类似的,听众会全神贯注,努力从你的演讲中看到自我,寻求办法、主意。当然,听众对演讲者的经验介绍也并非全都吸收,而是有判断、有分析的。若演讲格调太高,可望而不可即,则无法为听众接受;若演讲内容无现代特色则无实用价值。只有那些具有时代特色,且实用有效的经验式演讲才最受欢迎。但是,每个人不可能对各种生活都有亲身体验,演讲者经验的

44

获得从何而来？一是在自己生活工作的社会环境中,处处留心观察总结;二是通过大量书籍报刊的阅读,整理归纳;三是听别人演说,与人交谈所得。通过多种渠道,吸收众人智慧为我服务,加上自己努力实践,我们的知识储存是会丰富起来的。

三、知识与经验的结合使你走向成熟

演讲者应有知识,同时还要正确运用知识,才会产生力量;演讲者应有经验,但经验需普遍实用,才能上升为知识。而知识与经验的结合,就能给你无穷的智慧和力量,你就会左右逢源,不断走向成熟。

社会上工作有千百种,但每个人都在特定的生活舞台上运用知识,总结经验,尽可能使自己工作顺手一些,生活舒适一些。

假如你是外交家,涉外工作促使你慎重地运用中外语言,选择合适的手势、情态去接待来自不同国家、不同风俗习惯的外宾,巧妙地处理政治、经济、文化等外交事宜。

假如你是经济工作者,工作需要使你大量运用经济管理知识,关心商品的产、供、销,关心市场需求和消费趋向。长期工作使你摸索出一套经营办商的经验,懂得商品价格的奥妙。

假如你是律师,你就要运用知识和经验去认真办理每桩案件,运用法律知识、逻辑知识、语言知识、天文知识、地理知识等,抓住案件的关键,解决问题。

假如你现在就站在演讲台上,你本是外交家,经济工作者,律师,或是从事其他职业,你完全可以放开思路,谈你的

工作,你的经验,你的感想。你就是你工作领域内的行家,你有听众不具备的知识,你有听众需要的经验,你完全可以征服听众。只要你登台演讲的机会多了,慢慢地你就会摸索出演讲的经验,知道怎样控制会场,怎样吸引听众,怎样稳定自己,你就会成为老练的演讲家。关键在于善于学习,勤于应用,勇于实践。随着知识与经验的积累,总有一天,你会成功的。

第四节 卓越的见识和无畏 的胆略

一、演讲贵在新颖,有见识

由于通讯、出版事业的发展,知识的流通领域扩大了,人们的视野开阔了,知识增多了,对演讲者的要求也相应提高了。如果演讲者讲不出新道道,只是人云亦云,即使其口才高超,声调优美,演讲也会失去魅力。演讲者要有卓越的识,讲出他人想讲而未讲出来或未想出来的话,才能算是有价值的演讲。

要有卓越的见识,说得容易做到难。因为在思想上、理论上有重大突破才能称得上见识卓越,而人的智力活动本身给自己规定了界限,想提高一步非花大气力不可。所以,先要做到新颖,在"新"字上下功夫,然后再在思想上、理论上寻求突破。

所谓新颖,就是指有新的观点,新的解释,新的分析角度,以大量信息,使听众耳目一新。蔡朝东的《理解万岁》的演讲受到听众的热烈欢迎,其重要原因之一就是独到新颖。首先,他选用的材料新,都是后方听众所关心的急需知道的事,猫耳洞的生活,枪林弹雨的前沿阵地,英雄们为国捐躯,血洒疆场的事迹。这些无一不使听众永志于心。其次,他所站的角度新,解剖方法新。作为自卫反击战的一兵,他立足前沿阵地,用80年代革命军人的眼光来观察社会,体验人生。他告诉听众,在年轻的保卫者中,有品学皆优的大学生,有腰缠万贯的万元户,有将军的后代,有农民的儿子。这些战士的共同感受是:"亏了我一个,幸福十亿人。"他们要求后方同龄人的是"理解他们"。人民战士的风貌,保卫者的闪光思想,都凝聚在这"理解"二字上。一时间,"理解"成了八十年代最时髦的词汇。

在我们收集、传播新的信息的同时,我们要学会运用求异思维的方法进行理论上的创新。在整理分析材料的过程中,注意想象之间的差异,大胆提出质疑,激发自己进行新的思考和探索。在改革年代,人们思想异常活跃,向传统的文化理论提出挑战,进行反思。比如龙,中华传统文化一直将其视为中华民族的象征物,褒奖之辞溢满文库,以自己是龙子龙孙而自豪、骄傲。对此,有人就持异议,认为崇拜龙只能说明人们无知和愚昧。

且不论理论上谁是谁非,就这种争鸣现象本身而论,都是民主进步的表现。人们敢于站出来,发表独特的观点,只会促使理论的繁荣。虽然许多新建议、新观点还只是假设,但是理论的创新发展,正是建立在这些假设的基础上的。所以,尽管我们有时面临的听众都是行家里手,专家学者,我们也不必慌张。我们要用自己的眼光去观察,用自己的智慧去分析,大胆说出自己的感受和建议。唯有这样,才会有独特见解出现,才会相互激发思维力、创造力。一个人的创造力一旦达到了新的高度,那就会使整个社会他人能力的提高呈现出加速度,从而标志着某种理论和观点进入了新阶段。正如哥伦布发现新大陆后,其他人有不同的反应一样。有人说那并不费事。对此,哥伦布未多辩解。当他拿出一只鸡蛋让大家把它直立起来时,当场没有一个人能办到。而在见到他示范表演后,3岁的孩子也能办到了。这恐怕就是难与易、伟大与平凡的区别所在吧。

演讲者怎样才能有卓越的见识?方法只有一个,勤奋,多读书,多调查,多思考。在一个知识渊博、阅历丰富而又思想活跃的人眼中,平凡事物也能闪射出光彩。信息爆炸的年代,改革的社会现实,正是我们展露才华的大好时机,我们要不断地提高自己的演讲水平和创新能力,到生活中去,到社会实践中去,扩大见识,博学广闻,使自己成为有足够经验的知识富翁,再回到书斋里发挥自己的理性分析优势。一般地说,具备了丰富的知识和经验,加上理论性的概括与提炼,比较容易产生新的联想和独到的见解。目前社会上正活跃着一批演讲家,他们生活在各条战线,非常熟悉中国的现实,对人生,对社会,对时局,都有敏锐的洞察。他们勤于思考和提炼,敢于独辟蹊径,向人们提供新的信息,并用明快的语言表达自己的思考过程与结论,提出种种具有强烈时代气息的理论观点,深受听众的欢迎。

二、演讲者的自信和胆略

前面我们对演讲者提出了不少的要求,最后我们还要指

48

出,作为演讲者除应具备前面所说的条件外,还必须有演讲的自信心和胆略。

演讲者应该坦诚自信,树立正确的自我形象。自我形象是指演讲者出台之前对自身的本质认识,是自我直觉的直接显现。它又是建立在自信的心理基础上的,是演讲者情绪定位的核心。一个人如果自我感觉良好,他登台就会精神抖擞,情感丰富,侃侃而谈,表情自如,显示出才华。假如你尽想着"我办不到",那你走上讲台就会产生紧张感,表现得窘迫不安,语无伦次,甚至张口结舌。这些就是心理认知的自我暗示所产生的效果。所以,演讲者首先要做到准备充分。其次要做到坦诚自信,战胜自我怯懦,相信自己有能力,会成功。再次,要正确认识和评价自己,充分发挥自己的特长,树立一个正确的自我形象。演讲者一旦确定了给听众一个怎样的自我,就要不断提醒自己要演讲成功。尽管有时内心很紧张,但要让听众感到很有信心。因为外表显示出来的状态直接影响听众,而听众的情绪又直接影响演讲者。如果演讲者能成功地抑制了开场时的紧张心理,顺利走向正轨,你就可以真正自信起来,给观众的形象会始终如一地完好。

与其他任何一种精神素质一样,演讲者的自信心是可以培养的。美国著名作家马克·吐温谈起他首次在公开场合作演说,仿佛嘴里塞满了棉花,脉搏快得像夺赛跑银杯。当代中国著名演说家李燕杰初次发言时,怀里好像揣有一头小鹿,一颗心总是扑扑通通地跳个不止,脸上发热,嘴里不知该说什么,两只手也不知所措。他们都在战胜心理紧张之后,努力锻炼成了捷辩之才。由于自信心与一个人的思想素质、身体素质、生活境况、知识储备有直接关系,因此,我们要充分利用社会赐予的种种优越条件,抓住机会,勇敢行动。要坚信,我们的气力是不会白费的。

充分自信之后,演讲者会产生无畏的胆略。充分自信不是盲目自信,无畏胆略并非不顾一切莽撞行事。无畏的胆略来自理想的召唤,来自知识的启迪,来自经验的提示,来自充满自信的心灵。由于自信,此时的演讲者抛弃了任何杂念,沉着冷静,胸有成竹。演讲时灵感与智慧会蜂拥而来,表现得胆略超群。正因为这样,才有闻一多的《最后一次的演讲》、季米特洛夫面对强敌的无畏气概,才有诸葛亮的舌战群儒,才有马克思、列宁、毛泽东等无产阶级革命家的伟大宣传胆略。我们正赶上改革开放的好时代,我们应该敢讲敢为。一切有志于演讲的朋友,勇敢地站出来吧!为了理想,为了改革,为了我们的事业而大声地呼喊与鼓动,这是演讲的任务,也是我们的责任。

总之,当好一名演讲者,正像张志公教授所说的,"不是一件简单的事。要有思想,有丰富的知识,有敏捷的且缜密的思维能力,有大量语言材料的储备,有驾驭语言的能力,有丰富的社会经验,知道在什么样的场合用什么样的语言是得体的,效果是好的,有力量的。"还要有听感灵敏、发言清晰,能说正确流畅的普通话等基本功。只要我们了解、学习并拥有了这些,相信自己完全有可能崭露头角在讲坛之上,口若悬河于大庭广众之中,成为听众欢迎的演讲者。

(撰稿:陶宇成)

思考与练习

一、演讲者应具备哪些条件？为什么？

二、通过分析下列事例，说明演讲者应具备的条件。

（一）乔治·华盛顿在一次对起义部队的演讲中有这样一段话："自由、财产、生命和荣誉都在危急存亡之中，我们正在流血受辱的祖国寄希望于我们的勇敢和战斗，我们的妻儿父老指望我们去保护。他们有充分理由相信，上苍一定会保佑如此正义的事业获得胜利。"这段话和这次整篇讲话释放出无限的能量，极大鼓舞着广大士兵为争取自由而斗争。试问，演讲者为什么会使自己的演讲产生如此巨大的威力？

（二）隋文帝杨坚不信风水，有一天，一个看风水的术士要给隋文帝择寿域，隋文帝说："你先去看看我老家的墓地是凶是吉，如果是凶，我怎么成为天子？如果是吉，我弟弟为什么死于刀兵？"术士无言以对。试问，杨坚为什么能使术士哑然呢？

（三）田骈是齐国辩士，惯于摇唇鼓舌，绰号"天口骈"。他标榜自己不喜欢做官，并以此自命清高。其实，他有大批仆从，那势头与做大官并无两样。一天，一齐国人求见，对他不肯入朝的骨气大为赞扬，还表示愿意前来当这样一位清廉人的小仆。田骈狂喜不禁，问："你是从哪里听说我不做官的主张的？"答："听我隔壁的女人说的。"又问："她也知道我？"答："不但知道，而且还说您是她的楷模呢！"田骈更感兴趣地问："她是个什么人？"答："她是个洁身自好的人，早说发誓永远不嫁人。可是今年30岁，却生过7个儿子。她虽然没出

51

嫁，可比出嫁的人还会生儿子。如今先生您也常说最讨厌做官，可是府上食禄千钟，徒役数百，这气派、势力比那做官的官气还要大呢。"田骈羞得满面通红，拂袖而去。试问，能言善辩的"天口骈"为什么竟然败在一名默默无闻的齐人手下？

（四）欧布利德是古希腊的诡辩家。他曾问同伴："你没有失掉的东西，那么这种东西还存在吗？"同伴做了肯定的答复后，他又说："你没有失掉头上的角，那你头上就有角啦？"同伴不服，两人争吵到大公那里。大公对欧布利德说："在这个城堡里，你没有失掉坐牢的机会，那好，请你享受三天吧！"欧布利德在牢里消极怠工，雷雨将至时，大公让他收谷堆，他磨磨蹭蹭，结果谷堆被淋湿了。大公责问时，他回答说："一粒谷该不是谷堆吧？再加一粒，也成不了谷堆。这样每次加一粒，每次都不能形成谷堆。因此，谷堆从来不存在，你让我收谷堆，我怎么能干呢？"发工钱时，他没有得到钱。他问大公这是为什么，大公答："一个钱币该不是你的工钱吧？再加一个，还不是你的工钱。这样每加一个钱币，都不是你的工钱，因此，你的工钱根本不存在。"这样，欧布利德的工钱被用来赔偿了谷地的损失。试问：大公取胜，欧布利德失败的原因是什么？

（五）传说汉武帝晚年希望长生不老，一天，他对待臣说："相书上说，一个人鼻子下面的'人中'越长，命就越长；'人中'长一寸，命活百岁。不知是真是假。"东方朔听后一笑，知道皇上又在作长生不老梦了。汉武帝喝道。"你怎么敢笑话我？"东方朔脱下帽子，恭恭敬敬地答："我怎么敢笑话皇上呢？我是笑彭祖的脸太难看了。"汉武帝问："你怎么笑彭祖呢？"东方朔答："据说彭祖活了800岁，如果真像皇上刚才说的,'人中'该有八寸长,那么,他的脸不是有丈把长吗?"汉武帝听罢哈哈大笑。试问,东方朔为什么能使汉武帝转怒为喜?

(六)美国纽约一家工厂失火,10个女工被烧死。10个侥幸逃生的女工指控厂方的管理人员下命令不许打开出口,以致女工们惨死。当她在法庭上追述这段事实时,陪审员个个义愤填膺,要求厂方负担罪责并做出巨额赔偿。厂方的律师很和气很同情地对女工说:"请再把你所说的话讲一遍。"女工逐句逐字的重复一遍。律师又说:"为了让大家在关键的问题上听得更清楚,请你再讲一遍。"当女工重复三遍后,律师问道:"你没有漏掉一两个字吗?"女工思索了一会儿说:"是啊,先生,我说漏了一个字。"律师说:"那么,请再把故事说一遍,别忘了把漏掉的字加进去。"女工照办了。这时陪审团已经明白,这个女工是由人在幕后策划上法庭作伪证的。试问,律师靠什么识破女工的谎言?

(撰稿:王金岗)

第三章　演讲稿的写作

第一节　演讲稿的意义和作用

演讲是以声授意的传播活动,演讲稿则是为演讲准备的文字材料。初学演讲者往往忽视演讲的准备和演讲稿的写作,认为演讲全靠嘴巴上的功夫,只要有了一张"铁嘴",写稿不写稿意义不大。这种认识是片面的。演讲作为一门艺术,它是内容和形式组合而成的一个完整系统,演讲成功的因素很多,口才好、声音悦耳只能是条件之一,学习演讲稿写作是必不可少的过程,如果没有这样一个基本的训练,要想尽快提高演讲能力是很困难的。具体说来,演讲稿有如下一些意义和作用。

一、演讲稿是准备工作的书面成果

美国演讲学家戴尔·卡耐基在《口才训练》一书中说过:"深深地思想你演讲的题目和内容,一直思想到烂熟而融化,于是,你就可以制造出一套新的意思,像一粒种子中的幼芽,自然地膨胀而发展。"这就是演讲的准备工作。演讲稿的写作,从根本上说,就是从听众对象出发,为达到演讲目的而寻求最佳的内容和形式的过程,这个过程也就是演讲的主要准备过程。没有任何准备的演讲是注定要失败的,只有根据听众对象的实际情况,才能确立正确的主旨,选择适宜的材料,组织合理的结构,运用得体的语言。把我们思想的成果,按其内容的逻辑性,用文字形式固定在纸面上,这就是我们所说的演讲稿。单纯的思维活动,变化多端,不留痕迹,不仅容易遗忘,而且难以从容地推敲修改。有了书面的演讲稿本,我们就可以从特定的思维框架中跳出来,冷静地分析演讲的诸要素可能产生的效果。这样反复的研讨改善,不仅能梳理写作者的思路,使演讲内容条理化,而且还能加深印象,有助于演讲者对内容的心理适应,增强成功的自信心。因此,演讲稿的写作一方面为准备活动提供了依据和提示,一方面成为思维成果的记录和总结。可以说,写演讲稿,能使演讲准备得更充分,使演讲内容和演讲形式都趋于完美。

二、演讲稿是临场演说的基本依据

演讲的内容最终是要通过有声语言向听众发表的,将演讲稿上的书面语言转化成有声语言,在这个转化过程中,演讲稿发挥着基本依据的作用。它包含着两个方面,一是内容依据,二是形式依据。作为前者,演讲稿规定了演讲的中心、方向和涉及范围,演讲者遵守这一规范,就可以避免演讲中的信口开河、漫无边际、偏离中心和超越范围的情况发生;作为后者,演讲稿中可能将演讲时应采取的情感处理和变化,语势抑扬顿挫、轻重缓急,手势的动作幅度等都有所设计,这样在试讲和临场演说就会胸有成竹,信心十足。英国著名政治家丘吉尔,一生作了大量扣人心弦的演说,据说他就习惯于把讲稿的句子分成若干小段,而且标上"停顿"、"换词"、

"改正"等专用符号,供临场使用,效果很理想。说演讲稿是临场演说的基本依据,并不意味着演讲时必须念稿,实际上,许多优秀的演说都是脱稿才获得成功的。演讲稿作为依据,正是脱稿的基础。当演讲的内容烂熟于心,演讲者就可以在演讲过程中,根据临场实际,随时调整、变化演讲内容,即兴发挥,做到有的放矢,收到良好效果,达到预期目的。而没有这个依据,演讲者的随意生发,很容易导致主旨的模糊和结构的紊乱。

三、演讲稿是提高演讲水平的有效途径

有人说:"演讲是有声的写作,写作是无声的演讲。"这句话把演讲与写作的关系说得十分明白。写作需要广泛收集材料,确立主旨,精巧构思,讲究开头和结尾,这些都与演讲的要求相同。因此,写演讲稿对于提高演讲水平具有重要作用。虽然说口语和书面语存在着一定的差别,书面语比口语更规范、更讲语法逻辑,结构也更为严密,但有一点是共同的,即二者都力求用最恰当的表现形式,使语言具有感情色彩和节奏韵律,做到简洁、和谐、熨帖、自然。写演讲稿时对语言的苦心经营、刻意追求,实际上也就是在锤炼演讲的基本功。

从更重要的意义上讲,写演讲稿可以提高分析问题和解决问题的能力,形成演讲的思维模式。我们知道,同样的素材,在戏剧家手中可能成为戏剧,在小说家那里可能写成小说,而在诗人笔下又可能写成叙事诗,之所以这样,是因为他们都熟悉各自擅长的文体特征,形成了不同的思维模式,所以能将同一素材融入不同的文学样式之中。演讲也是如此,

演讲者一旦形成了特有的思维模式,就会从生活和书本中选取有用的知识,写出出色的演讲稿。当他不断在演讲实践中检验演讲稿的效果时,他就逐渐形成了一种特殊的能力,这种能力对成功的公众演讲十分重要。

演讲稿的写作过程是结合演讲诸要素于一体的活动。这个过程是对作者头脑的组合能力的一次重要的磨炼。它可以使人的认识得到深化,从而使听众对演讲内容乐于接受,心悦诚服。苏维埃国家的奠基人之一、深受青年爱戴的演说家加里宁曾说过这样一段话:"要演讲就得作准备,写演讲稿,这就逼你研究得更深刻。因为写演讲稿时,每一个字、每一个意思都得考虑周到。动手写演讲稿子,那就要穷根溯源,面面想通。写演讲稿时,对各个问题所用的功夫,比起只是听演讲时要多得多。"加里宁的精辟论述是经验之谈。多实践、多写演讲稿,就可以使演讲者注意积累与演讲有用的知识,并在临场前迅速组合,较快地写出演讲稿。这种能力的形成,使演讲者的水平上升到了一个新的层次。

四、演讲稿是演讲成功的可靠保证

任何演讲都是有目的的,演讲目的的达到就是演讲成功的标志。对我们来说,演讲的目的就是通过陈述见解、传播知识、交流情感、传递信息,以期把问题引申出来,扩展开去,从而对客观世界加深理解、升华认识,以便面向未来,改变现状。为达到这样的目的,任何草率的、没有经过充分准备的演讲都是难以奏效的。写演讲稿,对所述内容经过了深思熟虑,并根据听众情况进行形式上的加工,这样做不仅可以增加演讲的科学性、逻辑性、说服力和感染力,而且还会使演讲者胸有成竹,神态自若,临场不惧,增添必胜的信心。许多初学演讲者有勇气上台演讲,常常是演讲稿鼓舞的结果。有人以为,自己口才出众,不用准备,上台也会"出口成章",这种人的演讲往往以失败告终。演讲成功的要素很多,而写好演讲稿是重要的必不可少的因素之一。

总之,演讲稿的写作对于学习演讲是十分重要的,有志于提高演讲能力的人不妨从这里起步。当我们能恰到好处地传情达意、写出精彩独特的演讲稿时,再加上其他方面的努力,我们就一定能有效地做一场出色的演讲。

第二节　演讲稿写作前的准备

演讲稿写作是一种具有综合性、创造性的脑力劳动,作为写作成果的演讲稿,不可能在毫无准备的情况下构制而成,这是由演讲稿写作的性质决定的。知识资料的积累、实践经验的总结、思想认识的升华等等,都是必不可少的准备工作。只有在充分准备的基础上,将思想成果用文字形式固定下来,才能形成演讲稿,以供口头传播。美国著名演讲家丹尼尔·韦伯斯特曾在美国参议院同罗伯特·海恩展开大论辩,他的演讲《再答罗伯特·海恩》获得了巨大成功。当时有人问他为什么能在一时冲动下发表了如此雄辩的演说,他回答:"我以自己的毕生精力准备了那次演说。"可见,任何优秀的演说,都不是心血来潮的产物,它必须经过认真而艰苦的准备。

一、演讲稿写作的间接准备

演讲活动确定以后,演讲者要对集会的性质、规模、日期、地点、参加人等等情况进行了解,从而为演讲稿的写作提供必要的依据。这些活动,可以称为间接准备。

(一)掌握集会概况。会议的性质、目的不同,对演讲稿的要求也就不会一致,所以写演讲稿之前,首先要从主办人那里了解会议的性质和目的。如欢迎会、联谊会的演讲,要做到热情洋溢,生动活泼;讨论会、协商会的演讲要做到态度友好,旗帜鲜明;纪念会、庆祝会的演讲要能够点明实质,引人深思;庆功会、表彰会的演讲要做到肯定功绩,催人向上。只有根据会议所要达到的目的去撰写演讲稿,才能使演讲主题扣住会议宗旨,使演讲同会场气氛和谐一致。另外,对会议上的发言次序、别人演讲的主要内容等,也应有所了解,这样才能心中有数,避免重复,提高演讲效益。林肯在准备《葛提斯堡的演讲》时,曾写信要来安排在他前面演讲的爱德华的讲稿,然后认真阅读,仔细研究。当林肯的演讲获得极大成功以后,爱德华写信给林肯说:"如果我两小时的讲话能像你两分钟的讲话那样切题,我就感到十分欣慰了。"林肯回信说:"昨天,就我们各自的身份来说,你没有理由作短篇发言,我则不能长篇大论。"林肯的经验说明,演讲稿的写作同集会的性质、目的、演讲者身份等因素密切相关,了解这些情况是必要和重要的。

演讲总是在一定的时间和特定的地点中进行的,我们掌握了会议的时间和地点,就可充分利用这一条件,将时空特征纳入演讲内容,不露痕迹地为自己的演讲服务。一些带有纪念意义的集会,如新年晚会、三八节集会、庆祝五一、国庆联欢等等,固然可将时间因素自然地写入演讲稿,就是春夏秋冬、时令节气等自然变化,也同样可为增强演讲效果助力。郭沫若的演讲《科学的春天》曾用这样的语言结尾:"春分刚刚过去,清明即将到来;日出江花红胜火,春来江水绿如蓝。这是革命的春天,这是人民的春天,这是科学的春天! 让我们张开双臂,热烈地拥抱这个春天吧!"这段演讲辞生动地表现了演讲者当时的喜悦心情,因为对时间因素的巧妙运用,使这种感情对听众产生了极大的感染力。此外,演讲者也可利用地点特征为演讲服务,比如西安事变之后,张学良在西安革命公园召集万人大会,向同胞们介绍西安事变的经过和意图,继他之后,杨虎城也发表了演讲。他说:"我们今天在什么地方开市民大会?(市民们一致回答是在革命公园)大家既知道是在革命公园,就应该知道革命公园这个地方,是许多民众的鲜血和许多民众的头颅所换来的;死难的先烈,都是为了革命而奋斗,为民族求解放而牺牲的爱国志士。现在我们既然在这富有革命性的地方开市民大会,我们唯一所认识的,就是我们中华民国目前已经到了怎样的地步了。"杨虎城在演讲中利用地点的意义展开话题,从而顺利地达到了鼓舞斗志的目的。清楚地了解演讲的时间和地点,一方面可为演讲稿的写作提供资料,密切同听众之间的情感,另一方面也是演讲稿写作的一个重要特色。因此,我们应格外加以注意。

(二)研究听众心理。听众是演讲信息的接受者,他们是有思维、有感情的活生生的人,对于信息,他们不是被动地接受,而是能动地、有选择地接受。所以,演讲者必须对听众心理有精到的研究。毛泽东说:"射箭要看靶子,弹琴要看听众,写文章做演说倒可以不看读者不看听众么?"他还说:"做宣传工作的人,对于自己的宣传对象没有调查,没有研究,没有分析,乱讲一顿,是万万不行的。"在实际生活中,有些同志演讲前对于听众并没有应有的了解,对听众的情况若明若暗,只是习惯于闻风而动,进行传达文件式的演讲,结果使宣传工作者的威信日益降低,他们的演说也没有多少人愿意听了。实践证明,没有对听众的研究和了解,演讲稿写作必然带有极大的盲目性,而有了这方面的准备,就给演讲稿写作提供了重要的依据。

研究听众心理可分两步走:其一,了解听众的自然构成;其二,探寻听众的心理需求。休谟说:"演讲者面对的是一些特定的听众,他一定要照顾到他们特有的脾气、喜好、看法、感情和偏见,不然就休想左右他们的决定。"面对特定的听众群体,演讲者要知晓他们的职业差别,如工人、农民、知识分子、解放军、商业工作者、医务工作者等一等;要了解他们年龄上的差别,如老年人、中年人、青年人等等;要了解他们的文化程度,如大学生、中学生、小学生等等。听众的构成情况不同,特有的心理活动指向也不同,如企业改革前景方面的话题容易引起工人的注意,而改善知识分子待遇方面的议论,会使教师感兴趣。同是政府工作人员,刚刚走上工作岗位的人和即将退休的人关心的问题有所侧重,而担负一定责任的领导者和普通干部的兴趣点也有差异。所以对听众自然情况的了解,可使演讲稿写得有针对性,切中要害。探寻听众的心理需求,是较深层次的准备工作。大凡听众,在听演讲前,脑子里装满了与演讲内容毫不相关的东西,演讲者要想吸引听众,必须讲些与听众生活关系重大的事情,必须讲些听众感兴趣并容易理解的事情。演讲内容只有触动听众之心,联系听众之利,合乎听众之情,才能深受欢迎。据克鲁普斯卡娅回忆,列宁"在群众面前讲话时,总是针对着听众来讲的。他在报告、演讲和谈话过程中,估计到听众当时特别关切的是什么。他们所不了解的是什么,他们认为特别重要的又是什么。伊里奇总是善于根据听众注意的程度、问题、插话、发言,来了解听众的情绪。"我们应该以列宁为榜样,悉心研究听众心理,深入到听众之中,倾听他们的呼声,关心他们的利益,设身处地为他们着想,这样才能使我们的演讲为听众所需要,才能真正对听众有所鼓舞和启迪。

二、演讲稿写作的直接准备

在做好间接准备的基础上,我们就可以针对演讲稿写作的实际,进行直接的准备工作了。一般说来,要写好演讲稿,应该做好下列工作。

(一)选好题材。演讲稿写作遇到的第一个问题就是讲容什么,初学者喜欢找一些怪诞不经的奇闻或令人惊心动魄的事例充塞讲稿,他们认为只有这些东西才值得一讲。其实不然,听众来听演讲,是要你就他们关心的问题说点心里话,而那些奇闻,由于现代传播工具的发达,也许他们早已知晓了。题材就蕴藏在我们生活的周围,只要细心观察深入思考,往往可以很容易发现可讲的题目。许多群众经常议论的所谓"热门话题",只要经过深入思考,确有见地,都可拿来演讲。演讲的题材首先要有意义、其次要能激发听众的兴趣,最后要确实是有感而发。

（二）确定目的。演讲稿写作和临场演讲都是为达到一定目的而施行的手段。军官的战前演讲,目的是鼓舞士兵为夺取胜利而英勇战斗;政治家的竞选演说,目的是说服人们信任他提出的观点和主张;教师的课堂演讲,目的是向学生传播科学文化知识,开启他们的心智。任何演讲都应有明确的目的,或鼓动,或说服,或传播,或娱乐,没有目的的演讲毫无意义,当然更谈不上现实价值了。我们在演讲稿写作之前应搞清楚自己讲这番话的目的何在,并据此选择合适的材料和恰当的语言形式,这样才可能写好演讲稿。

（三）积累资料。主攻方向已定,积累资料尽管是定向进行的,但涉猎范围还是应该宽一些。写演讲稿同中小学生练习浅易议论文不一样,中小学生写议论文,往往循着论点、论据、论证的路子前进,他们毫不怀疑老师命题的正确性,在积累论据时,与论点相符的就保存,与论点相背的就舍弃。我们写演讲稿,要尽可能多地收集资料,正面反面的都要保存,这样得出的结论才更具有真理性。演讲者的片面性,极易引起听众的反感。比如我们搞爱国主义教育,一些出访过外国的同志做演讲,只谈外国的阴暗面,结果失去了青年听众的信任。资料丰富,不仅结论的覆盖面广,写起来也会左右逢源,讲起来也得心应"口"。

（四）寻找角度。一切客观事物,其本身都是立体的、多维的。面对相同的材料,我们从不同的角度去观察、认识、就会获得不同的感受。所谓寻找表现角度,就是根据题材的意义,探寻出表现主旨的最佳方位。如果表现角度恰当、巧妙,就能使演讲主旨显出新意,不落俗套;如果角度陈旧,人云亦云,就难以独出心裁,吸引听众。李燕杰的演讲深受欢迎,虽然其中的一些材料是人们熟悉的,但演讲家对这些材料进行了由此及彼的联想和由表及里的开掘,从崭新的角度去表现它们,从而使人们熟知的材料获得了新的生命,放射出了熠熠光彩。

(五)"绘制蓝图"。写演讲稿同盖房子一样,在开始写作之前应有所计划,从而明确中心是什么,分哪几个大部分,材料如何分配和使用,大体的结构布局怎样等等。这些问题都要在动笔之前考虑好。有了蓝图,写起来就会思路清晰,从容顺手,做到有条不紊。如果没有这方面的准备,写作时就容易想到哪里写到哪里,到停笔时才发现许多毛病,给修改增添了许多困难,有时甚至不得不推翻重写。因此。绘制蓝图可避免无效劳动,提高写作效率。

第三节 演讲稿的标题

标题,是演讲稿的有机组成部分。它像广告一样,听众通过它了解演讲的主要内容,演讲者运用它吸引听众的注意。可以说,标题是演讲者向听众传递的第一条信息。标题义叫题目,"题"的本义是人的"前额","目"是人的"眼睛",二者俱处于人之面部的显著位置。演讲稿的题目也应醒目传神,唤起听众急欲一听的兴趣。有人认为"包子有馅不在褶上",只要演讲的内容好,题目好坏无所谓。这种看法是不全面的,因为标题不够精彩,就会使好的演讲稿像西装革履的人戴着一顶旧毡帽一样,给人以极不协调的感觉。所以,初学演讲者更应该重视演讲稿标题的制作,努力使之光彩照人,引人注目。

一、演讲稿标题的基本类型

演讲稿的标题同一般文章的标题有相同之处,也有不同之处,二者的主要差别在于:一般文章的标题是给人读的,主要诉诸于读者的视觉器官;而演讲稿的标题除了写在海报上或印刷发表而外,更主要的是给人听的,主要诉诸于人的听觉器官。根据演讲稿标题所起的作用,我们可以将其大体分为四个类型。

(一)亮明观点型。这类标题能把演讲者的主要观点简明地显示出来,使听众一听标题就对演讲者的观点了然于心,并留下深刻的印象。如1947年7月,面对蒋军大举进攻的严峻形势,彭德怀同志向延安各界人民做了战前鼓动演说,其题目是《我们一定能够打胜仗》。这个标题用词准确,斩钉截铁,表明了演讲者的乐观精神和必胜信念,观点十分明确。再如,为了防止革命成功后个别同志会腐化变质,陈云同志在党的七届四中全会上作了演讲,题目是《高级领导人要提高革命觉悟》,一针见血地指出党内搞个人崇拜的危害性。郭沫若先生在重庆各界响应国际反侵略运动大会上的题为《和平必须建立在正义的基础上》的演讲,高度赞扬了中国人民为反对外来侵略所进行的英勇斗争,号召各国行动起来,为正义和平而奋斗,早日建立世界和平的新秩序。张海迪同志的《在困难面前要做胜利者》的演讲,介绍了自己虽是个高位截瘫的姑娘,但在艰难的生活中,却掌握了高难的针灸技术,并学会了几门外语,转动着轮椅车开拓了一条人生的进击之路。这些标题,都简洁鲜明地亮出了演讲者的观点,使人一目了然。这类标题在语言形式上一般是一个陈述句。

（二）概括内容型。此类标题用浓缩的语言概括演讲稿的主要内容，使听众对演讲的内容、范围有个大致的了解。例如，陈独秀有下列内容的演讲：叙述中国妇女受"三从主义"束缚的事实，并指出其不合理性和反动性，进而阐明只有依靠社会主义，妇女才能走向新生活的道理。定题为《妇女问题与社会主义》。恽代英向岭南大学师生讲解耶稣、孔子的学说及世界观，并表明他们的主张都无济于现实，只有革命才能给人民带来幸福。这篇演讲辞题目是《耶稣、孔子与革命青年》。李燕杰认为真善美是人们追求的结果，而德才学识则是根本，无德、少才、学薄、识浅的人不可能达到至真、至善、至美的境地。在阐述这二者关系的演讲中，李燕杰把题目标为《德才学识与真善美》。这些都是概括内容型演讲题目，它的语言形式通常是一个联合式或偏正式词组。

（三）设置悬念型。演讲者对某一问题已经有了明确的答案，但为了启发听众进行积极的思维活动，故意在标题中设立疑问，然后用全文内容回答这一问题，形成一种悬念，使听众初听题目，立刻产生亟欲得到解答的心理，这种标题就是设置悬念型。如鲁迅先生通过对《玩偶之家》主人公娜拉的分析，进而阐明妇女解放的真正道路的演讲，题目就是《娜拉走后怎样》，这一标题就属此类。再如，蔡畅同志的演讲《一个女人能什么》，标题设问，全文回答，深刻地阐述了妇女的成功关键在于社会环境和个人努力两个方面，这一标题也是同类。另外像《真正的幸福在哪里》、《叹息，还是奋斗》、《什么是男子汉的风度》等等，都是提出问题，引导听众深思的标题，这类题目在语言形式上一般是一个设问句。

（四）标示时地型。这是演讲辞的一种特殊类型,它往往与演讲内容无关,只是在"演讲"、"讲话"、"发言"等词的前面,加上若干修饰性成分,标明地点、时间、会议名称等等。如孙中山《在东京中国留学生欢迎大会上的演说》,毛泽东《在鲁迅逝世周年大会上的讲话》,郭沫若《在萧红墓前的五分钟演讲》,张志公《在演讲邀请赛闭幕式上的即席讲话》,都属此类。这些标题往往有某种纪念意义,通常出于伟人、名家之口。所以,一般演讲者不应轻易模仿、照搬,特别是在练习性演讲比赛中,如果参赛者都在演讲稿前冠以《在XXX比赛中的演讲》为题,岂不成了笑话。

演讲稿的标题不限于上述四类,这种归纳不过是为大家提供一条线索,便于了解和掌握。在实际的演讲稿撰写过程中,大家可以在合理的基础上"标新立异",创造出内涵丰富,饶有魅力,能给演讲增光添彩的标题来。

二、演讲稿标题的拟定原则

演讲稿的标题,可以在正文动笔之前拟制;然后按题行文;也可在成文之后,统筹全文,从容考虑;还可以边写稿,边拟题,两相对照,一举两得。不管在什么时候拟定标题,都要充分注意到演讲稿标题的特殊性,根据演讲是用有声语言传递信息的特点来精心撰制。一般地说,拟定演讲稿标题应遵循如下原则。

（一）明朗性原则。演讲稿是用语音为载体发表的,演讲稿标题又起着某种程度的广告作用。所以,这种标题应具有明朗性,使人一听就明,一听就懂,不能追求过分的委婉或含蓄。所谓明朗,应包括两方面的含义:一是演讲内容的明朗,使人一听标题就知道要讲些什么。《钢铁是怎样炼成的》、《红与黑》、《暴风骤雨》,作为文学作品的标题是精彩的,它们含义深刻,耐人寻味,但作为演讲稿标题就不大合适,因为对这样的题目,听众据题推义,会误以为这是关于冶炼知识、色彩常识和气象方面的演讲,与拟题的本意大相径庭。二是演讲者态度的明朗,就是说演讲者应努力将自己的感情倾向在标题中显示出来。前面讲过,二次世界大战期间,日本偷袭珍珠港,美国总统罗斯福向国会发表演讲,要求参众两院同意对日宣战,他的演讲题目是《1941 年 12 月 7 日——一个遗臭万年的日子》,这个标题将演讲者对日军卑劣行径的强烈愤怒鲜明地表示出来,具有重大的历史意义和深远影响。科学家爱因斯坦在向准备献身科学的青年学生演讲时,定题为《科学的颂歌》,使他对科学的无比热爱和对青年的高度赞美溢于言表。画家范曾给北京八十中学的师生演讲,题目是《扬起生命的风帆》,显示了演讲者高昂的激情和豪迈的胸怀。老山英雄徐良将演讲题自定为《血染的风采》,这虽是对一首歌曲名称的转用,却准确表达了他洒血南疆、缅怀战友的悲壮情怀。明朗性标题,本身就具有一种动人的魅力,而那些似是而非,模棱两叮,枯燥晦涩的标题,无论如何不会产生如此动人的效果。

(二)适应性原则。演讲稿标题恰当与否,关键还不在于题目的本身,而要看其是否具有适应性。如果标题能够适应演讲内容、演讲者、听众,那么,它就是一个好标题,否则,它的效果就要大打折扣。适应演讲内容,就是要题括文意,防止文不对题。有一篇演讲稿的标题是《由大学生"睡懒觉"说开去》,内容却是这样四段:①睡懒觉是大学生生活作风懒散的一种表现;②懒散的生活作风是怎样形成的;③古人因胸怀大志,所以能"闻鸡起舞"、"秉烛夜读";④要改变睡懒觉的坏习惯,必须明确生活目的,树立雄心大志。这篇演讲稿虽然提到了理想和生活作风,举出了"闻鸡起舞"等实例,但都是紧扣着不该"睡懒觉"说的,并没有"说开去"。如果演讲能由"睡懒觉"说到与之有相似之处的官僚主义、拖拉作风,说到安于现状、不思进取等等,那才真正是"说开去"了。适应演讲者,就是说题目应与演讲者的身份协调。中学生讲《爱情的真谛》,必然受到年龄和经历的制约;男同志谈《中国当代妇女的社会地位》,不如女同志讲更有切身的体会和感触;农民论《国营大中型企业的改革前景》,往往也会力不从心,难以胜任。美国演讲学家约翰·哈斯灵在《演讲入门》中讲道:"演讲必须是有感而发,演讲失败的普遍原因是演讲者缺乏真挚的感情。实际上,只有挑选一个真正适应你的题目,才可能对听众有所触动。"这一见解是十分精辟的。适应听众,就是演讲者要为听众着想,根据听众的思想水平、知识层次、兴趣状况设计标题,只有如此,才能使演讲稿标题吸引听众,增加"磁性"。

（三）新颖性原则。心理学研究表明,新异的事物刺激度强,而"喜新厌旧"又是人们与生俱来的正常心理倾向。所以,演讲稿标题应力求创新,避免雷同平淡,戒除千篇一律。新颖性原则包括内容上的新和形式上的新两种含义。内容创新就是要选取紧密结合当前实际,为人们普遍关心且有积极意义的论题,演讲者要从中提出自己独到的见解。如恰逢龙年,人们谈龙、舞龙、欣赏龙,如果用《龙神崇拜是封建落后意识的表现》为题演讲,就会格外引人注目;当知识贬值,体脑收入倒挂,新的"读书无用论"渐趋抬头的时候,《还是读书滋味长》的演讲标题,定会唤起许多人的聆听兴趣;在新旧体制的交替和碰撞中,对前进中出现的问题发表议论,对某种腐败、丑恶现象勇于抨击,这些紧跟时代的内容都是新颖的,演讲者若以此为题演讲,一定会使听众耳目一新,乐于接受。形式创新就是要在演讲标题上进行艺术性的"美化"工作,使之避开千人一腔的程式,不落俗套。如秋瑾的《敬告中国二万万女同胞》,片语惊人,催人猛省;李大钊的《庶民的胜利》,简洁朴实,振聋发聩;李燕杰的《心上绽开春花,芳草绿遍天涯》,情真辞诚,准确清雅;蔡朝东的《理解万岁》,真挚热烈,出自心声。这些标题都设计得新颖别致,具有较强的艺术感染力。当然,追求标题的新颖,并不是哗众取宠,故弄玄虚,像鲁迅先生批评得那样,将题目"故意题得香艳、缥缈、古怪、华深、连骗带吓,令人觉得似乎了不得。"那样,必然掉入形式主义的泥潭,引起听众的反感。

三、演讲稿标题的锤炼技巧

标题是整篇演讲稿的一面旗帜,精当完美的标题绝不是信手拈来的,其中凝聚着演讲者的艰苦劳动。李燕杰在为北京一九七八届大学毕业生演讲时,先定题为《为中华腾飞而贡献力量》,感到不带劲,就改为《为中华腾飞而献身》。后来他又征求两个大学毕业生的意见,他们说:"当代青年都喜欢郎平打排球那种拼搏精神。"于是,李燕杰又将演讲标题改为《为中华腾飞而拼搏》。这一改,使标题有声有色,富有动感,增添了不少时代气息。可见,高明的演讲者都注意锤炼演讲的标题,"一名之立,旬月踟蹰"(严复语)并不是夸张的说法。

那么,怎样才能使演讲稿标题臻于精美呢?

(一)要易读,忌拗口。写好一条标题后,应多读几遍,看看读起来是否顺口,听起来是否响亮。这是对演讲稿标题语音上的要求。好的标题,应该是铿锵有力,易读上口的。一位幼儿园教师认为自己的工作像绿叶一样,在党的阳光照耀下起着光合作用,孕育着祖国的万千桃李,她将以上内容的演讲定题为(叶的事业》(见(讲与口才》杂志,1986 年 6 期)。这个比喻虽很贴切,但标题更适合于抒情性散文,而且因"叶"、"业"同音,读起来也很费劲,乍听上去不易理解其内含。所以,拟定标题时应避免这种现象。

(二)要简练,忌冗长。演讲稿标题应高度概括,用语干净、利索,删除所有不必要的字眼,"像把手指攥成拳头一样地去压缩语言"(高尔基语)。这是对演讲稿标题形体上的要求。简短、精炼,才容易被人记住,并迅速理解其含义,拖泥带水的标题,势必引起听众的腻烦。郭沫若在 1978 年科学大会上作了题为《科学的春天》的著名演讲,其题目形象地说明了粉碎"四人帮"后我国科研工作面临着的大好形势,可谓辞约意丰,格外精彩。标题太长,不利于用口语表达,一气念不完的句子,往往难以给人留下深刻的印象。当然,演讲稿标题的简洁,一般只应简洁到词组,不宜简洁到一个词,因为没有任何限制的一个词,内容比较宽泛,演讲者不易把握。所以,用孤零零一个词做演讲标题的情况十分罕见,如《希望》、《命运》《爱》等等,都不适合做演讲稿的标题。

(三)要浅显,忌深奥。以文字为载体的文章标题,如果不易理解,读者可以查阅词典,弄懂其义;而以语音为载体的演讲稿标题,如果词义很深,在听众耳边飘忽而过,听众就很难理解了。这是对演讲稿标题意义上的要求。恩格斯认为，标题"愈简单，愈不费解，便愈好"，确实是至理名言。一位中年妇女的独生子在对越自卫还击作战中牺牲了，部队将士为了安慰烈士的母亲，争着要做她的干儿子，这是十分动人的事迹。可是，演讲者在讲述这一事迹时却将标题定为《昨夜西风凋碧树，今朝双燕忽归来》，（见《演讲与门才》杂志，1986年8期）这就不大合适了。一方面两句古诗深奥难懂，没有古典诗词修养的人难以理解其确切含义；另一方面，光听这两句诗，也不知道演讲者要讲些什么。所以，设计演讲稿标题时，不要以为古奥就意味着渊博，因为，这样的标题往往会赶走你的大量听众。

第四节　演讲稿的观点和材料

观点和材料，是演讲稿思想的构成成分。观点是演讲稿思想的直接揭示，材料是演讲稿思想的蕴含，二者结合起来，共同完成演讲稿给出思想的使命。一篇演讲价值的大小，关键取决于其思想价值的大小。那些人云亦云、东拼西凑、胡编硬套，充满假话、空话、大话、套话的演讲，即使形式上再漂亮，文字上再精美，也是没有多大价值的。而在人类演讲史上留下印迹的演讲，无一不是演讲者独到思想的记录和总结，其中闪光的思想、智慧的结晶，至今仍能给予我们极大的教益和启迪。因此，要想写出有思想价值的演讲稿，必须得从观点和材料两个方面下工夫。

一、演讲稿观点与材料的关系

观点和材料在构成演讲稿思想内容时,水乳交融,浑然一体,形成密不可分的关系。首先,观点产生于材料之中。任何观点都不是凭空产生或事先确定的,它是演讲者在丰富多彩的生活里,在众多纷繁的材料中,经过分析、归纳、总结后而提取确定的。大量地占有材料是演讲者在写作之前最基本、最重要的任务。毛泽东同志在《改造我们的学习》中精辟指出:"我们要从国内外、省内外、县内外、区内外的实际情况出发,从中引出固有的而不是臆造的规律性,即找出周围事变的内部联系,作为我们行动的向导。而要这样做,就须不凭主观想象,不凭一时的热情,不凭死的书本。而凭客观存在的事实,详细地占有材料,在马克思主义一般原理的指引下,从这些材料中引出正确的结论。"这是马克思主义认识论的基本观点,也是指导我们撰写演讲稿的基本原则。其次,材料是表述观点的依据。观点是抽象的事物,它是否正确可信,还必须用真实、典型、充分的事实作为依据。假如没有材料,观点就无从表现。常有这样的情况,演讲者的观点很鲜明,从理性上看也很正确,但就是不能打动人,难以令人信服,这就是因为演讲者没有精选表述观点的材料。巴甫洛夫在给青年的一封信中说:"要研究事实,对比事实,积聚事实。鸟的翅膀无论怎样完善,但若不借空气支持,是不能使鸟体上升的。事实就是科学家的空气,没有事实,你们永远也飞腾不起来。"表述观点也同鸟体上升一样。没有材料作为空气,再完整的观点也是难以成立的。同样,要想使观点能为听众理解和接受,也必须有具体、生动而又说服力强的材料作为其支撑物。

二、演讲稿观点的提炼要求

一篇演讲稿,总要向听众阐述点看法,表明些见解,这些看法、见解就是演讲者的观点。无论是说理性演讲,还是叙事性演讲,都应在内容中蕴含着相当的理性,并以这种理性的高度来显示其社会价值。观点,是演讲稿的灵魂,是全篇内容的统帅;有了它,才好选用材料,安排结构,行文成篇。演讲作为一种传播性活动,演讲者发表的言论都具有社会影响,不再是个人的事了。因此,提炼演讲观点应符合下列要求。

(一)真理性。演讲的理性内容不外乎是演讲者对客观事物的一种认识成果,这种成果在内容上的裁决标准,就是看它是否具有真理性。所谓真理性,就是说阐明的观点要正确,要科学,要合乎客观实际,要揭示客观事物的本质和规律。演讲观点具有真理性,这是演讲得以流传的根本原因。李大钊在天安门广场发表的演讲《庶民的胜利》,热情歌颂了十月革命的伟大胜利,向中国人民介绍了列宁的思想,为中国人民指出了新的斗争方向。这些内容,使它在我国现代史上产生了积极、重大、深远的影响,被鲁迅先生称为"革命史上的丰碑"。另外,毛泽东、周恩来、陈毅、邓小平等老一辈无产阶级革命家在不同历史时期所发表的演讲,都是以其客观的真理性而发挥了重大历史作用。如果演讲观点失去了真理性,那这篇演讲不仅没有生命力,而且还会给革命事业带来不好的影响。要想使演讲观点具有真理性,演讲者就要对客观事物有深刻的认识和准确的把握,不能随意歪曲事实,主观而轻率地信口开河。例如,某单位领导在一次总结性演讲中,将本单位青年分成四类,其中一类是好的,另外三类都缺点成堆,仿佛不可救药。这种分析显然不符合客观实际,带有极大的主观随意性,结果这场演说受到了青年听众的反感和抵制。因此,我们在写作演讲稿时,一定要深思熟虑,认真准备,对问题有深入透彻的了解,努力使演讲观点符合或接近客观真理。

（二）针对性。演讲者面对着特定的听众群体,只有了解听众是些什么人,他们关心什么,对什么感兴趣,要从你这里得到哪些知识和信息,这样才能使演讲有的放矢,具有针对性。演讲观点没有针对性,这是演讲目的不明确的表现,不能满足听众的心理需求,就会拉大演讲者与听众之间的心理距离,并导致演讲的失败。李燕杰的演讲受欢迎,重要原因就是其观点具有针对性。他面对当代青年经历的是"谈爱色变"和"爱情泛滥"两个历史阶段的现实,针对青年人缺少爱情方面知识的实际,以"爱情与美"为总题,分别讲述了"爱惜的真谛"、"爱情的格调"、"爱情的哲理"、"婚姻的道德"等内容,使广大青年听众得到极大的启发和精神上的帮助。许多不受欢迎的演讲,往往并不是其观点不正确,或准备得不充分,主要问题是针对性不强。给不同行业、不同年龄、不同知识层次的听众作演讲,内容观点要有所变更。比如在大学生毕业典礼上,如果演讲者大谈国内外形势,大讲学院的成绩和不足,往往很难吸引住听众。因为毕业生此时此刻的心情是很激动的,他们将由此走上人生新的旅途,所以他们对学院有强烈的留恋感,愿意听一些鼓励性、留恋性的话语,对他们真诚地道一声"珍重,再见!"会比讲一大堆人们早已熟知的内容更吸引人。

（三）独到性。演讲观点还应具有独到性，即在演讲中阐述新观点，新认识，或从新的角度进行新的开掘，尽力见人所未见，发人所未发。美国著名作家马克·吐温在1901年发表过一篇题为《我也是义和团》的演说，其中有这样一段："外国人不需要中国人，中国人也不需要外国人。在这一点上，我任何时候都是和义和团团结在一起的。义和团是爱国者，他们爱自己的国家胜过爱别的民族的国家。我祝愿他们成功。义和团主张要把我们赶出他们的国家，我也是义和团，这也是我的主张。"作为侵略中国、镇压义和团的八国联军之一的美国的公民，马克·吐温能够旗帜鲜明地宣布他站在义和团一边，这种观点在当时一定是很独特、很有个性的见解。经济学家千家驹在一次演讲中说："在理论上，十三大报告明确指出'百年大计，教育为本'，但现实情况如何呢？事实是我们始终没有把教育当作生产投资，还是把教育当成软任务而不是当成硬任务。""小学教师的地位与待遇还是各行各业中最低和最苦的，而不是最受人尊敬与最受人羡慕的。"他语重心长地告诉人们：如果不立即扭转"口头重教育，实际轻教育"的做法，"报复将在我们的子孙后代，将在21世纪。"那样的话，"到下一世纪中国能否自立于世界文明国家之林，也将是一个大大的问号。"这番话切中时弊，十分深刻，道出了一个知识分子忧国忧民的心声，所以引起了场内外听众的强烈反响。在大量的演讲实践中，我们也看到许多演讲者总是在重复别人的观点或感受。他们迫于舆论的压力、上司的面孔和传统思想的束缚，缺乏自主和现代意识，从来不敢表达属于自己的独到的见解。演讲要有勇气亮出一个活生生的我来,要做到"我就是我",毫不去顾及他人的议论和指责。鲁迅先生说过:"人家开会我决不去演说。硬要我去,自然也可以的,但须我说一点我要说的话,否则,我宁可一声不响,算是死尸。"又说:"我不是别人,哪知道别人的意思呢?'先意承志'的妙法,又未尝学过。"正是有了这种精神,鲁迅先生的无数次演讲才受到听众的热烈欢迎和衷心信服,从而转化成巨大的物质力量。我们应该学习鲁迅的这种精神。

三、演讲稿材料的选用标准

俗话说:"巧妇难为无米之炊。"一篇演讲稿观点的形成和证明,是需要掌握大量材料的,但这并不是说在撰写演讲稿时,要把这些材料全写出来,都堆上去,那样做,不仅不会收到好的表达效果,而且还会使观点淹没在材料中,使观众产生不知所云之感。从演讲效果的实际出发,选用演讲材料应以下列条件为标准。

(一)真实。材料既然是客观的,那么它的内容就应该确凿、真实,可靠无误。在演讲稿写作中,讲人,其姓氏籍贯、脾气禀性、音容笑貌,都要刻画得真实准确;叙事,则时间地点、人物情节、原因结果,都要交代得准确无疑;引文,要把作者、篇名、内容、出处说得明明白白。材料的细枝末节,都要真实可信,千万不要轻率对待,马虎从事,因为当代演讲者面对着的是有知识、有文化的听众,他们思维活跃,见多识广,当演讲者在内容上稍有不真实的地方时,他们就会产生受愚弄的感觉,进而失去对你的信任。比如以《失败乃成功之母》为题演讲,一些演讲者常引用药品606的发明过程作论据,说是失败了605次,到606次才成功。其实,606是药品在实验室中的编号。个别粗心的演讲者甚至把它转嫁到农药 666 上去，说这种农药在发明过程中失败了 665 次，那就更是谬以千里了。美国前总统里根曾经在一次演讲中表示，只要他还担任美国总统，就一定继续支持尼加拉瓜反政府武装。因为前苏联在中美洲的目的是明确的，为了说明这一点，他引用了一句据说是列宁说过的话，"通往美国的道路要经过墨西哥"。前苏联《真理报》对此认为：列宁从来没有也不可能说这种话。前苏联外交部发言人在记者招待会上指着 55 卷《列宁全集》说，谁要是能从中找出里根"引用"的那句话，他保证太阳从西边出来。这位发言人还指出，里根杜撰列宁的话已非首次，这使人们怀疑里根"是否读过列宁的著作"。由此可见，一句引文的失误，会给演讲者带来多么大的影响。要想使演讲材料真实准确，就必须下工夫，花力气，亲自调查，掌握第一手材料，不能人云亦云，以讹传讹。无论是理论材料，还是事实材料，都要精心鉴别，分清真伪，确认其可靠程度。这样做了，才能使演讲论之有根，述之有据，令听众信服。

（二）典型。一篇演讲稿不可能包罗万象，使用材料当然也不能以多取胜，这里关键是看材料的质量如何，能否一以当十，具有典型性。在同类的真实材料中，最有代表性、最有特征、最有力度支持观点的材料是典型性材料。罗素在他的《如何避免愚昧的见解》中说，就男人和女人而言，十有其九认为自己的性别优于对方。如果你是男人，你可以指出大多数诗人和科学家是男性；如果你是女人，你可以反驳他，大多数罪犯也是男人。这样争辩下去，就无所适从，没有是非了。所以，在演讲中不能使用那些具有表面联系而不反映事物本质的材料，这些材料的意义中具有演讲者极大的主观随意性,对说明观点无所助益。演讲稿《自豪、自慰吧,师范生!》中,作者尹平引用一份调查资料表明,师范大学的学生中有80%的人不愿当教师。而我国广大的农村却实在缺少合格的教师,为证明这一点,他举了一个例子:"有一个初中生担任某村的小学教师。一天下午,他出了一道四则运算题,他的标准答案是 $\frac{7}{2}$,而他的学生得的是3.5。于是,师生之间进行了一场谁对谁错的严肃论争。最后,教师庄严宣告:不得 $\frac{7}{2}$ 者不准回家。结果,那些饥肠辘辘的学生们不得不将3.5稀里糊涂地改成了 $\frac{7}{2}$。"这一事例是具为典型意义的。众所周知,"一穷二白"是阻碍我们民族腾飞的重要因素,如果我们只是注重治理"穷"字,而忽略对于"白"字的改变,那么,这种现象还会进一步扩展,农村中小学生失学率继续提高,民族素质则会日益低下。反过来说,如果以某个农民家里出了78个大学生为由,证明我国农村人口的文化素质有了极大的提高,就很难说明问题。因为这个材料虽然可能千真万确,但毕竟是个别现象,不具有典型性,缺乏广泛的代表性。列宁指出:"因为社会现象极端复杂,随时都可以找到任何数量的例子或个别的材料来证实任何一种意见",而用这种方法来判断,"那么事实就只能是一种儿戏,或者甚至连儿戏也不如"。要想使材料具有典型性,首先必须掌握丰富的材料,这样才有充裕的比较、分析、筛选的余地;其次还要对材料进行批判性审查,从主题需要的角度仔细衡量其价值的大小,没有这种严格的分析思考,材料再多也无济于事。因此,选择典型材料是一项艰苦的脑力劳动。

（三）新颖。选择材料时,应力求选择那些鲜为人知的新材料,这样听众听起来才会觉得有趣,能从演讲中领略到新东西、新信息、新见解。如果演讲中总是拾人牙慧,重复别人用过的老材料,那么,你就成了第三个用鲜花比喻美人的蠢材,很难博得听众的好感。如某单位举办"热爱祖国"的专题演讲,很多演讲员都重复着屈原、岳飞、文天祥的事迹,结果使听众感到索然寡味,产生不愿听下去的逆反心理。而一位演讲员却独辟蹊径,他讲爱祖国,首先必须爱亲人,爱家乡,爱本职工作。他谈得具体生动,选用的都是日常生活中的新鲜材料,因此真切感人,引起听众的共鸣。俗话说:"好菜连吃使人厌,好戏重演使人烦。"一个事例,即使是一个很感人、很精彩的事例,经常讲,也会使听众乏味。演讲稿中使用的材料,要根据内容、对象进行更换,不能总是考生常谈。在一个演讲会上,9个演讲员争着引用夏明翰烈士的绝笔诗:"砍头不要紧,只要主义真,杀了夏明翰,还有后来人。"结果,会后听众议论说:"这些演讲者比国民党还'残忍',国民党只杀了烈士一次头,而他们却在短短的时间里杀了烈士9次头。"这虽是一句戏谑语,但也生动地反映了听众对陈旧材料的厌恶。要想选用新颖的材料,演讲者就必须深入生活,细心观察,随时发现生活中出现的生动、感人的事例,并注意从不同的角度去分析鉴别它,努力从中挖掘、提炼出新鲜的见解。"端起碗来吃肉,放下筷子骂娘"是一句流行颇广的牢骚话,它反映了特定历史时期的社会心态。一位演讲者反其意而用之,认为这句话表达的是改革给社会带来了进步,前半句表明人民生活水平提高了,后半句表明人民民主观念加强了。这种见解新鲜独特,使旧材料产生了新意。我们就是应

80

该这样寻找和选用新颖的材料。

最后要特别强调一点,选用材料的上述标准,都应围绕着主旨的需要进行。如果材料与演讲稿的主旨无关或相悖,那么即使再真实、再典型、再新颖,也是不能使用的,因为那样做,势必喧宾夺主,不仅于事无补,反而会干扰主旨的表达,影响演讲目的的实现。

第五节　演讲稿的主体结构

结构,是演讲稿的组织方式和内部构造。当我们从丰富、新鲜的材料之中提炼出正确、适时的观点之后,下一步工作就是安排演讲稿的结构了。确定主旨,选择材料,只是解决了"讲什么"的问题,而结构全文,则是解决"如何讲"的问题。只有言之有序,结构清晰,才能使听众乐于接受,迅速掌握演讲要点。反之,演讲内容缺乏应有的条理性,材料堆积,杂乱无章,听众听去如一团乱麻,势必感到不知所云,影响演讲应有的效果。所以,安排结构是演讲稿写作过程中一项重要的工作。

一、演讲稿谋篇布局的总体原则

对演讲稿结构进行筹划、设计,关键在于开拓思路,精心构思。落笔之前,诸如怎样开头,怎样结尾,如何突出主旨,先说什么,后说什么,怎样衔接等等问题,都应考虑周详。一般来说,安排演讲稿结构应遵循如下原则。

(一)整体性。演讲内容要正确反映客观事物的发展规律和内在联系,整篇演讲稿应该形成一个有机的整体。做到这一点,首先要以主旨表达的需要来确定结构,各种材料的运用都应服从全局,不能各行其是。如果将一则局部看来是精彩的材料不适当地夸大,就会破坏全文的整体性。所以,以主旨表达为标准,就可使演讲稿重点突出,详略得当,完美和谐。另外,还要在演讲稿的形式上做到完整统一。一篇演讲稿应有头、身、尾三个部分,缺少任何一项,都是不好的。如果无开头,听众感到突兀;如果无结尾,听众感到意犹未尽;而中段层次不清,顺序错位,更会使听众难以理解和接受。要做到演讲稿结构的完整有序,就必须深入思考,做到胸有成竹,这样才能写出文气通贯的稿子来。而草率动笔,写一句,想一句,一段一段拼凑的写法,肯定写不出具有整体性的讲稿。

(二)逻辑性。演讲稿靠有声语言诉诸听众的耳际,结构上的逻辑性十分重要。形式逻辑学的奠基人亚里士多德曾把演说的逻辑结构分为四个部分:①结论;②解释;③凭证;④总结。现在,我们一般按照提出问题、分析问题、解决问题的顺序来安排演讲结构。具有逻辑性的演讲稿,必须是概念明确、判断恰当、推理严密的,它中心突出,条分缕析,结构严谨,说服力强。斯大林曾高度评价过列宁演说的逻辑性:"当时使我佩服的是列宁演说中那种不可战胜的逻辑力量,这种逻辑力量虽然有些枯燥,但是紧紧地抓住听众,一步进一步地感动听众,然后把听众俘虏得一个也不剩。"这说明,只有逻辑性强的演讲稿,才能真正感染听众,打动听众,产生强大的力量。

(三)清晰性。为了反映事物发展的阶段性、多面性和延续性等思想内容,普通文章可用序码、小标题、空行、分段等手法显示层次结构,而演讲受表达方式的限制,全凭用口头有声语言作标志,这样要使层次结构具有清晰性,难度较大。但如果运用得好,也能使演讲结构呈现独特的魅力。如丘吉尔出任首相的施政演讲中,有这样一段:"你们问:我们的政策是什么?我要说,我们的政策就是用我们全部能力,用上帝给予我们的全部能力,在海上、陆地和空中进行战争,同一个在人类黑暗悲惨的罪恶史上所从未有过的穷凶极恶的暴政进行战争。这就是我们的政策。你们问:我们的目标是什么?我可以用一个字来回答:胜利——不惜一切代价,去赢得胜利;无论多么可怕,也要赢得胜利;无论道路多么遥远和艰难,也要赢得胜利。"这里,演讲者用了两个设问来树立有声语言标志,一个问政策,一个问目标,然后分别给予回答。这有助于听众从听觉来把握,结构层次显得清晰明了。此外,用排比句、过渡句等作为有声语言标志也是使层次清晰明了的有效方法。

(四)时间性。心理学研究表明,听众的有意注意一般能持续三十分钟左右。为了取得最佳演讲效益,演讲者应将内容安排在有效时间之内,如果确实需要较长时间,就应适当增加趣味性成分,以消除时间使听众产生的疲劳。时间,对演讲者和听众都是十分敏感的因素。因此,人们有时在客观上限制演讲者的时间,如有的国家规定演讲者单脚站立,当另一只脚落地时,无论讲到哪里,都必须立刻停止;有的地区要求演讲人手中握着一块冰,讲多长时间就握多长时间;我国人大也规定,大会发言不得超过15分钟。这些措施都能使演讲者珍惜时间,不能漫无边际地乱讲一通,但这毕竟是消极的,深谙听众心理的演讲者应该在安排结构时,就注意到时间因素,努力把主要观点、精粹的思想,在较短的时间里表述出来。

演讲结构的上述原则是统一的,它们之间互相制约,相辅相成。没有整体性,也就谈不上逻辑性;没有逻辑性,也谈不上清晰性。所以,精美的结构组合,应该是上述诸原则集中统一的体现。

二、演讲稿主体结构的常见方式

演讲稿的结构多由开头、主体、结尾组成,开头、结尾是结构中重要的组成部分,本章有专节论述。这里重点分析演讲稿的中段,即主体的结构力式,以帮助初学者提高结构能力。

(一)并列式。将几种与演讲主旨有关的情况放置在同一平面上,从多角度、多方位论证演讲观点,这就是并列式结构。如蔡元培先生在上海爱国女子学校所作的演讲《爱国要培养完全的人格》,就是典型的一例。开头,演讲者讲述了该校校名的由来,认为要想使国家隆盛,必须真心爱国,而要做到这一点,必须造就自己完全的人格。接着,演讲者从三个方面论述了培养完全人格的途径:

> 首在体育,体育最要之事为运动。凡吾人身体与精神,均含一种潜势力,随外围之环境而发达。故欲其发达至何地位,即能至何地位。若有障碍阻。其发达,则萎缩矣。……闻本校有体育专修科,不特各科完备,且于拳术尤为注意,此最足为自卫之具,望诸生努力,切勿间断。

次在智育,智育则属精神方面。精神愈用愈发达,吾前已言及矣。盖人之心思细密,方能处事精详,而练习此心思使之细密,则有赖于科学。就其易于证明者言之:如习算学既可以增加知识,又可以使筋力反复运用,入于精细详审一途……

更言德育,德育实为人格之本,若无德,则虽,体魄智力发达,适足助其为恶,无益也。今先言吾国女子之缺点。女子因有依赖男子之性质,不求自立,故心中思虑毫无他途,唯有衣服必求鲜艳,装饰必求美丽,何也?以其无可自恃也……女子之缺点固多,而优点亦不少。今举其一端,如慈善事业。恻隐之心,女子胜于男子。不过昔时专在布施,反足养成他人懒惰之习,今则推广受人以德,与人为善之道……

这种结构安排,脉络清晰,层次井然,说理有力,便于听众从听觉上把握和理解。

(二)递进式。将演讲主旨进行分析解剖,然后逐层进行论述和证明,从而形成一种剥笋式的论证步骤,这就是递进式结构。如陈月异的《新时代的流行色》,是全国10城市演讲邀请赛的获奖作品,这篇演讲稿就是这样安排结构的。演讲稿主体分三层:

第一层:当今时代,自尊、自信、自强、自立应该是大力推崇、大力倡导的时代精神。可生活中勇于创造、敢于冒尖的青年人,却受到了"狂妄自大,好出风头"、"太不谦虚的指责。谦虚本是东方民族的传统美德,但夸大变形的"谦虚"则是缺乏自尊和自信的表现,应该彻底摒弃。

第二层:演讲者欣赏李白的诗句"天生我材必有用",并在一次全校性质的活动中,以一个班宣传委员的身份,作了大会主持人,获得极大的成功。有人说这是表现自己。演讲者反问,表现自己有什么过错呢? 大千世界里,孔雀开屏,白鹤亮翅,种子发芽,小草开花,正是由于万事万物的充分表现,才使世界灿烂辉煌。何况我们人呢? 更应该充分表现自己。

　　第三层:含蓄内向被认为是中国人的惯有性格,而锋芒毕露则往往不易被人理解。许多人为了表示谦虚,不得不压抑自己的个性,扭曲自己的心灵。"这种夸大了的谦虚的怪现象,究其根源,是两千多年来,无为、不争、中庸之道的封建意识,浸透了我们整个民族的心理,至今,这种陈腐的观念仍然影响毒害着一些人。"显然,这种观念已经成为我们时代的桎梏。

　　这种结构的特点是由表及里,由浅入深,步步推进,论证周严,具有较强的说服力。全文由现状分析到表现自我,又由表现自我到究其根源,层层深入,使结尾的号召"是千里马,就应嘶风长鸣;是龙种,就应冲腾起舞"有了合理的铺垫,显得十分精当、自然。

　　(三)对比式。将不同事物或同一事物的不同方面进行对照,通过分析其相同与相异之点,而说明一个道理,表明一种观点,这种结构是对比式结构。如李燕杰的演讲《爱情与美》中,《恋爱的真谛》一节,就是运用的这种结构方式。演讲者首先讲了《红楼梦》中宝黛之间高尚、纯洁、专一的爱情故事,接着又举了现实生活中的一个实例:一位女青年找对象的条件就两条,一是漂亮,二是有钱。结果找到了,可结婚的第二天,新郎就同另一女青年到风景区"谈心"去了。最后演讲者发出议论:"爱情不是儿戏,不是可以买卖的商品,它需要的是一颗纯洁的心,专一而真挚的情感,共同的思想,共同的追求,这就是恋爱的真谛,也就是上面两个故事从正反两个方面给我们作出的结论。"这种结构方式能把道理说得清楚明白,通俗易懂。在比较中,肯定什么,否定什么,褒扬什么,贬斥什么,都能一目了然,十分显豁。它突出了事物的特征,给听众留下鲜明而深刻的印象。

演讲稿主体的结构方式并不是固定的,它可以根据内容、时间、地点、对象的不同而有所变化。美国演讲学家约翰·哈斯灵说得好:"合理的结构安排是一篇演讲成功的基础。具体说有三条;其一,在限定的时间里要求你讲出最多的内容;其二,易于理解你的话,而且能记住你演讲的内容;其三,把忘记演讲内容的危险降到最低的限度。"我们在设计演讲稿结构的时候,应该按照这些要求去做。

三、提高结构能力的基本途径

结构演讲稿是一件复杂的工作,它涉及到演讲者的认识水准和思维技巧。具体地说,提高结构能力要以下列途径起步。

(一)分析名篇结构。古今中外,优秀的演说家留下了许多精彩的讲稿,这是一笔宝贵的财富,其中的结构技巧,更为我们提供了可贵的经验。我们应善于学习和借鉴,悉心体会他们安排结构的方法。这样做了,久而久之,日积月累,演讲名篇就会对我们起潜移默化的影响,当我们在写演讲稿表达自己的思想时,就能较好地构成全文。

（二）拟制写作提纲。动手起草演讲稿之前,先编定提纲,这对提高结构能力很有帮助。有了提纲,就可以增强我们的全局观念,在安排层次、组织材料时做到心中有数,从而使问题考虑得更周全,避免产生一面想一面写的被动局面。成功的演讲家都重视这项工作,列宁的夫人克鲁普斯卡雅在回忆列宁时说:"他在写文章之前,通常是先写好提纲,从这个提纲可以追溯伊里奇的整个思想过程。有许多文章,伊里奇把提纲改了两遍、三遍。"可见列宁是十分重视提纲拟制工作的。

（三）锻炼表述思路。张志公先生说:"文章的结构组织是否清晰严密,表明作者的思路是否清晰严密。"所谓思路,就是思想的线索、脉络、轨迹,它是结构的基础。如果思路模糊不清,演讲稿的结构则必然是紊乱的。所以,有意识地锻炼表述思路是提高结构能力的根本途径。头脑中要经常考虑,怎样才能把一件事叙述得形象、完整,怎样才能把一个观点阐述得严谨、鲜明。思维有了条理性、逻辑性,思路就会清晰通畅,这样结构出的演讲稿也一定会重点突出,条理井然。

总之,一篇演讲稿的结构过程,是同这个演讲者的生活经历、思想水平和概括生活的能力密切相关的。要提高我们的结构能力,除了循着上述几条直接的途径努力外,还特别要在实践中勇于探索和创新。经过不懈的努力,我们就一定能突破难关,写出结构清晰、适合演说的好稿子来。

第六节　演讲稿的开头和结尾

开头、结尾,是演讲稿结构中的重要组成部分。与正文相比,它们好像是次要的,但在大量的演讲实践中,开头、结尾所能发挥的作用甚至是正文起不到的。所以,善于演讲的人大都十分重视这两个部分,在准备演讲稿的过程中,他们往往对此下很大的功夫。

元人乔梦符说:"作乐府亦有法,曰凤头、猪肚、豹尾六字是也。"(引自陶宗仪《南村辍耕录》)明人谢律说:"起句当如爆竹,骤响易彻;结句当如撞钟,清音有余。"(《四溟诗话》)古人这些见解都说明并强调了文章开头、结尾的重要性。这些论述,对于我们精心设计演讲稿的开头和结尾,具有很强的借鉴意义。

一、演讲稿开头、结尾的重要性

心理学研究表明,人们在识记同一材料时,前面部分对后面部分有干扰作用(前摄抑制),后面部分也会对前面部分形成干扰(后摄抑制),而中间部分由于受前后两端的影响,却容易遗忘。这种情况叫记忆的首尾效应。听众的注意力一般呈马鞍型,即较关注演讲的两端,所以演讲的首尾给听众留下的印象比较深刻。只有充分应用开头、结尾的有利条件,才能使演讲最大限度地打动听众,收到良好的效果。一般说来,好的开头能立即建立起演讲者与听众之间的情感联系,能以独特的魅力吸引着听众非听下去不可,从而迅速而有效把握演讲引入正题。好的结尾是演讲内容自然推进中所必然达到的终点,它能将演讲的观点深深印在听众的脑海中,使听众受到感染和鼓舞,进而产生积极的行动。因此,演讲稿的开头、结尾是演讲家们构筑完美结构的两个闪光点,是一场演讲能否超凡脱俗,取得成功的关键部位。有人说:

"通过上场和下场的表现,就可以判定演讲员的全副本领。"这话有一定的道理。撰写演讲稿的时候,我们应精心安排,统筹考虑,努力将最适合演讲内容并且最具有表现力的语句,放置在开头和结尾,使之发挥最大的效能。

二、演讲稿的开头法

开头又叫开场白,能有吸引力应该是对开场白最基本的要求,旧时杂耍要艺人这样开场:"光说不练是假把式,光练不说是傻把式,能说会练才是真把式。常言道:天有三宝日、月、星,地有三宝水、火、风,人有三宝精、气、神。冬练三九,夏练三伏。里练一口气,外练筋骨皮。冰冻三尺,非一日之寒。行家看门道,外行看热闹。练得好坏,您老站脚助威。"这段话音韵和谐,节奏鲜明,对偶与排比穿插使用;对听众极有吸引力。民间艺人的这种努力,很值得我们学习。演讲稿常见的开头方法有如下一些。

(一)落笔入题,开门见山。这种开头方法是用准确、简洁的语言将演讲主旨鲜明地呈现出来,没有任何多余的话。如毛泽东《反对党八股》的开头:

"刚才凯本同志讲了今天开会的宗旨。我现在想讲的是:主观主义和宗派主义怎样拿党八股做它们的宣传工具,或表现形式。"

再如,林肯《葛提斯堡的演说》的开头:

"87 年以前,我们的先辈在这个大陆上创立了一个

90

新国家,它孕育于自由之中,奉行一切人生来平等的原则。"

这两例都是入手点题,开宗明义,几句话就向听众传达了演讲的内容和主题,给人留下了清晰而深刻的印象。

(二)事例领先,铺衬自然。这种方法是在开头中讲一个故事,或一段新闻,或令人吃惊的事件,吸引住听众的注意,然后展开论述。例如:尹平的演讲《自豪、自慰吧,师范生!》,就这样开头:"刚入学我就注意到这样一件事,我们吉林师范学院,有的同学用团徽把'师范'二字遮住了。看来,他们对于'学院'二字颇为满意,那是时代骄导的代名词嘛!对'吉林'一词,也能将就凑合。一枚校徽,仅仅六个字,为什么对那四个字能够宽宏大量,而对'师范'二字却如此深恶痛绝,以至于使它不见天日呢?一份调查资料表明,一所师范大学的学生中有80%或更多的学生不愿当教师,这是多么令人寒心的百分比啊!"这个开头运用具有典型意义的事例,将不愿从事教育事业的师范生的心态生动地显现出来。演讲者由此生发开去,从各个方面论证了教师这一职业的光荣与重要,得出了师范生走的将是一条充满希望之路的结论。

(三)解题开篇,引人入胜。从演讲的题目讲起,不失为一种便捷有效的开头方式。它可以将题目中的概念注释清楚,加深听众的理解和记忆。如梁启超的演讲《人权与女权》曾这样开头:

"诸君看见我这题目,一定说梁某不通:女也是人,说人权自然连女权包在里头,为什么把人权和女权对举呢？哈哈！不通诚然是不通，但这个不通题目，并非我梁某人杜撰出来。社会现状本来就是这样的不通，我不过照实说，而且想把不通的弄通罢了。"

这个开头语言幽默，它从标题中的逻辑矛盾讲起，启迪听众深思，下文展开论述，过渡十分自然。

（四）设问启后，形成悬念。运用一连串的疑问开头，步步设疑，扣人心弦，能有效地吸引听众的注意，并产生相当的感染力。这是演讲家们常用的开头方法。如美国第一任总统华盛顿《对部队的演说》的开头：

"美国人能成为自由人，还是沦为奴隶？能否享有可以称之为自己所有的财产？能否使自己的农庄和住宅免遭洗劫和毁坏？能否使自己免于陷入非人力所能拯救的悲惨境地？决定这一切的时刻已迫在眉睫。苍天之下，千百万尚未出生的人的命运取决于我们这支军队的勇敢和战斗。"

这个开头用设问句将部队的使命提高到应有的高度，然后自己解答，今天的战斗，关系到民族的安危和子孙万代的幸福。这种方法一波三折，能极大地唤起将士们宁愿战死疆场，马革裹尸，也决不沦为奴隶的报国之情。

（五）引言导入，先声夺人。这种开头方法是引用别人的言论作为自己演讲的契机，然后向听众呈现自己的演讲主题。它能吸引听众，消除听众的突兀感。范曾的演讲《再造民魂，重振雄风》就是这样开头的：

"据英国《独立报》3 月 26 日报道,'当李鹏昨天在全国人民代表大会的开幕式上作报告时,各位代表手头都有一份他的讲演稿,每当代表们翻过一页讲演稿,坐在人民大会堂楼上的外国外交官、记者和解放军军乐队都能感到一阵风。'同志们,我想,这是一阵起于青萍之末的微风,它正通过无数的信息传播工具磅礴于全中国、全世界,它必然成为我们时代的浩然雄风。"

　　这个开头转引外国报纸对我国人大开会情况的报道,有力地吸引了听众的注意,然后借题发挥,道出了自己所要阐述的话题。

　　(六)谐语造境,烘托气氛。在开头利用诙谐语言表达,融洽与听众的关系,创造一种于己有利的环境,这是具有高超艺术的开讲方式,运用得好,会得到极大的成功。高尔基《在第一次全苏作家代表大会上的讲话》这样开头:

　　"敬爱的同志们,我觉得,这里提到高尔基的名字,常常加上一些度量的形容词:'伟大的'、'高高的'、'长长的'等等"。

　　美国黑人律师约翰·罗克的《要求解放黑人奴隶的演说》这样开头:

　　"女士们,先生们,——我到这里来,与其说是发表讲话,还不如说是给这一场合增添一点'颜色'。"("颜色"一词在此是双关语，因为听众是白人，而罗克本人是黑人。）

这两个开头都很诙谐，高尔基因身材高大，所以在自己的名字前加上了度量形容词；罗克是黑人面对白人听众，所以说增添了颜色。这些说法，都使听众感到亲切。

演讲稿的开头方法因人而异，因文而异，上述归纳不过是为了便于初学者入门，其实，每一个人的每一次演讲，都应根据具体情况灵活设计，巧妙安排，努力体现自己独特的意图和创新意识，这样才能提高演讲水平。"

三、演讲稿的结尾法

美国演讲学家约翰·哈斯灵在《演讲入门》中写道："各种研究表明，演讲的结尾比起正文来说，更能被听众记住。你要充分利用这个重要部分，以取得最大的效果。"结尾，好似百米赛跑时的最后冲刺，如果在这几步松下劲来，势必造成"为山九仞，功亏一篑"的后果。因此，我们要认真考虑如何结尾，努力使之刚劲有力，余味无穷，给人以首尾圆合、通畅匀称之感。常见的结尾方法有：

（一）归纳全篇，卒章显志。这种结尾法可使演讲内容明确，加深听众的印象。如恽代英《在欢迎湖北农民代表会上的演讲》就是这样结尾的：

"总而言之，还是要靠自己，不要再被别人欺骗。中国的革命，是世界革命的一部分，农工是革命的主要力量。我们今天的会，是希望各位代表回到乡下去，组织起来，解放自己。"（鼓掌）

这篇演讲稿运用递进式,指出了中国农民的巨大贡献,但他们却地位低下,麻木迷信,只有在共产党领导下,才能最终获得解放。演讲结尾点明主旨——希望代表们回乡做组织工作。这个结尾观点鲜明,简洁有力,所以话音刚落,就立刻赢得了雷鸣般的掌声。

　　(二)照应开头,严谨周密。开头埋下伏笔,结尾就要有所呼应,这样才会给听众圆满完整之感。否则,有呼无应,会使人感到莫名其妙。范曾在《再造民魂,重振雄风》的演讲中,开头将人民代表大会产生的精神喻为“一阵起于青萍之末的微风”,继而认为“它正通过无数的信息传播工具磅礴于全中国、全世界,它必然成为我们时代的浩然雄风”。在演讲结尾处演讲者照应开头,激昂地喊出了这样的声音:

　　　“那起于青萍之末的雄风,浩浩荡荡地刮吧,10亿人民共同写一篇惊天地、泣鬼神、动天地、震人寰的‘雄风赋’。”

　　这篇演讲堪称首尾照应的典范。

　　(三)发出号召,促人行动。在演讲结尾时发出号召,会极大鼓舞听众的斗志,因此,成功的演讲家们常用这种方法收尾。李大钊《庶民的胜利》这样结尾:“我们要想在世界上当一个庶民,应该在世界上当一个工人。诸位呀!快去作工呀!”丘吉尔《出任首相的首次演说》这样结尾:“此时此刻,我觉得我有权利要求大家的支持,我要说:‘来吧,让我们同心协力,一道前进!’”这两个结尾都向听众发出了号召,对听众产生了深远的影响力。

（四）激言立誓，余韵长留。这种结尾方式是在向观众阐述完观点或叙述完事件之后，向听众表示"我"或"我们"将如何行动，立下誓言，激励听众。例如：北美独立战争时期的自由主义者帕特里克·亨利曾这样结束自己的演讲："在这场斗争中，我不知道别人会如何行事，至于我，不自由，毋宁死！"闻一多在著名的《最后一次的演讲》中是这样结尾的："我们不怕死，我们有牺牲的精神，我们随时像李先生一样，前脚跨出大门，后脚就不准备再跨进大门！"这两例都简短有力，动人心魄，他们视死如归的激情，在听众心中掀起了汹涌的波澜。老山英雄徐良在演讲《血染的风采》中，也用这种方法结尾，收到了良好的效果。请看：

　　"我最后想说一句话，我才26岁，今后的路还很长，我还要凭自己的一条腿，走今后的路。自己的饭自己吃；自己的活儿，自己干；自己的路，自己走。不这样干，不是一条英雄好汉。"

这个结尾诚挚悲壮，坚定豪迈，深深感染了听众，激起了当代大学生们对人生的深沉思考。

（五）哲理名言，隽永警辟。运用听众熟悉的哲理名言做演讲结尾，往往能使听众感到亲切。例如美国第三十七届总统尼克松《在周总理举行的欢迎宴会上的祝酒词》，援引毛主席诗词"多少事，从来急；天地转，光阴迫。一万年太久，只争朝夕"作结，就在听众的记忆中留下了深刻的印记。再如李燕杰在《国家、民族与正气》的演讲中，用这样的名言作结束语:"真正的爱国主义不应表现在漂亮的语言上,而应表现在为祖国谋福利、为人民谋幸福的行动上。"这样做,不仅丰富了演讲内容,深化了演讲主题,而且还会使听众注意倾听,加深演讲的感召力。

(六)转述轶事,锦上添花。如果能恰当得体地引用轶事作结尾,往往会产生十分动人的效果。英国牛津大学的亨利·费歇尔在追悼其挚友,英国首任驻华大使约翰·埃迪斯的演说中,用下面的言辞结尾:

> "有一次,约翰问我:'在中国的十三陵有好多幅群龙戏珠的石刻,表现群龙在争抢那颗智慧的明珠。你知道到底是哪一幅石刻中,哪一条龙抢到了这颗明珠?'的确,只有在一幅石刻中,有一条龙抢到了这颗明珠。但我知道,除了约翰,所有的人都没有注意到这一点。约翰·埃迪斯正是摘取智慧明珠的那个人。"

演讲者用这则轶事,将朋友那种卓然不群的风度和敏锐、犀利的洞察力形象地表现出来,最后一句,体现了对挚友逝世所产生的深切情感。这种结尾方法很吸引人,尽管不太多见,也足以引起我们的注意和效仿。

同开头一样,结尾也没有固定不变的程式,只要我们在实践中敢于创新,不拘一格,细心体验他人成功的经验,就能创造出精彩、新颖、言有尽而意无穷的结尾来。

四、演讲稿开头、结尾的常见病

(一)开头的常见病。

冗长累赘的废话。如"在讲正题之前,我先给大家讲一个故事。这个故事是很有意义的,特别是对你们青年人,更显得重要。最近一个时期,人们似乎把这个故事忘掉了,我认为强调一番还是很有必要的。这个故事是什么呢?它就是雷锋同志的故事……"这种开头啰里啰嗦,迟迟不能触及正题,且故弄玄虚,有愚弄听众之嫌,所以必须防止。

言不由衷的自谦。如"我没什么准备,对情况也不大熟悉,既然主持会的同志让我讲几句,那我就随便谈谈,想到哪儿说到哪儿,有不妥当的地方还请同志们批评指正,哈哈,这也算是抛砖引玉吧。"这些看似谦虚的话,实是虚伪的表现,既然没有准备就不要占用别人的时间,既然信心不足就不要上台高谈阔论。

陈陈相因的套话。如"今年咱们厂,在中央有关部委和省、市委的正确领导下,在厂党委的直接领导下,在有关部门的关怀指导下,在全体职工的共同努力下……"这种开头,相沿成习,毫无新意,在演讲中应尽力避免。

(二)结尾的常见病。

草率收兵,虎头蛇尾。有些人注重开头和主体部分的准备,对结尾则不大重视。演讲中渐渐地支持不住了,结尾语言如"强弩之末",下场步履似"落荒而逃",给人以虎头蛇尾之憾。其实,结尾也应精心设计,做到胸有成竹,不能寄希望于临场发挥。对于初学者来说,想在讲的过程中灵感从天而降是不大可能的,所以还是有备无患的好。

意尽不止,画蛇添足。与上述情况相反,有人在结尾时怎么也停不住,讲完一句又来一句,婆婆妈妈,没完没了,使性情急躁的听众恨得咬牙切齿。如有人说"我的演讲就到这里",这时听众的注意力已移向别处,可他又说"哦,还得补充一点",这后面的话都是无效劳动,因为听众已很难再集中注意力了。所以,当断不断,往往得不偿失,还劝演讲者们注意。

节外生枝,狗尾续貂。有人在演讲中,开头和主体讲的是一回事,结尾却生发出新的内容,得出了与上文毫无关联的结论。这种结尾使听众如坠五里雾中,顿生不知所云之感。这种情况是演讲者没有对自己的演讲内容做细密严谨的逻辑思考造成的,结尾与上文没有必然的逻辑联系,是硬贴上去的。初学演讲者应特别注意,避免这种现象的出现。

第七节　演讲稿的语言

语言,是人类社会最重要的交际工具。演讲是一门语言表达的艺术,没有深厚的语言功底,要想完成好一场出色的演讲几乎是不可能的。因此,初学演讲者应该加强对语言的学习和积累,总结演讲稿语言的运用规律,为娴熟地使用语言与写出适合口语表达的演讲稿打下良好的基础。

一、演讲稿语言的基本要求

演讲稿作为一种特殊的文体,尽管它同一般文章一样,也将思想内容用文字的形式书诸纸端,但是它最终的目的却不是为了慢慢地阅读和欣赏,而是作为演讲者临场当众发表的依据,它只适合用口语形式表达。所以,优秀的演讲稿,在语言上应达到如下要求。

(一)准确精练。演讲活动是一种社会传播活动,要想使演讲内容传播得久远,就必须讲究演讲主旨的科学性、真理性,体现在语言上就应该做到准确精练。准确,就是用语言把精细入微的思想感情和千变万化的客观事物真实地反映出来;精练,就是用尽量少的语言,传递最丰富的信息。要达到这一要求,演讲稿语言就应做到概念明确,判断恰当,推理严谨,论证周严,行文干净利落,不枝不蔓。

让我们欣赏周恩来同志的一段演讲辞:

> "我们认为美国的这些侵略行动应该被制止,亚洲的和平应该得到保证,亚洲各国的独立和主权应该受到尊重,亚洲人民的权利和自由应该得到保障,对亚洲各国的内政干涉应该停止,在亚洲各国的外国军事基地应该撤除,驻在亚洲的各国的外国军队应该撤退,日本军国主义的复活应该防止,一切经济封锁和限制应该取消。"
>
> (1954 年 4 月 28 日在日内瓦会议上的讲话)

这里,演讲者对"制止"、"防止"和"停止","保障"、"保证"和"尊重","撤除"、"撤退"和"取消"等词,进行了贴切、得当的应用,充分表现了语言适用上精微、细腻的"分寸感",使语言的准确精练达到了炉火纯青的程度。

(二)通俗易懂。演讲是面对群众进行的,特定的听众要求演讲者的语言应深入浅出,明白如话。列宁说:"应该善于用简单、明了,群众易懂的语言讲话。""对人民不能咬文嚼字,而要讲得通俗易懂。"

请看邓小平同志的一段演讲:

100

"现在的问题相当多,要解决,没有一股劲不行。要敢字当头,横下一条心。这半年来,我讲了多次话,中心是讲敢字当头。有个'老大难'单位,过去是老虎屁股摸不得。后来下了决心,管你是谁,六十岁的老虎屁股也好,四十岁的老虎屁股也好,二三十岁的老虎屁股也好,都得摸。一摸,就见效了。"

(1975 年 9 月 27 日在农村工作座谈会上的插话)

这段话里运用了活生生的群众口语,通俗易懂,简洁明快,给人以耳目一新之感。正如匈牙利的巴拉奇·代内什在《邓小平》一书中所写的那样:"当时报刊上还充满'文化大革命'中流行的空洞的口号式语言,呼喊各种神秘运动难以理解的口号。邓小平却把日常生活中的生动语言乃至粗鲁的俗语带进会议厅,阐述许多为人通晓的道理,不顾思想理论界的清规戒律。"

(三)生动形象。要想使演讲产生吸引力,演讲语言就必须生动形象。所谓生动形象,就是演讲稿语言要新鲜活泼,不平淡,不老套,不抽象,不枯燥,富有感染力。唐代李翱说:"义虽深,理虽当,词不工者不成文,宜不能传也。"所以,我们要为听众着想,使演讲语言充满情趣和活力。

下面引用一段毛泽东同志的著名演讲:

"党八股的第四条罪状是:语言无味,像个瘪三。上海人叫小瘪三的那批角色,也很像我们的党八股,干瘪得很,样子十分难看。如果一篇文章,一个演说,颠来倒去,总是那几个名词,一套'学生腔',没有一点生动活泼的语言,这岂不是语言无味,面目可憎,像个瘪三么?"

（1942年2月28日在延安干部会上的讲演）

这段话是阐述写文章、作演说应该使语言生动丰满的道理的,而其本身就是生动形象的语言组合,堪称典范。在目前,这段话仍有很强的指导意义,特别值得我们学习演讲的同志深入体味和思索。

二、演讲稿语言的语体和风格

（一）口头性语体。语体是人们在不同的生活领域进行交际时所形成的一系列运用语言材料的特色。演讲语体既是科学语言和艺术语言的结合,又是口头语体和书卷语体的"交叉"。为使演讲具有吸引力、感染力,演讲语言一方面要经过提炼和加工,保持并发扬口语中丰富多彩、生动活泼的优点,剔除自然口语中粗糙混乱的部分;更重要的另一方面是,演讲语言必须保持口语的生动、自然、亲切和流畅,这样才便于听众理解和接受。老舍先生说:"耳朵不像眼睛那么有耐性,听到一个不爱听的字或一句不易懂的话,马上就不耐烦。"因此,演讲稿语言应做到思维严密,话题集中,语流连贯,遣词造句力求规范,这样才是恰当的、得体的。具体地说,撰写演讲稿要在语言上体现如下要点:句子形体不宜过长,应尽量精短;句子成分不宜复杂,应力求单纯,特别是那些需要经过认真思索才能弄明白的多重复句,最好不用;词句含义不宜费解难懂,应使用通俗的常用词汇和在群众口头流行的富有生气和活力的词汇,如一些短小精当的惯用语、谚语等,不要使用过多的历史典故和古代诗词;尽量选用准确的名词和形象的动词,少用空洞的形容词;列举数字不必过于精细冗长,特别是那些不利于倾听的大数字,遇有这种情况,用大约的数目即可。对一些重要的、结论性的观点可适当地加以重复,这样可以加深听众的印象,因为口语表达是线条型的,一句紧接一句,听众不可能倒回去"重听"。做到了这些,就基本上具备了演讲语体的特色,可以称为立言得体了。人们通常说"怎么说就怎么写"、"我手写我口",实际上,只有演讲稿的语言运用,才是这种说法的最完满的体现。

在演讲实践中,许多初学者并不理解演讲语言属于一种什么样的语体,他们一味追求语言形式上的绚丽华美,在演讲稿中使用了大量的诗歌式语言,结果,用这样的讲稿去演讲时,收到了适得其反的效果。例如,一位青年演讲者在讲到父亲被"四人帮"迫害致死时,这样描绘自己的悲伤心情:"我的心海荡起了悲哀的浪潮,我的两眼犹如双泉,盈满了晶莹的泪水,当噩耗被证实时,我的两行热泪禁不住像断了线的珍珠一样,纷纷落下。"讲到此,演讲者脸上现出了真诚而痛苦的表情,可是,台下的观众却爆发出一阵哄笑。这是为什么呢? 因为演讲者使用的都是描写性的书面语言,这些话只适合于看,而不适合于听,所以听众并不觉得演讲者是在同自己交流情感,而是在台上炫耀文采呢! 听众产生了这样的心理活动,演讲怎么能不失败呢?

(二)个性化风格。风格是人们在语言运用中所表现出来的独特的风貌和格调。世界上每一个人都有与众不同的心理特征、行为方式,体现在语言风格上也应千差万别。撰写演讲稿应努力体现这种差别,用个性化的语言去表达,避免单调的千人一腔,众口一词。加里宁说:"每个人应当力求用自己的语言说话,用母亲教会的语言说话。母亲教出的语言是最好的语言,请你们相信我说的是良心话。"(《论共产主义教育》)这确实是发自内心的经验之谈。现实中,许多人演讲并不是使用自己的语言,他们照搬中央文件或报刊社论,将自己当成了别人思想的传声筒,鹦鹉学舌,夸夸其谈,很难吸引听众,也不会给听众带来任何有价值的思想。追求个性化语言风格也就是尽力寻找显示自己个性的表达形式,它可以犀利辛辣,也可以幽默风趣,可以热情奔放,也可以委婉含蓄。只要适合于自己,就可以扬长避短,获得成功。鲜明的个性化语言是打开听众心灵的金钥匙,有了它,就能引起听众的理解和共鸣,使演讲收到最佳效果。

被国外报刊誉为"在笑声中传播真善美的无冕之王"的著名相声演员姜昆,曾在北京"青年思想教育研讨会"上做了题为《我对理想的摸索与思考》的演讲,其中有这样一段:"我在北京灯市口念初中的时候,正赶上动乱之前。当我们真正看到世界的时候已经是'天下大乱'了,我们曾在社会上受过正统教育,曾经带着炽热的感情,一腔热血投入到'革命'的洪流中,参加了文化大革命的全过程。上山下乡的时候,是鼓满了风帆,开足了马力的航船;后来是破衣褴衫地返航了。(笑)虽然没遭到老同志那样的厄运,但心灵上的创伤还是很深的。大部分伙伴身上的棱角磨平了;一部分人头脑中的信仰淡漠了。转眼,我们都成了家,又都有了副产品,生了小孩。(笑)在各个工作岗位上找到了归宿。虽然不尽满意,但也无奢求。一提树立远大理想,有人就苦笑说,又来政工那一套了。我觉得,理想,是一个国家、一个民族强盛的标志,它不是空洞的而是实际的。在当前谈理想,就要和我们这个民族怎样腾飞联系起来。"这段演讲充分显示了姜昆的个性。作为一个名人,他没有端起子来教训别人,而是把自己看成听众的朋友和伙伴,努力寻求与听众在感情上的共鸣与交融。他的态度坦率、真诚,语言朴实无华,幽默风趣,完全是同姜昆的个性相符的。因此,他的演讲大受欢迎。

古今中外优秀的演讲者,都努力在演讲中表现自己,使自己成为独一无二的"这一个"。他们十分反感千篇一律的语言,摒弃了人云亦云的大话、空话、套话。可以说,是否形成了语言的个性化风格,是演讲艺术成熟与否的重要标志。

三、演讲稿语言的修辞技巧

修辞就是对语言文字进行的必要修饰润色,使之更加合乎表达的需要,增添艺术性和感召力。演讲稿语言的修辞,就是使演讲语言适合口语表达,具有上口人耳的音节、通俗生动的词汇、简短活泼的句式和丰富多彩的辞格。因此,演讲稿语言的修辞技巧应包括下述内容。

(一)协调音节。演讲稿是要用有声语言发表的,语音形式不同,表达效果也不一样。协调音节就是充分利用语言的语音要素,使之变得通畅悦耳,节奏明快,声韵和谐,琅琅上口,富有音乐美。比如,下面一段演讲辞就不够理想,它音节混乱,念起来诘屈聱牙,听起来生硬别扭。"他实事求是,不愿说空话,不说大话,脚踏实地,任劳任怨,总是把荣誉归于别人,重担自己挑。他苦在人先,享乐在别人后面,坚持同群众同甘苦,共患难。"如果我们把这段话中的音节协调一下,尽管原文基本意思不变,读起来却顺畅多了。"他实事求是,不尚空谈,不说大话,脚踏实地,任劳任怨,总是把荣誉归于别人,把重担加于自己。他苦在人先,乐在人后,坚持与群众同甘苦,共患难。"这样的语言才是适合演讲的语言。

(二)精选词语。词语是语言组合体中的基础材料,所谓精选,就是对词语进行细致的琢磨、筛选,努力找到最恰当的那一个,使之在语言链条中发挥最佳作用。一位大学生曾发表过这样一段演讲:"大家明白,现在市面上流行的侦探小说,特别是那些日本推理小说,都滥觞于中国古代的断案小说。"演讲者使用了一个文言色彩很浓的词"滥觞",结果使许多听众迷惑不解,有人甚至问:"怎么日本推理小说还有烂伤?"这说明,一个不恰当的词,也会给思想交流带来障碍. 如果这位演讲者在准备演讲稿时认真斟酌推敲一番,将"滥觞"换成"起源"或"发源",就不会产生这样的误会了。

(三)调换句式。句子是人们运用语言交流思想的基本单位,调换句式就是根据演讲的特点,将演讲稿句子调整得易于讲者表述和听众接受。俗话说"一句话,百样说",汉语的同义句式十分丰富,调换句式可以就语序的倒顺、句型的长短、组织的松紧、结构的整散、语气的变化等等,进行合理恰当的变换。例如这样的语言就不利于演讲:"我们需要什么样的理论家呢? 我们所需要的是能够根据马克思、列宁主义的立场、观点、方法,正确地解释历史上和革命中的实际问题,能够在中国经济、政治、革命、文化种种问题上给予科学的解释,给予理论说明的理论家。"这个句子结构并不复杂,但其中的定语过分庞大,讲起来费劲,听起来难懂,特别是接受能力差的听众,更会产生不知所云之感。因此,像这样的句子应调换成短句,否则,听众听得耳膜充血,心烦意乱,势必严重影响演讲的效果。

(四)运用辞格。辞格是人们在长期的语言实践中创造总结出的具有特殊表达效果的艺术手段。在演讲稿语言中恰当地运用辞格,可使语言变得生动优美,"使语辞呈现出一种动人的魅力。"(陈望道)比喻可化抽象为具体,化深奥为浅显,化生疏为熟悉,化平淡为生动。秦牧说"美妙的比喻简直像一朵朵色彩瑰丽之花"。排比可增加语言的条理性和节奏感,它句式整齐,一气呵成,有如长江大河般一泻千里的气势,能生"壮文势"(陈骙《文则》)之奇妙功效;设问可提醒听众注意,启迪听众深思,创造和谐的对话气氛;反问可使语句富有变化,增添语言的感情色彩;引用可使立论有根,判断有据,增强语言的说服力。这些辞格在演讲稿中都应广泛地应用。它们可以"点铁成金",增加语言的艺术性和吸引力,恰当地运用辞格可使语言犹如雪地绽红梅,光艳照人。

第八节　演讲稿的修改

修改,是演讲稿写作过程中必不可少的程序,是提高讲稿质量的重要一环。人们常说:"文章不厌百回改,佳作常自改中来。"这是很有道理的。古往今来,凡是演讲稿中的上乘之作,无不经过演讲者的精心构思和认真修改。正是演讲者们的辛勤和努力,才使他们的讲稿成为脍炙人口的名篇,至今给我们以启迪和教益。初学演讲的人,应该在演讲稿的修改上狠下工夫,养成良好的修改习惯,切实提高自己的写作水平和演讲能力。

一、演讲稿修改的意义

演讲稿是临场演讲的主要依据,这个稿子永远不会尽善尽美,所谓修改,就是不断对其做进一步的除糟粕,取精华工作。演讲稿为什么需要修改呢?这是由于:一"意不称物",二"文不逮意"。前者是指客观世界千姿百态,精微复杂,我们很难一下子就准确地认识它,精严地反映它。从认识论的观点看,人们对客观事物的认识不可能一次完成,在客观面前,人的知识和阅历总是有限的。我们在演讲稿中陈述的观点、主张、见解等等,很难做到"一字不易","穷尽其理",所以必须不断修改。后者是指当我们用语言传达思想时,二者常常存在着一定的距离。能用相应的语言、得体的方式,把思想表达得准确细腻、恰到好处,是不容易的。反复修改的过程,就可以使我们尽量缩小进而努力消除"文"与"意"之间的距离,使思想更容易被听众理解和接受。

成功的演讲家都有细心修改演讲稿的习惯,正是由于刻苦的学习和锻炼,才使他们的演讲造诣步步提高,直到出口成章,纯熟地进行即兴演讲。马克思对自己的文章总是修改了义修改,总是觉得文字表达没有达到思想所达到的高度;恩格斯对《马克思墓前悼词草稿》进行了精心修改,才有了著名演讲《在马克思墓前的讲话》;列宁的手稿中,留下了许多反复修改、精心雕琢的笔迹。另外,鲁迅是"写完后至少看两遍,竭力将可有可无的字、句、段删去,毫不可惜。"毛泽东是"重要的文章不妨看它十多遍,认真地加以删改,然后发表。"这些演讲名家尚且如此对待自己的文稿,我们初学者更应该认真从事,一丝不苟,努力使自己的讲稿质量更上一层楼。

108

法国文艺批评家布瓦洛说:"万勿以敏捷自豪,求迅速只是傻气;你说你笔头很快,一篇诗走笔而成,这不说明你多才,只说明你欠精审。"这番话尽管是劝诫文学创作者的,但对学习演讲的人来说,也不应该忽视这种忠告。人们所谓的"下笔千言,倚马可待","文不加点。一挥而就",都不过是带有夸张意味的赞美之辞,我们如果以此为榜样,不进行扎扎实实的基本功训练,就很难切实提高演说水平,成为出色的演讲人才。

二、演讲稿的修改范围

演讲稿修改的具体内容包括增添、删除、调换、改变、重写等等,这些工作须视具体情况而定。以演讲稿的组成为根据,我们可将其修改范围确定为如下几项。

(一)校正深化主旨。主旨是一篇演讲稿的灵魂,它科学与否,决定着这篇讲稿的价值。如果主旨带有片面性,不是运用唯物辩证法的观点分析问题,演讲就难以发挥应有作用。比如,在一次演讲比赛中,一位演讲员以《成人院校的考试方法亟待改革》为题演讲,她用激烈的言辞,抨击了现存考试制度的弊端,但在提建议时,却说了这样一段话:"我认为成人院校应该取消任何形式的考试。我们学员会自觉学习,我们有这样的觉悟,不能再用考试去督促我们了。"这种看法尽管激起了部分学员的掌声,但在场的领导和老师却不以为然。因为这种说法矫枉过正,走向了极端,说考试要适应成人特点,这是对的,但根本取消,不要任何形式的考试则有些偏激。因此,类似这样的主旨就应该加以修正,使之全面些,合乎实际些。有的演讲稿主旨不够鲜明、突出,阐述比较肤浅,表达有些含混,这都必须加以修改。要找准问题,深入研究问题,提出确实是深刻的、于我们的事业有助益的观点来。

(二)剪裁筛选材料。材料是演讲稿的血肉,是撑起主旨的支柱。写进讲稿中的材料,应经过精心的挑选和过滤,那些一以当十、说明问题、典型生动、突出感人的事例要保留,那些缺乏生气、陈旧腐朽、勉强堆砌上去的不当之例要剔除,特别是没经核实的数据,没经验证的事实,都要详细查明,否则坚决不用。当代的听众信息灵,脑子活,如果他们发现演讲者运用的材料是虚假的,就会失去对演讲者的信任感。有时还会使演讲者陷入十分尴尬的境地。鉴别材料,首先自己要识货,要理解哪些事例中蕴藏着时代精神,同时要选择其中具有传播价值的部分,不能原封不动地使用。只有换上说服力强、最吸引人的材料,才能唤起听众的共鸣,赢得掌声和喝彩。

(三)调整变动结构。结构是演讲稿的骨架,调整变动结构就是对初稿中层次紊乱、衔接欠妥、前后颠倒、内在联系不够紧密的地方进行修改,设法将混乱的地方弄清楚,将不连贯的地方接顺畅,将首尾缺乏照应的地方改周全。总之,要使结构适合于演讲内容的表达,并能给听众留下清晰、明确的印象。演讲稿结构最起码要做到匀称得当,因为演讲内容是以语音为载体发表的,结构上如果逻辑性差,头重脚轻,详略失当,就会增添听众理解上、把握上的困难,影响表达效果。为听众着想,是我们谋篇布局、修改讲稿结构的主要根据。

(四)推敲润色语言。语言是演讲稿构成的细胞,修改语言是演讲稿写作的最后一道环节。演讲稿语言应该适合演讲发表的特点,要把语含歧义的句子改准确,把语义含混笼统的句子改明晰,把成分残缺或不合汉语句法规则的句子改正确,同时应将拗口、晦涩的词语换成上口、明快的,将可有可无的语句删除掉,尽量使讲稿语言简洁、生动、形象。这样的演讲语言才能感染并打动听众。关于演讲稿语言的修辞,在语言一节有较详细的例证说明,恕不赘述。

三、演讲稿的修改方法

演讲稿的修改情况因各人的习惯不同而有所差异:有的演讲者把重点放在写前的准备构思上,腹稿打得比较充分,这样写出稿子来,只要适当修改个别语句就可以了;有的演讲者激情难遏,顾不上充分的酝酿思考,快速落笔成文后,初稿比较粗糙,这就得做较大规模的修改;还有的演讲者写成讲稿后,经过进一步的思考和深入细致的调查,发现原文所持观点并不妥当,就将原文全部推翻,重新准备。不管怎样,修改的目的在于提高演讲稿的质量,使演讲具有真理性,只要能达到这个目的,具体的方法可灵活运用。一般说来,演讲稿的修改常用如下几种方法。

(一)自吟改。演讲稿是要用口语发表的,运用自己吟诵的方法,就能发现许多不适合的地方,特别是语言上的一些毛病,光凭看有时不易发现,而一读问题就出来了。像语句不通、衔接不紧、缺少气势、声调不谐等等,在读的时候仅凭语感就能发现,这样,修改起来就有了标准和依据。罗斯福在演讲前总是坚持这样做:"每次演讲前,他都毫无例外地坐在长沙发上,把脚搁在特制的小凳上,然后大声地朗诵讲稿,自己听听声调合适不合适。"正因为这样,他的演讲才引人入胜,通俗易懂,具有迷人的魅力。

（二）试听改。找几个人当听众,把自己的讲稿念给他们听,观察他们的反映,听取他们的意见,这种方法能获得珍贵的反馈信息,更容易发现演讲稿中不够妥帖的地方,修改起来也会更加符合实际。白居易的诗"老妪能解",这与他运用试听式修改有很大关系。据载"白乐天每作诗,令一老妪解之,问曰:'解否?'妪曰:'解。'则录之,曰:'不解。'则又复易之。"从演讲学角度看,运用这种方法对演讲稿修改会更加有效。这是由演讲信息的口耳相传的特性决定的。林肯《葛提斯堡的演说》获得巨大成功,就与他精心修改分不开。据说他"亲自起草演讲稿,并把讲稿念给白宫的佣人听,直到演讲的前一天晚上,在葛提斯堡的小房间里,他还在推敲这篇只有五分钟、九句话的讲稿"。林肯请佣人们听,寻找自己讲稿中的问题,以便修改时对症下药,正是这种努力使这篇演讲稿被铸成金文,成为用英语演说的典范之作。

（三）隔日改。演讲稿写作过程中,我们的注意和情感都十分集中,有时兴之所至,不可能细心揣摩自己的行文,而写完之后,看到全文都是自己花费心血所得,所以敝帚自珍,看不出什么毛病,修改起来有很大困难。这是因为刚刚停笔,我们的思路、情绪还没有从特定的氛围中超脱出来。这时,最好采用鲁迅先生倡导的方法,"等到成后,搁它几天,然后再来重看"。隔日改,我们就可以从容地深入生活,查寻资料,阅读他人作品,思索有关问题,待理智冷静下来以后,再从头改起,字斟句酌,增删换改,使演讲稿臻于完美。叶圣陶先生曾深刻阐述过这种修改方法的道理,他说:"写完一篇文章,自己很满意,这时候的自己满意,未必能断定那篇文章真个是好,因为其时两个'我'还没有分开来,一个是写作文章的'我',一个是批评文章的'我',等到过了几天,两个'我'分开了,再来读自己的东西,满意的成分便不免减少了一些。"可见,隔日改确实是一种行之有效的方法。

演讲稿的修改应本着实事求是的科学态度和精益求精的负责精神去进行。修改讲稿是件辛苦的工作,没有呕心沥血之苦,殚精竭虑之勤,是很难完成的。我们应注意反复修改,在演讲稿发表出去之前,头脑中应经常想着这件事,不要停止修改工作,就是最后的定稿誊抄,也不要请人代劳,因为这也是一次难得的修改机会。马克思曾把誊写文稿比喻成"经过许多产痛后,我自然享受舐净这孩子的愉快"。只有这样,才能写出优美、精当、深刻、切时的演讲稿来。经过不断的修改,我们就可以十分熟悉自己的演讲稿,其中的观点、事例、引文、数据等等,都会烂熟于心。这样,在演讲时,我们就可以信心十足,左右逢源,表现出最佳状态,进而获得最理想的演讲效果。所以,初学演讲的人,千万不要忽视重要的修改工作。

(撰稿:孙炜东)

思考与练习

一、演讲稿是一种什么样的文体?为什么要写演讲稿?有人说演讲全凭伶牙俐齿,全凭三寸不烂之舌,有了这些,不必写稿,也照样能口若悬河,演讲得很出色。你同意这种观点么?

二、演讲稿在语言、结构、材料等方面有哪些特点?如何在写作实践中体现这些特点？从哪些方面努力才能写出适用的演讲稿？

三、试拟三到五个演讲题目，从中选择其一，按照在班级演讲会上发表的要求，写成一篇演讲稿。

四、阅读下面这篇演讲稿，然后思考后面的问题。

小狗也要大声叫

各位青年朋友，到这个讲坛演讲的，应该是曲啸、李燕杰、邵守义那样的大人物。我这个"嘴上无毛"的青年人站在这里，很不般配啊。（停顿，突然提高声调）不过，我很欣赏契诃夫的一句名言："世界上有大狗也有小狗，小狗不应该因为大狗的存在而慌乱不安，所有的狗都要叫！"小狗也要大声叫——就按上帝给的嗓门叫好了！今天，我这个自信的"小狗"，就来大胆地叫几声。

近百年前，契诃夫把大作家比作大狗，把小作家比作小狗。他鼓励"小狗"们大胆创新，在文坛上发出有自己特色的"叫声"，"小狗也要大声叫"，说得多好啊，既幽默风趣又形象深刻，今天对我们仍有教益。试想，一个单位，一个部门，一个地区乃至一个国家，倘若只充斥着极少数名家、权威和当权者的声音，虽不算"万马齐喑"，但群众，尤其是最富有创造力的年轻人的智慧和声音被压抑了，哪里会有真正的"九州生气"？

改革竞争的时代，千万不能以胡子长短谈见识，以名气大小论英雄，以职位高低辨真理。年轻人，只能在边干边"叫"中逐渐成熟；无名之辈，只有敢叫敢为，才能一鸣惊人乃至威名日盛。鞍钢电修厂青工石峰，出于主人翁的责任感，

114

深入调查,反复思考,四易其稿,对企业的改革、生产、经营、管理及思想政治工作,提出了极有价值的建议。他的万言建议书在《工人日报》刊登后,引起强烈反响,这位名不见经传的四级钳工,一夜之间成了闻名全国的新闻人物。

当然,关心改革,进而写建议书的小字辈决不止石峰一个,遗憾的是,像石峰那样敢"叫"的却不多。石峰准备"叫"时,有人劝他:企业改革是经理厂长的事,"肉食者谋之,又何间焉?"可石峰不听这个,他觉得自己是企业的主人,不"叫",心里憋得慌。他的"叫声"惊动了厂长,惊动了公司党委,惊动了全国的企业家。

当然,提倡"小狗也要大声叫",决不意味着让年轻人乱"叫"一气。在油印小报上发了几首打油诗,就大叫要征服中国诗坛,要夺取诺贝尔奖金,那自然滑稽得可笑。君可知"尼采自诩过他是太阳,结果他发了疯"。至于那种贬鲁迅作品为"鲁货"、为"凑数之作"的心术不正的"怪叫",自然如嗡嗡蝇声,过街鼠叫,是人人讨厌,应群起而攻之的。

最近,一位中央领导同志勉励青年创造比老一辈更辉煌的业绩,这就要求青年人必须出色地做好本职工作,为改革、为"四化"发出自己应有的"叫声"! 那些虽然腹有经纶但阴柔有余、阳刚不足的奶油小生是不敢"叫"的;那些虽"嘴上无毛"但已深谙"出头椽子先烂"等世俗哲学的平庸之辈是不敢"叫"的。响亮而优美的"叫声",往往发自那些有胆识的开拓者与弄潮儿。如果我国的每一位"小狗"都发出自己的叫声,那么地球也会颤抖的!

1.这篇演讲稿的观点有没有现实意义?结合实际谈谈其针对性和新颖性。

2.从运用材料的角度分析这篇演讲稿,试写出简要的评语。

3.写出这篇演讲稿的结构提纲,分析其开头、主体、结尾各有哪些特色。

4.在阅读中,悉心体会其语言运用上的特征。

（撰稿:孙炜东）

第四章　演讲的表达方式

第一节　情　感

好的演讲,无不是热情洋溢,真情流露的。没有情感,不可能有对真理的追求。

一、热情

一个人有了热情,才能有生气;演讲充满热情,才会有生命力。热情,会使演讲者的语调变得优美动听,充满激情,还会使演讲气势磅礴;热情的演讲,无形中为听众设置了强大的磁场:同心相吸,同声相应。热情非凡的演说家,一登台就神采奕奕,目光四射,一举手、一投足无不表现无穷活力。罗斯福是世界有名的政治家,也是出类拔萃的演说家。热情,使他政治上取得了巨大的成功。有人评价他的一生说:"活泼愉快度过一生,带着一份雀跃、活力、冲撞和热情。这是他的标记。他总是对自己处理的事情兴味浓厚,浑然忘我。"(美国卡耐基《语言的突破》)罗斯福对人谈话和讲话,也是总是那样充满热情,无怪乎美国人民对罗斯福讲话总是那样信服,对他本人总是那样崇敬和热爱。

热情与激情固然出自演讲者个人的气质,但又往往出自与人民群众的水乳交融的关系,出自对社会的责任感和使命感。演讲切近生活,贴近群众,其效应才会传得远,激励人奋进。社会的使命感越强烈,与人民接触越广泛,演说家的个性也往往越是活跃,而且"在热情的激昂中,灵魂的火焰才有足够的力量造成天才的各种材料熔于一炉"(法国司汤达《给路易·格芳赛的信》,见《西方古典作家谈文艺创作》)。李燕杰是我国不可多得的演说家,他有很强的时代责任感,他走万里路,交万名友,走到哪里,就演说到哪里。他的演讲艺术集中到一点,就是热情加道德,宣传艺术化。李燕杰年近六十,但他登台演讲的激情时时激起听众热烈的掌声,他与听众之间,时时形成阳电与阴电的碰击。为此,他深有感触地说:"一个好的演说家,当他的激情迸发时,应如初出龙门的河水,呼啸奋进的浪花,使人们思想振作,精神升华。"一个好的领导干部对群众发言、讲话也应充满热情。对群众热情非凡,其演讲或宣传,才会像春风一样,给人民带来无限希望与生机。听,某位领导同志曾经是这样热情赞美教师的神圣工作的:

　　教师,这个太阳底下最神圣的职业,和整个社会的进步紧紧相连。哪一位名声显赫的科学家没坐过小学生的板凳?哪一个名扬四海的文坛巨星没受过启蒙教师的指点?不从一加一学起,凭什么摘下数学皇冠上的明珠?没有一笔一画的训练,靠什么写出千古不朽的名篇?

这样的话,无疑是一股强大的暖流,给人以激动和振奋。

正因为这位领导对教师是由衷的尊敬和热爱,所以话语间充满了热情,使人倍感亲切。没有热情是不可能有成功的演说的。在日常生活中,我们不是经常碰到不关群众痛痒的发言吗? 某些领导干部,他们那种四平八稳、平庸乏味的腔调,或是一本正经、雄踞绝顶的姿势,或是例行公事——"我讲你听"、冷淡麻木、僵硬死板、没精打采的那副尊容。他们站在(或坐在)听众之前,全然无视听众的存在;自然,听众也忘了他们的存在。至于那种脱离群众、高高在上、发号施令的领导,他们唱惯了高调,说惯了假话、大话,群众更是深恶痛绝。

热情能使自己演讲虎虎有生气,能始终如一地维系听众的注意力。那么,如何使演讲充满热情呢?

(一)选择自己感兴趣的话题。

有兴趣才有追求。如果对自己选择的题目有过实际的接触与体验,有过深刻的理解与感受,并达到久久不能忘怀的程度,或者达到非要倾诉不可的地步,那么,你的演讲一定会充满真挚的感情,"情自肺腑出,方能入肺腑",要感动别人,必先感动自己。这正是有理想、有道德、有纪律的人的演讲能够感人,令人信服的根本原因。

(二)热爱生活。

热爱生活的人,对人对事总有副热心肠;热爱生活的人,必定热爱工作,热爱事业;热爱生活的演说家,其宣传真理,传授知识,也一定会满腔热情。历经生活艰险的人,往往更热爱生活,他们胸中蕴藏着无穷的热情与智慧,他们的思考也会与众不同。让他们谈论自己亲身经历与经验时,谈及自己的痛苦与欢乐时,那也定会是情真意切;说理论道时,必将是源源泉涌。女排名将陈亚琼,她腿上有伤,还硬拼不下火

119

线——为夺世界冠军而拼搏。这生命与意志的拼搏,这思想与灵魂的拼搏,引得了观众的叫好。当人们佩服她这种拼搏精神时,她却说:"我瘦啊,倒下去咚咚响。她们说我'钢铁将军',担心我有一天散架子。其实,摔散了拣起来,凑在一起我还能练。"这火辣辣、震撼心灵的话语,正是出于她对事业和生活的热爱。中国足球队长左树声在一次中国足球走向世界的联欢会上发言:"我是个失败者,但下辈子再让我选择职业,我还会选择踢足球。"他演说只用了一句话,就把自己对事业执著的追求和不怕失败、自强不息的精神和盘托出。

(三)要有正义感。

所谓正义感,就是代表人民之爱憎、民族之正气。演讲有了正义感,就会理直气壮,说起话来就会"闻之有声,感之有气",如金石落地,铮铮作响。"气血之怒不可有,理义之怒不可无。"为个人私利之怒不可有,为国家、为民族利益愤怒不可无。为正义而慷慨陈词,其爱憎之感情无不如火山爆发;有了正义感的冲动,演讲的吐词才会犀利明快而具有震撼人心的气势;有了正义感的冲动,往往嘴未张气已腾。闻一多先生视死如归,为深切痛恨国民党反动派无故杀害爱国名士李公朴拍案而起,面对特务们的恫吓威胁,以生命为代价,向大众作了《最后一次的讲演》。那短短的、不到10分钟的演讲,竟获得了11次鼓掌,其中"热烈鼓掌"5次,"长时间热烈鼓掌"1次。这掌声,反映了人民对反动派的愤怒,对闻一多、李公朴等爱国志士的尊敬与热爱,显示了正义的声威。慷慨悲歌多壮士,闻一多愧不是革命民主主义的英勇斗士,人民大众的"雄狮"。

演说家的正义感凝聚着对社会对人民的长期的观察与

120

思考,凝聚着对历史和现实的深刻的反思与探索,凝聚着对祖国对人民的挚爱与忧虑。它是高度的理智与火热的感情的结晶。"任何伟大的诗人所以伟大,是因为他的痛苦和欢乐深深植根于社会和历史的土壤里,他们从而成为社会、时代和人类的感官和代表。"(别林斯基)演说家必须从民众的土壤里去培养与获取感情,这样才可能成为阶级的感官、时代的喉舌。演说家必须像沉稳冷峻的喜马拉雅山山峰,把自己的头颅伸进时代的苍穹,把自己的身躯牢牢地焊接在大地上,以金字塔宽大的底座,来保证思想的高度,来保证正义感崇尚的声威。

二、真情

演讲是用真理说服人,用真情感染人,它要求声情并茂,情理相融。"服人心者,莫先乎理","感人心者,莫先乎情"。精诚所至,金石为开。真者,精诚之至。真情应该包含真诚和深切的感情。

一个人如果襟怀坦率磊落,待人真心诚意,他定能受人欢迎;如果是虚情假意、口是心非,或满嘴"假大空",或报喜不报忧,或言不由衷,必定被众人嗤之以鼻、唾之、弃之。演说家应当表里如一,嘴上说的,心里想的,台上讲的,平时做的,别无二致。正直的演说家,应当是真善美的代言人,绝不能充当假恶丑的传播者。正直的演说家,也只有当他的人格与讲演的风格相一致时,当他崇高的思想与真挚的感情相协调统一时,才能真正充当起人民和时代真善美的代言人。

真实,是马列主义演讲术的基本准则。发真音,才能字字生辉;唯求实,才能有真理。忠实于事实,才能忠实于真理;歪曲事实,必定歪曲真理。演讲的目的就是为了宣传真理,捍卫真理。思想解放的今天,人民群众比任何时候都渴望说真话,讲真理,予真情。而这理、情、言三者是相关相连,相辅相成的,而理真则起决定作用。

演讲抒情要真,演讲者首先要做真人:"把大写的'人'——写在那万里长空。"努力使自己成为思想解放、人格独立的自由人。唯这样,才能昂首抬头,直面人生,"言人之所欲言,言人之所不能言,言人之所不敢言。"唯这样,才能放开手脚,敢作取为,破私心,灭奴性,不唯上,不唯书,不唯我,只唯实;唯这样,才能燃烧自己,照亮别人,把思想、智慧无私地奉献给人类。

做真人,才能抒真情。你想成为一个演说家,必须努力培养自己成为富有感情并善于表达感情的人。感情丰富而善于表达感情的人,"登山,则情满于山;观海,则意溢于海"。守财奴唱不出爱情之歌,唯有梁山伯与祝英台、罗密欧与朱丽叶才能歌唱生死不渝的爱情之歌。善于抒情者,应能真实自然地反映自己在特定情景中的特定情绪与感受。天地万物,一时有一时之情状,一方有一方之情状,一事有一事之情状,一物有一物之情状。演讲的体物缘情必须做到因人、因事、因时、因物而异。有了这种独特的感受,才可以情见于辞,情发于声,情寓于事,情寓于理。

演讲者对事物的爱与恨,不但要真,而且要深。情不深,则无以惊心动魄。大海如不深沉,则无以激荡;演讲感情不深,则无以激励群众。情不深,往往也就不真,情不深不真:"强哭者,虽悲不哀;强怒者,虽严不威;强笑者,虽笑不和"。情真且深:"真悲,无声而哀;真怒,未发而威;真亲,未笑而和。"情深,才能"一说改容,二说泪下,三说断肠"。

感情深,是由于观察深,感受深,体验深,思想领悟深。一个有思想深度的演说家,应具有深厚的生活体验。他从深厚的生活体验出发,将从历史的高度去考察当今的人生,从时代发展的趋向和人民意愿的动向去洞察、剖析现存一切的现象和事实。演说家立足于这样的高度去开掘社会的思想深层,去认识事物的本质,那样的演说,才能"独步当时,留声后世"。山西哲学教授景克宁对社会对人生体察人微——于日常生活细微处把握群众思想脉搏的跳动。他在一次为民众叫好的演讲中,曾对党风不正的演变过程,作了入木三分的剖析:

> 这里有一个强烈的对比:五十年代,也存在着资产阶级的糖衣炮弹和作风不正的一些党员。但那个时候,他们只是在阴暗的角落鬼鬼祟祟,羞羞答答地作着交易。可是,今天却发展到公然盛行的一种所谓"关系学"。行贿者竟然可以手提礼物,公开地去敲共产党员的大门!公开去敲国家干部的大门!50年代,贿赂者不敢公然去做肮脏交易,那是因为党的革命威信威慑着他,害怕里包含着对党的敬仰。现在行贿者敢于公开去做肮脏交易,是因为他觉得党的形象对他不再具有威慑力了,他不怕了,这里包含着对党的蔑视。我们可以想象,当行贿者满脸堆笑把礼物双手奉献的时候,心里一定会暗暗骂道:"你算什么共产党员!? 你算什么国家干部!?"

这段话,对"送礼"、"行贿"这一极有普遍性的社会现象作了最为深刻的剖析。没有深切的感受,不可能有独到的见解和淋漓尽致的感情抒发。景克宁没有切肤之痛和内心的体验是说不出这一段深刻的话的。

　　情感具有鲜明的思想性与时代性,离开思想的情感是不存在的。思想制约着人的情感和行为,伟大的思想无不孕育着崇高而美好的感情。当人的情感体现为一种高尚精神,才会是健康的积极向上的。演说中自始至终贯穿着高尚精神,演说的情感表达才会显得格外具有效力。同时,情感又必须由理智去控制,"那些巨大的激烈的情感,如果没有理智的控制而任其为自己的盲目、轻率的冲动所操纵,那就会像一只没有了压舱面漂流不定的船那样陷入危险"(罗马·郎加纳斯《论崇高》)。失去了某种精神,失去了理智,再真、再深的感情也会黯然失色。沉默的悲哀情绪,精神上灵魂上往往拴着锁链;乐观开朗的情绪,却是精神上灵魂上自由解放的反映。如果演讲者把整个生活浪费在琐屑、狭窄、庸俗、卑劣的陋习与思想中,那永远也不可能产生动人的演讲。世界上永垂不朽的演讲名篇,无不是博大精深的思想与丰富色彩的表情语言相统一,尤小是敏锐而又新颖的思考与激烈而又深沉的情绪相统一。

　　演说是精神完美的反映。演说家又应当是思想家、哲学家,他应具备坚定信念、勇敢无畏、激烈论战的可贵素质。他同时又应是辞学家和教育家,善于掌握听众的情绪与意识,影响他们的思想与心理,激发他们的智慧与情感,启发他们的思考与想象。

第二节 声 音

演讲的声音,应该准确清楚,清亮圆润,富有变化;要求"以情发声"、"以声带情",以达到声情并茂、赏心悦目的效果。为此,必须正确运用语调的速度,发音的轻重、升降与停顿。

一、速度

讲究说话速度的快慢,这是说话艺术的一个重要因素。为了表情达意的需要,我们说话时,快则可以像闪电一般一口气说完一连串的句子,慢则一字一顿或词尾拖上长声,一两个重要的字所占的时间比六七个不重要的字的时间要长。在莎士比亚名剧《威尼斯商人》中,有这么一句台词,即剧中人吝啬鬼夏洛克在巴萨尼奥向他借钱时回答的话:

> 我正在估计我手头的现款,照我大概记得起来的数目,要一时凑三千块钱,恐怕办不到。

台词中的"三千块",吝啬鬼是用很不情愿的强调口气慢慢说的"三——千——块"。这种把每个字拉长声调的念法,在表情达意上,比漫不经心地说出的"三万块钱"还多得多,充分表现了吝啬鬼的个性特征。语速运用得好,便会产生意想不到的艺术效果。

好的演讲,它的声调和节奏可以产生音乐旋律感和艺术魅力。演讲的声调、节奏是生活的声韵、旋律和节奏的反映,节奏和旋律也是感情与理智间的调节,是一种奔放与约束之间的协调。演讲中,根据不同情感的需要,来选择不同的声调与节奏。一般来说,声韵响亮,音步紧凑,节奏起伏,则是表现激动、欢快、愤怒、急切等情绪,也可以表现危险、快速动作以及迅猛发展的过程。下面是语速加快的用例说明。

"人而无信,不知其可。"一个"信"字,可以使改革渡过难关,可以使政府各项政策法规令行禁止,可以使党的威信大增,可以使"四化"蓝图付诸现实。总之,"信"是改革成功之诀,"信"是改革胜利之本。

这是选自一位学员的《取信于民,振奋士气》的演讲辞的结尾部分。结尾运用排比句,语速逐渐加快,把抒情、说理推向高潮。一般说来,运用博喻、排比、对照或层递等修辞手法时,其语速都应逐渐加快,声音逐渐加强。如果高潮安排在演讲结尾,一般情况下,其语速也应加快,以便使激情更加蓬发,这就像海潮沿海滩推进时,势如虹,声似雷,最终一触礁石,激起飞泡浪花。

今天,这里有没有特务?你站出来!是好汉的站出来!你出来讲!凭什么要杀死李先生?杀死了人,又不敢承认,还要诬蔑人,说什么"桃色事件",说什么共产党杀共产党,无耻啊!无耻啊!

这一段话必须用一气呵成、气吞长虹的语势,用飞瀑激流、急促顿挫的语速,以表达愤怒的冲动与动人心魄的激情。

126

一般来说,声韵柔弱,音步舒缓,节奏平稳,则表现安闲、平和、含蓄、沮丧、悲哀、犹豫等情绪,也可以表现思考、抒情、叙述、对话的过程。我们也用几组例子加以说明。

他们娘儿三个只盖着一条破被。3月的天气,北方还是很冷的,而两个孩子却都光着脚,她也瘦得厉害。我说:"玉兰,我来接你们来了。"他一听说我是来接她的,当时都傻了,直愣愣地站在那儿,一句话也都说不出来。看她那样,我心里觉得难过,总想说点什么,可什么也说不出来。那真是欲诉无力,欲哭无声,说不出是什么滋味。呆了一会儿,我又对她说:"玉兰,我来接你们了。"当她意识到我是接她回去时,竟放声大哭起来,说:"我不能回去。"我说:"为什么?"她又是一个劲地哭,一句话也不说。我知道她此时的心情,就对她说:"你不要难过了,我知道了你的情况才来的。"我告诉她,无论你是作为一个妻子,还是作为一个母亲,你做得都很好。你是伟大的,你没有任何过错。我又望着那位老农民留下的孩子,对她说:"这个孩子的父亲是谁我不管。他既然是你生的,当然也应该是我的孩子。"说罢,我就把那孩子抱起来,回头又对妻子说:"从现在开始,我一定要做他的好爸爸,请你相信我。"也许是这种真挚的感情打动了她,她终于放弃了不再回来的想法。就这样,我们四个人又组成了一个特殊结构的家庭。这就是我们今天又重新获得的一个幸福的家庭。

这段感人肺腑、催人泪下的演说,其中有朴实无华的细节描写,也有人物对话。曲啸夫妇大难之后的重逢,凄惶辛酸的心绪,心心相印、彼此理解的心态,细腻真挚的情感,千头万绪的思虑,在这里都得以含蓄深沉的倾诉:话不多,思想感情容量却很大。这一段演说总的来说,语速是慢的,特别是前一部分:"一条破被"、"三月的天"、"光着脚"、"傻了"、"直愣愣"以及"欲诉无力,欲哭无声"等处,尤应放慢轻念。只有慢,才能把"我"和"玉兰"的微妙心理情态显露出来,给听众留下清晰难忘的印象。把"傻"、"直愣愣"都念慢了,那玉兰内心如梦如幻的感觉,意外与惊讶的神态,才能逼真地再现出来。念到"欲诉无力,欲哭无声",应是一字一顿,念得更轻更慢,这样才会显出此时无声胜有声的悲痛欲绝的情景。不过,这一大段演讲,从"我告诉她"起,语调逐渐由抑转扬,由悲转喜,由过分的激动转为比较平缓舒展。对恩妻的赞扬,其语调应是凝重而真挚的,比起前面部分悲哀凄切的心境,自然有了语气上的转变;念到"幸福的家庭"这一句,语气又从凝重转为舒展。

表达情绪高潮,一般情况下固然用较快的语速,但有时也可用缓慢与顿挫的语速把情绪推向高潮。例如周恩来同志1946年11月30日《为庆贺朱总司令六十大寿的祝寿》的讲话,其结尾是这样的:

你的强健身体,你的快乐精神,象征着中国人民的必然兴旺。
人民祝你长寿!
全党祝你长寿!!

这里用了各自起行的三句话，都应该念得缓慢才好。尤其是后两句，更应慢一些，每一句都可以念成三个音节，每一个音节都可以略作停歇，但要注意音歇意连。

此外，我们还应注意叙述动态事物应比叙述静态事物语速要快。

语速，它作为语音节奏的重要因素之一，必须与语调的轻重、升降、停顿相配合、相协调，这样才能使语音产生音乐美。

演说的语言节奏，最重要是做到语言流畅，做到思畅语流。演讲者要锻炼自己快速组织语言的能力，使自己的思维与语言同步连贯顺畅。思维不畅达，说话拉拉杂杂，"嗯嗯呀呀"，"哼哼唧唧"，或"卡壳"、"冷场"，或"放机关枪"、"炒料豆"，或和尚念经，或打官腔、拉长腔，或婆婆妈妈、说车轱辘话，这些根本就谈不到语音的表情达意。

二、重音

重音，是指演讲的发音，应注意轻重有别，该重的则重，该轻的则轻；为表情达意的需要，把某句话或某个词语故意加大音量，讲得重一些。这就是重音。同样的倾诉，有时则重，有时则轻。例如曲啸在诉说他和爱妻相会时的情景，则要轻、要慢；如是慷慨激昂的倾诉，或心情紧张时的陈诉，则要重、要快。前苏联著名戏剧家史坦尼斯拉夫斯基说过，重音就好像人的食指，指示着节奏中或句子中最重要的词。重音是强调句子中要点或重要词语的、当然，强调不一定非得用重音，降低声调、放慢语速、适当停顿都能起到强调作用。重音的强调作用是由说话目的和说话人具体语境所决定的。

例如,三人同行,夜走乡间小路,在伸手不见五指的情况下,前面的听见后面的啪啦一声,问:"谁摔倒了?"重音落在"谁",显然关心其中的某一位。再接着问:"摔得怎么样?"如重音落在"摔"字上,这意思是问摔的程度;重音如落在"怎么样"上,则是问还能走道么?

重音又分语法重音和逻辑重音。

语法重音是与语法结构相联系的一种语调形式。在语法重音中,一般来说,谓语往往要比主语说得重一些;宾语、定语、状语或补语必要说得重一些。例如"同志们辛苦了!""为人民服务"。这里"辛苦"与"服务"是谓语,就该念重音。"伟大的、光荣的、正确的党。"这里"党"字前面的三个定语就得念重一些。"他走过来,悄悄的,慢慢的。"这里的后置状语应念成重音。

具有修辞作用的词语,也应读成重音。例如:"耳朵里有不可捉摸的声响,极远的又是极近的,极洪大的又是极细切的,像春蚕在咀嚼桑叶,像野马在平原上奔驰,像山泉在鸣咽,像波涛在湃澎",这其中"远"与"近","洪大"与"细切"都具有强烈的对比作用,"春蚕"、"野马"、"山泉"、"波涛"都是比喻性词语,这些都应读成重音。又如"精心饲养,科学管理",重音应落在"精心"与"科学"上,因为这两组词具有修饰作用。

此外,凡句子列举的同类词语,也应读成重音。如"他一年到头想的是操枪的力点、力度、力量,练的是举枪、瞄准、击发。"这一前一后各三对并列的同类词组,就得用重音念。

逻辑重音是由说话的目的和意思的着重点而强调的重音。它往往指的是语意的区别作用和强调作用。例如:"现

130

在播送中央气象台今天发布的天气预报。"这句话的重音,如果是"中央气象台",则是为区别于其他气象台,如是"天气预报",则为区别于发布的其他消息。又如:"人民,只有人民,才是创造历史的动力。""人民"重复两次,这本身就是强调,再把它念成重音,更起到了强调作用,这样才突出了人民是历史主人公的地位。再如"我自豪,我是一个军人的妻子。"把"军人"读成重音—强调了"我"不同于一般人的妻子的自豪和骄傲。

三、升降

声调的升降指人们的讲话时语气的高低抑扬。听其言,所以知其人,道理就在于每个人说话时都有其特殊的音质与声调,虚心者言必恭,骄傲者言必倨;民之官僚气必粗,民之公仆气必和;细微憔悴之音,往往是病忧重重之人;明朗洪亮之音,往往是乐观健壮之人;语带锋芒,发浩然之声,往往是刚正不阿之人;灵通幽默之声,往往是机智过人者。

前苏联著名的教育家马卡连柯说:"只有学会用15 至20种声调来说'到这里来'的时候,只有学会在脸色、姿态和声音的运用上能做出二十种风格韵调的时候,我就变成一个真正有技巧的人了。"就说一个简单的"啊"字,在不同的语境中,用不同的声调发音,就能表达出不同的情绪,形成不同的意义。

"天啊!这是什么世道!"这表示无可奈何的悲苦心情。

"啊!放火的人竟然是他!"这表示格外惊讶与气愤。

"啊！啊！我一定遵命！"这表示唯唯诺诺的神态与品性。

"啊！终于盼来了这一天呀！"这表示惊喜万分的情绪。

"啊！那么说,你真的答应了?"这表示高兴与激动的心境。

这里用了五个"啊",第一与第四个的"啊"的声调,应拉长声,用"高声调";第二个用"曲折调";第三个用"降抑调";第五个用"平直调"。

声调可以分为四种:高升调、降抑调、平直调、曲折调。前低后高,语势上升,称高升调。它一般表示号召、鼓动、反问、呼告、申斥等感情。前高后低,语势渐降,为降抑调。它表示坚决、自信、赞扬、祝愿、心情沉重等感情。整句语势平直舒缓,叫"平直调。它可以表示庄重、悲痛、冷淡的情绪。声调高低曲折、富有变化,是曲折调。它表示惊讶、怀疑、讽刺等感情。熟练地运用各种声调,研究其不同的表达效果,这无疑有助于演讲水平的提高。

在正常的情况下,我们应以明快和善的声调说话。明快和善的声调具有动人心魄的魅力。在平时的交际中,我们坚持"带着微笑"的声调说话,它将会给家庭带来幸福,给社会带来和谐,给事业带来成功。每个人要尽快地学会真诚的微笑,微笑的声调是甜蜜的声调,它像蜂蜜一样能粘住人。

"凡音者,生人心者也。情动于中,故形以声……是故治世之音安以乐,其政和;乱世之音怨以怒,其政乖;亡国之音哀以思,其民困;声音之道,与政通也。"(《礼记·乐记》)显然,演讲的发声表情如何,还连着国家政治的好坏。

四、停顿

停顿不只是为了让说话人有喘口气的"休止"时间,而且还在于让话语留下余韵,求得听者的同意或领会的时间。停顿如运用得好,往往还能表达种种内心微妙的情感,起到言语所不能表达的作用。演说的停顿,一般包括语法停顿、结构停顿、心理停顿、思考停顿。

(一)语法停顿。

语法停顿是常用的停顿。它是根据语法修辞上的需要所作的停顿,而其中主要指的是标点休止的停顿。标点符号分点号与标号,具有休止作用的只有点号。点号表示的停顿可以分为四级:第一级是句号、问号、感叹号,第二级是分号,第三级是逗号,第四级是顿号。冒号表示停顿伸缩性较大,它有时相当于句号,有时相当于分号,有时相当于逗号。省略号相当于句号,但念的时候要声停意连,破折号停顿时间相当于顿号。

主语在前,后边用了逗号,这是为了突出主语;谓语在前,后边用上个逗号,这是为了突出谓语。例如"你出来!"这是强调"你"。"出来,你!"这里强调"出来"。文学作品中的标点,往往还起积极修辞作用,以表达人的情感和性格。例如:"'杰姆,亲爱的!'她喊道,'别那样盯着我。'"(欧·亨利《麦琪的礼物》)这里用了几个逗号,以短促有力的语句与口气表示了主人公的激动与欢快的情绪。鲁迅在《为了忘却的记念》的名篇中,在追叙柔石被国民党杀害的一段文字之后,鲁迅另起行,以"原来如此!……"作结,这里四个字加两个点号,尤其是省略号,有千钧之力。鲁迅以惜墨如金的笔触,把郁积在内心很久的愤激,形象逼真地表现为欲说不能,欲写不成,刚开了头,却又煞尾,愤然停笔的情态。

(二)结构停顿。

结构上停顿之处是:话题的转换,段落的划分,历史与现实的界限,事件人物的连接与交替,叙事与议论、抒情衔接等。结构停顿其目的是为了语段分明,条理清楚,文脉连贯与顺畅,以便让听众明白演说内容的变换与起伏。结构上的停顿,最难掌握的是句与句之间或句群与句群之间的停顿节奏。下面试举杨献珍 1959 年 6 月 12 日《坚持实事求是,狠狠批判唯心主义》其中的一段讲话。

> 还有人人写诗,口号是"超杜甫"。有个工人把机器开动后,到一边写诗去了,结果出了事故,工厂着火了,损失了 70 万元,这诗真值钱,真是"超杜甫"了。听说部队有个团,提的口号是人人写诗,争取当"万首团"。于是营也提出当"万首营",连也争取当"万首连",排也争取当"万首排",班也争取当"万首班",人也争取当"万首人",还说要争取超额完成任务。有个战士写了一天一夜,写得站立不起来,要人从两边架着才能站起来。

这段演说分两层意思,前一层说的是"超杜甫",后一层说的是"万首诗",采用由面到点的讲述方法。这种层与层、面与点之间的界限,必须靠停顿使其分明。为表情达意的需要,在前一层里重复运用"超杜甫"这个特殊词语,虽然这两个词语后边都用的句号,但后一个比前一个更有强调与讽刺

134

意味;前一个是亮事实,后一个亮的是本质,亮本质当然要比亮事实重要。所以,后一个停顿时间显然要比前一个长一些。后一层采用翻滚法,从"万首团"说到"万首人",极"左"的做法层层加码。这里念的时候,语气要紧凑,要一气呵成,但说到"万首人"两个分句时,则要慢,"万首人"之后有个逗号,应比以上各个分句之间的逗号停顿时间略为长一点。这里切不可用平均语速代替快慢有别的语速,同样的句号与逗号,停顿时间长短,根据表情达意的需要,可以灵活变化。

(三)心理停顿。

心理停顿包括上台之后、开口之前、镇场阶段的停顿、或者是笑声与鼓掌之后的停顿。这种心理停顿,目的在调节与创造演说会场的气氛,增加说话的力量。有时说话人面对复杂的情景,或说不下去,或不愿说下去,或忽然想起另外的事等,也都会造成语气的停顿。这种停顿,主要是为了表达说话人的心理活动,或者起强调作用,以加深听者的印象。

"宝玉! 宝玉! 你好——"这是《红楼梦》九十八回黛玉临死时的哭叫,这里语气中断与停顿,表现了她气愤欲绝的心态。

"兵团要求:——今晚渡江!"冒号以后要停顿,下句放低声音,这样就惟妙惟肖地反映了说话人传达消息时的神态:对敌人要绝对保密,要告诉每一个战士,让他们高兴高兴。

"12 个年头啊,我在牢房里真像在荒原上一个被暴风雨吹打的婴儿盼着母亲那样盼着党的到来,解决我的冤案。"这是曲啸同志的演说辞。当曲啸说到"婴儿"、"那样"时都作了停顿。他在没有标点的地方所作的停顿,很好地表达了曲啸此时此地无比激动的心情。

（四）思考停顿。

思考停顿包括设问与赞语之后的停顿、举例之前的停顿、作出惊人语之前的停顿，或在要点前的停顿，或者佯装忘却的停顿。思考停顿，其目的是为了诱发听众想象与联想、思考与回味，从而引起感情上的共鸣。李燕杰在演讲中曾说到这样一件事："一位当代大学生，一心扑在学习上，连给母亲写信都忘了。那日夜想念儿子的母亲，千里迢迢上北京看望儿子，到儿子学校正是星期天，有人领她到其儿子宿舍，儿子不在（在实验室搞试验），儿子床铺上乱七八糟，她整理了一番后，掀起床垫，这位母亲顿时愣住了——"说到这里，停了老一会，让听众充分联想与猜测之后，然后才说："你们想想她为什么愣住了，原来下面放着一叠一叠的钱——把母亲寄给他的钱，除了伙食费，余者都原封不动地存放起来。"

周恩来在世时，有一位西方记者问总理："中国有没有妓女？"周总理连考虑都没有考虑，干脆利落地回答说："有——"话声落地，西方记者与在场的中国同志，无不愕然。让大家愣了好半天神，总理才补充说："在台湾！"这里的停顿，把一个外交家才思敏捷、对答如流的风度充分地表现出来。总理在作出惊人之语前，做一会短暂的沉默，似乎是冷场了，但听者的头脑却立即紧张起来，在沉默中填满了种种的思考。说书人很有这种本领，说到关键时刻，故作沉默。据《扬州画舫录》记载：

> 说书艺人吴天绪效张翼德据水断桥，先欲作叱咤之状，众倾耳听之，则唯张口怒目，以手作势，不出一声，而满室如雷霆喧于耳矣。

这个艺人也实在高明,他学张飞大喝一声,却用无言的停顿来表示,产生了奇特的心理效应,这真是"无声胜有声"了。不过,这种停顿,要和语速、声调、轻重巧妙地配合起来,与脸部表情、手势动作等有机地统一起来,才会以惊人的准确性表达最丰富复杂的感情,反映出最细腻的瞬息间的感情变化。

这一节讲的一些内容,本书的第十章还将涉及。

第三节 仪 表

仪表,指人的外表,包括容貌、姿态、打扮、风度等。仪表可以说是长相、打扮、举止、动作相协调统一的综合反映。演讲总的要求是仪表美、思想美、语言美、动作美这四者有机的统一。思想感情是内在的,仪表、语言、动作都是外在的。这外在美是为了更好地表现内在美的。以上"四美"的统一,就是内容与形式的完美统一。

中国以"礼仪之邦"闻名于世,向来讲究行为举止的文明,美的仪表向来为人们所羡慕和追求。周恩来总理,一向被人称为伟男子、美男子,他那伟大的思想,高贵的品格,固然令人敬佩,但他的端庄伟岸的长相,潇洒磊落的风度,彬彬有礼的举止,恳切而不失原则、威严而不失分寸的外交辞令,连敌人营垒的人也不得不叹服、羡慕。他的里外一致的仪表美,可称几代共产党人的楷模。

仪表美是给听众造成最佳感觉的第一印象。人们在观察与评估事物时,无不重视第一印象(也就是人们通常说的

137

"先入为主")。第一印象最灵敏,因此记忆也最深。容貌、姿态、风度可以说是无声语言,它是以活动的鲜明的视觉形象出现在听众面前,这就大大加强了有声语言表情达意的功能。下面从容貌、姿态、打扮、风度四个方面分别加以说明。

一、容貌

容貌主要指脸部表情。脸部表情包括眉、目、鼻、头、脸的表情。重点在目光。

目光往往是话语的补充和配合。"眼为心声",眼睛最能传达人的心理活动;表情丰富的人,眼睛随时都在说话。为此,心理学家称会说话的眼睛为"目光语"。"巧笑倩兮,美目盼兮!"姑娘谈恋爱多用眼睛说话,在"巧笑"、"顾盼"间,射中了情人的心。

眼睛的表情丰富得很,人的喜怒哀乐、七情六欲,以及人的品格气质,都可以通过眼睛透露出来。欢乐时眉飞色舞,眉开眼笑;忧虑时紧锁眉头,或看着某处愣神;愤怒时横眉立目,或怒目圆睁;惊恐时瞠目结舌;困惑时不住地眨眼;不满意时翻翻白眼,或皱皱眉头;入神时目不转睛,心领神会;谈恋爱时则眉目传情,暗送秋波,等等。

演讲者怎样恰当而巧妙地运用眼睛呢?

首先,要用眼睛充分表达自己的思想感情。初次登台演讲者,眼睛既不会笑,又不会说话,脸部显得呆板和紧张,眼神显得慌乱和滑稽。这是缺乏自信心的表现。有了自信心,登台演讲才能从容自然,眼神也就随情变化,活泼生辉。所谓随情变化,即要求演讲者使自己的眼神跟思想情感变化相一致。说到高兴时,眼神应如春天的阳光,秋天的流水;说到愤怒时,眼神应似夏夜的闪电,出鞘的剑光;由不堪回首的岁月,回到闪光的年华,眼神犹如雨后的长虹;说到坏人阴谋作祟,应模拟蛇蝎蜇伏之眼神;说到流氓亮相过市,应模拟轻飘浮滑之眼神。只有让听众从你丰富多彩的眼神变化中,体验到你感情的起伏与内心的风采,他们才会受到教育和感染;只有这种美的、动的眼神,才会像磁铁一样紧紧吸引住听众千万双眼睛。

其次,目光要面对听众随时流动,要与听众目光时时交融。演讲者环视全体听众,不仅仅是让听众注意到你的眼睛的传神,而且也为了观察听众的听觉反应与心理变化,通过察言观色,敏锐地感受到听众的情绪。高明的演说员是很重视听众的视线反馈的,通过反馈,可以清楚地察觉到自己的演说多大程度上被听众所接受。听众反响热烈,或点头称赞,或随时发出会心的笑声;听众反应冷淡甚至反感,脑袋便左右摆动,或皱起眉头发出一阵嘈杂声,甚至喝倒彩。一旦发现这种情况,应立即采取应变措施,及时进行调整。初次登台演讲者很不注意目光流动,或注视一端,或斜视一方,或仰视,或低视,这不仅影响了演讲者的形象美,而且还破坏了眼睛表情达意的功能。

再次,眼睛运用还要注意以下三点:第一,眼睛的变化要有一定的目的,无意识的目光变化,是很难使听众理解的。第二,眼神变化之后要恢复正常,否则就会产生形不达意的后果。第三,要和有声语言与手势、姿态等密切配合,协调和谐,尤其是与整个脸部表情相协调一致。

脸部表情,关键是眼睛,但眼睛不能完全代替脸部表情。只有跟整个脸部表情相协调一致,眼睛才能准确而微妙地表达人的丰富多彩且复杂细腻的感情,甚至能表达只可意会、不可言传的感情。那么脸部表情有哪些? 我们在日常生活中观察到的脸部表情有:表轻视则嗤之以鼻,表激动则鼻翅一扇一扇,表痛恨则咬牙切齿,表内心痛苦则咬嘴唇,表惊奇则张大嘴巴,表困惑或紧张则张口结舌,表动心时则嘴巴微微张开,表吃惊时则倒吸一口冷气,表放心时则长长吐一口气,脸发白则表害怕,脸发红则表害羞,脸部肌肉抽搐则表激动,眼红则表气愤,流口水则表贪馋,低头则表示同意,摇头则表示反对,鞠躬则表示尊敬,扬头则表示蔑视、不屑理睬,不痛快时则蔫头耷脑,为难时则低头不语,得意时则摇头晃脑,等等。

二、姿态

姿态包括人的姿势和体态,也就是指演讲人的态度、走势、站势与坐势等。

态度。演讲的态度一般应保持笑容可掬、谦恭诚挚,一举一动都要合乎礼节。不论你地位有多高,资格有多老,学问有多大,都对听众不能摆架子,那种傲慢的态度或轻佻的作风是要不得的。演讲开场前或刚开始,听众首先注意的是你的态度。"你的一举一动,都应使周围人感觉你诚恳正直。虚伪绝对瞒不住群众,群众是欺骗不了的。如果人们发觉这个人假仁假义,那他们永远也不会相信他了。"(加里宁)

演讲者不但不能摆架子、打官腔,而且登台时不能有"伟人意识"。自以为自己思想崇高、人格完美,在演讲中就会流露出超人意识,企图语惊四座,一言定天下。任何伟大的真理,不能以"大人物"的口气说出,而应是以"小人物"的心态说出。演说是发表自己见解的，但又是为听众呼喊，表达他们的内心的呼声。越是伟大人物，越应以接近群众的心态来说话，你越接近群众，群众也就越容易把你的说理当成"教诲"。我们应给听众以可亲可近之感，而不能让他们觉得"可敬不可近"，或是"敬而远之"。群众爱的是平凡的伟大，而不是"伟大"的平庸。

走势。演讲者走进会场时的姿势和风度要稳重大方、从容自然，目光对着听众，脸带笑容；听众表示欢迎，则应点头或招手以表谢意。要防止左顾右盼，或低头走，或仰头走，或快步走，或作害羞扭捏之态，或作躲闪畏缩之状。登台后，如是短短几分钟的演讲，一般不宜在讲台上来回走动。

演讲者谢台时要注意礼节。一般说："谢谢同志们，再见！"或向听众敬礼致意，还应向大会主席致意。讲完归位就座，坐态要端正，不能有任何小动作或失态之举。整个演讲结束时，走出会场的步伐也要稳健而有节奏。听众出于礼貌，再次鼓掌表示欢迎或欢送，应用招手表示答谢。

站势。演讲或大会发言，都应提倡站着说话，站着说话是对坐着的听众的尊重。站应站在讲台中间，不能站在讲台一角。站立姿势要注意整体形象：挺胸收腹，背直，肩平，身体自然放松，双手自然下垂于身体两侧，双脚稍稍靠拢，作似立正似稍息的姿态。整个身体既要放松，又要松而不懈、挺而不僵、稳而不死。随着演讲的进展，垂直的手臂，还可以做一些调节性的动作：或双手交叉放在腹前，或反背在臀后。但这种姿态时间不能长，一开始也不能用，一开始用这样的站姿会让人觉得你骄傲。所以，这种姿态应当慎用。站势和演说者的身份、地位及说话场合很有关系。有些领袖人物站着向群众说话时，双手在胸前作抱势，显得从容自然，但一般人用这样站势说话就不合适。

坐势。坐着发言或讨论，也应有个正确的姿势。正确的姿势应是：双腿作弯曲平行状，双手平放在双膝之上或沙发扶手之上，身体略向前倾。这种坐姿，一显其端正大方；二显其不亢不卑，从容自然；三显其有足够的精力和信心，让人感觉你的思想高度集中。或者身子略靠沙发背，这种坐姿轻松自然，比较随便。不过，这种坐姿脑袋最好不要过于往后靠，腿不能伸直，否则会给人以懒散无礼的感觉。至于"二郎腿"式的坐姿，对有身份的人来说是可以的，但小腿不要摆动；对于年轻人，则应避免"二郎腿"。总之，走有走相，站有站相，坐有坐相，无以规矩，不成方圆。

演讲除了走势、站势、坐势外，其他形体动作不能太多。一般来说，幅度较大的动作，在讲台上不宜太多。尤其是女同志说话，形体动作更不能太多，她们应当运用丰富多彩的脸部表情与目光语。演讲者的形体动作，在必要的时候可以随意发挥：坐着说话说到激动时可以站起来，讲到愤怒时可以怒目而视并配之以拍桌动作，甚至还可以作些演示。河北造纸厂厂长马胜利，在介绍他们造纸厂的新产品时，他一边向听众展示鞋底纸、餐桌纸，一边讲产品的特性与功能。演说者有时还可以模拟表演，如有位演讲者讽刺"文山会海"时，他一边不断翻动厚厚的一叠讲稿，一边念念有词，达到了很好的讽刺与教育的效果。演示法、模拟法，或借道具表情法，都能给听众以深刻的视觉印象。

三、打扮

三分人才,七分打扮。这虽然过分强调了打扮,但每个人要给人以外表上的美感,的确需要精心打扮。我们说的精心打扮绝不是涂脂抹粉,或来一番高级美容。演讲者的精心打扮应符合三条原则:一要符合自己的身份与气质,二要符合时宜,三要看场合。

所谓符合个人的身份与气质,指穿着打扮要从个人职业特点和个性特点以及个人的长相与肤色出发。老教授不能打扮得土里土气,而农民打扮得土一点却更显朴实的本色。搞艺术的穿着可以时新些,有军人风度的男子穿套军装会倍增英姿,文质彬彬的人穿一套合体的西服会更有风采,一般上了年纪的干部穿套中山服往往更有风度。个子矮的男子要打扮得"短小精悍",或打扮得庄重而有神采,这会给人以强劲有力的感觉;个子矮的女同志要打扮得小巧玲珑——年轻的配之以生动活泼的举止,这同样给人以美感。不论男女,个子矮的可别穿披风或大衣上讲台,因为这种穿着打扮会加倍突出自己的缺点。俊男靓女要注意本色美,稍加打扮即可;丑男丑女不能"丑女效颦",否则会给人以装腔作势、滑稽可笑之感。长相不好的,除适当弥补一下自己缺陷外,还必须要有超越自卑的精神状态:长得不好,精神再不好,整个形象就垮了。男同志还要注意衣扣、裤扣、风襟扣。对女同志来说,肤色白嫩,个性清秀文静,穿一身淡色或黑色、蓝色的衣服会更显文静典雅;皮肤较粗,或较黑,性格泼辣活跃的,穿着鲜艳、打扮外露些,会显得更加热情活泼。肥胖的人如果穿着鲜艳,会显得粗俗;瘦弱者穿一身贴身衣服,会显得没有精神。如此等等。

所谓符合时宜,即要求穿着打扮适应时代,要符合当代人的审美情趣,要符合季节时令,要符合地方特色和民族特色。演讲者涂脂抹粉,或着奇异服装,肯定会遭白眼,或让听众嗤之以鼻。有的人以盲目模仿西洋人为美,还认为这是赶时髦,其实,这是一种病态审美观。

所谓看场合,即指演讲者的穿着打扮要看会场气氛和听众的审美趣味。你对农民演讲,场地又在农村,穿着打扮则随合当地民间风俗,你应成为他们的一分子,而不是"鹤立鸡群",这叫"入乡随俗"。对小朋友演讲,演讲者如是女同志,打扮则应随合一般的妈妈、阿姨,也就是要"大众化"一些,过于时髦,会让小朋友觉得你是"天外之物",陌生得很,好像你刚从台湾或美国而来。面对干部与教师演讲,从穿着打扮到语言,到脸部表情、手势动作,都应注意庄重,但并不反对潇洒幽默。

四、风度

风度,是演讲者内秀外美的统一,风度是内在的思想情操、文化修养、性格爱好和外露的长相、打扮、体态、举止、动作相协调统一的综合反映。没有高尚的情操和较高的文化修养是不可能有风度美的。美的长相、美的打扮和美的体态及其文明的举止,的确会增加一个人的风度美,但演讲者假如卖弄或表现自己,处心积虑地追求外表美,或故意追求所谓"风度美",或者是动作雕琢、呆板、僵化,或者是语言浅薄庸俗,这样,风度就会荡然无存。

风度是人格美的体现,是智慧与成熟的表现,人越老往

144

往往会越有风度,而不一定是越年轻越漂亮越有风度。一个老学者不用怎么打扮,自然会比年轻的学者更有学者风度;一个老将军不用耍刀弄枪,也会比一个年轻的将军更有将军风度;一个体态美好的少妇无需美容,也往往比年轻漂亮的姑娘更具有女性美的魅力。所以演说家要有风度,必须表现为成熟的、智慧的、有个性的。风度不是一时形成的更不是靠外表"打扮"起来的。周恩来当年在天津南开读书时,就养成了很好的习惯:面必净、发必理、衣必整、钮必结、头容正、肩容平、胸容宽、背容直,气象勿傲勿怠,颜色宜和宜静宜庄。结果,后来在极为紧张险要的战斗中,以及日理万机的政务中,都能做到镇静果断而不急躁,紧张有序而不慌乱,大智大勇而不自负,大功大德而不自喜,身居高位而处事更谨慎,待人更温良。他一生待人处事无不彬彬有礼,诚恳亲切;他演说、发言,一登台口未张,就让人觉得正气凛然而又和蔼可亲。这样的风度怎能不令人羡慕?怎能不令人倾倒?可是这样的风度是从小养成的,是长期革命斗争和革命工作中锻炼而成的。

"相貌美高于色泽美,而秀雅合适的动作美又高于相貌美,这是美的精华。"(培根)"人不是因为美才可爱,而是因为可爱才美。"(列夫·托尔斯泰)"身体美若不与聪明才智相结合,是某种动物的东西。"(古希腊唯物主义哲学家德漠克里特)这些名人的话都说出了风度美的实质。

第四节　手　势

手势属于体态语(也叫态势语),是体态语中运用得最多的一种。为此,我们作为单独一节来进行说明。

以手势助说话,这是毛泽东同志提倡的十大教授法之一。丰富多样而又得体的手势,能帮助演说者把话说得更加有声有色,更加富有感情,从而增加演讲的艺术魅力。方纪同志在《挥手之间》这篇历史文献中,特别详细而传神地描写了 1945 年 8 月 28 日毛泽东同志去重庆谈判向欢送的延安群众挥手告别的细节。毛主席走到飞机舱口,回转身来向着群众"摘下帽子,注视着送行的人群,像是安慰,又像是鼓励",人们激动得不知如何表达自己的心情,"只是拼命地挥手",这时——

> 主席也举起手来,举起那顶深灰色的盖式帽。举得很慢很慢,像是在举一件十分沉重的东西,一点一点,一点一点,等到举过头顶,忽然用力一挥,便停在空中,一动不动了。

主席"挥手"的动作很含蓄,但很有表现力,"给全体在场的人以极其深刻的印象",人们称它是"历史性的动作"。它反映了历史转折时期领袖与同志、战友及广大革命群众之间的亲密无间的关系,展现了领袖内心的无比决心和英勇气概。"像是在举一件十分沉重的东西,一点一点,一点一点",这表现了领袖与群众的惜别之情;"等到举过头顶,忽然用力一挥,便停在空中,一动不动",这则是表明,通过深深的思索,断然决定谈判。这其中微妙而深沉的思想感情用语言是无法表达的。

列宁的手势别具一格,也为他的演讲增添了无穷的魅

146

力。他讲到愤怒激动时,头微仰,目光远望,身体迅速前倾,右手掌急剧而有力地向前推击。这种手势很能表现一个领袖远见卓识的风度与宏伟的气魄,很能表现他内在爆发的力量和无比坚定的信心。这种风度表现了他的气魄、信心与力量,紧紧抓住了听众。

毛主席的挥手与列宁的推手有异曲同工之妙,他们都注意内在表现力。毛主席挥手具有含蓄深沉美,列宁的用手推击具有磅礴气势美。它们都是一种"伟力"美,一种浑厚美,一种气壮美。

一、手势的分类

手势有情意手势,指示手势,象形手势,象征手势。

(一)情意手势。它是表达情意的。如郭沫若《科学的春天》演说辞的结尾:"让我们张开双臂热烈地拥抱这个春天吧!"说这句话的同时就应配以双臂拥抱的姿势。情意手势在演讲或日常说话中运用得最为普遍。例如,痛骂时,用手指直指对方鼻子;爱抚时,抚摸对方的脸或背等;表示欢迎,则热烈地握住对方的手;表示反对,则拂袖而去……这种情意手势,配合形体其他动作,运用得好,往往能把内心世界表现得活灵活现,使抽象的思想情感变得摸得着,看得见。

(二)指示手势。它只起指示具体对象的作用。它可以指示具体事物,或指示事物的数量、方位、方向。有个北方人去上海,一天看到个卖臭豆腐的,他想买臭豆腐,说了好半天,人家听不懂,最后急得指着实物说:"我买这个。"这一指顿时就明白了。社会上"手指语"运用得不少,各行各业都有自己一套特殊的"手指语"。不过,指示手势,在演讲中指示的只能是听众视觉可及范围内的事物和方向,视觉不及或指示不明,则不能用这种手势。比如在大会场里,说上这样一句话:"上边正查你们的问题呢。"这时手指就得明白地指向"你们"的那些人;如所指的人坐在前边,手指就得指前边,而不能说前边指后边。

(三)象形手势。它是用来模拟事物形状的,给听众以形象的感觉。它分为静物模拟与动物模拟两种。用手势模拟事物的形状大小、长短,或模拟人的胖瘦、高低等,这是静物模拟。用手势模拟活动着的事物,模拟人的动作等,则称为动物模拟。这种手势运用得好,能增加演讲的形象性与趣味性。

(四)象征手势。这种手势比较抽象,但用得准确、恰当,能引起听众的联想。例如这一节开头讲的,毛泽东的"挥手"与列宁的"推手",都是属于象征手势。又如"让暴风雨来得更猛烈些吧!"念这句话应配之以手臂有力高举,以象征革命高潮就要到来。又如"他虽然倒下去了,但精神永存!"这话配之以手臂垂直上举,象征挺拔耸立的万年松。运用象征手势,一要准确,二要有美感,三要让人明白。否则起不到应有的作用。

二、手势的方式

手势根据两手功用的不同分单式手势与复式手势。

演讲与平常说话,多数情况下是用单式手势;场面大、表情激烈、内容复杂,才可用复式手势。足球比赛,当其中一方踢进一球,踢进球的队员就会发狂地举起抖动的双手绕场迅跑,这种场面用双手才能表达沸腾、激动的感情。又如欢迎客人,一般关系只用右手握手,特殊亲密的关系,则非要用双手紧握不可。又如表示"这是郎才女貌美满的一对",一般情况下,就伸出右手的食指与中指即可;如果场面大,要表示强调和特殊感情时,那就得用双手的拇指,这个形态的对称美,正好暗合"美满的一对"。一个大的群众集会场面,向听众发号召:"同志们,让我们尽快地行动起来吧!"这里如用单式手势——仅举右手向上扬,就显得没有气魄,如将双手向上扬起,就显得有气魄,有声势,有感召力。讽刺一个贪财枉法的"官倒"者:"这里抓一把,那里抓一把,伸长黑手,抓!抓!抓!"表达这个意思,场面再大也不能用双手去"抓",而应面向听众平举单手抓几下,因为单手"抓"比用双手"抓"有力量,用双手"抓"形体不美,会分散听众注意力。

手势的方式,根据动作的不同,还分冲击式、推顶式、平推式、抓挠式、挥动式,这些一般都用单手;合掌式、分掌式、抱拳式、拥抱式、舞蹈式、转动式,这些一般都用双手。

三、手势的区域

手势区域,指手势的活动范围。由于演讲内容和情感不同,手势活动区域也就相应不同,因为每个活动区域都有它的特定意义。整个手势活动范围分上、中、下三个区域。

(一)上区。肩部以上称为上区。上区手势活动,多表示理想的、想象的、宏大的、张扬的内容和感情,如表示殷切的希望,胜利的喜悦,幸福的祝愿,未来的展望,美好的前景等。像"我们的前程是无限光明的","希望同志们为开创新局面贡献出自己的全部聪明才智",这样的内容,配之以上区手势去表情达意就比较贴切。

（二）中区。肩部至腹部的手势活动范围，称为中区。手势在这一区域活动，多表示叙述事物和说明事理，一般表达演讲者比较平静的心情。比如"整个方圆仅有五百平方里"，这可用单手转动手势在中区比划一个圆，以表示这个方圆面积。

（三）下区。腰部以下，称为下区。这一区域做手势，多表示憎恶、卑屑、不悦、反对的感情。如"你与他没有什么区别!"（意思是都是坏蛋）向公众说这句话时，演讲者目视这个"你"，脸上表示厌恶与蔑视的同时，应用双手分掌式向下区有力地比划一下。

四、手势的构成

手势的构成，有手掌、手指、拳头。下面分别说说它们的用法。

（一）手掌的运动。

手掌的运用又分下面四种情况:第一，手心向上，胳膊微曲，手掌伸向前方。这种手势，主要表示贡献、请求、承认、赞美、许诺、欢迎、诚实的意思。一般来说上区手势，手心都是向上。第二，手心向下，胳膊微曲，手掌稍向前伸。这种手势主要表示神秘、压抑、否认、反对、制止、不愿意、不喜欢的意思。下区手势，手心大都向下。第三，两手由合而分。这种手势，多表示空虚、失望、分散、消极的意思。第四、两手由分而合。这种手势主要表示团结、亲密、联合、会面、接洽、积极的意思。

（二）手指的运动。

手指的运用也分四种情况:第一，表示人格。伸出拇指，

150

就表示赞颂、崇敬、羡慕之意;用小拇指,则表示蔑视、卑下、低微、无足轻重之意。第二,指点事物及方向。第三,表达斥责、命令之意,表示这层意思一般都用食指指点明确对象。第四、表示数目。表数目,用一只手或双手都可以,用伸指数数或用屈指数数均可。有时手指还可以表述事物的顺序与层次,比如说到春夏秋冬如何如何,或说到张三素日如何如何,左手指逐个弯曲的同时,右手就用手掌逐个相压。

(三)拳头的运动。

演讲时拳头运用很少。政治、法律、道德方面的演讲偶尔用一下拳头,学术演讲就基本不用。用拳头一般表示愤怒、破坏、决心、团结、警告等意思。

五、运用手势的注意事项

(一)适合。所谓适合,一方面指内容与动作的适合,即指说的意思与手势比划所表示的意思要切合,这是质的适合。手势比划的意思不能模棱两可,更不能指三道四,让听众觉得丈二和尚摸不着头脑。另一方面指手势运用的次数多少要适合,这是量的适合。演讲不等于表演,手势太多,不但起不到好作用,而且会分散听众注意力。一般来说,表示激情的手势多于叙述或说明时的手势;男的手势多于女的;女的手势不宜多,但年轻活泼的姑娘,可以比一般妇女多些。手势多少,也要看场合,庄严场合,手势宜少;欢庆场合,手势宜多。

(二)美感。手势运用得准确,运用得巧妙,并富有独创的个性美,便会让听众感觉到是一种美的享受。手势是一种活的语言,是一种形象的语言,它不但能显示演说者的形体美,而且还能增加语言的立体感和跃动感,给演讲增添无限活力和情趣,并为演讲创造一种热烈和谐的气氛。手势要合乎文明规矩,做得亲切自然,大方舒展,要和人体各种动作综合配套,协调一致,从而达到不动则已,动则让听众赏心悦目。

手势与其他的动作一样,都是因人、因事、因特定情景而异,没有必要也不可能作出统一的规定。每个人都有自己习惯的手势和动作,演讲时富有独创的、能增加听众吸引力的手势,只有从演说者自己内心中去寻找依据。只有对问题深刻理解,并急于表达,一种发自内心的动作才会出现。每个人习惯也不一样,有的善于运用"手势语",有的善于运用"目光语",而有的则善于运用脸部表情或其他"体态语"。我们应该扬长避短,充分发挥自己的优点。

(撰稿:林钟美)

思考与练习

一、演讲要使听众感动,演讲者必须有激情,这种激情要真实,要热烈,要自然;只有这样,才能有感染力和号召力。下面是前苏联的阿·阿·安德列耶夫在《列宁怎样演讲》一文中写的一段话,请你读一读,然后谈谈体会。

"很难找到一个确切的词来形容列宁的演讲。列宁的演讲,首先是一种迸发的激情,是一种热烈的号召。

"他的这种激情却没有一丝一毫夸张的痕迹。列宁完全不能容忍虚伪、欺骗、玩弄词藻和做作的慷慨激昂。

"他的演讲非常活泼、中肯精确、一针见血,并且永远具

152

有高度的原则性。对抽象理论的阐述,对具体意见的说明及实际结论的推导交相辉映。他的演讲充满了生动的例子和形象的比喻,从不夹杂过多的数字。为了增强演讲的说服力,他总是使用精确的词汇和民间流行的俗语。"

（引自《演讲与口才》1984 年第 3 期）

二、演讲要注意速度,速度的快慢主要决定于演讲者的感情起伏变化和听众的接受情况。试用规定的有关符号表示下面这段话的演讲速度。(一般的停顿符号为"|",较大的停顿符号为"‖",慢速符号为"m－,快速符号大"k－")

〔示例:黑暗的旧中国,地|是黑沉沉的地,天|是黑沉沉的天。灾难深重的人民呵,你身上带着沉重的锁链,头上压着三座大山。你一次又一次地呼喊,一次又一次地战斗!可是呵,夜漫漫,路漫漫,长夜难明赤|县|天……〕。

我们中华民族是个有理想的民族.从上古的大禹到楚国的屈原,从"匈奴未灭,何以家为"的霍去病,到"先天下之忧而忧,后天下之乐而乐"的范仲淹,从鉴湖女侠秋瑾的"雄心壮志销难尽"到青年时代周恩来的"面壁十年图破壁",他们谁没有博大理想,济世胸怀? 在他们面前,我们有什么理由不兢兢业业以报效祖国呢? 老山前线的勇士们、烈士们,他们以青春、热血谱写了热爱祖国的理想颂歌,以生命弹唱了我们民族"理想交响乐"的最强音。在他们面前,我们有什么理由不奋发图强,把自己的工作干得更好呢?

法国作家让·保尔说过:"人生在这里有两分半钟的时间,一分钟微笑,一分钟叹息,半分钟爱。因为在爱的这一分钟内,他死去了。"这段话真是一座"莫误光阴"的警钟! 我,出生在一个经济比较困难的家庭，从 13 岁上初一起，到 1966 年高中毕业，每年暑假我都要去"勤工俭学"，我卖过茶，修过马路，推过小板车，后来，还干过油漆工，当过文工团员，电影放映员，直到现在，当一名高等师范的教师。人到中年，更能体会到人生旅途的短促。我要抓紧这"半分钟"的时间去"爱"：爱祖国，爱人民，爱生活。如果有谁问我，你今后的路准备怎么走？我将毫不犹豫地回答：当一名教师，当一名优秀的人民教师。这，就是我的理想之路！

（引自《演讲与口才》1986 年第 6 期）

三、假如你在演讲中引用俄国作家屠格涅夫写的"《麻雀》，你将怎样把这篇文章介绍给听众？请从速度、重音、停顿、语调等方面加以考虑。

我打猎归来，走在花园的林阴路上。猎犬在我的前面跑着。

忽然，它开始迈起小步，悄悄前行，似乎嗅到了前方的猎物。

我顺着林阴路望去——看见一只头上生着茸茸细毛的黄口雏雀。它从窠跌落下来（当时，大风把路旁的白桦树刮得摇摇晃晃），呆在那里，一动不动，可怜巴巴地展着初生的嫩翅。

我的猎犬慢慢地向它走近，这时，突然一只黑脯老雀，从近旁的一株树上，"啪"的一声，石块似的落到猎犬面前——它全身羽毛直竖，完全失掉了常态，它绝望地哀鸣着，向着张开大口、露着利齿的猎犬跳了两下。

它冲下来援救自己的幼雏，用自己的身体庇护着它……然而，老雀那小小的躯体，由于恐惧而瑟瑟地颤抖着，叫声凄厉而嘶哑,它木然不动,它牺牲了自己!

在它眼里,猎犬该是何等骇人的庞然大物啊!但它终归不能呆在那高高的枝头安然不动……有一股力量,一种它无法克制的力量,迫使它飞落下来。

我的猎犬呆住了,后退了……看来,连它也认识了这种力量。

我赶忙唤回困惑的猎犬,怀着虔敬的心情走开了。

是的,请不要见笑。对那只小小的、英勇的鸟,对它的爱的激情,我是怀着虔敬之情的。

我想,爱比死、比死的恐怖更强大。——只有她,只有爱,才维系着生命,并使它充满活力。

(引自北京景山学校所编《小学语文课文》第五册)

四、清朗诵下面这首诗,在朗诵过程中要配以适当的手势。

有的人活着,
他已经死了;
有的人死了,
他还活着。

有的人
骑在人民头上:"呵,我多伟大!"
有的人
俯下身子给人民当牛马。

有的人
把名字刻入石头,想"不朽";
有的人

情愿作野火,等着地下的火烧。

有的人
他活着别人就不能活;
有的人
他活着为了多数人更好地活。

骑在人民头上的
人民把他摔垮;
给人民作牛马的
人民永远记住他!

把名字刻入石头的
名字比尸首烂得更早;
只要春风吹到的地方
到处是青青的野草。

他活着别人就不能活的人,
他的下场可以看到;
他活着为了多数人更好地活着的人,
群众把他抬举得很高,很高。

(引自臧克家《有的人》)

五、请你写一篇演讲稿,然后运用这一章讲过的表达方式,在同学面前作一次演讲,让大家评论评论。

(撰稿:李淑章)

156

第五章　即席演讲

第一节　即席演讲的地位和作用

一、什么叫即席演讲

即席演讲也叫即兴演讲，指在事先没有讲稿的情况下，靠当场构思阐述发挥的一种演讲。"席"是坐席，"即席"就是当场的意思；"兴"是兴致，感触，"即兴"就是当时有所感触。所以，不管叫哪一个名称，都是指事先没有准备的一种演讲。不少地方举行即兴演讲比赛，这种比赛要求演讲者先抽签，然后按照签上规定的题目，准备几分钟，最后登台演讲。这种演讲只是为了训练演讲者的临场发挥的才能，并非我们要讲的即席演讲。我们所讲的即席演讲，是生活、学习、工作中常常需要的、有实用价值的一种演讲。

二、即席演讲的地位

即席演讲在演讲中占着很重要的地位。

（一）从演讲类型上看，即席演讲与有稿演讲是并列的两种方式，除了有稿演讲外，再没有任何一种演讲能够同它相提并论。

（二）从演讲的实用范围上看，即席演讲比有稿演讲应用的范围更广。我们可以这样说，在不少的情况下，即席演讲可以代替有稿演讲，而有稿演讲却不能代替即席演讲。比如，某些机关、单位因做某一件事需要领导同志作动员讲话，即席演讲能力强的同志往在事先并无讲稿，只是在脑子里想好一个大致轮廓，整个演讲主要靠临场发挥。这就是说，本来可以是有稿演讲，结果形成了即席演讲。而有时仅仅需要即席演讲的时候，那就无法以有稿演讲来代替。比如，一位律师面对法庭出现的种种意想不到的问题，要为他的当事人辩护，那无论如何，也不能事前写成讲稿，再来发言。

（三）从运用的频率上来看，即席演讲较之有稿演讲，也不知超过多少倍。除了严肃的、大型的会议，必须有稿演讲外，其他场合，我们见到的往往是即席演讲。诸如答记者问，上下级对话，讨论和辩论问题，补充讲话，宴会祝酒，解决纠纷等，都是即席演讲。而且，即使是在有稿演讲中，也常常需要穿插即席演讲的成分；从头到尾，完全按照原稿讲下来的事情，是很少的。

三、即席演讲的主要作用

从即席演讲的作用上，更能说明它在演讲中所占的地位。即席演讲的主要作用如下：

（一）有利于促进社会交往。社会是个大群体，交际是社会发展必不可少的手段，而即席演讲又是人们交际中最方便的一种方式。尤其是我们所处的这个信息时代，地球的半径缩短了，人们的舌头的功能却相对增强了：人们厌倦了战争，和平变成了全世界人民的共同愿望；闭关自守，老死不相往来,成为历史了,人们需要互相了解,共同繁荣. 都过幸福的生活。在这种情况下,人们的各种交往活动中,最方便、最常用、最有效的方式,当然是即席演讲了。从世界范围看,各国首脑之间的互访,各国使节之间的谈判,除了传统上、礼貌上所需要的有稿演讲外,大量的、解决问题的方式,还是即席演讲。从我国一国范围看,各省市、各地区、各行业、各单位之间的互相联系,无不以人与人之间的直接接触为主要桥梁,而这种桥梁有几座是由文字和有稿演讲构成的呢? 所以,即席演讲可以说是促进社会交往的最得力的使者。

(二)有利于及时解决问题从而提高工作效率。由于即席演讲不需要事先写好讲稿,当然也就免去了打印、校对、修改、发放等一系列手续,节省了人力、物力,尤其是节约了宝贵的时间。一些重大问题,有决策权的领导者,面对有关人员,即席答复一下,问题就解决了;一些矛盾纠纷,双方出席,面对面辩论清楚,达成协议,矛盾也就烟消云散了。这样可以大大提高工作效率,何乐而不为呢?

(三)有利于领导者深入群众,了解下情,克服官僚主义。有稿演讲比较容易,反正事先写好,到时照着讲就行,至于讲的符合不符合下情,解不解决问题,那就很难说了。至于领导者向某一个单位、某一个部门作指示时,事先秘书或有关单位、部门的笔杆子,已经准备好了稿子,那就更用不着自己费什么脑子了。常见到这种情况,领导同志到某一个单位作指示,前面讲话的人发言内容已经有了变化,甚至某些重要统计数字有了变化,轮到领导同志讲话,由于他对该单位的情况一窍不通,也不注意听别人的发言,所以,他仍然原封不动地念讲稿,结果弄得破绽百出,令人啼笑皆非。如果这样的演讲变为即席演讲,那就要求领导平常深入了解这个单位的情况,开会时注意别人的发言,注意听众的呼声,这样,他的演讲就会有的放矢,随机应变,就不会出洋相了。所以,即席演讲从某种意义上讲,是克服官僚主义的好办法。

(四)有利于沟通演讲者与听众的思想,激发他们按演讲者的意图行动。有稿演讲虽然也考虑对象,但临场发生的情况,当时群众的要求、愿望、动向,就无法考虑进去,所以,这种演讲往往不容易使演讲者和听众的思想沟通。即席演讲与此相反,演讲本身就是针对当时的场面、气氛和听众的心理的,加之,演讲者根本没有讲稿,讲话的内容和表情、手势,全都是随着听众的变化而变化的,所以,最能打动人心。比如,《高山下的花环》中,写到雷军长的一段演讲,那是地地道道的即席演讲。雷军长在部队出发前,在集合起来的士兵面前,激动地说:

> "我的大炮就要万炮轰鸣,我的装甲车就要隆隆开进!我的千军万马就要去杀敌!就要去拼命!就要去流血!可刚才,有那么个神通广大的贵妇人,她竟有本事从几千里之外,把电话要到我这前沿指挥所。她来电话干啥?他来电话要我给她儿子开后门,让我关照关照她儿子!奶奶娘!走后门,他竟敢走到我这流血牺牲的战场上!我在电话里把她臭骂了一顿!我雷某不管她是天老爷的夫人,还是地老爷的太太。走后门,谁敢把后门走到我这流血牺牲的战场上,没二话,我雷某要让他儿子第一个扛上炸药包,丢炸碉堡!去炸碉堡!"

请注意,雷军长面对的是整装待发的战士,特定的环境,特定的气氛,特定的话题,这绝不是有稿演讲所能够对付的。战士被激动了,军官被激动了,连大炮、装甲车都好像被震动了。

(五)除以上四点外,提倡即席演讲,对发展智慧、增进口才、促进民主、解放思想等,都有不可低估的作用。因为即席演讲是在无准备的情况下进行的,这就要求演讲者平素具有广博的知识,积累大量具有吸引力和说服力的材料,掌握应付各种交际场合的技能技巧,这就毫无疑问,会对智慧和口才的发展起莫大的促进作用。而且,如果经常开展即席演讲,你说我也说,你辩他也辩,有事同商量,有理讲当面,各抒己见,标新立异,这样坚持下去,就会逐渐改变万马齐喑的状况,真正形成既有民主又有集中、既有自由又有纪律、既有统一意志又有个人心情舒畅那样一种生动活泼的政治局面。这无疑会极大地促进民主,促进思想解放的。

第二节　即席演讲应具备的基本条件

美国有名的政治家、演说家和律师丹尼尔·韦伯斯特,1830 年,在国会上即席发表了著名的"答复海涅"的演讲后,有人问他:"你是如何在一时激动下发表这样一篇雄辩的演说的呢?"他回答说:"我以自己毕生的精力准备了那次演说。"由此可见,即席演讲虽然当时看来似乎毫无准备,出口成章,但在即席演讲之前,演讲者花费的功夫,却是无法计算的。

那么,即席演讲要想获得成功,演讲者应该具备哪些基本条件呢?

一、要有良好的应变能力

即席演讲既然是猝不及防的演讲,不允许演讲者有充分的时间去准备,去写成讲稿,因此,演讲者除了要具备本书第二章所列的条件外,最重要的就是应变能力。而应变能力的具备,主要决定于下面三种素质。

(一)乐于和善于交际。即席演讲要适应各种场合,适应各式各样的人。因此,它要求演讲者平素创造机会同不同行业、不同水平的人交往,在各种复杂场面和气氛中生活、学习、工作、娱乐……经得多,见得广,一回生,两回熟,天长日久,潜移默化,耳濡目染,口才就会越练越好,应变能力当然也会越来越强。一个两耳不闻窗外事,一心只读圣贤书的人,写文章可能是把好手,让他即席演讲,则恐怕要使听众失望了。

(二)大胆而谨慎的处世态度。即席演讲要当着那么多人的面,在毫无准备的情况下说话,这件事没有一点胆量,是万万不行的。然而,只有胆量,也是不行的。因为,即席演讲要求的不是胡言乱语,也不是语无伦次,它所要求的,比之有稿演讲更严格——它不仅要求像有稿演讲一样有明确的主题、严密的结构、感人的语言等,而且要求有更多的针对性、更丰富的感情、更适应听众的演讲技巧。这样一种难度较高的演讲形式,就要求演讲者平日就养成大胆而谨慎的处世态度。胆子不大,畏首畏尾,瞻前顾后,临场连嘴也张不开,哪还会滔滔不绝地演讲呢? 不懂谨慎,粗枝大叶,草率鲁莽,必然是信口开河,漫无边际,岂能称得上即席演讲? 所以,鲁莽

162

家或懦弱者,即席演讲起来,十个有十个要失败。

(三)胜不骄、败不馁的精神境界。即席演讲往往会遇到事先无法估计到的情况,如果演讲者心理上不能适应意外的变化,就必然临场手足无措,最后导致演讲的失败。所以,要想临场不乱,任凭风浪起,稳坐钓鱼船,那就必须在平时的生活、工作、交往中,有意培养胜不骄、败不馁的精神。平时不管干什么,胜利了,不冲昏头脑;失败了,不灰心丧气,那么,即席演讲时,不管遇到什么情况,也一定会从容不迫地想出办法加以对付。如果没有这种心理素质,一旦演讲赢得热烈的掌声,就有可能因一时高兴而想不起后面该说什么;一旦演讲遭到反对,嘘声不断,那就又有可能因一时气恼而无言以对。哪里还谈得上什么应变能力呢?

二、要有常备不懈的精神状态

即席演讲虽然是突然袭击式的,但也并非完全无法预料。演讲者自己从事什么工作,担任什么职务,什么时候、什么场合应该讲话,或者有可能被请起来讲话,心里应该有数。这样,就有可能平素在精神上作相应的准备,做到有备无患。

(一)在所有的讲话场合,都要想,如果要你讲话怎么办。比如,某一个单位召开群众大会,你是被邀请的外单位的一位领导同志,那你就应该注意事先了解会议的内容,而且在开会时间内,注意听别人的讲话,同时在脑子里构思自己讲话的轮廓。这样,一旦掌握会议的同志请你讲几句话,你就可以胸有成竹地走上讲台,从容自如地即席演讲了。

(二)在所有的讲话场合,都要在脑子里为别人准备演讲腹稿。有许多场合,你明知不会有自己讲话的机会,但请不要因此而放松对自己的要求。在这种时候,你应该假设自己是这个场合的某一位领导、某一位专家、某一位应该或可能讲话的角色,然后你就可以根据当时的需要和气氛,为他们考虑讲话的腹稿。等到他们真的登台讲话时,你就可以把他们讲的和你想的对比一下,看看谁优谁劣。这样,时间长了,你就会取他人之长,补自己之短;就会把别人的长处集中到自己的身上。试想,如此认真地锻炼,天长日久,还担心思维不会敏捷吗?

三、要事先把握讲话的内容范围

即席演讲虽说是当场即兴之举,但很少有事先一无所知的情况;大多数场合,演讲者事先是知道自己要讲话的。比如,一位上级领导出席下级单位的某一个会议,照例会前或会后要作一番指示或祝贺的。聪明的、认真负责的领导,在事先心里是有所考虑的。一般说来,当你知道自己要讲话时,事先起码应想到下面三种情况:

(一)讲话的大体范围。比如,你首先要弄清参加的会议是什么性质的:是卫生会议,还是农业生产会议;是总结经验的会议,还是表彰先进的会议……这样思想准备就会有的有矢了。

(二)听众的情况。要事先了解参加会议的是哪些人:自己熟悉的,还是不熟悉的;业务干部,还是一般干部;男同志,还是女同志;几十位,还是几百位……对象既明,讲话就有了针对性。

(三)可能遇到的主要问题。比如,你是教育行政部门的领导同志,去某高等院校与学生进行对话。这是典型的即席演讲。你就要事先充分了解学生的思想状况,对他们可能提出的要求和问题,要有预见性。必要时,应携带有关文件或请有关同志一道前去。要打有准备之仗,决不可仓促上阵。

第三节　即席演讲的几种表述思路

即席演讲所适用的场合极其复杂,因此其表述思路也不相同。但是,由于此种演讲考虑过程短促,进行时间有限,所以其构思也有大致规律可寻。这里介绍即席演讲常见的几种表述思路。

一、四步式

这是美国公共演讲问题专家理查德曾推荐的一个即席演讲的表述思路。这种表述思路共有四个步骤:

第一步:"喂,喂!"这是什么意思呢? 就是在讲话时一开头必须使听众对你演讲内容发生兴趣。比如,你讲话的主题是交通安全,你不要平铺直叙地讲:"今天,我要讲的内容是保障行人生命安全,减少交通事故。"而要这样讲:"上星期四,特购的 450 具晶莹闪亮的棺材已运到了我们的城市……"如果你要谈社会治安问题,你最好这样开头:"在一个小小街角的旅店里,12 个月里就发生了 11 起凶杀案件,这给我们敲响了警钟……"总之,这种开头法,主张免去不必要的开场白,直接用生动典型的事例画龙点睛,道出主题。

第二步:"为什么要费这个口舌?"这是什么意思呢? 就是要求在演讲的第二步里,向听众说明人家为什么要听你的演讲。这一步的主要任务是要使演讲内容同听众的切身利益联系起来,使听众产生紧迫感,从而使演讲产生吸引力。比如,你讲交通安全,就可以这样说:"不讲交通安全,那订购的450具棺材,也许在等待着我,等待着你,等待着我们的亲人。"

第三步:"举例。"即有选择地列举实际例子说明自己演讲的主题。比如,你要举的例子是:一,有关治安;二,有关交通,三,有关小学生。你只要记住"安、交、学"三个字就行了。

第四步:"怎么办?"就是演讲者最后所提的要求、希望或者建议等等。

四个步骤一脉相承,一气呵成。

这种表述思路适用于演讲者独立阐明某一观点的大多数讲话场合。不少人试用这种方法,效果很好。

二、补充式

这种表述思路应用非常广泛。一般的座谈会、讨论会,以及官方或民间举行的大小型会议,只要允许与会者讲话,这种表述思路就很起作用。这种表述思路只有两个步骤:

第一步:"很好。"就是对前面演讲者所讲的话表一个态度,表示同意,或者进行赞扬。比如,可以这样说:"刚才xxx先生用生动的事例说明我校取得巨大成绩的原因,我表示同意。"这一步要注意概括前人讲话的主要内容,切勿不适当地重复人家说过的话,以免听众厌烦。

第二步:"再补充一点。"就是对前人的讲话作几点补充。这一步只是顺着前人的思路摆出自己的意见就行了。既然是补充,就必须简练,如果补充的东西比前人讲的还多,那就会喧宾夺主。

166

三、转折式

这种表述思路分为三个步骤：

第一步："很受启发。"就是对前人的讲话作笼统的评价，或作部分肯定，或不作任何肯定，只是模糊地说一句"很受启发"、"很受教益"、"提了不少宝贵的意见"等。如果同意他的某个观点，就要明确表示，某同志讲的哪个观点，你是赞同的；对你所不赞同的观点，在这一步里千万不要提及。

第二步："但是……"就是用转折的语气，指出前人的错误所在。要毫不含糊地表明你不同意前人的哪一个观点，或者你要在哪个问题上同前人商榷。

第三步："为什么？"就是讲出你不同意前人某一观点的理由。理由要事先想好，每一条理由，都可以用一两个字表示，记住备用。

四、故事导入式

这种表述思路分两个步骤：

第一步："有这么一个……"就是开头讲一个引人入胜的故事或一段生动形象的笑活、寓言语录等。故事要求简短有针对性。

第二步："这使我想到……"就是由开头讲的故事导入同故事有密切联系的正题。这一步虽是正题，但往往比较更简短，也用不着再阐述道理，因为道理早已巧妙地包含在开头所讲的故事之中了。

这种"故事导入式"表述思路关键所在，是要精心设计故事，故事讲成功了，演讲也就成功了。请看按照这种思路所作的一段即席演讲：

　　1986 年秋，齐齐哈尔市市委书记到上海，恰逢齐市的五十名厂长在沪学习。中秋之夜，他到联欢会上看望学员，没想到这时在场的还有二十位盐城来的学员。这可给市委书记出了难题。但是，这位市委书记经过短暂的考虑，作了一次非常精彩的即席演讲："同志们，我首先给大家讲一个故事。齐齐哈尔的符拉尔基是著名的丹顶鹤故乡，到齐市的人不去探询丹顶鹤，都觉得遗憾！丹顶鹤是一种候鸟，每年都要随着季节的转换南徙北回。冬天，丹顶鹤就要南飞。飞到哪儿呢？飞到盐城，和那里的老百姓一起过冬，第二年又飞回齐齐哈尔。丹顶鹤就是这样一年又一年地飞来飞去，早就把我们两地人民的心连在一起了……丹顶鹤那么美好，既是齐齐哈尔的骄傲，也是全国人民的骄傲。我希望我们两地人经常往来。我们要到盐城，感谢当地人民对丹顶鹤的关心；也欢迎盐城的同志，到丹顶鹤的故乡游览、观光……"

五、祝贺希望式

　　这种表述思路极其简单，它只要求根据讲话场合想好一两句祝贺或希望之词就行了。这种思路虽然单一，但祝贺和希望的内容都要恰到好处。比如，新郎新娘来敬酒，你应该事先想好"祝你们白头偕老"之类的语句；某一个会议将要结束，请你即席讲几句，你可以这样说："我说三句活：第一句，祝大会圆满成功！第二句，祝同志们身体健康！第三句，祝

168

将要返回各县市的代表们一路顺风!""祝贺希望式"实用范围最广,切记选词的恰当和得体。

第四节　即席演讲的应变方法

即席演讲是常见的一种演讲形式,它几乎适用于所有的讲话的场合。诸如对活、答记者问,讨论、辩论、谈判,观后感,来宾介绍,欢迎致辞,宴会祝酒,婚事贺喜,丧事悼念等。随着信息社会人们交际的频繁,随着演讲活动的发展,即席演讲必将成为一种广泛适用的演讲形式。由于适用场合如此广阔,所以它面临的情况也十分复杂。在复杂情况面前,要想使自己的即席演讲获得成功,那就要求演讲者灵活而熟练地使用各种应变方法。下面列举即席演讲中比较多见的几种使演讲者为难的情况,并相应地介绍几种应变方法。

一、如何对待"突然袭击"

所谓"突然袭击"主要指在你毫无准备的情况下,听众请你讲话或提出问题让你回答。对待"突然袭击"的方法通常有两个:

(一)想办法争得考虑问题的时间。如果觉得听众让你讲活只是出于礼貌,而且你也无意讲话,那就可以委婉推辞,把问题转移到其他同志身上;如果非讲不可,而你又心中无数,则可以很有礼貌地请求对方同意你想一想。这样,你就可以利用极其短暂的时间,迅速理清表述思路,用很少的字列一个提纲,到时候站起来讲就是了。

(二)仅讲有把握的一点。如果情势不允许推辞,也无法争得考虑问题的时间,那就要态度从容地答应对方的要求,然后飞速地捕捉自己最有把握的活题,用极简练的语言,表述自己的思想。切记内容要集中,时间要短暂,以免言多语失。有一位老同志出席青年团举办的"五四"演讲比赛会。比赛结束前,会议主持人请他讲几句话,听众立刻响应,掌声雷动。这位老同志事先根本没估计到要自己讲活,而且他对比赛情况也所知甚少,怎么办? 他没有慌,他端起茶杯,喝了一口茶,然后站起来,微笑了一下,对大家说:"青年朋友们! 我今天参加会有个感想,那就是想到毛主席说的一句话太正确了。他说:世界是你们的,也是我们的,但是归根结底是你们的。你们青年人朝气蓬勃,正在兴旺时期,好像早晨八九点钟的太阳。希望寄托在你们身上。青年朋友们,努力加油啊! 振兴中华的责任主要在你们的身上。我祝你们前途无量,鹏程万里!"这是一段很聪明的即席演讲。他实际上是背了一段毛主席语录,然后说了一句祝贺的话。但是,他背的这段语录,既适合当时的场合,又不费苦思冥想之力,还能避免前言不搭后语,实在是高明。

二、如何对待听众的怪问题

所谓怪问题,主要是指回答稍有不慎就会上当的问题。这类问题多见于对活、答记者问的场合。这些怪问题,有的是明知故问,有的是有意刁难,有的是为了窥探机密,有的旨在挑拨离间,有的是赤裸裸提出,有的则采用"复杂问话"的形式……真是千奇百怪,五花八门,令人应接不暇,防不胜防。这里介绍几种对待怪问题的应变方法。

（一）委婉拒绝。如遇涉及机密或虽非机密但不愿告诉

170

对方的问题,一般采取委婉拒绝的办法。外交场合,常用"无可奉告"表示拒绝。此法是不得已而为之,是下策。聪明的办法是用模糊语言,既回答了问题,又不失身份。比如,有一次黄文欢在北京举行记者招待会,一位西方记者问:"您在给您同胞的信中说越南已经不再是独立自主的国家,而是附属于外国,您说的这个外国是谁?"这本来不是秘密,但如从黄文欢嘴里得到证实,显然不妥。黄文欢用了模糊语言,说:"你问的外国是谁,我可以说,但即使我不讲,所有的人也都知道。"黄文欢这句话既可以理解为"我告诉了你",也可以理解为"我不告诉你"。你怎么理解那是你的事。这是巧妙的拒绝。

(二)以攻为守。这种办法常用于对付不怀好意的怪问题。比如,一次国际会议期间,一位西方外交人士对我代表说:"如果你们不向美国保证不用武力解决台湾问题,那么,就显然没有和平解决的诚意。"面对这个赤膊上阵的挑衅者,我国代表义正辞严地回答道:"台湾问题是中国内政,采取什么方式解决是中国人民自己的事,无需向他国作什么保证。请问:难道你们竞选总统也需要向我们作出什么保证吗?"这一反问,使得对方哑口无言了。

(三)幽默诙谐。这是用引人发笑的办法回答问题,尤其有助于打破令人为难的局面。在对活或答记者问时,如果善于运用此法,往往能使主客双方更加接近,气氛更加和谐。比如,刘吉一次同青年朋友对活,有人问:"你怎样看待'妻管严'?"刘吉回答说:"'妻管严'是对中国几千年大男子主义的否定,妻子让少抽点烟少喝点酒,这不叫管,这叫对你的爱。"说到这里,有些女青年热烈地鼓掌。刘吉接着说:"请注意,我还没讲完哪。但是,我不赞成有的妻子公然要求自己的丈夫必须做到五全:工资全交,衣服全洗,家务活全干,闲气全受,剩菜剩饭全包。"全场响起了热烈的掌声。这一幽默,刘吉与男女青年一下子接近了,和谐了。

三、如何对待听众的掌声和喝彩声

凡是全场爆发出掌声和喝彩声时,往往是因为演讲者某些话打动了听众。一般来说,这是好事。在这样情况下,演讲者应该怎样呢?

(一)如果掌声和喝彩声比较短暂,演讲者以点头、微笑表示感谢即可;掌声过后,接着讲下去。

(二)如果掌声和喝彩声持续时间较长,演讲者要保持清醒头脑,可以用丰富的表情向听众致意,也可以用敬礼或鼓掌相报,还可以在声音间歇时说声"谢谢",如果因此忘记下面要讲的内容,也不必着慌,可以借喝水的机会想一想。

总之,演讲者应该充分利用这一机会,通过有声语言和态势语言的配合,架起自己和听众之间感情沟通的桥梁。

四、如何对待听众的喝倒彩

所谓喝倒彩是指听众对演讲不满而故意鼓掌或故意"叫好"。此种局面,最能考验出演讲者的水平。劣者往往因此一败涂地,强者却常常能化险为夷。

(一)首先要想到,喝倒彩的不是全体,从而稳定自己的情绪,坚信自己的观点。一般说来,真正喝倒彩的只是极少数人,其他人往往是随声附和。问题严重到何种程度,演讲者通过掌声和"叫好"声的大小、强弱,是不难判断的。

(二)其次要弄清楚喝倒彩的原因,从而想办法为自己解围,千万不可同听众对立起来。比如,一位同志讲到青年人也应该"忆苦思甜"时,场内爆发了掌声。这位同志立刻意识到青年人的反感所在,他没有生气,而是笑了笑说:"当然,青年朋友对我说的那几句不满意,是完全可以理解的。本来嘛,都八十年代了,人家外国人的生活水平把我们拉了多远了,你还讲'忆苦思甜',都老掉牙了! 是的。你们的掌声是对我的批评,再傻我也懂。可是,青年朋友们,理解也是互相的嘛! 你们也应该想想,我这半截儿身子已经入了土的老头子,除了讲讲过去的苦,讲讲今天的幸福,还能讲个啥呀! 所以还是让我这个老头子讲几句吧! 看看他讲的究竟有没有一点点道理。如果有,希望你们参考参考;如果真的连半点都没有,那用不着大家鼓掌赶我下台,我自己也没脸再讲了,我会连滚带爬地自己下来的。"他讲到这里,场内又响起了掌声。不过,这掌声不是喝倒彩,是支持他继续讲下去。相反的,有一位同志一次给大学去演讲,题目是关于中外文化交流。在他讲话之前,已经有四五位同志讲了话,学生已经整整坐了三个钟头。当他讲到半个多钟头的时候,场内爆发出稀稀拉拉的掌声,还有不大不小的"嘘"声。很明显,学生喝倒彩的原因,一是嫌他讲的太长了,二是因为他讲的内容引不起同学们的兴趣。而这位演讲者不分析情况,他怒气冲冲地质问学生:"这是干什么? 我哪句话讲错了? 错了可以提嘛,为什么要这样? 难道这就是大学生的水平?"结果稀稀拉拉的掌声变成了全场的掌声,不大不小的"嘘"声变成了海涛般的"嘘"声,而且持续不断,一直到那位同志走回到自己的座位上为止。这位同志的教训我们应该记取。

五、如何对待场内的喧嚣和纷乱

演讲中,场内出现喧嚣和纷乱,原因很多,演讲者在这种情况下,首先要准确地去判断其原因,切勿慌乱。

(一)如果与演讲本身无关,则应向听众说明情况或请有关人员出来处理、解决。比如,有人突然心脏病发作,演讲者应告诉听众:这里有位同志发病了,谁有救心丸,请过来帮个忙。待病人得到处理后,再接着讲下去。千万不要无动于衷,只管自己讲下去。

(二)如果由于演讲者某些观点或某些表达方式欠妥,则应采取适当办法,吸引听众恢复正常。比如,有一位同志在演讲中谈到男同志时伸出大拇指,谈到女同志时伸出了小指,不等他作解释,台下已经乱成一片,不少女同志不满地吵嚷起来。这位同志看到大家误解了他的意思,于是先向大家笑了笑,然后用双手往下压了压,作了一个让大家静一静的手势。当喧嚣声稍稍平息了一点之后,他大声说:"同志们,别着急!听我解释:我说男同志像大拇指,因为男同志粗壮、有力;我说女同志像小指,因为女同志小巧玲珑,柔美温和。如果大家不同意我这样说,那么,请问哪一位女同志愿意倒过来?"这一说全场都笑了,连刚才最有意见的女同志也笑了。

(三)如果由于演讲者讲的时间过长,则应迅速采取果断措施,尽快结束自己的讲活。人贵有自知之明,如果不顾听众的情绪,我行我素,硬着头皮讲下去,一定会导致更大的失败。常见某些领导者在这种情况下指责听众:"这样重要的报告,你们不注意听,这是什么态度? 仅仅讲了一个多钟头,就坚持不了了？我们本来计划讲三个钟头,如果你们这样,我们就讲半天!"我们决不可采取这种办法。

六、如何对待自己的失言

对待自己明显失言的办法主要有两点:

(一)以诚相待。就是坦率承认自己说错了,请大家原谅。

(二)用幽默自嘲。就是说句逗趣的活,讽刺嘲笑一下自己,从而引起听众的同情和谅解。比如,,某大学教语法课的老师,一次演讲中,把《琵琶行》的作者说成了杜甫,结果场内一阵议论,声音嘈杂,里面还夹杂着嘲笑他无知的词句。这位老师立刻觉察到自己失言了,于是他笑了笑,说:"看来,人骄傲不得:我这个人常常自命不凡,整天咬文嚼字,笑话人家这句话不通了,那个词用错了。结果,自己也有丢人的时候。这不,明明是白居易的诗,说成了杜甫。实在是自食其果啊! 看来,以后还是少笑话人为好。"这位教师的这段活,既批评了自己,又委婉地批评了台下嘲笑他的人。一箭双雕。

七、如何对待听众写条子

在演讲过程中,常有不少听众写条子给演讲者。在这种情况下,演讲者一般应采用如下几种办法:

(一)如果是赞扬演讲者的条子,则应点头微笑,表示感谢;或者同时说声"谢谢"。这样,演讲者与听众的感情得到交流,不仅递条子的人高兴,其他听众也会因此受到感染。

(二)如果条子所提的问题不宜立刻回答,看后应该有所表示:或点点头,或说声"这位同志的问题一会儿回答",千万不要置之不理。

（三）如果条子递得较多，问题又很相似，则应向听众说清楚：大家提的问题是什么，准备什么时候作答复。

（四）如果条子所提的问题棘手或带有挑衅性质，则应竭力克制感情，一笑置之，然后在继续演讲的过程中考虑对策；待时机成熟后，再行答复。

八、如何对待听众的插话和发问

有时，讲话过程中，听众突然插话或发问，演讲者对此不能置之不理，而应当及时表态。

（一）对于插话，可以根据内容有针对性地表态：如果是赞扬的插话，应点头致谢，或说声"很感谢"；如果是要求再说一遍或者说得再清楚一点，则应满足听众的要求；如果是表示反对或反感，则应相机行事，原则上应采取以柔克刚的战术，切不可同听众形成对立。

（二）对待发问，也要根据问题的性质而定：如果要求解释情况或说明问题，只要不影响演讲进行，则应简要作答。如果一时难以回答或不便回答，则应婉言相告，待之以诚。对待发问的原则是：一要不影响演讲的进行；二要言之有据，切勿信口开河；三是答复要简明扼要，不得喧宾夺主。

（撰稿：李淑章）

思考与练习

一、除了本书涉及的以外，你觉得即席演讲还有哪些特点？

二、即席演讲组合材料的形式大致有三种，即并列式——把总题分解成若干分题；正反式——围绕题目要求，一方面从正面说明，一方面从反面说明；递进式——围绕所要说明的观点，先讲"为什么"，后讲"怎么样"。请你用这三种形式，列出三种即席演讲的详细提纲。

三、分析下面三篇即席演讲词，说说它们各自的特点。

连长的就职演说

同志们：

我不是个当连长的料。

但是，我有信心，也有能力当好这个连长。

下来代职前，我对通信连已经有所了解。我认为，通信连并不比其他单位差，通信连有人才，大部分战士是好的。他们上进心强，自尊心强，集体荣誉感强，关键在于当干部的怎么个带法。通信连的兵打篮球全团第一，我坚信，通信连的兵干工作也能是全团第一！我的出身环境，造就我这样的性格——不吹，不拍，不捧，还不怕得罪人。今后，我保证做到：刚直不阿，不屈从权贵。

中国有句古语："官大如同父母。"这是泛指。具体地说，就是当连长的，当指导员的，要像父母爱护自己的子女一样，去爱护我们的战士。今后，无论谁工作、学习和工作上有什么困难，可以找我反映。在我职权范围内能解决的，我一定设法解决；不能解决的，我也一定要做一些解释工作。总之，在我们连，只要我还是连长，就不会让那些兢兢业业于工作的人吃亏；相反，那种不学无术，吊儿郎当的人，也不要想得到什么好处。我要树正气,压邪气!

我坚信:只要我们搞好团结,共同努力,通信连的各项工作,将会成为全团第一流的!

班长的即席演说

同学们:

新年、新春、新学期,我们也应该有新打算。一提到"新"字,人们便立刻会联想到许多:新居、新人、新产品、新意识、新国家等等。不一而足。一切新东西、新事物乃至新意识,都是由旧的脱胎而来,充满了生机,因此它足以令人神往。世界、生活、人生,也就是在不断地除旧布新中发展的。这大概是人们对"新"感兴趣的重要原因吧!

可是,从"新"字的结构上,我们似乎可以悟出另外一番含义。你们看,"新"字的左上方是个"立",下面就是"木",意即把树木立起来;而右边是"斤",意即刀斧;合起来的意思是树木要想成材,必须用刀斧经常修剪,才能日新月异,健康成长。我们现在不就是一棵棵小树吗?我们虽然未长成栋梁,但只要不怕修剪,勇于修剪,一定会常剪常新,不断提高。

同学们,把根系伸展开,扎上去,贪婪地吸吮大地的乳汁,茁壮茂盛地生长吧!让我们以栋梁的身份去肩负起除旧迎新的历史重任吧!

欢 迎 词

我校新来了两位男教师,是刚毕业分配来的维吾尔族大学生,当然也是汉语通。这两位老师分别教高中物理和数学。下午,学校举行了一个简短的欢迎会,下面就是他们的

178

欢迎词：

体育组的小米说："上午我就琢磨，这位（指着其中的一位）同志个头有一米八，肯定是个篮球迷，希望你能成为我校篮球队的主力，夺回上个月失去的冠军。"

数学组长佯装不满："哼，别想来挖人，我们数学组正等着他来解 $X+Y=Z$ 的方程式呢。"

一位回族老师风趣地说："我代表全校伊斯兰教徒向你们表示热烈欢迎。"

"我说三句，"戴眼镜的孙老师说："你们的到来，为我校的数、理、体增加了实力，为男青年增加了伙伴，为女青年增加了舞伴。"

校工会主席郭老师立即接道："校工会在三天之内筹备一次舞会，欢迎两位回纥人的后裔。"

（撰稿：李淑章）

第六章　演讲的艺术(上)

演讲要讲究方法,这些方法是从演讲实践中总结出来的,因此具有科学性。但是,在具体运用这些方法时,因时间、地点、演讲人、内容和听众的不同而有所不同,因此这些方法又具有一定的艺术性。下面择其要者介绍一些。

第一节　故事和比喻

一、故事

故事具有内容生动有趣、情节扣人心弦的特点,因此富有吸引力。在演讲中,恰如其分地穿插一些故事,不仅可以更生动地说明道理,增强听众印象,而且还可以活跃会场气氛,使听众精神振奋,消除疲劳心理。

有人在《兵的启示》的演讲中讲了这样一个故事。一次佛教创始人释迦牟尼问他的弟子:"一滴水怎样才能不干涸?"孤零零的一滴水,论分量只能以毫克计,论体积,它也微乎其微。风能吹干它,阳光也能晒干它,其寿命能有几何?——弟子摇了摇头。释边牟尼说:"把它放到海里去吧。"这个故事,很生动地说明了演讲人下面所说主张的正确性。演讲人说:"是的,美好的生活,靠的是我们千百万人,尤其是体格健壮的青年的创造,让我们从战士的身上吸取力量,并把自己也看成一个战士。"

1924年孙中山到广东大学讲三民主义,由于会场较小,听众又多,空气不好,一些人昏昏欲睡,孙中山便插上一个故事。他说:"我小时在香港读书,见过有一个搬运工人买了一张马票,因无地方可藏,便藏在刻不离手的竹竿里,牢记马票的号码。后来马票开奖了,中头奖的正是他,便欣然若狂地把竹竿抛到大海里,满以为今后不再靠这支竹竿生活了。直到问起领奖手续,才知道要凭票到指令银行取款,猛然想起马票放在竹竿里,便拼命跑到海边去,可是连影子也没有了……"讲到这里,会场爆发出一片笑声,人们议论纷纷,谁也不打瞌睡了。这时,孙中山话锋一转说:"民族主义就是这根竿子。"一句话点出故事的寓意所在,使听众在开怀大笑后,对民族主义重要性这个道理有所领悟。这种由听众自己领悟出的道理,要比灌输和说教印象更深刻。

故事的位置,可以安排在演讲的开头,也可以安排在演讲的中间和结尾,这要从演讲内容的需要和会场气氛、听众情绪出发。其目的就是要引起听众兴趣,抓住他们的注意力,使他们在故事魅力的驱迫下,紧随演讲者的思路往前走,在不知不觉中领悟到演讲者通过故事想阐发的道理。

英国博物学家赫胥黎在题为《进化论与伦理学》的演讲一开始就说:"有这样一个有趣的儿童故事,名叫'杰克和豆秆'……这是一个关于一颗豆子的传说,它一个劲儿地长,耸入云霄直达天堂,它的叶子伸展成一个巨大的华盖。故事的主人公,顺着豆秆爬了上去,发现宽阔茂密的叶子支撑着另一个世界,它是由同下界一样的成分组成的,然而却是那样新奇……"故事启程了,听众想知道将会发生什么事,便集中注意力听下去。

毛泽东在党的"七大"闭幕词《愚公移山》中,讲了愚公移山的故事。通过这个故事,毛泽东深入浅出地阐明了中国人民推翻三座大山必须有坚定不移的决心和必胜的信心的道理,同时使会场气氛活跃,听众在紧张的听讲中情绪得以放松。

一位演讲者在题为《要自己发光》的演讲中,把故事放在结尾。他说:"古时有个人,他父亲是状元,他儿子也是状元,他自己却不学无术,老大无成,然而他却很骄傲,他对父亲说:'你有什么了不起的?我儿子比你儿子强多了!'他对儿子说:'你有什么了不起的?我爸爸比你爸爸强多了!'"在听众哑然失笑后,演讲者以下面一句话做结:"这个人靠别人发光,我们要做太阳,不做月亮,要自己发光!"这个故事既扣紧演讲题目,又把听众情绪推向高潮,使演讲在高潮中戛然而止。

故事的来源可以是古今中外书报刊物上的,也可以是现实生活中的,最好是演讲者自身所经历的。讲自身经历的故事,就是叙述自己生命轨迹的 部分,是自己部分生命的再现,讲起来自信,自然,真实可信,更有吸引力和说服力。斯大林在《在克里姆林宫举行的红军学院学生毕业典礼上的讲话》中,说道:"我回想起了我在西伯利亚流放时碰见的一件事。这是在一个春季河水泛滥时发生的。当时有 30 个人到河里去捞取被波涛汹涌的大水冲下来的木料。当傍晚他们回到村里时,却少了一个同伴。当我问第三十个人在哪里时,他们冷淡地回答道;第三十个人'留在那里了。'我问:'怎

182

么会留在那里呢?'他们又同样冷淡地回答;'那还要问什么,当然是淹死了。'当时他们中间一个人忙着要走,说是'要给母马饮水去'。于是我责备他们对人还不如对牲畜那样爱惜,他们中间便有一个人在其余的人赞同下回答道:'干吗我们要爱惜人呢? 人是我们随时都可以做出来的。而母马呢……你试一试去做出一匹母马来看。'"针对这种不爱惜人才的令人不能容忍的现象,斯大林随手拈来,用这个亲身经历的故事去批评,要比引用其他间接得来的事例去批评,效果更好。

演讲中讲故事要注意几点:

(一)故事要与演讲内容有密切联系。不讲游离于演讲内容之外的故事;不讲牵强附会的故事;不能单纯为获得笑声而讲故事。在讲完故事后,要画龙点睛,用一两句话揭示故事的寓意,道出故事和演讲内容的联系。

(二)故事要新颖、生动。老掉牙的平淡无奇的故事,于演讲毫无益处,反而会使听众产生厌倦心理。

(三)故事要短小。要浓缩故事情节,用简练的话干脆利索地把故事讲出来,不要枝蔓横生,敷衍铺陈。

(四)要讲究故事的叙述方式。有些故事本身趣味性并不强,而演讲者的叙述方式却能使听众产生兴趣。因此要求把故事讲得绘声绘色,具有吸引力,否则,即使是很好的故事,讲后也可能泥牛入海,没什么反响。

二、比喻

作家秦牧曾赞美说;"精辟的比喻真是美妙! 它像一朵朵色彩瑰丽的花照耀着文学。"其实,色彩瑰丽的比喻之花,也同样照耀着演讲艺术。

比喻就是打比方。事物与事物之间，往往有许多相似之处，比喻，就是利用两个事物的相似之点，用甲事物来说明乙事物。它是语言艺术中的艺术，演讲艺术中的花朵。

比喻具有很强的说服力，而且还能发人深思，耐人寻味，并产生一种深邃的幽默感。在演讲中，常常取喻明理，把精辟的论述与摹形拟象的描绘糅合一体，既给人哲学的启迪，又给人艺术上的美感，理趣浑然，风采夺目，往往寥寥数语，能收到以一当十的奇效。

运用比喻时要遵循一定的原则，即用浅显的事物比喻深奥的事物，用具体的事物比喻抽象的事物，用形象的事物比喻一般的事物。

有人让爱因斯坦解释他的相对论，他说："如果你和漂亮的女孩子在一起坐了一个小时，感觉上好像才过了一分钟；如果你坐在热炉子旁边一分钟，就好像过了一个多小时。那么，这就是相对论！"

法拉第刚发明了发电机，有个保守的人质问他："你弄出那鬼东西究竟有什么用？"法拉第反问说："婴儿有什么用？"

科学家为了说明抽象的事物，运用比喻，将抽象的事物具体化了。

石家庄第一塑料厂厂长张兴让在提倡工作满负荷的同时，又主张生活减负荷，他把关心职工的房子、菜篮子、儿子、老子、身子称为"五子登科"。

一个企业家在解释"为什么条件优越的全民所有制企业，不如集体所有制企业和乡镇企业"时说道："乡镇企业好比是属鸟的，自己找食养活自己，因此满天飞；集体企业好比属鸡的,吃的食料一部分靠喂,一部分靠国己找,有点束缚也有点自由;而全民所有制企业好比是属猪的,吃的全部靠喂,不必动脑筋。"

企业家为了说明他们工作中的一般问题,运用比喻,将一般问题形象化了。

运用比喻时要注意以下几点:

(一)要注意思想情感。喻体要选择恰当,注意其褒贬色彩,否则,会造成不良后果。比如,有位老同志记忆力减退,干了这件工作,忘了那件工作,一个年轻人把这比成"狗熊掰棒子,掰一个,丢一个",显然,这个比喻对这位老同志就不尊重了。

(二)要新鲜,不能用陈腐的比喻。正如人们所说:第一个把姑娘比做鲜花的人是天才,第二个就是庸才,第三个就是蠢材了。比喻贵在匠心独运,巧出新机。巧妙地取喻,就能新人耳目,出奇制胜,给人形象的遐想,真理的启发。周恩来为了说明蒋介石、陈诚用的战术的腐朽,曾打比方说:"他们定的方法,专说如何防卫,如何突围,如何待援,如何警戒,好像一个人害了肺病,专门讲究如何防感冒,防咳嗽,防消化不良,防这防那,这样的人距死期也就不远了。"战术问题是一个高深莫测的问题,经周恩来这么新巧的一比,就使人们很快看清了蒋介石战术的低劣和腐朽。

(三)要恰当,两个事物之间有相似之处才能比喻。有人说:一个企业好似一部三轮车,思想政治工作是前轮,指引方向的;科学技术、企业管理是两只后轮,负载实荷的。三个车轮只有协调地运转,车子才会奔腾向前。这个比喻是很贴切的。如果两个事物之间没有相似之点,就不能比喻。如:"真正的自由就像断了线的风筝","这个人胖得像个贼"等比喻,就不合适了。

(四)要深刻。比喻深刻的要求主要是说理性强,认识价值高。一般谈话中的比喻,往往只是事物表象描述的比喻。这种比喻能启发人们的想象,具有一定的艺术欣赏价值。而具有深意的比喻,则往往能揭示事物的本质和事物间的内在联系。这种妙喻既有艺术审美价值,又有更深层次的认识价值。毛泽东曾用"墙上芦苇,头重脚轻根底浅;山间竹笋,嘴尖皮厚腹中空"的比喻,形容那些"徒有虚名,并无实学"的人,说得惟妙惟肖,理义精深。

第二节　正说和反说

一、正说

正说,即直说,就是调动各种有力的论据从正面直截了当地证明或驳斥某种论点。

正说可以用于立论,也可以用于反驳

1959 年我国举行记者招待会,一个外国记者向周恩来总理提出这样一个问题:"你是否认为中国由于人口众多,将来会向外国扩张自己的领土?"这个问题实际上反映了世界舆论中的一个观点,即中国人口众多,将来必然要向外扩张。周总理当即答道:"你似乎认为一个国家向外扩张是由于人口过多。我们不同意这种看法。英国的人口在第一次世界大战前是四千四百万,不算太多,但是英国在一个很长的时间内曾经是'日不落'的殖民帝国。美国的面积略小于中国,而美国的人口还不及中国的1/5。但是美国的军事基地遍于

186

全球,美国的海外驻军达150万人。中国人口虽多,但是没有一兵一卒驻在外国的国土上,更没有在外国建立一个军事基地。可见一个国家是否向外扩张并不决定于它人口的多少,而决定于它的社会制度。"这里,周总理以无可辩驳事实,从正面直接驳斥了这名外国记者的错误观点,这也是正说。

正说,表现出说话者真诚坦率的态度、坚定的信心和不可动摇的信念,因而造成一种不容怀疑的情势,促使对方迅速接受其观点。例如,日本著名的电影演员三浦友和上门去向山口百惠的妈妈表白自己对山口百惠的爱情时,开口就说:"把百惠给我吧,您不给,我也要和百惠结婚!"这直截了当的"摊牌",使百惠母亲一愣,问:"这是你完全了解了我们家的情况才说出来的话吗?"三浦友和作了肯定的回答。结果,他的正说奏效了。倘若,说话者吞吞吐吐,对方将会疑虑重重,犹豫不决,其观点常常难以被立即接受。

正说,就要摆事实,讲道理。在说明事实和阐明道理时,可以运用加法、减法、乘法和除法四种说话技巧。下面以商业演讲为例加以说明。

例如,演讲者讲到购买某种新产品的好处和利益就可以用加法。加法技巧主要是将购买的好处和利益用相加的方式放在一起、不是简单的罗列。罗列式这样讲:"这种葡萄酒色泽幽雅,香气沉沉,口味醇厚,很适合饮者的需要,久藏而精美,男女老少咸宜,并有滋补顺气之功用⋯⋯"加法技巧这样讲:"这种葡萄酒色泽幽雅,再加上它深沉的香气和醇厚的口味,很适合饮者的需要,还可久藏,越陈越美,且不谈男女老少咸宜,如果再把它的滋补顺气功用算进去⋯⋯"很显然,加法的效果更好,它用一系列加强语气的词语,层层递进地突出了购买的好处和利益,给听众以较强的心理印象。

再如,演讲者讲道:"这个售价不赚钱,去掉成本费,去掉运费,去掉税金,就赚个忙活。"这里用的是减法技巧,化为公式:售价－成本费－运费－税金＝不赚钱。减法技巧是以一些因素为被减数,一些因素为减数,最后使差接近或等于零,使听众产生"接受演讲者的主张不会挨赚"的心理效应。又如,演讲者讲道:"这种补药,强壮筋骨,每天吃一点,长此以往,一定会延年益寿。"这用的就是乘法技巧,化为公式:强壮筋骨×长此以往＝延年益寿。乘法技巧是以一些因素为乘数,以另一些因素为被乘数,进行攻心演算,使听众在心理感受上产生"获得成倍的好处或坏处"的刺激。

还如,演讲者讲道:"这包茶叶5元钱,可泡茶100杯,每杯只花5分钱;上茶馆喝茶,每杯少说要用2角钱。"这用的就是除法技巧,化为公式:500(分)÷100(杯)＝5(分)。5分小于20分,这给听众的心理感受是便宜。除法技巧是一种分解术,以一些因素为被除数,以另一些因素为徐数,求得商。再将这种经过分解的商与其他因素相比,从而给听众以较深刻的心理感受。

演讲中运用正说时应注意几点:

(一)要旗帜鲜明,态度坚决,语气肯定。

(二)要有的放矢地摆事实讲道理,切忌乱放炮。要抓本质,抓要害,说到关键处,击中致命点,切忌泛泛而论。(三)道理要正确,事实要确凿,例子要典型,而且事、理要有新意。

二、反说

反说,在这里指的是反语或说反话。它是用和本意相反的话来表达本意的一种修辞方法。它表面一层意思,骨子里却是另一层意思,正话反说,反话正说。

1926 年末,鲁迅在厦门集美学校作题为《生活的意义与价值》的演讲时,竟先把那些"有热情、有奋斗、肯牺牲"的青年和劳苦大众说成"傻子",却把那些"投机取巧"、"吹拍欺诈"的人说成是"聪明人",然后解释说:"聪明人为名利钻营而把世界推入黑暗深渊;而傻子则凭自己的勤奋与刻苦,为光明的到来付出了血汗"。这里,鲁迅欲贬则虚褒,欲褒则虚贬,运用的就是反说法。

反说一般带有讽刺意味,有时也用来表示幽默。有人把它比作一面哈哈镜,尽管镜子里的形象千奇百怪,有时甚至完全走了形,但它终究还是某些实体在特定条件下的反映,看去不真实,却胜似真实。在特定的语言环境中,应用反说比正面论说更有力量,给人的印象也更深刻。

据《史记·滑稽列传》所载:"楚庄王爱马,衣以文绣,置之华屋之下,席以露床,啖以枣脯,马病肥,死,使群臣丧之,欲以棺椁大夫礼葬。左右诤之,以为不可。王下令曰:'有敢以马谏者,罪至死。'优孟闻之,入殿门,仰天大哭,王惊而问其故。优孟曰:'马者,王之所爱也。以楚国堂堂之大,何求不得! 而以大夫礼葬之,薄! 请以人君礼葬之。'王曰:'何故?'对曰:'臣请以雕玉为棺,文梓为椁,梗、枫、豫章为题凑,发甲卒为穿圹,老弱负土。齐赵陪位于前,韩魏翼卫其后。庙食太牢,奉以万户之邑。诸侯闻之,皆知大王贱人而贵马也!'王曰:'寡人之过,一至此乎? 为之奈何?'优孟曰:'请为大王六畜葬之,以垄灶为椁,铜以姜枣,荐以木兰,祭以粳稻,衣以火光,葬之于人腹肠。'于是王乃使以马属大官,无令天下久闻也。"优孟如果直谏,楚庄王不仅不会接纳,而且还会白白丢了性命,现在优孟用了反说法来讽谏,终于达到了讽谏的目的。

在一次酒会上,美国作家马克·吐温对记者说:"美国国会中有些议员是狗娘们养的。"这句话在报纸上披露后,议员们大为愤怒,纷纷要求作家出来公开道歉或予以澄清,否则,就将诉之于法律。马克·吐温知道,他的责任不是平息政府官员的不满,而是继续尖锐地批评他们。于是在一个场合,他对记者又发表演说:"前一次我在酒席上发言,说'美国国会中有些议员是狗娘们养的'。事后有人向我兴师问罪。我考虑再三,觉得此话不适当,而且也不符合事实。我郑重声明,我上一次讲话应该加以更正:'美国国会中的有些议员不是狗娘们养的。'"这个反说多么精彩! 表面是更正、认错,其实是对那些卑鄙的政客进行了更尖刻的嘲讽,更激烈的抨击,痛快淋漓。而且,这个反说风趣幽默,令人听后捧腹大笑,给人留下难忘的印象。

反说可以分为两类,即讽刺反说和褒贬反说。

讽刺反说主要用于指责对方的缺点错误,或是揭露敌人的丑恶罪行。如,有人讲:"皇军好啊,皇军不杀人,不放火,也不抢粮食。"这是用反说法揭露日本侵略者的罪行,对其进行辛辣的讽刺。

褒贬反说本意是说对方好,含有"褒"意,但是用带有贬义的话表达出来。如,萧何杀了韩信之后,又抓来蒯通,在众臣面前审问蒯通伙同韩信谋反的叛逆之恶。这时,蒯通历数韩信之"愚",翻译成现代汉语是:

如果韩信要反,那就会在收燕赵、破三齐、拥精兵 40 万的时候反,可那时他却偏偏不反,你说愚不愚?

如果韩信要反,那就会在统大将二百余员、雄兵 80 万的时候反,可那时他又偏偏不反,你说愚不愚?

如果说韩信要反,那就会在掌握雄兵百万、九里山前大会战的时候反,可那时他也没有反,你说愚不愚?

而结果,韩信被夺去了兵权,他却要造反了,你说愚不愚?

这里,蒯通明是说愚,暗里表忠,使用的是褒贬反说。

演讲中运用反说要注意两点:

(一)要注意分寸,分清对象。对敌人要沉重打击,无情揭露;对同志则要善意批评,治病救人。例如,鲁迅在题为《老调子已经唱完》中讲道:"至于有一班从外国留学回来,自称知识阶级,以为中国没有他们就要灭亡的,却不在我所论之内,像这样的知识阶级,我还不知道是些什么东西?!"鲁迅对于投靠帝国主义的反动文人了解得很深,很透,却说"不知道是些什么东西",这是反说。言词犀利,表达出演讲者对这些人的深恶痛绝。再如,毛泽东在《反对党八股》的演讲中说:"党八股也就是一种洋八股。这洋八股,鲁迅早就反对过的,我们为什么又叫它做党八股呢?这是因为它除了洋气之外,还有一点土气。也算是一个创作吧!谁说我们的人一点创作也没有呢?这就是一个!"这里的"创作"是反语。把"党八股"说成"创作",给人一种幽默和略带讽刺的感觉,对那些好写"党八股"的同志起到了善意批评的作用。

(二)要注意具体语言环境,使人一听就知道是反说。例如,有人在演讲中说:"我告诉大家,根据小报介绍,他是天底下头等大好人,浑身上下毫无缺点,连肚脐眼都没有。"在这里,"天底下头等大好人"是反说,根据上下句的意思可以判断出来。"根据小报介绍"一句,透出可信度差。"浑身上下毫无缺点,连肚脐眼都没有"一句,更是荒谬绝伦,世界上不可能有这样的人。对照上下两句一思考就知道,"天底下头等大好人"是饱含讽刺和挖苦意味的反说。

第三节 纵比和横比

俗话说:"不怕不识货,就怕货比货。""不比不知道,一比吓一跳。"毛泽东也指出:"有比较才能鉴别,有鉴别,有斗争,才能发展。"可见,比较的重要性为人们普遍公认。比较在演讲中的作用主要有三点:

第一,充当鉴别剂。观点的是与非,道理的曲与直,事实的真与假,认识的深与浅等等,一经比较,妍媸立见,泾渭分明。

第二,充当强化剂。比较意在强调整个演讲的主题思想。比较能够强化道理,强化感情,增强说服力和鼓动力。

第三,充当催化剂。"人比人,激励人"。比、学、赶、超,比字当头。通过比较,使人眼界大开,看到山外山,楼外楼,激励有志之士,奋进不已。

演讲中的比较有两种做法,一是纵比,一是横比。

一、纵比

纵比就是纵向比较,就是以时间为线索,把先后发生的事物放在一起进行对照。

例如,为了阐明"四人帮"横行时,我国的法律只不过是一张废纸的观点,在政协七届一次代表大会上,千家驹把刘少奇二十多年前的言论和他十多年后的"下场"作了纵向比较。他说:"1955年新中国第一部宪法诞生时,刘少奇同志严词驳斥'新中国没有个人自由'的说法。可是十多年后(原文作廿年后),这位共和国主席却被囚禁于密室,丧失了起码的人身自由。"是啊,正是这位曾经在中华人民共和国神圣的讲坛上慷慨陈词、严厉批驳"中国没有个人自由"的人,这位堂堂正正的中华人民共和国第二任国家主席,并未触犯任何刑律,也未经任何法律手续,就被"拉下了马","囚禁于密室",丧失了起码的人身自由。是啊,第一届全国人民代表大会千百位合法的代表,用合法的手续,一致举手通过的新中国第一部宪法是庄严神圣的,但是这部庄严神圣的宪法却无力保障宪法起草人、报告人的起码人身自由,更谈不上什么一般老百姓。千家驹通过这段历史事实的纵比,鲜明有力地告诉听众:在"四人帮"横行时期,什么民主,什么法治、法律都是一个零。

再如,陈毅同志1941年1月的《就职(代军长)演讲辞》,旨在阐明"人民的军队是任何反动派也消灭不了的"这一主题。他从数量方面将八路军、新四军的过去与现在做纵向比较。他说:"在大革命失败的时候,朱德总司令只带了八百多人上井冈山,就发展成为今天50万大军",他又说:"新四军的前身是南方各省的游击队,那时全部只有两千多人,因当时在残酷的斗争中,还受到损失……只有二百多人,三年后,新四军发展到九万人"。是啊,八百人都没有消灭,50万大军能被敌人消灭吗?两百人没有被消灭,"今天9万人还被他消灭吗?"通过陈毅所作的纵向比较,鲜明地显示出八路军、新四军由小到大,由弱变强的发展趋势,有力地证明了"人民的军队是任何反动派也消灭不了的"主题,听后令人折服。

二、横比

横比就是横向比较,就是以空间或领域为线索,把发生在不同地域或领域的事物放在一起进行对照。例如,从目的和前途方面作横比。毛泽东在党的"七大"的闭幕词《愚公移山》中讲道:"现在中国正在开着两个大会,一个是国民党的第六次代表大会,一个是共产党的第七次代表大会。两个大会有完全不同的目的:一个要消灭共产党和中国民主势力,把中国引向黑暗;一个要打倒日本帝国主义和它的走狗中国封建势力,建设一个新民主主义的中国,把中国引向光明。这两条路线在互相斗争着。我们坚决相信,中国人民将要在中国共产党的领导之下,在中国共产党第七次代表大会的路线的领导之下,得到完全的胜利,而国民党的反革命路线必然要失败。"毛泽东通过这种横比,使听众看清两种不同的目的,两种不同的前途,从而唤起听众强烈的爱憎,使他们下定决心,争取胜利。

运用纵比和横比应注意以下四点:

(一)互相比较要有明确的目的。有个旅行社的工作人员对游客发表即兴演说:"甲地的气候宜人,可与乙地相提并论;甲地的风景秀丽,可与丙地互相媲美;甲地的交通方便,与丁地的情况非常相似……"游客听到这些比较,可能对演说者的动机莫名其妙。这时演说者接下去说道:"可是,甲地的民俗习惯却很有趣,那里的地方风味食品也很迷人,你们难道不想去看看吗?"演讲者在"可是"后边,指出了甲地在民俗和风味上的特殊之点,接着委婉地提出邀请:"你们难道不想去看看吗?"这就使听众明确了演讲者做出上面一番比较的目的。

(二)互相比较时,可比者比,应比者比,不能"风马牛不相及"。在修铁路的工地上,当人们疲惫不堪时,一个领导者发表鼓动演说:"苦不苦,比比红军两万五;累不累,比比革命老前辈……"这种比较无疑是正确的,因为人们苦与累的性质是一样的。在舞厅里,一些人从日落跳到日升,有人同样用这句话进行鼓励,显然,这种比较是不适当的,因为人们苦与累的性质是不同的。

(三)互相比较要从事物的本质着眼,不要从表面现象着眼。要全面地看问题,切忌片面性。观苍穹,月亮与星星相比,月亮比星星大得多。而实际上许许多多的星星要比月亮大得多。如果比较只凭感觉,仅看表象,就难免作出错误的判断。有个演讲者对十年改革前后自己的生活做了比较。他说:10 年前我的工资为 45 元,现在我的工资翻了一番,90元,因此我的生活是大大提高了。"有的听众不服气地问道:"这十年物价上涨了多少?"实际上,这十年改革中,人民的生活的确有所提高,但演讲者的比较法带有一定的片面性,他只有在扣除物价上涨因素后,再进行工资增长的计较,才令人信服。

(四)互相比较可以在两物或多物之间进行,也可以在一物两面之间进行。两物或多物比较是把两物或多物放在一起进行对照。例如,有人在演讲中引用臧克家的诗说:

　　有的人活着,

195

他已经死了；
有的人死了，
他还活着。

有的人
骑在人民的头上："呵，我多伟大！"
有的人
俯下身子给人民当牛马。

这是把世界观完全相反的两种人相比较，这两种人的表现被更加鲜明地揭示出来。

一物两面比较是把一种事物的两个方面放在一起进行对照。例如，有人在演讲中指出两面派行为的表现是："阳奉阴违，口是心非，当面说得好听，背后又在捣鬼。"演讲者把"阳奉"和"阴违"，"口是"和"心非"，"当面说得好听"和"背后又在捣鬼"，两两相比，形象地刻画出两面派的丑恶嘴脸。

第四节 诗词和警句

一、诗词

演讲是一项带有艺术性的社会实际活动，艺术性是演讲的主要特征之一。因此，演讲要富于美感，富于审美价值。诗歌、词曲、对联等在演讲中的应用，恰恰满足了听众在这方面的要求，同时会使整个演讲更具有魅力，能更好地表达演讲者的思想感情。

196

诗词、对联在演讲中使用的方法很灵活,其作用也是多方面的。

用诗句突出演讲的主题。在《人生、理想、追求》的演讲中,曲啸反复吟咏陶铸的一句诗:"心底无私天地宽"。他还建议说:"这句名诗作为座右铭贴在我家里的。我们每个共产党员都应该把它作为座右铭。"演讲者这样做的结果,使得这句诗成为这次演讲的主旋律,给听众留下深刻的印象。

用诗词作论据,说明演讲的主题。在李燕杰的著名演讲《国家、民族与正气》中,在"爱国之心"的标题下,设计了这样一个主题:"真正成就大事业的人都是把祖国的命运与自己的命运紧密联系在一起的。在他们的胸怀里,始终跳动着一颗追求至真、至善、至美的爱国之心。"为了论证这个主题,他以南宋末年的民族英雄文天祥为例,但他没有去叙述文天祥的事迹,而是引用了文天祥被俘后,被押往元蒙都城的路上所写下的慷慨悲壮的诗句:"满地芦花和我老,归家燕子傍谁飞?从今别却江南路,化作啼鹃带血归!"接着,李燕杰解释这些诗句的意思:"当我这次告别江南父老以后,很可能是一去不复返了。即使自己以身殉国,也要变成啼哭出血的杜鹃,飞回祖国!文天祥对祖国是不惜与之生死相共的!"引用和解释这些诗句,恰恰是在证明演讲的主题。

用诗句形象化地解释概念。李燕杰在《国家、民族与正气》的演讲中,问道:"什么叫正气呢?"他先从理论上进行解释:"正气就是所谓浩然之气,即孟子所论的'其为气也,至大至刚','塞于天地之间'。"接着他朗诵了下面的诗句:"三十功名尘与土,八千里路云和月。莫等闲白了少年头,空悲切。""人生自古谁无死,留取丹心照汗青。"然后指出这些诗句"弹奏出我们民族的正气之歌"。演讲者通过这些诗句把"正气"这一概念作了形象化的解释。

从诗句中引发出演讲者的观点。例如，在《国家、民族与正气》的演讲中，李燕杰讲道："唐代有一位青年文学家叫王勃，他写了一篇《滕王阁序》，其中有一句名言，叫做'穷且益坚，不坠青云之志'。"接下来，演讲者从这句诗中很自然地很巧妙地引出自己的观点："我想，我们每一个热血青年都应该具有这种热爱祖国、决心改变祖国落后面貌的'青云之志'，这也是民族之魂。"

用诗句重申演讲者的观点。题为《心上绽开春花，芳草绿遍天涯》的演讲，它的第三部分是对广大青年朋友的祝愿：愿"芳草绿遍天涯"。在结尾处，演讲者李燕杰说："说到这里，我想起了贺敬之的《雷锋之歌》，诗人写道：

"雷锋"——
我是在写啊
我们阶级的
整个新一代的
姓名；
……
且看这里：
遍地青松
　　个个雷锋！——
　　……快摆开
你们新的雁阵呵，
把这大写的

198

"人"字——
　　　　写在那
　　　　万里长空！……！

　　引用这些诗句的意思是希望 80 年代的青年都成为雷锋式的人,其意和愿"芳草绿遍天涯"是一致的。但演讲者没有来回重复愿"芳草绿遍天涯"的提法,而换了一种说法,借用贺敬之的诗句重申、加强这个祝愿,既起到强调作用,又避免重复,增强了艺术性,加强了感染力。

　　用诗词抒发演讲者的情怀。在《人生、理想、追求》的演讲中,曲啸谈到他从牢中释放出来时的心境,他说:"坐在吉普车上心情真是感慨万千,当时,我写了一首诗.'十载囹圄里,一朝获自由;抬头对明镜,白了少年头。残躯逢盛世,必将党恩酬;为育桃李艳,丝尽死方休。'"演讲者在这里表达了自己终身不移的志向。

　　用诗词、对联也能对听众进行说服教育。这方面的例子很多,不再赘述。

　　诗词、对联应用于演讲中要注意以下几点:

　　(一)要掌握分寸。演讲者不是朗诵演员,他不能把自己的演讲或谈话变成文学朗诵。在公开演讲中应当避免过多地引用诗句。实践证明,过多地用诗句作形象的表达,往往会影响合乎逻辑的阐述和引起听众的联想,就是说,有可能影响听众对演讲的具体意义和目的正确理解。

　　(二)要从听众的水平出发。诗词、对联内涵丰富,感情炽烈,言简意赅,理解它们时,需要一定的文化素养。因此,演讲者在引用诗词、对联时,要从听众的理解能力出发,或同时作些解释。

二、警句

警句是警策名言,它精辟、深造、简练,有很强的表现力和说服力。在演讲中,人们常常用警句来阐明观点,说明问题。

为了阐明"把火红的青春献给四化事业"的观点,演讲者引用奥斯特洛夫斯基的活:"有多少力量就要献出多少,不留一点一滴,直到我精疲力竭为止。"为了说明"每一个幼儿教师,都像是一片绿叶,在党的阳光下进行光合作用;孕育着花,孕育着果,孕育着神州大地的万千桃李"这一思想,演讲者引用印度诗人泰戈尔的一段名言:"花的事业是甜蜜的,果的事业是珍贵的,但让我干叶的事业吧,因为叶总是谦逊地垂着她的绿阴的。"演讲者为了表达自己"在改革中,需要的是敢于直面冷笑家的嘲讽,敢于冒险,义无反顾,奋勇前行,把改革事业进行到底的大无畏精神"就引用鲁迅的话:"越艰难,就越要改革,冷笑家的赞成,往往是在取得成功之后。"在演讲中恰当地引用这样的话,不仅使语言生动活泼,言简意赅,而且使阐述透辟,形象易懂。

警句可以是名家名言、格言、成语、俗语、谚语,也可以由演讲者从实际生活中提炼,用最简单平凡的言语,表达出一定的富有启发性的生活规律。

1903 年 12 月 17 日,美国发明家莱特兄弟完成了人类第一次驾驶飞机离开地面飞行的壮举,后来他们到欧洲旅行,在一次宴会上,大家欢迎他俩讲活,再三推辞后,莱特只得走向讲台,他的演讲只有一句话:"据我所知,鸟类中会说话的只有鹦鹉,而鹦鹉是飞不高的。"话音刚落,掌声四起。莱特没有详尽地介绍自己发明飞机的经过,也没有谈论科学家的实干精神,但他的这一句话,却高度概括了创业的艰难和埋头苦干的精神,意味深长,富有哲理性,给听众留下十分深刻的印象。

警句的引用通常是原原本本地引用,但还有另外一种引用方式,即套用警句的句式结构来表达自己的意思。一位女大学生在题为《要事业,也要生活》的演讲的结束部分说:"忙碌的生活,使我们失去的是无知和怯懦,失去的是整个社会和历史对女性的不公正;我们失去的是威胁着我们女儿、孙女们的黑色阴影,我们得到的将是一种崭新的生活。"她又说:"让怯懦的人接下去徘徊吧,让俗人们接下去议论和怜悯吧。同伴们,我们走着自己的路! 弱者,你的名字不是女人。"

上面的话,套用了三个著名句子的框架。第一段,使人们想起《共产党宣言》中的振聋发聩的名言:"无产者在这革命中失去的只是锁链,他们获得的将是整个世界。"这段句式的套用,意思基本不变,否定旧事物,开创新天地。第二段,我们想起但丁的名言:"走自己的路,不管狗在狂吠。"这个句式的套用,意思上有相近之处,语气有所变化,不是挖苦嘲笑敌人,而是批评陈腐观念。最后一句话,"弱者,你的名字不是女人",这是莎士比亚名剧《哈姆雷特》中"弱者,你的名字叫做女人"的反用。文字基本保持原样,只是把原来肯定句式改为否定句式,因此整个意思完全颠倒了。

演讲中引用警句应注意以下三点:

(一)引用警句一定要紧紧围绕主题和观点,要和上下文紧密联系,决不可把引用警句当成点缀,哗众取宠,卖弄学识。

(二)引用警句要严肃,一丝不苟,决不能采取实用主义的态度,任意断章取义,随意删改。

(三)被引用的警句必须来自知名度较高的人,是人们普遍尊敬的人,在该领域有一定权威性的人。由于人的认识的局限性,使人们形成一种习惯,即对于发自权威的信息的信赖感。因此,权威的话具有强大的威慑力量,说服力极强。

第五节　细节和对话

一、细节

细节是细小的环节或情节。

演讲离不开叙述,而叙述又离不开细节描写。细节描写是指对人物、景物、事件、场面的某些"细枝末节"所做的具体描绘。在演讲中运用细节,可以把听众带到演讲者所要表现的特定场景中,一切都栩栩如生,活灵活现,使其产生身临其境的感觉。

如有的演讲者巧用细节,出奇制胜,赢得了听众的好感。美国国内战争之后,约翰·爱伦跟内战中的英雄陶克将军竞选国会议员。陶克功勋卓著,曾任过两三次国会议员,在一次竞选演讲时,他说:"诸位同胞,记得就在十七年前的昨天晚上,我曾带兵在茶座山与敌人激战,经过激烈的血战后,我在山上的树丛里睡了一个晚上。如果大家没有忘记那次艰苦卓绝的战斗,请在选举中,也不要忘记那吃尽苦头、风餐露宿而屡建战功的人。"陶克将军列举自己的成就,想唤起选民们对他的感情,在竞选中获得优势。约翰·爱伦说:"同胞们,陶克将军说得不错,他确实在那次战争中立了奇功。我当时是他手下的一个无名小卒,替他出生入死,冲锋陷阵;这还不算,当他在树丛中安睡时,我还携带了武器,站在荒野上,饱尝了寒风冷露的味儿,来保护他。"论功绩,爱伦当然比不过将军,但就战后在山上露宿这一点来讲,将军虽然辛苦,毕竟还可以在树丛中安睡,战士则站岗保卫他,对于这一个晚上来说,爱伦的"功绩"大于将军。结果,选民们被这个夜晚站岗的细节征服了,他们的同情和好感倾向于爱伦,可以说,这是一个细节决定的胜利。

冯玉祥将军在《国庆演词》中就"南京学生进行的反饥饿斗争遭到军警镇压"这件事情,做了如下叙述:"今年夏初,南京学生肚子饿了,抬着纸制的大饭碗游行,被军警狂暴地打了一顿。"使用这种表现细节的图画语言,人们听后,当时的情景历历在目,印象深刻。

演讲中运用细节应注意以下几个两点:

(一)细节要切题。如,周恩来批评一个地方道路破烂的情况,他幽默地说:"你们这公路啊,下雨是'水泥'路,天旱是'扬灰'路。""水泥"、"扬灰"既是谐音双关,又是两个细节,通过它们,周恩来巧妙地表达出要加强道路建设的思想。

(二)细节要精而短。细枝末节过多比没有还要糟。假使演讲中全是乱糟糟的鸡毛蒜皮的琐事,听众必然不会全神贯注。冗长的肤浅的细节同样会使听众厌烦。正如到处散置着家具、古董的房间不会好看,一幅长长的画卷上头,满是没有新意的细物,也不会让眼睛在它上面徘徊流连。杨献珍在《坚持实事求是的作风,狠狠批判唯心主义》的演讲中,针

对 1958 年的浮夸风举了一些例子,其中一个说的是"有一个
生产队种了一块麦田,指标是亩产 120 万斤,其措施:一是密
植;二是施特殊肥料——狗肉汤。他们打死了七十多条狗,
煮成狗肉汤浇到地里。由于下种过多,出苗太密,长不成,就
割掉 3/4,留下 1/4,……谁知道没有过几天,他们把那 1/4 也
割了。"讲到这里,杨献珍插上一个细节:"社员们在割的时
候,一面割,一面故意哭丧着脸,讽刺干部说:'哎呀! 我的狗
哇!'"这个细节短小新颖,很有趣味。

二、对话

这里说的对话,不是在演讲过程中演讲者与听众之间问
答,而是专指演讲词中的人物(包括演讲者)之间的对话。

这种对话可以分成两类,一是演讲者与演讲词中的某个
人物的对话,二是演讲词中演讲者之外的人物之间的对话。

例一,曲啸在《人生、理想、追求》的演讲中说,在"文革"
中,他被打成"现行反革命",判有期徒刑二十年。一天,他爱
人带着孩子,扶着婆母到监狱看他,夫妻有段对话:

> "我经过激烈的思想斗争后,对爱人说:'玉兰,我们
> 离婚吧。'我爱人听我这样一说就哭了。她说:'为什么
> 你要赶走我呢,我有什么地方对不起你?'我说:'不是我
> 们感情不好,当初你不嫌弃我是"右派"和我结婚,我一
> 辈子都感激你,可现在我被判了 20 年徒刑,你才二十几
> 岁,怎么可以因为我而断送你的一生呢?'爱人坚决不同
> 意,说:'我自己能劳动,我等你回来。'我又说:'为了孩
> 子你不要等我了,你不能让我们孩子当一辈子"反革命

子弟"。如果你珍惜我们的感情,你就答应我的要求:第一,替我把母亲埋了;第二,希望把孩子带大,等他长大成人后,再把我的事情告诉他;第三,你生活实在困难,你一定和一个朴实的农民结婚,这就算对得起我了。'……"

这属于第一类的对话。

例二,李燕杰在《国家、民族与正气》的演讲中,有一段屈原和渔父的对话:

渔父看见他问道:"你不是三间大夫吗?为什么到了这步田地?"屈原说:"举世皆浊我独清,众人皆醉我独醒,所以我被放逐了。"渔父又说:"圣人不拘泥,处世接物能够随和。举世皆浊,你为什么不随波逐流?大家都醉了,你为什么不多喝酒?你何苦太操心,不合群,教人把你放逐?"屈原回答道:"我听人说过,洗了头要把帽子弹弹,洗了澡要把衣衫抖抖。哪能够以干净的身子,沾染外界的污垢?我宁愿跳进江心,埋葬鱼腹,怎么能在皎皎的洁白之上,蒙受尘世的垃圾?"

这属于第二类对话。

从上面摘录的两段对话里可以看出,对话在这里起码起两个作用:第一,能鲜明而生动地反映人物的内心活动,准确地传达出人物的思想感情。从例一可见曲啸夫妻在患难之际的真挚的爱情和为他人着想的无私品德;从例二可见屈原不肯随波逐流,不抛弃他的政治理想与爱国热忱,宁为玉碎而不为瓦全的崇高人格。第二,对话形式能使演讲生动活泼,富有戏剧性,语调丰富多彩,能够克服独白式演讲容易产生的那种单调乏味、令人倦怠的缺点。为了进一步说明对话的这第二个作用,下面再摘录一段斯大林与一位爱说废话的领导者的对话,这是斯大林在联共(布)十七大的中央工作总结报告里讲的。

我问;你们的播种工作怎样了?

他答.斯大林同志,你问播种工作吗? 我们已经动员起来了。(笑声)

我问:那么结果怎样呢?

他答:我们把问题直截了当地提出来了。(笑声)

我问:那么以后又怎样呢?

他答:斯大林同志,我们有了转变。马上就会有转变。(笑声)

我问:究竟怎样了?

他答:我们那里有了一些进展。(笑声)

我问:可是你们的播种工作究竟怎样了?

他答:斯大林同志,我们的播种工作暂时还是无头绪。(哈哈大笑)

从会场里听众不断爆发的笑声,就很能证明这第二个作用。

在演讲中运用对话要注意以下三点:

(一)对话要“言传心声”。有篇演讲词里有这样一段叙述:我有一位同学,初中毕业以后,他报名参军,当了新时代的一名士兵。他的部队在广西,临走的前一天,他跑来向我告别。当时,我问他:"你不准备读高中升大学吗?"他说:"不啦。都去上大学,谁来当兵呢? 你不见报纸上说,最近越南侵略者又猖狂啦,我就恼火这帮家伙!"通过这一问一答的两句话,把这位青年学生决心投笔从戎的"反对侵略、保卫祖国"的动机,充分地显现出来。

(二)对话要"语求肖似"。人有其性情,人有其声音。由于人物的不同阶级地位、社会经历、职业身份、文化程度和年龄特征等,都会带有语言上的个性色彩,也就是在他们的语言中,会有自己爱用的词汇和习惯语,自己的腔调和表达方式。一篇演讲词中引用了这样两句对话:

> 敌:"我看你小子不到黄河心不死。"
> 我:"老子到了黄河还要游过去!"

这样的对话,符合人物的个性特征,口吻毕肖,使听众闻其声如见其人。

(三)对话要简洁。对话可以选取最关键的话语表现人物的内心活动,使对话集中,表现力强。有篇演讲词中,引用了王若飞在法庭上与敌人的对话:

> "你是什么?"
> "共产党。"
> "你从哪里来?"
> "江西瑞金。"
> "是谁派你来的?"

"毛泽东。"

"你来干什么？"

"推翻你们。"

"你们的人在哪里？"

"到处都有。"

"你把他们供出来！"

"比上天还难。"

王若飞的答话，惜字如金，字字千钧。

第六节　悬念和强调

一、悬念

演讲中的悬念是指使听众对演讲里所提及的人或事产生挂念和关切的心情。

演讲中运用悬念，意在激发听众的兴趣，吸引其注意力，促其专心致志地听讲。

演讲中的悬念有多种设置方法，其中常见的有以下六种。

（一）故事法。一个外国演说家在演讲《阿拉伯的劳伦斯》时，他这样开始："一天，我在耶路撒冷的基督街上走着，忽然遇见了位身着华丽的东方君主袍服的男子，他身侧挂着一把黄金弯刀，是只有先知穆罕默德的传人所佩挂的……"故事向前推进，听众紧紧相随。因为他们想知道以后发生的事情，这就造成悬念，悬念具有驱迫听众听下去的力量。

（二）问题法。曾是美国总统的威尔逊就德国潜艇战最后通牒这种大问题向美国国会发表演说时,说道:"我们的外交关系中已经产生了一种情况,使我有职责对各位坦白相告。"究竟发生了什么问题? 干吗总统要"坦白相告"? 短短的二十几个字,就使人产生悬念,非听下去不可。

（三）"逆挽法"。传说从前有个名士给一位老太太献寿,劈头一句就是:"这个婆娘不是人。"把老太太弄得发昏,差点气死。就在这气氛紧张的时候,他又加一句:"九天仙女下凡尘。"老太太马上转怒为喜,乐得连嘴都合不拢。可是不等老太太高兴完,下面又是令人暴怒的一句:"生的儿子都是贼。"把刚缓和过来的气氛又搞紧张了。但他又妙句回天:"偷来蟠桃献至亲。"使一家人怒意冰释。这位名士如果顺着说,"底牌"全露,一目了然,根本无悬念可言,可是他采用"逆挽法",后的先说,先的后说,就创造出一种婉转曲折、变幻莫测的新奇脱俗的意境,其"藏锋处鬼神莫测其渊,露锋处天下莫挡其锐",在山重水复之际,忽现出柳暗花明,听众如醉方醒,莫不拍手叫绝。

（四）造奇法。美国演说家戴尔·卡耐基在一次演讲中这样开始:"1871年春天,一位注定要成为闻名全球的医生的青年,威廉·奥斯勒,拾到了一本书,读了21个字,结果对他的将来造成了深远的影响。"这21个都是些什么字? 这些字又如何影响到他的将来呢? 好奇心迫使人们洗耳恭听。

（五）造疑法。解放前郭沫若到上海一所大学参加开学典礼,针对该校当时学生人数少的问题,他在演讲中说:"我们办学,人要求其多,心要求其少。"本来一人一心,有多少人就有多少颗心,郭沫若说的这个人要多,心要少,怎么理解呢？听众为了求得解答，就会聚精会神听演讲人说下去："我希望我们眼前的 30 位同学，从今天开学以后，便把大家的思想感情打成一片，要成为一个心脏。"听到这里，人们疑窦顿释。有一次胡耀邦演讲时说："有的同志批评别人和自我批评的方法，都不正确。讲个笑话吧：他采取了一个不正确的数学公式，对人家用的是一种加法：$1+(-1)=0$ 这个公式怎么讲？"听众都注意地等待演讲者的下文："'1'是好的，加上负'1'是不好的嘛，你这两方面一抵消，你还是个鸡蛋。"演讲者这么一解释，听众的疑惑顿消。

（六）造谜法。一名高校的政治辅导员在重阳节这天组织学生政治学习，眼看开会的时间已过，教室里还是乱哄哄的，而且有几位同学迟到，这位辅导员脑子一动，大声说道："同学们，咱们开会吧！鉴于今天是咱们中国人的一个传统节日（故意不说出是重阳节），所以对那些迟到的同学我就不批评了。"同学们一听，怎么？节日？什么节日？教室里顿时鸦雀无声，同学们都在期待揭开这个"谜底"。抗日战争胜利后，在一次宴会上，著名国画大师张大千向梅兰芳敬酒时说："梅先生，你是君子，我是小人，我先敬你一杯。"君子？小人？它们像谜语似的让听众不解，梅兰芳忙问："此作何解？"张大千含笑解谜："你是君子——动口，我是小人——动手。"梅兰芳和众宾客为之大笑。

悬念的设置，从心理学上讲，主要是利用人的认识和理解的需要。这种需要激励人们去尝试新鲜的事物，去探索神秘的未知领域，当演讲者提出一个新鲜看法，对不理解或不能立即理解它的人，就构成悬念。人们为了弄懂它，就会开动脑筋去想，注意地听。

210

演讲中运用悬念应注意以下三点：

（一）悬念产生要自然。不能违背事实，故弄玄虚，让人觉得假。

（二）有悬念就得有解答。不能长久"悬而不决"，让人觉得是在卖关子。

（三）悬念的多少，可根据演讲内容设计。较长的演讲，可制造多个悬念，形成此解彼生的悬念链，自始至终抓住听众的注意力。

二、强调

演讲是靠有声语言和态势语言传递信息的，它有"一次性"的特点。因此，演讲中的一些重点往往未能引起听众的注意，轻轻滑了过去，致使演讲的效果受到一定的影响。为了弥补这个缺点，演讲者往往采用强调的方法。

演讲的强调是为了唤起听众注意，使之思想集中，听清、理解、记住演讲里的重要思想和语句，提高演讲效果。

强调的方法有多种，下面介绍主要的五种。

（一）列举重点。为了强调演讲的重点，最简单的方法之一，是在演讲过程中明白地指出重点所在。1936 年 12 月 16 日杨虎城在市民大会上发表演讲是这样开始的：

"……兄弟现在所要说的约有几点，希望全体同胞加以特别注意。

"第一点，我们今天是在什么地方开市民大会（市民一致答是在革命公园）……

"第二点，兄弟今天看到会场的热烈情形，不觉大为感动。……"

他的讲话一个重点一个重点地引领着听众到达他的结论："希望全国同胞,大家都能团结起来,抱着绝大的牺牲精神来完成中国革命,打倒日本帝国主义。"

(二)反复。反复就是使用同一个词语或同义词(或句子)反复地表达某种意思或感情的一种方法。

根据反复的连续与否,可以把反复分成紧接反复和间隔反复两种。

紧接反复是相同的词语或句子紧接着出现,中间没有别的词语或句子隔开。例如,普鲁士反动政府对马克思主编的《新莱茵报》十分恼火,对马克思提出公诉。在被告席上,马克思藐视反动政权的代表人物,对他们进行鞭笞:"尽管这些先生们以为自己很伟大,但是现代的巨大斗争中他们却算不了什么,根本算不了什么。"这一句,采用了紧接反复方法,显得很有力量。

间隔反复是相同的词语或句子反复出现,但中间用别的词语或句于隔开。例如,法国作家安德列·莫路阿在国际医师巴黎代表大会上所作的演讲中有这样一段:

> "明天和今天一样,我们还会有病人。明天和今天一样,我们仍将需要医生。明天和今天一样,医生仍将维持其魔法家的特殊地位,同时仍将承担其重大的和与日俱增的责任。明天和今天一样,借助于医生同病人的接触而能减轻忧患和痛苦的传统医术,将同科学的医术一道成为设备更为先进的医术。明天和今天一样,医生的道德应当被世界上所有民族的医生接受,被他们神圣地遵守。而且,今天和明天一样,医生的生活将是英勇

豪迈的,艰辛的,忧虑不安的,并且还将常常是美好的。"

"明天和今大一样"的反复出现,不能不引起听众注意,不能不使听众激动,不能不加深听众的印象。

(三)改变速度。改变说话速度是把某项要点很突出地强调出来的最好方法之一。美国第十六届总统林肯在强调某一要点时最喜欢运用这种方法。一位记者这样介绍林肯:"他会以很快的速度说出几个字,当来到他希望强调的那个单字或句子时,他会让他的声音拖长,并一字一句说得很重,然后就像闪电一般,迅速把句子说完……他会把他说出他所要强调的单字或句子的时间尽量拖长,几乎和他在说其余五六句不重要句子的时间一样长。"

(四)巧用停顿。在说出重点的前后适当地停顿一下,能起到强调重点的作用。有位诗人说:"你的沉默,道出了你的心声。"在演讲中巧妙地运用沉默,可以使沉默发挥最大的功用。它是强调讲话要点的一种强而有力的工具。在重点前面做停顿,使听众对于这种突然而来的沉默警觉起来,提高注意力,屏息以待,用心倾听演讲者下一句将说些什么,唯恐漏掉一个字;在重点后面做停顿,这是以保持沉默的方式增加这些话的力量。

《扬州画舫录》中有一段关于说话停顿的记载:"说书艺人吴天绪效张翼德据水断桥,先欲作叱咤之状,众倾耳听之,则唯张口怒目,以手作势,不出一声,而满室中如雷霆喧于耳矣。"这个艺人实在高明,他学张飞大喝一声,用无言的停顿来表示,却产生了奇特的心理效果,其实这是用停顿来调动听众心理的想象,以至产生如"雷霆喧于耳"的效果。正可谓

"此时无声胜有声"。

演讲中使用停顿要力求自然,长短适宜,不为听众所注意。

(五)重读。人们说话时,在同样一个句子里,由于重读的词不同,往往表达的意思也不同。因此,演讲者讲话时,为了强调某种意思,以引起听众的特别注意,就要有意识地将有关词语说得比较重,使它突出。例如,"你为什么不说"这句话,由于重音的变动,其含义也就不尽相同。看下面四种情况:

(看别人都已经说了)你为什么不说?

(到底是什么原因)你为什么不说?

(那时说了就好了)你为什么不说?

(不会写字,也可以用嘴说呀)你为什么不说?

此外,在演讲中还可以借助声调的突然升降,以及手势、表情、动作等达到强调目的。

第七节　提问和设问

一、提问

在演讲过程中,演讲者面对听众无疑而问,明知故问,并要求听众做出回答,就是演讲中提问。演讲提问不仅可以引起听众反应,使其精神振作,会场活跃,更重要的是可以增强演讲者和听众之间的相互作用,进行思想感情的双向交流,使演讲者通过提问启发听众思考某一问题,把听众思想集中到某一点上去。

演讲提问是一种艺术,运用时要讲究技巧。

(一)这种提问要有明确的目的性。要紧扣演讲主题,为完成演讲任务服务。

西安事变后,在西安革命公园民众大会上,杨虎城演讲时有这样的提问:"我们今天是在什么地方开市民大会?"市民一致答道:"在革命公园"。杨虎城接着讲:"大家既知道是在革命公园,就应该知道革命公园这个地方,是许多民众的鲜血和许多民众的头颅所换来的;死难的先烈,都是为革命而奋斗,为民族求解放而牺牲的爱国志士。现在我们既然在这富有革命性的地方开市民大会,我们唯一所认清的,就是我们的中华民国目前已经到了怎样的地步了。各帝国主义,尤其是日本帝国主义更加扩大地向我们武装进攻,国家民族的危亡,就在目前了。所以今天在革命公园开会,我们的同胞就不要忘记了先烈的伟大精神,大家都要踏上先烈为我们打开的血路,一致团结起来,努力抗日,才不负今天在这个地方开会的意义了了。"

这里,杨虎城提问的目的性很强,他借听众回答"革命公园"这个地点,引出自己演讲的活题,进而阐发自己的主张:发扬先烈革命精神,团结抗日。

(二)演讲提问要有针对性。即针对听众的性别、年龄、民族、身份、文化素养、心理特征等进行提问。面对不同类型听众,在提问的内容、方式等方面应有所不同。

1947 却月 8 日在延安各界保卫边区、保卫延安动员大会上,彭德怀针对听众所关心的战争胜负问题,进行一系列的提问。他在摆出敌人力量不断削弱,我们力量不断壮大的事实之后,问道:"大家想一想,看我是不是扯谎。"群众答道:

"是真的!"接着他又进一步分析了敌我力量对比:当年国共兵力是 20 与 1 之比,我们尚能打败敌人,今天,我们的兵力已经比那时增加很多。这时,他又问道:"我们能打胜吗?"群众回答:"一定能打胜的!"他说:"是的,是一定能打胜的。"最后,彭德怀又这样提问:"消灭了胡宗南 35 个团,他西安就没有兵了,我们还不到西安去吗? 这可能不可能?"群情激越,齐声回答:"能!"他接着说:"是的。我看很可能。还要看大家努力,努力大,早一点,努力小,迟一点,但是,无论如何,是可能的。"

当时,蒋介石派遣胡宗南率重兵大举向边区进攻,形势严峻,群众内心紧张,很自然地产生能否打胜的疑虑,针对群众的这种心理活动,彭德怀摆出事实后,用提问的方式让群众自己下结论,自己解答自己的问题。

(三)演讲提问要有启发性。即启发听众去思考和探求。古希腊哲学家苏格拉底认为:发现真理的最好的方法是人们的自我觉悟,经过精心设计的成系列的提问,可以诱导人们逐步悟出某些道理。著名的哲学家巴斯卡尔也说过类似的活:"最能使人信服的是自我醒悟的道理,而非他人的说教。"因此,演讲时可以用提问的方式给听众以一定程度的提示,启发听众自己去说服自己,不要采用强加于人的方法,代替听众下结论。上文提到的彭德怀讲活里的提问,是启发性提问的范例。

(四)演讲提问要巧妙。30 年代中期,香港有一起诉讼案子:英国商人威尔斯向中方茂隆皮箱行订购 3000 只皮箱,到取货时,威尔斯却说,皮箱内层有木板,不能算是皮箱,因此,向法院起诉,要求赔偿 15% 的损失。在威尔斯的强言之下,

216

法官偏袒威尔斯,律师罗文锦出庭为被告辩护。罗文锦站在律师席上,取出一只金怀表,向法官提问。"法官先生,这是什么表?"法官说:"这是伦敦名牌金表。可是,这与本案没有关系。"罗文锦坚持说下去:"这是金表,事实没有人怀疑。但是,请问,内部机件都是金制的么?"法官已感到上当了,律师又说:"既然没有人否定金表的内部机件可以不是金做的,那么茂隆行的皮箱案,显然是原告无理取闹,存心敲诈而已。"这样的论辩演说多么简洁明快,一下子使对方无言以答。这功劳归于律师精心设计的这个提问,它就像个诱饵,一下子让法官上钩了。

二、设问

演讲中的设问也是无疑而问、明知故问,但不需要听众回答,而是演讲者自问自答。

这个"自问",通常是演讲者自己来问,但也可以是演讲者借用别人的口气来问。1940 年丘吉尔出任首相后的首次演讲中,有一段话是借他人之口问,自己来回答。"你们问:我们的政策是什么? 我要说,我们的政策就是用我们的全部能力,用上帝所给予我的全部力量,在海上、陆地和空中进行战争……你们问:我们的目标是什么? 我可以用一个词来回答:胜利——不惜一切代价,去赢得胜利,无论多么可怕,也要赢得胜利;无论道路多么遥远和艰难,也要赢得胜利……"

(一)演讲中使用设问,可以使听众易于抓住演讲者所讲问题的中心和实质。蔡畅在《一个女人能干什么》的演讲中是这样设问的:"一个女人能干什么呢? 我的回答是:'能干'什么也能干,不干,什么也不能干,能干又不能干,不能干又能干。'为什么这样说呢？要确定女人能干不能干,有两方面的条件:首先要看看环境……另一方面,也要看个人努力怎样……"这里,演讲者连用两个设问。第一个设问后,干脆利落地将自己的论点和盘托出,紧接着又来第二个设问,其后清楚明白地摆出自己的论据。这样,就使听众明确无误地掌握了演讲者所讲的要点。

演讲中使用设问,可以起到震人猛然惊醒的作用。1936年"西安事变"发生后,杨虎城部的一些军官强烈要求杀掉蒋介石,并说:"不能由共产党处理这件事,不能说放就放。"周恩来为了说服这些军官,他没有一开始就大讲特讲和平解决西安事变的道理,而是采用了设问的方法。他先平静地说:"杀蒋介石还不容易,一句话就行了。"这么一说,就使军官们产生"共产党似乎也赞同杀蒋"的错觉,接下来周恩来话锋一转,问他们发出一连串的问题:"可是杀了他还怎么办呢? 局势会怎样呢? 南京会怎么样? 日本人会怎么样? 国家民族的前途会怎样? 各位想过吗?"这些军官原来只是感情冲动,自然答不出上面提出的问题。问号如石击水,荡起了这些军官思考的涟漪,引起他们的猛醒和沉思,同时也使他们萌发了欲知"下文"的心理要求。这时候,周恩来才说出"迫蒋抗日"的主张,军官们心悦诚服。有人称周恩来这是"一语化干戈"。

(二)演讲使用设问本给听众以真情实感,从而激动听众。演讲家德摩斯梯尼经常喜欢使用此法。例如:"我为何讲这点呢? ——就是为了……"或者:"究竟是什么呢? ——这就是……"有时他还将一连串的问题抛向听众,这种带有戏剧性的一问一答的方法,使演讲增强了以情动人的感情力量。

218

（三）演讲使用设问，能诱发听众的好奇心，引人入胜。例如，有人在讲到葛洲坝水电站如何宏伟时，这样讲："同志们，你可知道大坝上发电机用的一颗螺丝钉有多重吗？大家先猜想猜想。"片刻之后，演讲者说道："你敢设想吗？它竟有一吨多重，大约是我们在座的二十余位体重的总和。"这样的一问一答，语惊四座，扣人心弦。

总之，演讲中使用设问，能引导听众积极地思考问题，而不是消极被动地听演讲。一个人在头脑中带着一些问题去听演讲，将大大增加其对演讲内容认识的深度和广度。

演讲中使用设问时，要抓住演讲的中心，抓住矛盾或问题的症结，注意所提问题的质量，或一针见血，让人为之一震，或饶有风趣，发人深省。如果平平淡淡，不痛不痒，那就必然失去设问的意义。

演讲中使用设问时，还要注意与语气、停顿相配合，给听众以思考的提示和思考的时间，让听众有意思考，有暇思考。

第八节　反问和激将

一、反问

这里说的反问，不是广义的反问，而是反诘。即用疑问句的形式表达肯定的内容。它也是无疑而问，明知故问，然而只问不答，答案寓于问句之中。

演讲中运用反问，可以表达演讲人坚决的态度，强烈的语气，饱满的激情，使听众在感情上受到震动，引起共鸣，加强演讲思想内容的宣传效果。

在演讲中，一般是反问单用，有时反问和设问连用，用设问提出问题，用反问作答，这样可以同时收到两种修辞效果。在一次以歌颂老山英雄为主题的演讲会上，有人这样讲："朋友，当你听到这些英雄事迹的时候，你的感想如何呢？你不觉得我们的老山战士是可爱的吗？你不为我们祖国在八十年代出现这样的英雄自豪吗？"这位演讲者先以设问的形式引起读者对"英雄事迹"的回味，然后用两个问句表达了自己对"我们的老山战士"的热爱和赞美，两种方法连用得很自然。

演讲中使用反问，要注意区别反问对象和内容，根据对象的不同，使用不同的语气，或教训、嘲弄、挖苦，或亲切、和善、婉转，掌握好分寸，使听众在感情上受到不同的"刺激"，心理上产生"酸辣苦甜咸"不同的效应。

1799年底，拿破仑远征胜利后返回巴黎，发动了推翻督政府的"雾月政变"。发动政变时，他对督政府的官员们演讲道："我为你们缔造了一个光辉灿烂的法国，而你们把法国搞成了什么样子？我为你们创造了和平的局面，而我回来看到的是战争！我从意大利为你们运来了百万黄金，而我回来看到的却是掠夺性的法律和贫困！我为你们取得了胜利，但我回来看到的是失败！你们把我所熟识的10万法军、我的光荣的弟兄们弄到哪里去了？"

这段活的开始一句和最后一句，拿破仑用的是反问句子，因为反问的对象是他的政敌，所以使用的完全是质问、教训的口气。

在一篇题为《张海迪的脚步声》的演讲中，有这样一段话："有一次，我乘车外出，车到站了，上来了一位双腿残废的

220

乘客。这位身残的同志在座位上坐下后,掏出钱来,接连地大声说:'买票','买票'。可是青年售票员坐在那儿,跷着二郎腿,一付爱理不理的模样。这位乘客无可奈何,只好艰难地从座位上站起身来,打算自己走过去买票……一边是两条残废的腿,一边是两条健全的腿,还悠哉悠哉地摆动着。我真想走上前去,大声问一下这个青年售票员:'同志,您长着两条健全的腿,难道这仅仅是为了套上一条漂亮的裤子吗?'"

这最后一句反问,是对自己同志而发,虽然意在批评,但是使人听后感到温暖。

演讲中使用反问时,所问的内容的是非要清楚。恽代英在题为《耶稣、孔子与革命青年》的演讲中,说道:"既然说信教自由,为什么在学校里要强迫人家研究圣经,祷告礼拜呢?"

"信教自由"的原则是对的,它包含两方面的意思。可以信教,也可以不信教,它的内涵是明确的,在这个前提下,演讲者发问:"为什么在学校里要强迫人家研究圣经,祷告礼拜呢?"听众就会清楚地得出结论,这种强迫办法是违背"自由"原则的,是不对的。

如果所问内容的是非不清楚,或有多种答案,就不宜使用反问。例如:"冬天来了,春天还会远吗?"这样的反问句是正确的。但是如果说:"雷声响起来了,大雨还会远吗?"这就不一定对了。因为下大雨只是一种可能,还可能干打雷不下雨,或下小雨,或下中雨。

二、激将

演讲中的激将,就是用刺激性很强的活,激发听众的自尊心、荣誉感,使听众决心去做某件事的一种语言表达方式。

每个人都有自尊心、荣誉感。强烈的自尊心、荣誉感是一种可贵的精神能源。激将的作用就在于,通过有意识地运用刺激性的语言,"将"听众一军,"引爆"、"点燃"其自尊心,促其猛醒,收到"水激石则鸣,人激志则宏""点石成金"的奇效。英国著名神经生理学家谢灵顿,原是一个染上恶习的浪荡子,他向一位女工求婚遭到断然拒绝,女工说:"我宁愿跳到泰晤士河里淹死,也不能嫁给你。"这当头一棒,羞得谢灵顿无地自容。从此,他发愤读书,改过从善,终于成了近代神经生理学的创始人,并于1932年获得诺贝尔奖金。从一定意义上说,姑娘在无意中运用激将法创造了一个科学家。俗话说:"劝将不如激将。"这是很有道理的。

激将在实际运用中,一般有四种方法。

(一)明激法。即针对对方的状态直截了当地给以贬低,刺痛之,使之激怒而跳,奋起行动。例如,在拿破仑征服意大利的曼图亚战役初期,法军接连受挫,有两团法军竟如惊弓之鸟,不战而溃。拿破仑以悲伤与愤怒的声调命令参谋长,立即在这两个团的团旗上写上:"他们畏敌如虎,不再属于意大利方面军了!"士兵们受到斥责,羞愧难当,哭着恳求这位将军,对他们的勇气再考验一下,而不要马上让他们蒙受这一终身耻辱。果然在后来的战斗中,这两团士兵英勇杀敌,为整个战役的胜利作出了应有的贡献,从而把一切污点都从他们的团旗上洗刷干净。

明激法直接贬低、否定对方,词语尖锐,刺激性强,对对方的自尊心具有很大的激发作用,往往对方会不服气,反过来否定你的意见,这样,否定之否定,就实现了你本意要达到的目的。

(二)暗激法。即有意识地褒扬第三者,暗中贬低对方,激发其压倒、超过第三者的决心。例如,三国时,诸葛亮为了联吴抗曹来到江东。他见到孙权后,大谈曹军兵多势大,说:"曹军骑兵、步兵、水兵加在一起恐怕有一百多万。"孙权大吃一惊,追问:"这里有诈吧?"诸葛亮一笔一笔地算,最后算出曹兵有一百五十多万。他说:"我只讲一百万,是怕吓倒了江东的人士呀!"这句活的刺激性可谓不小,使孙权忙问计:那么我是战,还是不战? 诸葛亮趁热打铁,又来一激,说:您应该根据自己的力量做出决断,如果东吴的人力、物力能够和曹操抗衡,那就战;一如果您认为敌不过,那就降! 孙权不服,反问:像您这样说,那刘豫州为什么不降呢? 诸葛亮进一步使用激将法说:田横,不过是齐国的一个壮士罢了,尚且能坚守气节,不屈服受辱,何况我们刘豫州是皇室后代,盖世英才,怎么能甘心投降,任人摆布呢! 孙权的火立时被激起来,决心与曹军决一死战。

暗激法的巧妙之处就在于它不是明言刺激,而是通过"言外之意"、"旁敲侧击"的说法,委婉地传递刺激信息。实际上,人们都希望别人尊重自己,而有人在自己面前有意夸奖第三者,显然会产生一种暗示性刺激,使自己与第三者比个高低。

(三)自激法。即褒扬对方光荣的过去,从而刺激起对方改变现状的决心。例如,面对 15 天内赢得了 6 次胜利,但是现在士气有些涣散的士兵们,拿破仑发表了《在蒙特诺特战役中的演说》,他讲道:"据说,你们中间有些人的勇气减少了,他们竟宁愿回到亚平宁山和阿尔卑斯山的山顶上去。不,我不相信真有这回事。蒙特诺特、米莱西莫、迭戈和芒多维等战役的胜利者们,正满怀着把法国人民的光荣传播到更远的地方的热烈的愿望!……"

拿破仑对于战斗意志消沉的人,褒扬他们过去"闪光"的一页,无疑是对现状的批评,从而引起他们的反思,唤醒尚未泯灭的荣誉感,使之重新振奋起来。

(四)导激法。即贬中有导,用明确的诱导性语言,把对方的激情引到所希望的方向上。例如,有一班学生成绩差,却擅长打群架,还自夸为"战斗英雄班"。班主任老师讲话说:"打架,算什么英雄? 有本事你们跟人家比学习,期末考试你们赶上人家,那才是真正的'英雄班'呢!"一席话激起学生们的学习热情,在期末考试时,果然成绩有了显著提高。

在演讲中使用激将法要注意三点:

(一)要看对象。被激的一方必须是那种能激起来的人物,它必须具有被激的主观因素,即强烈的自尊心,这样方能"一石激起千重浪"。因此,只有在了解对方的情况下,才宜使用激将法。

(二)要看时机。如果出言过早,时机不成熟,贬低之语容易使人泄气;出言过迟,良机错过,又成了"马后炮",都收不到良好效果。

(三)要注意分寸。激将法需要使用刺激性语言,但出发点要正确,应体现出对同志的尊重、信任和爱护。不痛不痒的语言不行,但语言过于尖刻,又会使人反感。因此,运用激将法要注意语言的分寸和感情色彩,要把褒贬、抑扬有机地结合起来,才会产生积极效果。

第九节　模拟和道具

一、模拟

模拟也称模仿,即照某种现成的样子学着做。其内容主要是对声音、动作、做法等的效仿。

模拟带有示范、表演成分。通过惟妙惟肖、形象逼真的模拟,不仅可以刺激听众听觉器官,还可以刺激听众视觉器官,使其全神贯注地听、看,更易理解和掌握演讲者所讲的内容,并且保持长久的记忆。

从模拟的对象看,模拟可以分为两类:

(一)模拟对象是听众以外的人或物。例如,有一场演讲,当演讲者讲到一个年轻的姑娘第一次走上街头收购破烂,经过一番思想斗争,终于勇敢地吆喝出第一声"破烂的买——"这时,演讲者是模仿姑娘的声音喊出这句话的,这模仿的声音不仅入耳,而且人脑,使听众久久难忘。

在进行这类模拟时要注意两点:

第一,对于各类人或物的动作、声音的模拟不可过分。例如,对人的跑、跳、喊叫,对于鸡鸣马嘶、枪声、爆炸声等,只要达到传神的目的即可。

第二,对于各种类型人物语言的模拟,只需从语调和语速方面去加以区别,别的因素则无需多去考虑。例如,一般忠厚的人、迟钝的人、老人、病危的人说话,速度要慢些,聪明机警的人、年轻人、小孩说话,速度要快一些;女人、小孩说话声音要尖一些,男人、老实人说话,声音要粗一些。

(二)模拟的对象是听众自身。有时人们做一件事,并不知道它的后果如何,劝他们改正,他们也听不进去,若用模拟法,再现他的所作所为,让他们作为旁观者来具体感受一下,是非曲直就不言自明。

明朝有这样一个故事。翟永令的母亲信佛,整日从早到晚不停地念叨"南无阿弥陀佛",自己什么事情都不做,还弄得别人烦躁不安。她认为,念的次数越多,对佛爷越是虔诚。翟永令劝她几次,都不见效。一天,老太太又开始一声接一声地念起"南无阿弥陀佛",这时,翟永令便在她身边喊:"妈!妈!"她问:"有什么事?"翟永令答:"没事。"她接着又念起佛,翟永令又在旁边喊道:"妈!妈!"她不断地念,他不断地喊。这下子老太太火了,斥责儿子:"你没事喊我干什么,多烦人!"翟永令乘机说:"我喊你这么几声,你就不高兴了,那个佛爷,整天被你喊上千声万声,他大概早就烦得暴跳如雷了。"听这么一说,老太太不再吭声了。从此,念佛的次数也少多了。

翟永令几次规劝母亲,她都不听,一旦模仿她的样子一做,母亲便悟到自己整日诵佛不止的问题所在,因此,在以后的行动中有所改变。

二、道具

这里说的道具,是指在演讲中供演示使用的器物。如,图画、图表、照片、模型以及种种实物。它并不包括讲桌、灯光、背景等演讲所需要的设施性器物。

在演讲中运用道具,是为了使演讲带有直观性。在科学实验中发现,从眼睛通往脑部的神经,要比从耳朵通往脑部的神经多好几倍,而且,人们从眼睛获得的注意力是从耳朵获得的注意力的 25 倍。正如俗语所说:"耳听为虚,眼见为实""百闻不如一见"。因此,演讲者通过使用道具,更能够吸引听众的注意力,激起听众的兴趣,而且使自己的思想表现得更加清楚。

经常有这样的情况,演讲者不厌其烦地讲解,听众却依然不甚了了。这时,如果配合上恰当的道具,听众就一目了然了。例如,被誉为"列宁的工程师"、曾多年领导前苏联国家计划委员会的格·马·克依然诺夫斯基,1920 年 12 月在全俄第八届苏维埃代表大会上向代表们报告前苏联社会主义电气化计划时,就是这样做的。他的道具是一幅镶嵌在木框里的巨大的俄国地图,上面布满五颜六色的灯泡。演讲时,克依然诺夫斯基用教鞭刚一指地图上的一个地方,灯马上就亮了。这幅电气化地图激发起人们的想象力,使人们目不转睛地盯着它,经过三年内战的艰苦岁月之后,呈现在代表眼前的俄罗斯地图,第一次不再是那幅插满标志战场位置的小旗的军事形势图,而是一幅完全不同的地图……。俄罗斯地图在报告人利用光信号指挥下,发光"变活"了。于是,一个具有大量数字和繁杂技术核算的伟大计划,成了可以看得见的了,它给予代表们以巨大的心理影响,使他们欣喜万分,产生了无限的希望。

有时,单凭语言并不能说服听众,如果借用道具,就会出现奇效。一个大学毕业生急于找工作,他走进一家报馆,同总编有一段对话:

"你们需要一个好编辑吗?"

　　"不需要。"

　　"那么记者呢?"

　　"不需要!"

　　"那么排字工人呢?"

　　"不,我们现在什么也不需要!"

　　"不",大学生说:"您的门口一定需要这个东西。"说着,他从公文包里掏出一块精致的小木牌,上面写着:"定员已满,不招新人"。

　　总编看了看牌子,大笑起来。他立即给社长打电话,把这件事说给他听。随后,总编笑嘻嘻地对大学生说:"如果你愿意,请到我们广告发行科工作。"

　　这位大学生用一块木牌子做道具,使自己的求职演说更生动、更有趣、更富有戏剧性,结果,产生了戏剧性的效果。

　　演讲时,可以一开始就使用道具。

　　一个人在以拾金不昧为题材讲精神文明时,一开始就用拇指和食指拈住一枚硬币,高高举起,超过头部。在场的每一个人都情不自禁地去注意这种刺激性的举动。这时,演讲人问道:"有没有人在人行道上捡到这样一枚硬币?"演讲在听众兴趣盎然中开始了。

　　演讲时,也可以中间使用道具,不断地更换道具。

　　石家庄造纸厂厂长马胜利在演讲的过程中,讲着讲着,从公文包里抽出一打纸,擎在手里说:"这是鞋垫纸。"接着把它放在鼻前嗅嗅说:"还有香味呐!"不一会儿,他又从公文包里掏出一张纸,用两手抖落开,说:"这是餐桌布,纸做的,一次性的。"他就这样,边讲边出示道具,人称他的演讲是"带插图的报告"。

演讲结尾时,也可以用道具。

鲁迅《在上海中华艺术大学的演讲》的结尾正是这样做的。他说:

"以上是我近年来对于美术界观察所得的几点意见。

"今天我带来一幅中国五千年文化的结晶,请大家欣赏欣赏。"

说着,鲁迅一手伸进长袍,把一卷纸徐徐从衣襟上方抻出,打开看时,原来是一幅画着一位病态十足女子的月份牌,引起哄堂大笑。在笑声和掌声中,鲁迅的演讲结束了。

演讲中使用道具要注意以下七点:

(一)道具要精心选择或制作,使它能打动听众。

(二)道具不应先让听众见到,直至用时再展示。

(三)道具应该大一些,使最后一排的听众都看得见。

(四)讲话时,绝不让道具在听众间传阅,这会分散听众的注意力。

(五)道具使用完毕后,应尽快收起,不要让听众再看见。

(六)讲话时不要眼瞪道具,要眼看听众,与听众沟通思想。

(七)对于道具可做适当"神秘处理",即演讲时把道具置于身边,遮盖好,讲话时,多提它几次,但不要说它是什么。这样才能引发听众的好奇和兴趣。

第十节　回避与回敬

一、回避

回避是避开正题，另选"蹊径"的说话方式。

对于对方提出的一些不应该回答的问题怎么办？不理睬，不礼貌；照实回答，也不适宜，往往还会失掉原则。这时，只有采用回避的方式做出巧妙的回答，才能既不损伤对方的感情、自尊心，又不失掉自己的体面和原则。

需要回避的问题可分为三类：

一类是不宜回答。如，问题不清，回答与己不利，情况复杂难于为对方理解等。

二类是不能回答。如，机密问题，超权限范围的问题，没能力回答的问题等。

三类是不屑回答。如，戏言，废话，奇谈怪论，明知故问，以及易造成无价值争论的问题等。

回避的具体方法有多种，下面介绍其中的五种。

（一）侧面进击法。如，北京大学学生队与香港学生队辩论关于旅游业的问题时，香港队金岭问："我还有一个很重要的问题，请反方同学千万千万不要令我失望，外汇收入和促进基本建设是旅游业带来的必然之利，请问反方能指出什么必然之弊吗？"北大队王雷答："不是任何事情都是能用赚钱和不赚钱来衡量的啊。如果说是赚钱，那色情业是一本万利，（笑）但是恐怕那是不义之财。（笑，热烈鼓掌）"香港队以必然之利和必然之弊的相比法提出诘难，其攻势是很凌厉的;北大队避其锋芒,从侧面进击,提出不应以赚钱作比较基础,并加以归谬,将其攻势化解。虽然没有正面回答哪些是必然之弊问题,但就反击对方攻势来说,不失为精彩之举。

(二)转移话题法。也称言他法,移花接木法。如,日本著名电影演员中野良子到上海进行艺术活动时,中国朋友十分关心这位35岁还未结婚的电影艺术家,有人问她准备什么时候结婚,中野良子笑容满面,十分友好地说:"如果我结婚,就到中国度蜜月。"这一回答既爽朗又巧妙,把"何时结婚"的问题变成了"在何地度蜜月"的问题,避开了她不想公开正面回答的问题,而谈与其有关的问题,使人们不好再追问下去,同时又非常强烈地表达了她对中国人民的友好感情。

(三)委婉含蓄法。如,有人问黄宗英是否准备再嫁,她没有直接回答问题,而是说:"我已经嫁给了大海,就不能再嫁给小河了,要嫁就要嫁给汪洋。"黄宗英以新颖的比喻,委婉含蓄地暗示她不准备再嫁了,并形象地说明了她不再嫁的原因并非是受封建道德观念的束缚。

(四)反问法。如,一次美国前国务卿基辛格对记者说:"苏联生产导弹的速度每年大约250枚。先生们,如果在这里把我当间谍抓起来,我们知道该怪谁呀。"记者问:"那我们的情况呢?我们有多少潜艇导弹在配置分导式多弹头?有多少'民兵'导弹在配置分导式多弹头?"基辛格答:"我不确切知道这些数字。至于潜艇,我的苦处是:数目我知道,但我不知道是不是保密的。"记者说:"不是保密的。"基辛格反问:"不是保密的吗?那你说是多少呢?"记者无言以对。基辛格利用反问,把记者问的问题又巧妙地送回记者那里,不仅回避了记者的问题,又使自己处于主动的进攻地位。

（五）含糊法。如,电视剧《鲁智深》中,鲁智深削发为僧时,有这样一段对话:

> 法师:尽形寿,不近色,汝今能持否?
> 智深:能。
> 法师:尽形寿,不沾酒,汝今能持否?
> 智深;能。
> 法师:尽形寿,不杀生,汝今能持否?
> 智深:(略有沉思,不语)
> 法师:(高声重复一遍)尽形寿,不杀生,汝今能持否?
> 智深:知道啦!

在这种情况下,鲁智深既不能问而不答,又不愿意违心应允,于是避开“能”字,回答“知道啦!”在这里,“知道”是一个带有模糊性的字眼,“知道”后可以遵而行之,也可以虽知而不行,避得巧妙。

此外,回避的方法还有以笑带答法,退让法等等。使用以上这些方法时要注意两点:

第一,要尽量了解问话者的心理乃至身份、性格,要善于察言观色,做到“知己知彼”,然后区别不同情况,采用不同的方法,不能生搬硬套。

第二,回避不是不回答,只是不走正面直接回答的路,而另辟蹊径。因此,要选好“蹊径”的起点。“蹊径”的起点必须具有两个特点:一是感情上的贴近,或引起对方兴趣,或消除对方戒心。二是语意语脉要贯通,便于引人正题,也就是要

"靠船下篙",切不可南辕北辙。

二、回敬

对于一些不讲礼貌、没有道理、挖苦讽刺的话进行有理有利有节的反唇相讥,这种说话方式即为回敬。

恰当地运用回敬,可以维护自己的尊严,显示自己的力量。

美国三四十年代,有个政界要人叫凯升。他首次在众议院里发表演讲时,穿戴土里土气,因他刚从西部乡间赶来。在他演讲时,一个善于讥笑人的议员插嘴说:"这个伊利诺伊州来的人,口袋里一定装满了麦子呢。"这句话引起哄堂大笑。凯升并不难为情,他坦然地答道:"是的,我不仅口袋里装满了麦子,而且头发里还藏着许多菜籽呢,我们住在西部的人多数是土里土气的,不过我们虽然藏的是麦子和菜籽,却能够长出很好的苗子来!"

凯升不回避自己的特点,他以来自艰苦创业的西部为荣,以自己的土气而自豪。他的话一方面表明,来自边远地区的人在政坛上可以干出一番事业,另一方面也表明,西部的农业生产在整个国家中占有不容忽视的地位。面对讥讽,凯升没有怯场,他用铿锵有力的话回敬了对方,使他的大名因此传遍全国,被誉为"伊利诺伊州的菜籽议员"。

恰当地运用回敬,可以教训那些饶舌者,使他们碰个软钉子,下次说话有所顾忌。

俄国寓言作家克雷洛夫生得较黑,偏偏又喜欢穿黑色衣服。一天,他遇到两个穿得花里胡哨的公子哥儿,其中一个见到克雷洛夫就对他的同伴说:"看,飘来了一朵乌云。"克雷洛夫应声说道:"怪不得青蛙高兴得叫了!"

这位公子哥儿想嘲笑挖苦别人取乐,结果招来更辛辣、更尖刻的戏弄,自讨没趣。

回敬的具体方法因情况不同呈现多样性,下面介绍四种常见的方法。

(一)仿效法。如:

> 主妇:如果你不介意,我就叫你阿莲,这是我以前那个女佣人的名字,我不喜欢改变我的习惯。
>
> 佣人:我很喜欢你这个习惯。这么说来,如果你不介意,我就叫你马先生,这是我以前那个主人的称呼。

这个佣人仿效主妇讲话的方法,反驳了主妇的无理要求。

(二)针锋相对法。诗人歌德的作品受到了某批评家的尖刻指责。一次他在公园一条只能通过一个人的小径上散步,迎面来了那位批评家,冲着他嚷道:"我向来没有给傻瓜让路的习惯!"歌德连忙让到一旁,笑容可掬地说:"而我恰恰相反。"

你说东,我说西,你说正,我说反,这种针锋相对法,常常会使那些惯用刻薄的话戏弄揶揄人的人自食其果。

(三)借题引申法。英国作家萧伯纳身体很瘦,某次他去参加小宴会,一个脑满肠肥的资本家笑着对他说:"啊,萧伯纳先生,一见您,我就知道世界上现在正闹饥荒!"萧伯纳立刻答道:"嗯,先生,我见到您,就知道世界上正在闹饥荒的原因。"

234

有现象,就有原因。萧伯纳顺着资本家所说的闹饥荒这个题目往下说,由现象很自然地引出原因,回敬得贴切又合乎逻辑。

(四)借薪助火法。萧伯纳的剧本《武器与人》首演成功,许多观众在剧终时要求萧伯纳上台与大家见面。可是,当萧伯纳走上舞台时,突然有个人对他大声喊道:"萧伯纳,你的剧本糟透了,谁也不要看! 收回去吧,停演吧!"听到这些话,萧伯纳并不生气,反而向那人深深鞠了一躬,彬彬有礼地说:"我的朋友,你说得好,我完全同意你的意见。遗憾的是,我们两个人反对这么多的观众有什么用呢? 我们能禁止这剧本演出吗?"

这里,萧伯纳先附和地说"我完全同意你的意见",而后把观众的力量借用过来,言下之意是,你的反对根本无济于事,广大观众是欢迎的。在这种场合,正面阐述剧本的优点如何如何,根本对付不了那个蛮不讲理、有意拆台的人。借用观众的情绪,是驳倒对方的最好办法。

使用回敬这种说话方式时,要注意两点:

首先,要根据当时的情况,灵活掌握,在关键处给对方一记回击。其次,话要有分量,但说时不要太冲,不要带不文明的字眼,避免引起争吵。恰到好处的火候是:话要噎得对方喘不上气,但又发不起火来。

(撰稿:王金岗)

思考与练习

一、一个人想捉一只山鸡,却捉到一只仙鹤,回家后,这个人心想:"这只仙鹤太长了。"于是就把它的嘴和两条腿截短了。然后说道:"你看,现在你真像一只鸡了。"在演讲中,你用这个故事可以说明哪些道理?

二、下面是 12 句表示寒冷的比喻,你认为它们是否有创新意义,是否能为人们所接受。表达寒冷的感觉,你是否能想出更新的更好的比喻。

冷得像青蛙。

冷得像清晨的热水袋。

冷得像步枪的通条。

冷得像坟墓。

冷得像格陵兰的冰山。

冷得像泥土。

冷得像乌龟。

冷得像飘雪。

冷得像盐。

冷得像蚯蚓。

冷得像黎明。

冷得像秋雨。

三、《人到中年》的作者谌容访美,到某大学演讲后,有人提问道:"听说您至今还不是中共党员,请问您对中国共产党的私人感情如何?"谌容敏捷地回答:"你的情报很准确,我确实还不是中国共产党党员。但是我的丈夫是个老共产党员,而我同他共同生活了几十年尚无离婚的迹象。可见,我同中国共产党的感情有多么深。"请分析形容这番答话的技巧。

四、请指出下面这段话哪些地方用的是反说,以及其作用如何。

"当三个女子从容地转辗于文明人所发明的枪弹的攒射中的时候,这是怎样的一个惊心动魄的伟大呵!中国军人的屠戮妇婴的伟绩,八国联军的惩创学生的武功,不幸全被这几缕血痕抹杀了。"

五、下面这段话使用的是哪种比较法?它起什么作用?

"这些人,马克思主义是有的,自由主义也是有的:说的是马克思主义,行的是自由主义;对人是马克思主义,对己是自由主义。"

六、指出下面这首诗是歌颂谁的。如果把这首诗放进题为《时间与效率》的演讲中,能起什么作用?

"谁说你的一生太短,

仅仅活了七十八年。

不!在你的时间表上,

一年决不等于三百六十五天。

要把你的工作时间收集在一起,

每天按八小时计算,

你已经为我们工作了两百年!"

七、下面这段名言是谁说的?请套用它来批评不正之风。

"叛逆的猛士出于人间;他屹立着,洞见一切已故和现有的废墟和荒坟,记得一切深广和久远的苦痛,正视一切重叠淤积的凝血,深知一切已死,方生,将生和未生。"

八、请就"他有一双辛勤劳动的手"这句话进行细节描写。

九、有篇演讲词中有这样的两句对话:

爸爸:"你看看你那裤脚的尺寸!"

儿子:"尺寸? 尺寸怎么了? 那请您说说:多长是革命的? 多长又成了反革命的了?"

根据这两句话分析父与子的思想感情与个性特征。

十、"在五届全运会跳高决赛时,我看见这样一件事:横杆升到了二米三八,朱建华并不急着活动筋骨,而是静静地躺在草地上,戴上耳机听音乐。"这段演讲词使用了哪种悬念技巧? 它起什么作用?

十一、下面这段话是否可以这样重读:

"请记住,母亲虽贫穷、落后,母亲不美,这不是母亲的耻辱,而是儿女的耻辱! 所以我说:'子不嫌母丑',这还不够,'子不甘母丑',这才是我们的本分。"

十二、请找出一篇有三处以上提问的演讲稿来。

十三、请指出演讲中的提问、设问、反问三者的异同点。

十四、谈谈当年诸葛亮怎样巧用激将法,激得老黄忠挥刀上阵,勇斩两员魏将,挥军掩杀数十里,给后人留下"宝刀不老"的美谈。

十五、"请君入瓮"和"以其人之道,还治其人之身"是不是模拟法? 为什么?

十六、有人说:"图片比语言文字更具说服力,一张图片胜过我所能说的任何话。"这话对吗? 为什么?

十七、一次,飞燕在汉成帝面前告班婕妤的状,诬陷她曾向鬼神诅咒过成帝。成帝听后大怒,遂传讯班婕妤,眼看她就要大祸临头了。传讯中,她回答说:"妾闻'死生有命,富贵在天',修善尚且不能得福,做坏事还能得到什么呢? 假使神鬼有知,它们就不会接受坏人的诉说;假使神鬼无知,向它们诅咒有什么好处呢? 因此我是不会那样做的呀。"成帝听后,不再追究此事。试分析班婕妤此处的说话技巧。

十八、一位女记者问日本前首相吉田茂:"阁下对女人有什么想法?"吉田茂冷冷地答道:"过去想法很多,但自从看到你以后,我对女人就没有想法了。"试分析吉田茂用的是哪种回敬法。

(撰稿:王金岗)

第七章 演讲的艺术(下)

第一节 设身处地和现身说法

一、设身处地

"设身处地"是指要站在听众的角度考虑问题。演讲的目的,归根到底是要说服人。口服有时是虚假的,心服才是真诚的。口服有时是慑于权势或压力,不敢说不同意;心服是对真理的崇拜和服从,它会产生自觉的行动。人非草木,孰能无情?一个站在你的角度体察你的思想,为你的前途着想,替你出主意、想办法的人,即使是批评你几句,你也会觉得心里暖乎乎的。这就是"设身处地"这种演讲艺术的心理依据。

邓小平同志 1979 年 11 月 2 日,在中央党、政、军机关副部长以上干部会上的报告中,讲了这样一段话:

我今天讲的话,对高级干部来说不是那么愉快的。你看、现在老干部倒了霉了,对生活待遇做了规定,要受到一些限制,特殊化基本上是不能搞了,又提到退休的问题,提到庙里的菩萨让出来、新的菩萨去坐位的问题,等等。这不是矛头对着老家伙了?我看,不能这样认识,在这个问题上我们要自觉。我自己就有这个想法,如果党允许我今天退休,我马上就退休。这是真话,不是假话。从整个事业看,我现在还不可能退休,我想大家也不会赞成。但是,就我个人的心情来说,确实感到这个问题太重要了。我们要向前看,我们这个事业是千秋万代的事业啊!我们现在提出的、面临的是十年内必然或者可能遇到的一些重大问题。如果再想远一点,20年后,还可能遇到什么问题,会不会发生什么事情啊? 20年后,在座的同志还能有几个在? 当然,希望大家长寿,但是自然规律不可抗拒。现在我们不想远一点,看远一点,不从我们党和国家的根本利益来考虑这个问题,我们就得不出正确结论,好多问题就下不了决心,处理不下去……

邓小平同志这段话的中心,是说服老干部退下来,让位给年轻干部。这个问题讲的方式和角度可以有好多种。比如可以这样说:我们的党为了革命事业的需要,决定让一部分老干部退下来,把年富力强的年轻干部提拔上来。听说有些老干部想不通,认为这是把矛头对准了他们。这种认识是极其错误的。我们产党人是为共产主义的伟大事业献身的,要无条件地服从党的事业的需要,不能只从自己方面想问题。也许有人要问,让我们退下来,那你呢? 我可以告诉大家,我也是同样的。党让我退下来,我就退下来;党让我继续留下,我就继续留下来。总之,不管是谁,都得服从整个无产阶级事业的需要。老干部退下来的问题很不好解决,但是我们要维护党和国家的根本利益,我们下了决心,一定要处理下去……

对比一下以上两种讲法，我们会得出什么结论呢？公平地说，后一种讲法，从道理上说是没有什么错误的，似乎不好挑剔；但是总觉得冷冰冰的，不好接受。而前一种讲法，则亲切温暖，使人如浴春风，身不由己地接受了他的意见。这是为什么呢？主要原因恐怕就是，后一种讲法把听众当作受教育的对象，讲话的人变成了说教者，二者对立起来；而前一种讲法则是讲话的人变成了听众中的一员，同听众心心相印，同呼吸，共命运。这就是"设身处地"这种演讲艺术的特殊力量。

"设身处地"的运用非常广泛。比如，当你发现听众伸懒腰、打呵欠时，你就应为他们想想，已经听了两个小时，该休息了；于是你就马上想办法结束你的演讲。当你引用一首自己非常得意、非常熟悉的古诗词时，你就应为听众想想，他们是否能听得懂；于是你就会设法把古诗词译成白话，使人人听得懂。当听众对你的演讲提出某个意见或者递条子表示不同意你的某一观点时，你就应多想想这种意见的代表性和出发点等等；然后合情合理地、恰到好处地答复他们。一切置听众的切身利益于不顾，一切置听众的觉悟和知识水平于不顾的演讲，都是注定要失败的。

二、现身说法

"现身说法"这个词本来是佛教术语，佛教说："我与彼前，皆现其身，而为说法，令其成就。"意思是，佛能随众生出现种种身形而来讲述佛法。这是一种缩短心理距离的讲道说法的技巧。释迦牟尼是深通演讲艺术的。我们讲的"现身说法"是指通过讲述自己的行为和思想的经历,通过讲述自己对某一事物的切身感受,来打动听众的一种方法。这种方法所以有效,主要原因有三:一是真实亲切,使听众直接感受到演讲者的内心世界,一下子缩短了彼此的心理距离;二是这种方法可以将心比心,寓理于情,使听众乐于接近你、"拥抱"你,在接近和"拥抱"中接受了你的道理;三是因为演讲者自己讲自己的事,讲起来必然得心应手,生动自然,感染力和说服力当然就会更强一些。

战国时齐国有个宰相叫邹忌,他的国君是齐威王。他鉴于齐威王不肯接受意见而受到蒙蔽的缺点,想给他提个建议,让他广开言路,修明政治。他本来可以采取好多别的方法说服齐威王,比如他可以举出古代和当代许多国君因广开言路而兴国、因拒谏饰非而亡国的实例,同时可以讲很多"人多出智慧"、"众人是圣人"的道理;然而,邹忌没有这样做,他却别开生面,来了个"现身说法",讲了自己在这方面的亲身体验。他对齐威王说:一天,我早晨起来照了照镜子,觉得自己长得不错,就问我的妻子:"我和城北的徐公相比,谁漂亮呢?"我的妻子说:"你漂亮极了,徐公哪能比得上你呢?"徐公是齐国的有名的美男子啊!我不敢相信妻子的话,又问我的妾:"我和徐公谁漂亮呢?"妾说:"徐公哪能比得上你呢?"第二天,一个客人来了,我问客人:"我和徐公相比,谁漂亮呢?"客说:"徐公不如你漂亮。"过了一天,徐公来了,我仔细看了看,自认为不如人家;又对着镜子看了看自己,觉得差得更远了。那天晚上,我躺在床上想:明明徐公漂亮,为什么我的妻、妾、客都说我漂亮呢?原来,妻是偏爱我,妾是害怕我,客是对我有所求啊!邹忌停了停,又对齐威王说:"我们齐国的土地方圆一千多里,有一百二十多个城池。宫妇左右没有一个不偏爱您,朝廷大臣没有一个不害怕您,四境之内的人没有一个不对您有所要求。由此看来,您恐怕受了很大的蒙蔽吧!"邹忌讲了这番话,齐威王明白了广开言路的重要性,下令让群臣吏民给他提意见,而且谁提意见给谁奖赏。

邹忌的说服是非常成功的。他本来是批评齐威王的,但他没有直接把矛头对准齐威王,而是非常巧妙地把矛头对准自己,自己批评自己,自己反省自己。既然是自我批评,那就可以解剖得更深刻些,更尖锐些。殊不知,这正是在剖析对方的灵魂啊!既然"现身说法"这种艺术,在使对方乐于接受的前提下,又能把道理讲得格外透彻,那么,演讲者为什么不把它很好地加以运用呢?

在运用"现身说法"方面,毛泽东同志给我们作出了很好的示范。比如,1942年,他在延安文艺座谈会上作报告,他希望知识分子出身的文艺工作者熟悉工农兵,改造自己的世界观。毛泽东同志阐述这个观点时,不是摆出领导者教训别人的架子,而是十分亲切地讲自己改造世界观的过程和感受。他说:

> "我是个学生出身的人,在学校养成了一种学生习惯,在一大群肩不能挑手不能提的学生面前做一点劳动的事,比如自己挑行李吧,也觉得不像样子。那时,我觉得世界上干净的人只有知识分子,工人农民总是比较脏的。革命了,同工人农民和革命军的战士在一起了,我逐渐熟悉了他们,他们也逐渐熟悉了我。……这时,拿未曾改造的知识分子和工人农民比较,就觉得知识分子

不干净了,最干净的还是工人农民……

毛泽东同志这种言传身教的艺术,实在值得每一个演讲者尤其是领导同志学习。

运用"现身说法"的艺术要特别注意以下两点:

(一)讲自己的经历和感受必须真实自然,万不可捏造杜撰,也不能加油添醋;因为这样不仅有损演讲者的形象,而且由于是不真实的或者是不完全真实的,那就很可能会出现很多漏洞和破绽。

(二)自己的经历和感受讲什么、讲多少、怎样讲,都要围绕演讲的中心,为阐明某个观点考虑,万不可信马由缰,东拉西扯,在讲台上介绍自己的历史。

"设身处地"和"现身说法"二者的相同点是,它们都是演讲者和听众沟通思想的桥梁。两种方法各有千秋。"现身说法"比一般的"设身处地"更亲切、更感人,因为演讲者不是假设自己经历过什么,感受到什么,而是确实有某种经历和感受;演讲者同听众是朝夕相处的兄弟,是切磋学艺的朋友。但是,"现身说法"这一艺术是有局限性的,因为听众是复杂的,他们的年龄、性别、职业、思想状况等,都有其特殊性。演讲者同听众在上述方面,如果差别太大,那就不易运用"现身说法"这种艺术。比如,年轻的演讲者面对一屋子年老的听众,就不便运用这种方法。

第二节 迂回包抄和欲擒故纵

一、迂回包抄

"迂回包抄"是军事术语,原指作战的间接路线,这种战术的好处是避开敌人估计到的进攻路线或目标,在发起攻击之前,首先使敌人丧失平衡。演讲中的"迂回包抄"是指阐述自己的观点或反驳对方的主张时,所采取的一种曲折的方法。这种方法适用于复杂的问题和场合。有时由于听众有一种根深蒂固的错误认识,一般的道理曾经说服过多次,始终没有生效。有时听众提出的问题很"刁",不好正面回答。在这样的情况下,想说服听众,就要把话绕几个弯儿,然后再折回来,解决原来的难题。

战国时,赵国的左师触龙曾经用"迂回包抄"的方法,成功地说服了赵太后。当时,赵太后刚刚开始执政,秦国乘机进攻赵国,赵国向齐国求救。齐国答应出兵,但条件是,必须以赵太后的小儿子长安君为人质。赵太后坚决不肯,而且拒绝任何人的劝告。赵太后明明白白地告诉她的左右说:"有再说要长安君作人质的,我一定要唾他一脸唾沫!"就是在这种复杂情况下,左师触龙去说服赵太后的。请想想看,在太后盛怒之下,如果正面劝谏,即使你的情再真、理再切,也必然会遭到严厉拒绝,弄不好,还要大受侮辱。聪明的触龙避开了正面的"铜墙铁壁",绕了三个弯儿,然后从她毫无防范的"后门"神不知、鬼不觉地进去,使赵太后主动"投降"。触龙的第一个弯儿是请安,拉家常,根本不提国家大事;至于长

246

安君的事,更是毫不沾边。你听,触龙说:"我因为脚有病,不能人朝见您很久了,但又担心您的身体,所以想来看看您。"这样问长问短,亲切自然,赵太后的心理防线拆除了。触龙的第二个弯儿是求太后让他的儿子舒棋当个黑衣卫士。他说,他的儿子舒棋15岁了,虽然还小,可他希望在他没入土之前把儿子托给太后。触龙的这一着是关键的一着,他的目的就是要引出太后的一句话来。太后不知是计,果然说道:"男人也疼爱自己的小儿子吗?"这一下触龙高兴了,他赶紧说:"比女人疼得还厉害啊!"太后说:"女人对小儿子疼得特别厉害!"水到渠成,触龙的第二个弯儿又顺利地绕了过去。触龙的等三个弯儿是同太后争论一个问题:太后疼她的女儿燕后厉害,还是疼长安君厉害? 太后从一般的道理看问题,当然坚持疼长安君厉害。触龙从长远的观点看问题,证明太后疼长安君不如疼燕后厉害。他的理由是:如果您为长安君的前途考虑,您就应当让长安君为国立功;否则,太后一旦驾崩,长安君将靠什么在赵国立足! 请看,问题争论清楚了,触龙的说服也就成功了。他虽然自始至终只字未提长安君入质齐国之事,但赵太后最后却主动说:长安君的事,就按你说的办吧! 很显然,触龙说的为国立功,就是暗示让长安君为赵国到齐国当人质去。请想想,当初触龙如果不是运用迂回的办法,而是冒死直谏,其结果会是怎样呢? 于己有益呢,还是于国有益呢? 由此可见,"迂回包抄"的方法在复杂的情况下,实在有起死回生的力量。

运用"迂回包抄"的方法,必须注意以下三点:

(一)在讲述中,要始终清醒地记住自己的论辩目标,战略构想应有弹性,能灵活地适应形势的变化。

（二）在论述中遇到阻力时，应竭力避免在无谓的争执上徒费唇舌，不妨避开障碍，曲线取胜；黄河九曲十八弯，最后还是流向大海去了。

（三）在讲述过程中，为了使对方丧失平衡，一定要设法避开对方的注意；要使其不知不觉地落入演讲者所设的"圈套"之中。

二、欲擒故纵

"欲擒故纵"也是军事术语。《三国演义》描写诸葛亮对孟获抓了7次，又放了7次，最后使孟获真诚归降。这是军事上欲擒故纵的精彩战例。演讲中的"欲擒故纵"指的是在处理棘手问题时，先顺着对方的意思说，使其逐渐放松戒备，然后不失时机地收拢包围圈，使对方无可奈何地服输投降。这种方法常用来对付演讲中出现的危急情况，尤其当演讲者同听众处于严重对立的形势下，这种方法更显得重要。如果运用得当，往往可以化险为夷，出奇制胜。不少演说家面对被动局面，形势险恶，由于采用了"欲擒故纵"的艺术，结果掌握了主动权，左冲右突，一波三折，最后出其不意地慑服了听众，大获全胜。

《演讲与口才》杂志1988年第10期上，介绍了湖北省某县某乡人民法庭庭长的一次平息"死人官司"的精彩演讲。事情是这样的：1986年7月的一个中午，湖北某县某村的两个中年妇女，一个叫邵XX，一个叫尹XX。邵因地里的棉花被人偷摘了几十朵，怀疑是尹干的，于是两人发生了口角，互相谩骂。邵认为棉花被偷了有理反而不能赢，一气之下服毒自杀了。这一下事情闹大了，邵的父母、兄嫂、弟妹等组织同族八十余人,杀气腾腾地来到某村,向村干部提出:要尹XX跪在邵XX尸前守灵三天,用尹家的神柜抬邵的尸体,拆下尹家的堂门做棺材,并要尹家负担安葬费和其他费用。村干部自然不会答应这些无理要求。邵的亲属便抬着邵的尸体向尹家奔来,不少人手里拿着铁锹、铁锤、棍棒、锯子等,围观的村民有三百多人。一场不堪设想的严重事件即将发生。就在这时,该乡人民法庭庭长和一位书记员赶来了。这位庭长面对如此严重的局势,竟能从容不迫地化险为夷。他站在尹家门前的台阶上,看着眼前涌来的人群,声音清楚而且洪亮:"邵家的亲友们,各位父老乡亲们! 我是本乡人民法庭庭长,法庭派我和书记员特地赶来处理这件事。我们一定要按照我国的法律公正严明地处理好这一事件。"由于庭长开头就说出了身份和来意,大多数人停止了脚步,只有邵的至亲少数人抬着邵的尸体向前缓步移动。庭长接着以十分沉痛的语气说:"同时,我们代表法庭向死者的父母、兄嫂、弟妹和她的丈夫、孩子及亲友,表示深切的问候。"说罢,他走下台阶,看了看已经停放在地上的邵的尸体,转身又回到台阶上。他继续说:"邵XX才31岁,年纪轻轻,却过早地离开了我们。她的丈夫失去了贤惠的妻子,她的孩子失去了亲爱的妈妈,她的父母失去了心爱的女儿,她的兄嫂失去了好妹妹,她的弟妹失去了好姐姐,邻里们失去了好乡亲。这是一件非常不幸的事情,我们怎么能不痛心? 我和大家一样,心情十分沉痛! 我们有责任把这件事处理好,处理得合法合情,让死者的亲属满意,让大家心服口服!"听了庭长的话,邵的亲属不再恸哭了,其父母提出要法庭为他们的女儿伸冤出气。庭长将计就计,向村民们大声说:"好! 各位乡亲,刚才死者的父母要求法庭为她伸冤出气,我表示支持。大家知道,法庭是人民的法庭,法律是人民意志的体现,只要人民有冤、有气,我们就运用法律这个武器为他们伸冤,为他们出气。法律是无情的,谁触犯了,我们也不会放过。现在我告诉大家,我们要把尹XX传讯到法庭去,并且正在组织人员进行调查事实。我们将尽快地把这件事处理好,请大家放心。只要邵XX的亲属提出的要求合法,只要他们有理,我们就坚决支持。"庭长说到这里,邵家亲友脸上怒色大减。庭长觉得火候差不多了,开始转弯儿了。他说:"乡亲们! 我们已经答应了邵家的伸冤精求,我们说话是算话的。只要尹XX犯了法,肯定逃不脱法律的惩处。我们凭什么来惩处她呢? 要凭事实。但现在大家都聚集在这里,我们找谁核实情况? 怎么能对邵家的要求下判断呢? 听说有人要把尹家拆平,有人要把她家的神柜抬出来摊尸,还要用堂门做棺材。"说到这里,庭长声色俱厉地讲道:"我警告大家,这是万万做不得的! 因为这种行为是触犯法律的行为。我国刑法第156条规定:故意毁坏公私财物,情节严重的,处三年以下有期徒刑、拘役或罚金。去年这个时候,西沟村就出现了这种事,跑到人家拆了房屋、毁了东西,结果人死了,他的亲属也被判了刑,坐了牢,至今追悔不及。这里,我还要提醒大家,法律对那些指使、挑唆、怂恿、鼓励、组织闹事的人,也要追究其法律责任!"这时,手拿器械的人有些不知所措,鼓动闹事的人也低下了头。庭长觉得已经水到渠成,便继续说:"你们要相信法庭是会把这件事处理好的。现在死者的尸体停放在尹家门前,这是不道德的,这样做也对不起死者。既然你们要求我们处理,我建议,由XX村派人把死者尸体暂时抬回她本家。我们首先需要商量的

250

是,为死者尽快出殡的事,然后,听取法庭调查的结果,公断、了结此案。"结果,邵家的人表示愿意服从,相信法庭会秉公办事,看热闹的人和当事人都按要求散去。一场"死人官司"就这样平息了。

我们不能不佩服这位庭长的口才。如果当时不是这位庭长,而是换一个鲁莽的庭长,这场官司将会如何发展呢?这位鲁莽者很可能下车伊始,就大发雷霆。他可能这样说:"你们想干什么?聚众闹事,这是要受法律制裁的!"试想,悲愤到极点的邵家亲属,见庭长不问青红皂白,就用大帽子吓人;他们会不会感情冲动,失去理智,做出不堪设想的蠢事来?说不定会死伤多少人。可见,"欲擒故纵"的艺术,不仅仅是口才范围内的事,有时甚至关系到国家和人民的利益,不可等闲视之。

运用"欲擒故纵"的方法,要特别注意以下三点:

(一)在顺应对方的意见时,必须始终记着自己的观点是什么;须知顺应对方只是权宜之计,貌似同意对方的意见,其实是坚决反对的;这就决不允许出现前后矛盾的说法。例如,上述庭长平息"死人官司"的讲话中,他始终没有同意邵家的无理要求,他只是顺着邵的父母说,要为邵伸冤、出气,而且明确地说:"只要有冤、有气,我们就运用法律这个武器为他们伸冤,为他们出气。"你看,又是"只要",又是"法律",那就告诉人们:伸冤、出气是有条件的,必须按照法律办事,胡来不行,庭长自始至终不忘自己的观点。

(二)在顺应对方意见的同时,要在暗中巧妙地为后来的反驳埋下伏笔,不给对方留任何可钻的空子。例如,庭长在支持邵的父母的要求时,巧妙地埋下了伏笔:"法律是无情的,谁触犯了,我们也不会放过。"表面上看起来,这句话是指尹XX,实际上一语双关,在暗示你邵家犯了法,也照样不留情的。

(三)要审时度势,选择转折的机会,使之不迟不早,恰到好处。庭长对邵家的警告,选择在最佳的时刻:邵家亲属怒色已经大减,大家已经觉得庭长处处说得在理,相信法庭会秉公办事。在这个关键时刻,庭长突然声色俱厉地批评邵家的错误做法,接着晓之以理,而且提出建议,邵家焉有不服之理!

"迂回包抄"和"欲擒故纵"都是间接说服的方法,都是避开正面,绕道取胜的一种艺术。所不同的是,前者入手的借代物很多,有较广阔的选择余地;而后者一定要先顺应对方的意思或情绪,表同情,套近乎。因此,"欲擒故纵"这种艺术,掌握起来难度较大,但一旦掌握了,其效果则是显而易见的。

第三节　义正词严和情深理切

一、义正词严

"义正词严"是指演讲者掌握了真理和正义、面对邪恶势力或不怀好意者,所采取的一种居高临下、毫不留情的说理和抒情的方法。这种方法的运用必须具备如下条件:一是演讲者本人必须是有高度觉悟、品德高尚的人,而且真理在握,正义在手。二是所针对的必须是邪恶卑鄙或别有用心的一方,对人民、对同志则不宜用这种方法。三是演讲者对讲话的后果应该事先想到,要有"舍得一身剐,敢把皇帝拉下马"的精神;那些瞻前顾后、首鼠两端的人,是不足语此的。

这里举马寅初先生的一个例子。杨建业写的《马寅初传》中,生动地再现了马寅初先生1940年11月10日在重庆市区黄家虹口实验剧院,向社会各界人士发表的一次演讲。这天,剧场内外,甚至大厅的门窗和过道,都挤满了人。一阵热烈的掌声过后,马寅初先生开讲了。他劈头就说:

"今天,我把儿女都带来了。我的讲话,就算是对他们留下的一份遗嘱。为了抗战,多少武人死于前方;我认为,我们文人也要不惜身家性命,拼死在后方干!我今天来向大家发表演讲,就是抱着这样的决心。如今国难当头,人民大众是有钱的出钱,有力的出力,浴血奋战;但是那些豪门权贵,却趁机大发国难财。前方吃紧,后方紧吃;前方流血抗战,后方和平满贯。真是天良丧尽,丧尽天良!他们利用国难,把自己养肥。要抗战,就必须让这帮人拿出钱来!……诸位也许早有所闻,前些时候,蒋委员长要我去见他,他为什么不来见我呢?我在南京教过他读书,同他有过师生情谊,难道学生就不能来看老师吗?他不敢来见我,说是因为他害怕我的主张……有人说蒋委员长领导抗战,可以说是我国的民族英雄,但我马寅初认为,他根本不够资格!要说英雄,蒋介石也是一个英雄,不过他只是一个'家族英雄',因为他包庇他的亲戚家族,危害国家民族!我倒希望蒋先生能够做一个真正的民族英雄。他若要做民族英雄,必须做到四个字:'大——义——灭——亲!'惩办孔祥熙、宋

253

子文。不除孔宋，就不能解救国家经济的窘迫。最后，还有一件事情，我要在此公开揭露。前些日子，有人竟然写匿名信对我进行威胁恫吓，说什么不听招呼，要吃'卫生丸'的；如果再要演讲攻击政府，将以手枪对待云云。今天我在这里正式声明：本人实在难以从命，更不能听从如此奉劝，现在又演讲了。在会场上的警察宪兵们，你们要逮捕我马寅初吗？要开枪杀人吗？"讲到这里，马寅初先生解开长袍的纽扣，拍拍胸脯，用手指着胸口说："可以朝这儿打。但务请耐心一下，等我讲完再下手不迟。在演讲一开始，我就说过，今天我把我的儿女都带来了，让他们都来听我的演讲，让他们知道我的主张究竟是什么。今天的演讲算我最后留给他们的遗嘱……我马寅初根本不怕死……如果怕死就不会来这里……"

长达三个小时的演讲，马寅初用大量确凿的事实，以无可辩驳的逻辑力量，以背水一战的决心，深刻地揭露了蒋介石豪门权贵们利用民族危机，大发国难财的罪恶行径。他的演讲激起了全场六百多名听众一阵又一阵的雷鸣般的掌声，在场的宪兵特务们吓得目瞪口呆。

类似马寅初先生这样"义正词严"的演讲，我们还可以举出很多。比如闻一多先生的《最后一次的讲演》，王若飞同志在敌人法庭上的演讲，以及保加利亚共产党领袖季米特洛夫《在国会纵火案审讯时的演说》等，都是脍炙人口的"义正词严"的范例。

运用"义正词严"的方法，应注意以下两点：

（一）一定要使自己的论述始终站在"理"上，决不可因感情激动而偏离了真理的轨道；否则，会使听众觉得是感情用事。

（二）要掌握分寸，做到有理、有利、有节，要打得开，收得拢，要善于纵横捭阖，刚柔并济；决不要使人觉得演讲者是"得理不让人"。

二、情深理切

"情深理切"是指在演讲中，要情理交融，做到以情感人，以理服人。情真而理不足，听众可能被感动，表示同情，可他们会觉得心里不踏实，没有理做他们的主心骨；只讲理不动情，听众虽然觉得你说得对，但由于他们的心弦没有受到震动，没有产生共鸣，所以不会自觉自愿地支持你的主张和行动。只有道理切实、感情真挚的演讲，才能真正唤起听众，按照演讲者的意图行动起来。

大家都承认，蔡朝东同志的《理解万岁》的报告，对演讲的传统方法是一个新的突破。其中很突出的一点，就是他的报告真正做到了以情感人，以理服人。蔡朝东同志在论述战士的价值时，这样说道：

> "抚恤金两千元，战士们看得很淡。有些群众议论，战士的抚恤金应该调成 1 万元，战士说：'够了，这是党和人民的关怀。如果把抚恤金调成一万元，从某种意义上说，反而贬低了我们的战士，因为还会有人说，我们是为 1 万元钱来当兵打仗的嘛！'就是这两千元的抚恤金，还有多少战士写下了遗书，留下了遗言，让自己的家里

不要领取,把它捐献给社会。我这里有一张烈士对他的抚恤金的分配单。1985 年初,他在前线牺牲了。牺牲后在他身上发现了一封信,信中写道:'假如我牺牲了,国家发的两千元抚恤金,请这样分配:500 元给妈妈,作为报答她老人家的养育之恩;500 给幼儿园搞建设;1000 捐给母校,作为我给母校的微薄心意。'……要说战士的价值在哪里,我认为,战士的价值就在于,倒下去的是他们的身躯,竖起来的是一座不可逾越的长城,是中华民族的尊严!"

凡是听了蔡朝东同志这段情深理切的演讲的人,很少有不掉泪的。人牺牲了,还惦着母亲,还惦着祖国,惦着祖国的下一代,这是何等伟大崇高的感情啊!没有战士的牺牲,就没有祖国的安全,就没有中华民族的尊严,这又是多么颠扑不破的真理啊!蔡朝东同志的演讲,激起了千百万人民对战士的崇敬和热爱,唤起了千百万青年,走上保卫祖国、建设祖国的征途。有人统计过,蔡朝东同志在南京农业机械学院的一场报告,三个半小时之内,激起了 52 次掌声,其中有 41 次掌声都是在讲到正面的感人事例中爆发的。

运用"情深理切"的演讲方法,必须注意以下两点:

(一)演讲者必须有真情实感,所讲的事例必须首先是感动了自己的,自己未受感动的事,往往也感动不了他人;至于装腔作势、矫揉造作地表达感情,更是愚不可及,只能弄巧成拙。

(二)演讲者必须很理智地控制自己的情感,须知演讲者最根本的任务是激发听众的正义感,使之产生推动社会前进的行动,而不是让他们停留在哭、笑、怒、骂等感性活动上;这样就要求演讲者站得高,望得远,对听众晓以大义,把他们被演讲激发起来的感情变成一股力量,为真理和正义而斗争。

"义正词严"和"情深理切"都要求理由充足,感情充沛;但二者的使用范围和针对的对象有所不同。前者常用于对敌斗争,往往用来揭露敌对势力的罪行和丑恶嘴脸,表示演讲者的决心等等;后者则常用于教育人民群众,学习英雄人物的高尚品质,或者同心同德做好某一项工作等等。

第四节　针锋相对和以柔克刚

一、针锋相对

"针锋相对"是指在论辩中,将对方提出的问题,毫不留情地加以揭穿,逐条加以驳斥,寸步不让的一种演讲方法。这种方法的主要适用范围是,面对不友好的提问或者恶意的攻击。因为对方已经在听众面前撕下了面具,赤膊上阵了,因此只能以眼还眼,以牙还牙。如果在挑衅面前退却,那只能长他人之志气,灭自家之威风。事实说明,在此种形势下,善于运用"针锋相对"方法的演说家,往往能够变被动为主动,熄灭对方的气焰,赢得听众的支持。请看杨植霖同志在《王若飞同志在狱中》里,写的王若飞同志同敌人的两场斗争:

　　"若飞同志站在那儿……他看着马秉仁那种装腔作势、狂妄自大、色厉内荏的丑恶姿态,从心里感到厌恶,不由得轻蔑地冷笑起来。马秉仁为这轻蔑的笑声冒火了。他看了看部下那种挤眉弄眼的样子，心里更加气不过，就昏头昏脑地问起来：'我先问你，你姓什么？叫什么名字？''黄敬斋！'不是，不是。'马秉仁的头摇得像个卜郎鼓似的，'你不是这个名字。''你说我叫什么名字？''你还有真姓名！''你既然知道我的真姓名，就讲出来，何必问我呢？'马秉仁愣了一下，好像觉得这种审问很不像样：他不是审问者，倒像个被审者。于是，他又大声问道：'我问你，你是干什么的？''我是共产党员！''你从哪里来？''江西瑞金。''你来塞外干什么？''专门来推翻你们！''你们的人在哪里？''长城内外，大青山下，蒙古草原，到处都有！''你把他们供出来！''比上天还难！''你不供出来，我就天天审讯你！'马秉仁急得怪叫起来。'咱们看谁审判谁吧！'若飞同志向前走了一步，声色俱厉地说，'我还要真正地审判你们！'马秉仁看见若飞同志那火炬一样的眼睛，直睖睖地逼视他，又听说要审判他，像当头挨了一棒，愣怔了一下，就跌坐在椅子上……"

"伪法院在继续准备了 8 个月之后，终于开庭了。若飞同志觉得前一次关于马克思列宁主义和党的政策还没有谈，这一次应该好好讲讲这个题目。因此，一开庭，若飞同志就抓紧机会首先发言了：'法官先生，你们不是对共产党的活动很感兴趣吗？我今天打算谈谈这个问题。不过，首先我要给你们讲一讲马克思列宁主义……''我们只问你关于共产党活动的事实，不谈什么主义。''先生们,我们共产党人的一切活动,都是按马克思列宁主义基本原理行事的,你想了解共产党的活动,必须先了解马克思列宁主义。中国共产党是适应中国的需要诞生的,中国共产党是根据马克思列宁主义建立起来的。'愚蠢的靳法官,听到这里,像抓住了什么把柄,赶紧插了一句:'对了。所以中国共产党是从外国来的,受俄国支使。'若飞同志对他谰言,立即给以强烈的反击:'先生,你只是个地地道道的帝国主义的学舌人。你大约知道,现在世界各国都有共产党。为什么呢?因为有阶级剥削和阶级压迫,那些被剥削被压迫者必然要起来反抗,起来斗争;在斗争中必然要产生真正领导自己取得胜利的组织,这个组织就是各国的共产党!'靳法官愣了片刻,又硬着头皮攻上来:'那么,马克思、列宁都是外国人,一个中国人讲外国人的主义,难道还不是卖国?'若飞同志听到卖国多两字,眼里的火都冒出来。他朝着靳法官冷嘲热讽地说:'法官先生,你简直太可笑了,可笑得令人齿冷。你竟然无知到这样可怜的程度,真是令人惊奇。对你讲话,我得讲一点普通常识:马克思是德国的犹太人,他在德国不能立足,曾在巴黎进行过革命活动,后来又寄居在英国伦敦。他在英国参加工人运动,英国工人阶级很欢迎他。照你的说法,莫非英国工人把自己的国家出卖给马克思吗?列宁根据马克思主义的真理,在俄国建立布尔什维克党,领导人民推翻了反动的沙皇统治,赶走了德国侵略者。难道列宁赶走了德国人,又把俄国出卖给德国人吗?先生们,马克思列宁主义是无产阶级革命的真理,哪国需要就在哪国发

259

展,谁也阻止不了！你不懂不要装懂,假装有学问。这样自以为是,自欺欺人,除了给人增加笑料,别无好处。'讲到这里,若飞同志把词锋迅速一转,向敌人发起猛烈的还击:'至于谈到卖国,国民党蒋介石倒有大量的卖国事实。远的不说,就从"九·一八"、一·二八"'谈起吧!……'……当若飞同志开始揭露蒋介石卖国罪行的时候,靳法官吓得眼睛都发直了。他慌慌张张地站起来,连忙制止:'停住,停住,不准再往下讲。宣传马克思列宁主义在中国是犯法的。再加上你这样咆哮公堂,侮辱党国领袖,早就够定罪了。'若飞同志冷笑着说:'这就是你的奴才本色！你在真理面前是没有骨头的！'太侮辱人啦！太侮辱人啦！退庭,退庭!'靳法官的脸皮已红得像块猪肝,一边连连说着,一边擦着汗,狼狈地走下法台。……"

这是"针锋相对"演讲法的范例。从若飞同志同警察局长马秉仁和靳法官这两场斗争来看,"针锋相对"运用起来必须注意以下四点:

(一)必须抓住对方的要害和漏洞,要摸清对方的立论根据;只有这样,才能"针尖对麦芒","对"得有理,辩得有力。如若飞同志反问马秉仁:"你说我叫什么名字?"所以这样反问,就是由于若飞同志看出了对方的漏洞,结果逼得马秉仁不敢再问。

(二)驳斥对方的观点,最终是为了阐述自己的主张,所以在驳斥对方观点的过程中,千万要清醒地意识到自己的主张,切勿在无谓的问题上,同对方纠缠个没完没了。如若飞同志与靳法官的论辩中,就始终不离宣传马列主义和党的政策这个中心。

(三)要想把对方的进攻一个一地反击回去,演讲者必须掌握论辩的逻辑方法,要条理清楚,结构严密,不给对方留任何可乘之机。如若飞同志反驳靳法官关于共产党"卖国"的谬论时,首先用了归谬法,以"列宁赶走了德国人,再把俄国出卖给德国人"这显然荒唐的推理,有力地粉碎了靳法官的"讲外国人的主义就是卖国"的错误逻辑,然后又"即以其人之道,还治其人之身",理直气壮地把"卖国"的帽子戴在了国民党蒋介石的头上。

(四)运用"针锋相对"的方法,不能一味防守,应当在论辩中寻找机会,主动出击,逼使对方投降。如若飞同志反击马秉仁时,在驳斥了对方的企图后,声色俱厉地喝道:"我还要真正地审判你们!"这就是主动出击。在反击靳法官的谬论后,若飞同志说:"至于谈到卖国,国民党蒋介石倒有大量的卖国事实。"这也是主动出击。

二、以柔克刚

"以柔克刚"法也可以叫作"以弱胜强"法。在演讲学里,是指用承认自己的弱点或用故意示弱的手段解决演讲中遇到的难题。据说精于太极拳的人,能够"四两拨千斤",以柔弱之势,化千钧之力。此道用于演讲,会有异曲同工之妙。"以柔克刚"这种方法,主要有两种类型:

(一)演讲者在某一论辩场合弱点比较明显,不宜针锋相对,而用严以责己、宽以待人的态度,使对方心悦诚服。

(二)演讲者本来力量很强,有足够的理由使对方折服;

但为了供对方自我检查、反省的机会,或者为了使对方的错误更充分地暴露出来,却故意示弱。

先举第一种类型的例子。这个例子在第六章中曾经举过。美国国内战争后,约翰·爱伦同内战中的英雄陶克将军竞选国会议员。陶克功勋卓著,曾任过两三次国会议员。在竞选时,陶克演讲,他说:"诸位同胞,记得就在十七年前的昨天晚上,我曾带兵在茶座山与敌人激战,经过激烈的血战后,我在山上的树丛里睡了一晚上。如果大家没有忘记那次艰苦卓绝的战斗,请在选举中,也不要忘记那吃尽苦头、风餐露宿的屡建战功的人。"显然,陶克列举了自己的成绩,是想唤起选民们对他的信任,从而在竞选中获胜。论功绩,约翰·爱伦是望尘莫及的。约翰·爱伦很聪明,他自己力量单薄,无法针锋相对,他采用了"以柔克刚"的艺术。他在竞选演讲中这样说道:"同胞们,陶克将军说得不错,他确实在那次战争中立了奇功。我当时是他手下的一个无名小卒,替他出生入死,冲锋陷阵;这还不算,当他在树丛中安睡时,我还携带了武器,站在荒野上,饱尝了寒风冷露的味儿,来保护他。"结果,约翰·爱伦在竞选中取得了胜利。

约翰·爱伦这段讲话在选民中可能会产生这样的效果:首先,选民会想,约翰'爱伦这个人诚实可靠,对陶克能够公平的评价;其次,选民会想,将军虽然辛苦,毕竟还可以在树丛中安睡,而战士却要站岗保卫他,就这点而言,选民的同情心转向了约翰·爱伦;最后,选民会想,将军固然可以当选为议员,而像约翰·爱伦这样出生入死却不居功自傲的士兵,不也可以作为民众的代言人吗?约翰·爱伦的"以柔克刚"术就这样获得了成功。

运用这种"以柔克刚"的方法,要特别注意下面两点:

(一)要实事求是地承认自己的弱点,既不能缩小,也不能夸大,尤其不要给人以自轻自贱之感。

(二)在承认自己的弱点时,要暗示出对方的弱点和自己的优点。善于使用此法的人,他暴露出来的弱点恰恰是他的优点,而从反面来看,也正好是对方的弱点。约翰·爱伦的演讲就做到了这一点。

现在举第二种类型的例子。民国初年,我国有位著名艺人孙菊仙,口才极好,尤善于"以柔克刚"。那年他已年近七十,一次他在上海与一些文人宴饮。大家都知道他四十年来,静心修道,不近女色。酒席间,很多文人都有歌妓作陪劝酒,菊仙独无。某人强迫他以妓作陪,孙菊仙不是生硬地拒绝,而是退让一步,故意示弱道:"我并非不愿意这样,实在是没有可意的人儿呀!"某人又强问他需要怎样的女子作陪,孙菊仙一字一板地慢慢说道:"必须要年貌相当啊!"一时满座笑声哄然,再没有人强迫他了。试想如果孙菊仙不是示弱,而是逞强争胜,针锋相对,其结果恐怕不仅彼此间伤了和气,而且他的决心也未必会比这种表示法显得更坚决吧。

这种类型的"以柔克刚"艺术,常见的具体手法如下:

(一)先扬后抑。先肯定对方的成绩或优点,然后点出对方的不足。肯定时要客观、充分,务使对方体会到你的诚意,指出不足时,要适可而止,千万不要苛求。

(二)批评自己。某一件不愉快的事情发生了,某一个意想不到的后果造成了,有些人因此大发雷霆,有些人因此争吵起来。在此种形势下,演讲者挺身而出,不去指责任何人,而是气度非凡地尽量把责任揽到自己身上。这样做往往立竿见影,不仅能化干戈为玉帛,而且会使某些人低下头去。当然,本来与自己无关的事,就不能这样了。

(三)以己为鉴。就是讲述自己的缺点、错误或失败的教训,借以说服他人。如毛泽东同志 1962 年 1 月 30 日,曾在扩大的中央工作会议上讲,对于社会主义建设,我们还缺乏经验。为了使大家承认这一客观事实,毛泽东同志就以自己为镜子说,1960 年,他向美国作家斯诺坦率承认自己对建设没有经验。这样一讲,那些自以为是、不懂装懂的同志就无话可说了。

"针锋相对"和"以柔克刚",面对的都是难题,都要认真对付。用"针锋相对"法,就要以强硬的姿态,针对对方的攻击,一一予以反击,不留情面,不回避问题;而用"以柔克刚"法,则要求有意回避,有意退让,使对方自挫其锋芒。两种方法各有各的用处。正是"梅须逊雪三分白,雪却输梅一段香"。

第五节　弦外之音和绵里藏针

一、弦外之音

"弦外之音"本是音乐的某种效果,这里借指演讲时话里有话的一种艺术。我们常说的"旁敲侧击"、"一语双关"、"含沙射影"等,都属于这种方法。"弦外之音"常用于不好直说的场合,只要对方能够听得懂,其效果往往超过任何一种直截了当的表述法。

董秋枫写的《口才训练》一书中,提供了一个很好的例子。中国旅行社扬州支社的李建平,在陪同客人游览中,遇到一些照相留念没完没了的人,严重地影响着旅游时间。他们的理由是"这地方风景别致"、"这建筑风格特殊"……李建平不便硬性规定时间,便笑着对大家说:"中国如此广阔、美丽,再好的照相机、再多的胶卷也不会使我们满意的。我觉得最好的照相机是我们的勤快的眼睛,用不完的胶卷是我们的头脑。只有它们,才能从这儿带走完美的记忆。"李建平心里想说:"别没完没了的照相了,赶快走吧!"嘴里却谈论眼睛和头脑的功用。这样讲话既含蓄地批评了对方,又不失礼貌。

"弦外之音"运用时要注意对象,要考虑对方的水平和阅历。否则,言者觉得耐人寻味,因而孤芳自赏;听者丈二和尚摸不着头脑,结果弄得莫名其妙。

二、绵里藏针

"绵里藏针"是指批评别人或驳斥不太友好的提问时,所采取的一种柔中有刚的方法。这种方法要求具有丰富的知识,要求思维敏捷,要求有高度的政治修养和思想修养,还要善于掌握火候或分寸;只有这样,才能使对方理屈词穷,明知吃了亏,也只能哑巴吃黄连。下面试举几个例子说明这种方法的特殊效果。

一次,美国前国务卿基辛格先生来华访问,他问周恩来总理:"你们中国人和我们美国人不一样。我们美国人挺起腰走路,你们中国人为什么老是弯腰呢?"基辛格的问题显然是不够友好的,他想陷总理于尴尬的境地。基辛格显然认为,美国人挺起腰走路是健康、自信、有力量的表现,而中国人弯腰走路是有病、无力、自惭形秽的表现。面对这种带有挑衅性的问题,一个有民族自尊心的中国领导人该如何回答呢?我们可以设想一下,比如可以这样回答:中国人不都是弯腰走路,美国人也不都是挺起腰走路啊!也可以这样回答:美国人那样走路是目中无人的表现,中国人弯腰走路是对人有礼貌的意思。这样的回答固然不失体面,但显得软弱无力,对于对方没有造成任何威压,而且说美国人目中无人,也实在是打击面太大了。我们的周总理是怎么回答的呢?他先是哈哈大笑,接着边笑边说:"我们中国人在上山,走上坡路嘛;你们美国在下山,走下坡路。"绝妙的比喻!绝对的回答!能言善辩的基辛格苦在心中,无言以对。这就是"绵里藏针"的厉害。

再举林肯的一个例子。一天,有一位外交官偶然看见身为美国总统的林肯在擦自己的鞋子,便问道:"啊,总统先生,你经常擦自己的鞋子吗?"外交官的问话显然带有讽刺的意思。林肯不动声色而不失身份地回答:"是啊!那么,你经常是擦谁的鞋子呢?"林肯的回答不仅表明自己的人格尊严,而且反戈一击,使对方陷于被动。

运用"绵里藏针"的方法要特别注意两点:

(一)要注意自己的身份,是长者还是晚辈,是上级还是下级,是男性还是女性……千万不要说有失身份的话。

(二)要注意分寸,一定要使自己的话含蓄、得体,而又不失礼貌;即是说,只要对方没有主动撕破脸皮,我们的回答也一定要使他面子上过得去。

"弦外之音"和"绵里藏针"都是委婉、含蓄的讲话艺术,都不是正面同对方冲突。但后者同前者相比,更多用于对付有意挑衅的对象,而且务必刺伤对方,使其词穷于嘴上,理屈于心中。

第六节　顺水推舟和以毒攻毒

一、顺水推舟

"顺水推舟"是指在演讲或谈话时,顺着别人说活的意思发展下去,使彼此的看法得到统一或接近,从而使问题得到解决。这种方法主要适用于谈话或演讲时出现的尴尬局面中。人们互相交往,常常会因一两句话造成暂时的不愉快,在演讲时,也常常因问答不当造成紧张气氛。在这种情况下,如果有人善于运用"顺水推舟"的方法,往往会打破僵局,使不愉快的各方,重新拉起手来。

先说谈话中的例子。一次,著名的评剧女演员新凤霞和她的丈夫吴祖光举办一次"敬老"宴会,邀请了齐白石、老舍、梅兰芳等老前辈。白石老人时年92岁,由他的看护伍大姐陪同前来。白石老人坐下后,就拉着新凤霞的手目不转睛地看着。伍大姐大约怕新凤霞难为情,就对白石老人说:"你总看别人做什么?"白石老人不高兴了,说:"我这么老了,为什么不能看她? 她生得好看。"说罢,脸都气红了。在这种尴尬局面中,新凤霞落落大方地微笑着,说道:"您看吧,我是演员,我不怕人看。"结果,宴会的气氛一下子转了过来;在大家的提议下,新凤霞还当场拜白石老人为干爹。请设想一下,如果此时此刻,不是新凤霞出来顺着白石老人的意思,顺水推舟",那会导致什么结果呢? 即使气不坏老人,也至少弄得宴会不欢而散。

再举演讲中的例子。有位老师在讲台上宣传爱国主义,讲了一半,一个小伙子走到讲台前,大大方方地把一张纸条放到讲桌上。这位老师刚看完纸条放下,周围就有人起哄:"哎,把条子给我们念一念!""有本事把条子上的事讲一讲,别扯别的!"演讲进行不下去了。在此种情况下,聪明的老师就用了"顺水推舟"的方法。这位老师不慌不忙地、一字一句地念那纸条:"老师,您刚才说一个正直的青年首先应当爱党、爱国、爱社会主义。我有不同的意见。我认为一个正直的青年,首先应当爱老婆、爱孩子,爱家庭。"台下先是一片哄笑、吵嚷,接着是鸦雀无声,等待老师的回答。老师故意喝了口水,清清嗓子,然后轻松地说:"这条子写得是何等的好啊!好极了!"全场响起了掌声,也有人沉默不语。老师继续说:"它好在哪儿呢?就好在写得真,写得实。它反映了这位青年纯洁的心灵……我碰到一个青年人,月初发工资,不出十天就花光了,然后就偷老婆的,老婆和他吵,他就打老婆、骂孩子,成天闹离婚,搞得左邻右舍都不得安宁。同志们,你们说,从这个角度看,刚才那位青年提的条子的内容,说得有多好啊!一个青年人,无事生非,不谋正业,打老婆,骂孩子,搞得四邻不安宁,破坏了安定团结,这样的人能说爱党、爱国、爱社会主义吗?所以说,爱老婆、爱孩子、爱家庭,和爱党、爱国、爱社会主义是一致的。连老婆、孩子、家庭都不爱的人,他又怎么能爱同志、爱工作、爱党、爱国呢?"老师的话激起了全场雷鸣般的掌声。对这样的条子,如果采用"针锋相对"的方法,指责那位青年狭隘、自私,或者大讲一通个人服从集体、局部服从整体的道理,其效果决不会比"顺水推舟"理想。良药未必苦口,裹着糖衣的良药并不苦口,吃到肚子里照样治病。这恐怕就是"顺水推舟"这种方法的优越性吧。

268

运用"顺水推舟"要格外注意原则性和灵活性的结合,千万不能为了不伤和气而丧失原则和人格。那种不分是非的"和稀泥"的做法,不得视为"顺水推舟"的艺术。

二、以毒攻毒

"以毒攻毒"原是中医治病的一种妙法,比如用毒蛇之毒治疗大风等极毒之病,可以立竿见影;在演讲中,官是指借用对方承认过的观点或采用过的某种表述形式,来驳倒对方的一种艺术。这种方法的主要作用是,置对方于自相矛盾之中,使其张口结舌,自食其果。

越南背信弃义后,曾诬蔑我国过去对它的援助是"有条件"的,"一本万利"的。对此,我国就运用"以毒攻毒"的方法,给予有力的反驳:越南领导人过去曾多次对中国的这种援助作过评价。1974 年,越南总理范文同说过,"中国党和政府无论在任何环境中都始终无私地支持和帮助越南人民的革命斗争和重建家园"。1957 年,越南劳动党第一书记黎笋也谈到中国给予越南的"巨大和宝贵的支持和援助",他甚至还说:"显而易见,没有革命成功的中国,越南就不可能有今天,这是历史的逻辑。"可现在,越南当局竟然出尔反尔,说什么中国的援助是"有条件"的,是按着"一本万利方式""生利",诬蔑中国把援助当作"讨价还价的筹码","施加压力的工具"等等,这实在令人吃惊。这段反驳之所以有力,就是让越南当局自己打自己耳光,让它自己将其卑鄙的本质暴露于光天化日之下。

再举一个例子。加拿大前任外交官切斯特·朗宁,生于我国湖北襄阳,是喝中国奶妈的奶汁长大的。他回国后,在三十岁时竞选省议员,反对派诋毁他说:"你是喝中国人的奶长大的,你身上一定有中国人的血统。"面对反对派的攻击,朗宁采用了"以毒攻毒"的方法,给对方以有力的反击:"据权威人士透露,你们是喝牛奶长大的,你们身上一定有牛的血统。"结果,朗宁竞选获胜。切斯特·朗宁就是借用对方错误的推理形式反攻过去,使对方陷入这样的境内:如果硬要说朗宁身上有中国人的血统,那他们就必须承认自己身上有动物的血统。

运用"以毒攻毒"的方法要注意以下两点:

(一)所借用的必须是对方说过的话或者对方采用过的推理形式,决不能篡改对方的意思;否则,丢人的不是对方,而是自己。

(二)这种方法的运用只限于当对方的言论出现自相矛盾之时,如果对方无此漏洞,"以毒攻毒"的方法便失去了效用。

"顺水推舟"和"以毒攻毒"都必须借用对方的言论,都是后发制人。但前者多是为了缓和局势,使同志、朋友之间的关系更融洽;而后者多用于批驳对方的错误,其目的在于暴露对方的丑恶本质或不良居心。

第七节　以诚换诚和自我解脱

一、以诚换诚

"以诚换诚"是指用袒露胸怀、说真心话的方法,使对方感动,从而按照演讲者的主张去行动的一种说服人的艺术。

这种方法只用于有共同思想感情的演讲者与听众之间,其作用是使听众心灵震动,心悦诚服地接受演讲者的意见。

1936年12月9日,西安一万多名爱国学生集会游行,警察开枪打死了一名小学生,激起了学生的无比愤怒,他们呐喊着从四面八方涌来追击凶手。刘恩铭写的《张学良将军》一书中这样描述当时的情形:坐在警车里的蒋小焉(他就是打死小学生的凶手——编者)在成千上万的人追击下,害怕了,他挥着短枪的手,不停地颤抖着,催促着司机:"快!快!赶快回临潼,向委员长报告!"……"追到临潼去!""找蒋介石要凶手去!""为死去的兄弟报仇!"一时口号声彼伏此起。随着呐喊声,一面面大旗冲出东城门,紧追着逃跑的蒋小焉,游行的队伍如决堤之水,涌向临潼。张学良闻讯,急得棉衣也没顾得穿,就独自驾着吉普车,赶赴临潼。……他拭去泪水,猛地跳上路边的一个高土台子,悲愤地高声讲道:"同胞们,我张学良的想法和你们也是一样的,你们的要求,就是我的要求。停止内战,共同抗日,是我们共同的心愿。我张学良的最后一滴血,要流在抗日战场。可是时机不到啊,我劝你们不要去临潼。""为什么不能去临潼?难道我们学生的血白流了吗?"一个穿长衫留长发的大学生质问道。张学良只好直说:"同学们,我张学良不是阻拦大家去抗日救国,去向委员长请愿。但我担心你们走不到临潼,就会发生惨重的流血事件。你们一过温桥,就会看到一挺挺机枪,架在公路两旁。同学们……""我们不怕流血!""为救国牺牲光荣!""张将军,让我们去吧!""不!"张学良斩钉截铁地说,"临潼不能去,我可以代替大家去说服蒋委员长,交出凶手。如果一周之内,得不到答复,欺骗了你们,你们可以在任何地方,把我处死!"学生们被感动了,被说服了,请愿的队伍,调转方向,返回古城。

这是"以诚换诚"的力量。当然,如果张学良说了以后没有行动,那他休想再使任何人相信他。张学良发动了"西安事变",他答复了学生,受到了学生的由衷爱戴。

运用"以诚换诚"必须注意对象。只有对"投我以木瓜"的人,才能"报之以琼瑶";对心怀叵测之徒,采用"以诚换诚"的方法,换来的只能是欺骗。戒之,戒之!

二、自我解脱

"自我解脱"专指在交谈或演讲中,遇到对自己不利的局面,能使自己不失体面地"下台阶"的一种方法。运用这种方法的重要前提是,说话或演讲的人必须能够为别人着想,能够敞开胸怀,敢于自我解剖,敢于把自己的缺点暴露在听众面前。如果不能够、不敢于这样做,那他就无法使用这种方法,因而也就决不会摆脱于己不利的那种局面。

《演讲与口才》1987 年第 1 期上,王何民同志给我们提供了一个很好的例子。一位 28 岁的姑娘遇到一个冒失的小伙子,小伙子当着众人的面说:"你看上去要有三四十岁,可老相了。"一个尚未结婚的女子,最忌讳别人说她老相,小伙子太不近人情了。但这位姑娘是深谙说话艺术的,她稍镇定一下,就笑嘻嘻地说:"说我老好啊,证明我成熟老练了。大家只要不管我叫小孩子就行。"一句话,既给失言者以面子,又给自己解了围。如果不是这样,而是反戈一击,针锋相对,说:"说我老相就老相,我何止三四十岁,我五六十了。比你妈的岁数还大!"试想,那结果会是怎样呢?

再举演讲中的一个例子。有一次,前苏联领导人戈尔巴乔夫同英国首相撒切尔夫人举行会谈,他谈到当时英国有230万失业工人。有人提醒他,是330万。戈尔巴乔夫面对这一尴尬局面坦然一笑,然后说:"还是实际出真知,谈话就谈出真实情况了嘛。"这个围解得自然,解得巧妙。

　　"自我解脱"的具体方法很多,常见的有以下四种。

　　(一)自我嘲笑。就是开自己一个玩笑,在大家和谐的笑声中,下了台阶,既摆脱了窘境,又使彼此达到一种默契的沟通。余明阳主编的《实用交际技法》中有这样一个例子:"我有一次与好朋友在公共汽车上谈什么人生、主义。正在得意之时,一个紧急刹车,我便单腿跪地,被亮在车厢里。满座皆睹,这一下可窘到家了。朋友只顾扶起我,却提供不了一个好的台阶。无奈,我只好'自己动手,丰衣足食'。我乐哈哈地说:'上帝!这一跤摔得可真叫有水平,把我的面子都掉光了。看样子牛是不能吹的。这不,报应了。'然后,我又装作镇定,对朋友说:'下次遇到这种事,要嘻嘻哈哈自我解脱,这比窘在这儿体面多了'。两天后,遇到一个人跟我点头致意。想了半天不知何许人也。还是他记性好:'噢,想起来了,您是那天在车上摔跤又给自己解围的那人。'天!他是一位看客!解嘲解出了新识,真绝了。"这就是"自我嘲笑"的妙用。

　　(二)模糊应对。就是用一些伸缩性很大、不甚精确、模棱两可的语句来应付不利局面。《史记》里有这样一段记载:项羽自尊为霸王后,封刘邦为汉王,打算让刘邦上南郑去。他的谋士范增极力反对,他认为南郑那地方,内有重山之固,外有峻岭之险,让刘邦去南郑,等于放虎归山。于是,范增为项羽出了一个杀刘邦的主意。这天刘邦上殿参见项羽,项羽

273

突然说道:"寡人封你到南郑去,你愿意不愿意去?"原来,范增给刘邦出了个难题:如果他回答愿意,那就说他早就想到南郑养兵练将,将来同项羽争天下;如果他说不愿意,那就说他想为关中王,留在这里反项羽。其结果是,不管刘邦怎样回答,都有可杀之借口。面对项羽的突然发问,聪明的刘邦巧妙地运用了模糊应对的艺术,他说:"大王啊,臣食君禄,命悬于君。臣如陛下坐骑,鞭之则行,收辔则止。臣唯命是听。"结果,项羽找不到杀刘邦的借口,就把他留下了。可见,在一定条件下,模糊应对简直有起死回生之力。

(三)巧妙闪避。就是遇到棘手的问题时,可以避开话锋,说说另外的与之相关的内容,从而启发对方自求答案。如有位青年在对话中问刘吉同志:"有人说留长发、蓄胡子是精神污染,你也这样看吗?"这个问题很刁,正面回答很难。刘吉把话锋巧妙一转,说道:"一个民族有一个民族的风俗习惯。马克思、恩格斯不仅头发长,胡子也长,可他们是共产党的老祖宗。毛主席和周总理头发不长,胡子也没留,他们同样是我们尊敬和热爱的导师。"刘吉同志运用"巧妙闪避"的方法,圆满地解决了那个很刁的难题。

(四)"无效回答"。就是用推诿搪塞的手段拒绝回答;它的真实含义是"无可奉告",但表达形式却很有礼貌。比如,一次,有位日本记者问陈毅同志,中国的第三颗原子弹何时爆炸,陈毅回答说:"中国爆炸了两颗原子弹,我知道,你也知道;第三颗原子弹可能也要爆炸,何时爆炸,请你等着看公报好了。"再如美国总统罗斯福的例子。罗斯福在任总统前在海军任职。一次,他的朋友问他关于在加勒比海的小岛上建立潜艇基地计划。罗斯福在回答问题前,小声地问他的朋友:"你能保密吗?"朋友脱口而出:"能。"于是,罗斯福毫不含糊地回答说:"你能保密,我也能。"以上都是"无效回答"的范例。

"以诚换诚"和"自我解脱"都要求以真诚待人,不管是批评还是表扬,都以不伤害对方和自己为原则。但后者只限于自己为自己找台阶下,其主要目的是打破使人窘迫的局面;而"以诚换诚"则旨在以真诚之心换取对方的信任,从而有利于问题的解决。

第八节 即景生情和急中生智

一、即景生情

"即景生情"指交谈或演讲时,以眼前的景物、形象等作为引子,从而提高说话效果的一种方法。这种方法主要适用于下列几种情况:

(一)会场比较嘈乱。

(二)说话的过程中出现了异常。

(三)眼前的景物、形象同讲话的内容恰好有密切的关系。

在以上几种情况下,采用"即景生情"的方法,往往可以缩短讲话者和听话人之间的距离,在认识上或者感情上产生共鸣。

XX厂的厂长一次给全厂职工讲话,那天开会前正好有一个工人的妻子,生气地把丈夫从会场拉走。大家对此议论纷纷,会场一时静不下来。这位厂长登上讲台,目不转睛地看着讲桌上那盆菊花,然后又把脸贴近它。工人们看着厂长的这个特殊动作,有的不说话了。厂长趁人声不太喧嚣的时刻,故意长叹了一口气,说道:"唉!看来我这个厂长当不成了。你们看,我来到会场,只有这一盆菊花笑脸相迎,静静地等我讲话,而你们大家却都不欢迎我啊!"一句话把大家逗笑了。不少人鼓掌,不少人喊道:"我们欢迎你!"会场顿时静了下来。厂长立刻笑着对大家说:"刚才开个玩笑。既然大家如此欢迎我,那我就书归正传了。……"面对嘈乱的会场,厂长没有生气地指责大家,也没有对着麦克风大声喝喊,而是"即景生情"地作了一个有趣的动作,讲了一句自嘲的话语,其效果竟然那么理想,这不能不佩服厂长的演讲艺术。

再举一个例子。1814 年 4 月 20 日,反法联盟攻占了巴黎,拿破仑被逐厄尔巴岛。他在枫丹白露宫同卫队和军官们告别,当士兵举枪敬礼时,他用沉痛而响亮的声音说道:"士兵们:你们是我的老战友,我始终同你们走着光荣的道路,现在我必须同你们分别了。我不能再去撕裂法国的胸脯了,享受你们应该得到的安定吧。我想拥抱你们所有的人,但是,还是让我吻这面代表你们全体的军旗吧!……"他没有再讲卜去,只是拥抱和吻了旗手和军旗,就迅速坐上马车,在近卫部队的呼喊声中离去。士兵们都像小孩一样哭了。当时英国报纸描述这一场面时,写道:"世界历史上最庄严的英勇的史诗结束了。"拿破仑"即景生情"的讲话和他吻别军旗的场面,永远被载入史册。

运用"即景生情"的方法要注意两点:

(一)所选"景物"必须是在场的人都会感觉到的,最好能与讲话的内容发生密切的联系。

（二）"景物"多半只是临时借来一用，千万不能无休止地谈论"景物"本身，否则，就会喧宾夺主，弄巧成拙。

二、急中生智

"急中生智"是指在讲话中碰到预料以外的情况所采用的应急方法，也叫"随机应变"。这种方法适用范围极广，应用起来也难度最大，但如果能够运用得得心应手，那就等于掌握了通向"演讲自由王国"的宇宙飞船了。"急中生智"需要很多条件，其中最主要的是要求演讲者有敏锐的洞察力，有渊博纳知识，有过人的思维能力。能否"急中生智"直接关系到讲话的成败，所以，凡是希望演讲成功的人，都要下工夫培养自己的应变能力。

电影《陈毅市长》中有一个例子。陈毅去拜访一位不问政治的老化学家，希望得到他的帮助，制造紧缺药品。这位化学家十分清高，陈毅好容易敲开他的门，却只给三分钟的谈话时间。对于陈毅来说，这的确急得厉害：只有三分钟的时间，怎么能谈得清楚呢？知识渊博、经验丰富而又才思敏捷的陈毅同志"急中生智"了，他利用这三分钟只谈了一个意思：您虽然学问博渊，却是个不合格的化学家。说罢转身就走。可是，陈毅没走掉，他被化学家喊了回来。陈毅用的是心理战术。一个献身于科学的教授，呕心沥血几十年，却被人贬为"不合格"，他无论如何也得问个究竟。陈毅正是利用这种逆反和好奇心理，设置了悬念，为自己赢得了时间。最后，陈毅语重心长地说明了党的宗旨，说明科学要为人类服务的道理，终于说服了这位化学家，得到了他的精诚合作。

人和事是复杂的，场合和气氛又是千变万化的，所以，

"急中生智"的方法,也无法列出几条几款。这里仅就前人的经验教训,谈几点注意事项。

(一)临事勿慌。未想出妥善应急办法之前,不要急于表态;可以先用微笑、喝水、离席等方法缓冲一下,待胸有成竹时,再回答不迟。

(二)可以把说话的时间让给对方。暂时避开对方的问题,另起炉灶,提一个与讲话有关的其他问题,让对方回答。对方说话的时间,正是你思考问题的时间。

(三)注意察言观色。随时观察对方的举动表情,留心对方的每一句话,从而发现其心理上的弱点和讲话中的破绽,然后乘隙一击,获得成功。

"即景生情"和"急中生智"都是应变的有效方法,都需要在极短的时间内作出反应。但前者所借的是眼前的"景物",此种灵感是由"景物"触发的,而借用什么"景物",则有较多的主动性;而后者所凭的是头脑中原有的材料以及由这些材料联系起来而形成的思想火花,此种灵感是直接由思想火花触发的,在某种程度上,存在着偶然性,因而也就更富于创造性。

第九节 标新立异和出奇制胜

一、标新立异

"标新立异"是指演讲时,在选题、立意、表达等方面不落俗套,比别人新颖、独特。追求"标新立异"是由下列两个因素决定的:

（一）听众都希望演讲者有与众不同的东西，你的见解、信息越新，你的表达越独特，他们就越爱听，你总是拾人牙慧，老调重弹，听众就会产生逆反心理，无心听你讲下去。所以，追求"标新立异"正是为了适应听众的心理。

（二）演讲者各有个性，"我就是我"，而不是"我"以外的任何人。只有具有个性的气质、风格、方式等，才能演出别具一格的"好戏"，讲出独一无二的水平来。所以，追求"标新立异"又是显示演讲者自己的个性所必需的。

"标新立异"常常体现在下列几个方面：

（一）选题、立意新颖。大家知道，蔡朝东演讲的主题是《理解万岁》。要知道，这一主题的选择并不是轻而易举的。当时，关于老山前线的演讲会、报告会已经开过多次，十几个报告团、演讲组活跃在广大城乡，有的还借助电视、广播扩大宣传。全国听众，对老山前线的英雄事迹，已经不感到陌生了。在此种情况下，再讲述老山前线的英雄事迹，其难度可想而知。蔡朝东曾经讲过他"三改题目"的过程，他说：

"一开始，我怀着一种对战士的朴素感情讲，把报告题目定为《老山战斗英雄事迹介绍》，内容比较多，仅停留在一般的介绍上。讲了四十多场后，老战友董保延和我一起分析、总结：……战士们在前线浴血奋战，勇敢拼搏，别无他求，只希望后方党风、社会风气好转，人民安居乐业，四化建设蒸蒸日上，只希望理解他们那颗赤诚的心际。以"理解"为主线，不仅能使众多的素材串联起来，而且也使报告的思想性、社会性更为增强。于是，从第 50 场开始，报告更名为《边防战士的心声——理解万岁》。

"1985 年 10 月，我参加了成都军区组织的"祖国在我心

279

中报告团",在成都讲了30多场。从听众的反映和对社会的大量接触中,(体会到)……要求互相理解已成为时代的共同呼声,提倡互相理解、信任和尊重,不仅是建设社会主义精神文明的体现,也是建设社会主义物质文明的需要。一百多场报告的实践证明,前后方不仅有互相理解的需要,也有互相理解的共同基础,这就是整个社会中蕴藏着爱国主义的崇高精神和实现四化、振兴中华的巨大热情。"理解万岁"这个口号应该作为全社会的口号来提。于是,在作第102场报告时,我就将报告的题目最后定为《理解万岁》了。"

《理解万岁》正是以理解为主线,把战士的喜怒哀乐告诉给后方人民,沟通内地人民与前线战士的感情。在选择材料时,都紧扣这一主题。为了突出这一主题,蔡朝东把原声录音带洗去,让战士们留下战场上的歌声;应战士的要求,在猫耳洞里创作了《我爱老山兰》的歌曲;他还冒着炮火在战场上为战士们拍彩色照片。云南广播电台用八分钟时间广播战地之声;几个橘子,一封小学生的信,大理白族姑娘的鞋垫等等,都恰如其分地烘托了"理解"这一主题。

这就是蔡朝东的"标新立异"。多么艰苦的努力,多么深挚的感情!

(二)选择材料、使用材料别具匠心。贵州一位叫刘笑宏的同志曾向《演讲与口才》杂志的"赛会通"请教不落俗套的良策,"赛会通"讲了一个很好的例子。他说,他曾参加一次以"爱我神州"为题的演讲比赛,好多演讲者个个激情满怀,把伟大祖国上下五千年来的伟业尽情歌颂,无一不谈到伟大的长城、伟大的四大发明等等,令人感到单调、乏味。后来,最后一个演讲者登台了,他仍然用的是那些材料,但在使用

280

上却是匠心独运,真可以说化腐朽为神奇。他是这样讲的;

> "前面的同志讲了我们伟大祖国悠久的文明史,讲
> 了雄伟壮观的长城,讲了给世界文明带来飞跃的四大发
> 明。是的,我们的祖国有这一切,是够可爱、够神圣的
> 了。(谈到此处,他突然把声音提高了八度)但是,我以
> 为,只有这些还不够!因为,长城尽管又高又长,但却挡
> 不住侵略者的铁蹄!而指南针呢?它确实能指导方向,
> 但却引来了武装到牙齿的侵略者,引来了帝国主义的战
> 舰!引来了毒害中国人民的鸦片!火药,成了帝国主义
> 列强杀我同胞、烧我国土的武器!而先辈发明的洁白的
> 纸上,写下的,却是不平等的尼布楚条约,丧权辱国的二
> 十一条……(讲到这里,演讲者几乎声泪俱下)是的,我
> 们的祖先,曾是何等荣耀!我们的祖国,曾是怎样的富
> 裕、强大过!但是,我又清楚地知道,这一切终归是祖先
> 的,祖先的骄傲!我们,炎黄子孙们,决无权利躺在祖先
> 的功劳簿上沾沾自喜!大吹大擂!俗话说,好汉不提当
> 年勇,我怎能忘记肩上的重任!(此言一出,听众激动,
> 报以热烈的掌声)祖国,只有在我的辛勤劳动中,在我粗
> 糙的大手中,变得在全世界范围内领了先,变得强大、富
> 裕,才遂了我的意,才称了我的心!(又是一阵热烈的掌
> 声)

"赛会通"所说的那位同志,其实用的仍然是别人讲过的
史料,但他突破了前边那些演讲者的思维模式,从反方向使
用材料,结果使材料获得了新意,使演讲的立意也更高了一

层。

（三）表达形式不落窠臼。我国著名演说家李燕杰在这方面成就十分突出。他不仅善于让形象说话，而且善于通过对话和细节描写表现人物的思想感情，以感染和影响听众。此外，他在选词造句上，也苦心孤诣，刻意求新。比如，他在批判"四人帮"横行的年代里某些人的丑恶行为时，这样说："有的人为了升官发财，不择手段，混淆是非，颠倒黑白，助纣为虐，穿着钉子鞋向上爬……""向上爬"已经够卑鄙了，还要"穿着钉子鞋"，这就把某些人那种为了达到不可告人的目的而不择手段的丑恶灵魂，暴露在光天化日之下：多么残酷！何等无耻！刘吉同志在这方面也是别开生面，独辟蹊径的。他的对话言简意赅，充满哲理，幽默风趣，入情入理。请听下面这段对话。问：你最鄙视的品德是什么？答：虚伪奸诈。问：你最大的乐趣是什么？答：事业的成功。问：你怕的是什么？答：干事业没有信心。问：你最不怕的是什么？答：妻子对我的批评和埋怨（笑、鼓掌）。问：你认为世上最值得珍惜的是什么？答：时间。因为它一去不复返了。问：你认为世上最不值得珍惜的是什么？答：废话。因为它白白浪费自己和别人的生命。问：你认为世上最有价值的是什么？答：劳动。因为劳动能创造一切。……真是绝妙的语言！句子出奇的简短，内涵格外的丰富，打得开，收得拢，自然而然，情深理切，毫无雕琢之痕迹。李燕杰、刘吉等演说家在表达形式上的"标新立异"给我们作出了榜样。

上述三点只是举了一些常见的"标新立异"方面的表现，并非说"标新立异"仅限于此。因为说到底，演讲的各方面，诸如手势、声音、语速等，无不需要如此。

282

要想"标新立异",至少应当注意下列三点：

（一）一定要进一步更新观念。我们说的更新观念并非推翻传统的正确的观念，而是说，要树立全球观念，将我国的社会主义现代化放在世界新环境中考查，从而在坚持四项基本原则的前提下，树立民族振兴意识，树立民族生产力意识。离开了世界新环境，那就是思想僵化，故步自封；离开了四项基本原则，那就是左道旁门，异端邪说。二者都不是我们要求的"标新立异"。

（二）看问题的角度要冲破旧框框。事物的联系是多方面的，即使是同一个事物，当我们从不同角度观察时，也往往会有新的发现。比如，关于唐代名臣魏征犯颜直谏的故事，一般人都从提意见者这个角度着眼，赞扬大义凛然、不怕打击报复的精神；而有的人则从被提意见者唐太宗这个角度看问题，赞扬的却是领导者虚心纳谏的精神，这就比前者要新鲜一些、深刻一些。还是这个问题，有人发表过一篇题为《魏征与唐太宗之间》的演讲，他"独上高楼"。从分析魏征为什么要"谏"、唐太宗为什么要"纳"入手，阐明他们之间的利害关系：是共同的阶级利益使他们克制住自己的私心杂念，才导演出"贞观之治"的波澜壮阔的历史活剧来。最后，又以这个认识为出发点，逻辑地把问题同我们今天的领导者和被领导者之间的关系联系起来，撇开了古今的不同，抓取了其中的相似之处，得出了这样的结论："我们今天的领导和被领导之间的关系，也像唐太宗和魏征之间那样，有一种共同的东西在发挥着作用。这种共同的东西就是中华民族的振兴大业。如果说，唐太宗和魏征相依相助，曾经呈现出'贞观之治'的兴旺景象，那么，我们领导和被领导之间的精诚团结，就一定会引来社会主义祖国的万紫千红的大好春光。而这种理想能否变为现实,其关键不仅在于我们对亿万人民的共同利益、共同理想、共同事业,爱得深不深;而且在于我们对丧失了这种共同的东西将会导致的危险,懂得透不透。爱得深,作为被领导者,你就会以天下为己任,知无不言,言无不尽,不怕因此丢官、杀头,而决不会八面玲珑,投领导之所好,阿决奉迎,以谋取自己的私利;懂得透,作为领导,你就会放下官架子,不耻下问,闻过则喜,坚决改正,而决不会盛气凌人,唯我独尊,拒谏饰非,甚至打击报复敢于提意见的同志。"显然,这篇演讲所站的角度比前两者新得多,因而也就给人以更深刻的启发。

(三)要苦学演讲必需的知识,苦练演讲必需的基本功。地冻三尺,非一日之寒。没有扎实的基础,"标新立异"的雄伟高楼就无法建立起来。

二、出奇制胜

"出奇制胜"是指在演讲紧急需要时,而采用的一种慑服对方、解决问题的出其不意的招数。这种招数在下列三种场合下有特殊作用。

(一)当演讲开始或演讲过程中出现了有碍演讲进行的紧急情况时,用这种方法可以迅速改变局面,把听众吸引过来。广州有一位教师叫李连成,一次参加演讲比赛,前面的参赛者都是按着"呼题——报题——正文"这样的形式进行,当时台下很乱,人声嘈杂。这位教师一上场,先喊了一声:"同学们!"停了一下又喊:"同学们!"又停顿了一下,然后掏出手帕擦擦汗。这时台下静了下来,人们吃惊地看着他怯场

284

的样子。看到大家如此安静，注意力如此集中，他才有声有色地说道："我当教师上第一节课的时候，就像刚才这样狼狈。但我的学生，没有起哄，没有不满，他们信任的眼光鼓舞了我，使我倍加感动。我演讲的题目就是《我品尝到了当教师的幸福》。"这时大家才恍然大悟，会心地笑了。这次比赛，他获得了成功。试想在那种情况下，如果想不出这一高招，在听众的喧嚣中硬着头皮讲下去，自己会是怎样的情绪，听众又会是什么样的反应呢？

（二）当演讲者由于某种急需，要听众作出某种反应或产生某种行动时，运用此法可以收到立竿见影的效果。两千年前，马其顿国王亚历山大率大军出征印度，途中断水，全军将士干渴难忍。亚历山大命令卫兵四处找水，但卫兵找回来的却是一杯水，便把它献给了国王。亚历山大立刻下令集合队伍。队伍集合好了，他端着水，充满信心地大声说："水源已经找到了，我们只需前进，就一定能够找到水的！"说毕，他把手中的那杯水举得高高的，然后泼在地上。将士们顿时精神振奋，不顾干渴，怀着巨大的希望，继续前进！试想，亚历山大如果看到那杯水后，失望地叹了一口气，或者面对将士说："我们费了很大力气，只找回一杯，这解决不了问题；要想找到很多水，那就要我们继续前进！"那后果真是不堪设想。

（三）当对方有意或无意地出难题，演讲者用正常的做法不好获胜时，运用此法可以突破重围，化险为夷。1985年4月4日至5月1日，我国著名电影艺术家谢晋赴美国举办由他导演的《舞台姐妹》、《啊，摇篮》、《天云山传奇》、《高山下的花环》等十部影片的回顾展。在一次座谈会上，美国电影界的同行们提出这样两个问题：什么样的影片最卖座？中美如何进行电影合作？这真是"友好的难题"。怎么回答好呢？笼统地回答吧，显然不能令提问者满意；具体地回答吧，条件尚不具备，很难做出预测和许诺。回答不好，必然陷入尴尬的境地。面对朋友们的提问，机智的谢晋"出奇制胜"了。他笑着说："里根先生将来不当总统了，如果他仍旧对表演感兴趣，那么，他来主演，我来导演，中美合拍。这部影片我相信在全世界一定卖座。"对于这种意想不到的回答，在场的美国朋友报以热烈的掌声。

在演讲中，要想做到"出奇制胜"可以从以下几个方面努力：

（一）在平时交谈、发言、辩论中培养应变能力。要有目的地观察分析别人的说话，既要发现其精到之处，也要洞察其失误和疏漏之处；要主动讲话，及时总结成功与失败的经验和教训。

（二）要研究古今中外著名演说家"出奇制胜"的范例，研究现实社会中取得特殊效果的演讲，从而找出其中的某些规律来。

（三）多学心理学、逻辑学、哲学、语言学等，结合演讲实践加以综合运用，归纳出若干个"出奇制胜"的具体方法来。

"标新立异"和"出奇制胜"都强调特殊性和求异性，都主张与众不同。但前者强调的是一个"新"字，它表现出来的是"只此一家，别无分店"；而后者突出的是一个"奇"字，它往往因出其不意和神鬼莫测，使人拍案叫绝。

第十节　双管齐下和前后夹击

一、双管齐下

"双管齐下"是指同时从两个方面或者用两种手段阐明某一个意见或驳斥某一个观点。这种方法的优点有二：

（一）理由全面，左右逢源，能够使听众口服心服，使被反驳者防不胜防，捉襟见肘，最终理屈词穷，举手投降。

（二）有时从单方面或用单一的手段论述问题，容易顾此失彼，或者捡了芝麻，丢了西瓜；选用"双管齐下"的方法，就会使理由相互照应，相互补充，相互校正，避免出现漏洞，给对方造成可乘之机。

先举从两个方面说明问题的例子。一位中学教师曾对本校考上大学的学生讲话，他要论述的中心是：考上大学的学生要为振兴中华而拼搏。他从正反两个方面论证自己的观点。他说："……1979年，我国数学家陈景润曾到美国工作、讲学五个月。当时有人企图引诱他留在美国，他坚定地回答：'我是一个中国人，我是中华人民共和国人民代表大会代表，我的祖国正在进行轰轰烈烈的社会主义建设，我决心为祖国实现四个现代化贡献力量。'他5个月收入了1万美元，他处处节省，回国后，竟然还剩7500美元，全部支援了祖国的四化建设。真是中华赤子！青年朋友们，考上大学的同学们！你们尤其应该像陈景润那样要有'富贵不能淫，贫贱不能移，威武不能屈'的精神和气节。不是吗？因为你们得天独厚，将在条件优裕的高等学府生活、学习。花圃中阳光明媚,雨露丰盈,土壤肥沃,最有条件培育出美好的花木;大学里设备齐全,导师有方,时间充足,最利于造就人才。"这是正面论述。接着他又说:"花木无知,人却是有思想的。稍不注意,思想就会脱离社会主义的轨道。不是有人自恃才华出众,因小有名气而沾沾自喜吗?不是有人矜持于自己的所谓'知识渊博'而目空一切吗?不是有人把发明视为专利,而热衷于招财进宝吗?不是还有人把凝聚着人民的血汗的知识,当作他向人民讨价还价的资本吗?我相信,考上大学的青年,一定会唾弃一切市侩哲学,为振兴中华而拼搏!……"这又是从反面论述。这样一正一反,互相对照,就使青年认识到:只有献身四化,振兴中华,才有光明的前途;否则,就只能走上邪路,成为被唾弃的败类。

再举用两种手段驳斥对方的例子。这是一场真实的辩论。某中学的一次先进班集体评比会上,两位教师在激烈地争论。甲班的班主任认为乙班不能成为先进班集体,他说:"乙班缺点毛病太多了,根本不能评为先进集体。比如,乙班的 XXX 女同学和 XXX 男同学,书来信往,这是众所周知的事实。小小孩子不学习,谈恋爱,有什么先进可言?还有,乙班XXX、XXX 和 XXX 三个男生,上星期跳墙偷胜利果园的葡萄吃,让看果园的老头骂着追出来。更为严重的是,乙班的 XXX 前天让公安局叫去审问,拘留了多半天。像这样的班,简直是流氓班、小偷班。还想评为先进集体?我坚决不同意!"他发言后,教乙班语文课的教师激动地站起来说:"我不同意甲班班主任的看法。首先,他所说的乙班的缺点,有的不是事实,有的情节有出入。据我所知,乙班的 XXX 前天让公安局叫去,这是真的;但那是向他了解某校"学生 XXX 的问题,与他本人无关。而且,下午两点多叫去,三点多就回来了,根本谈不到什么拘留。至于 XXX 等三个男生,他们跳墙是真的,但不是偷葡萄,而是捡他们不慎踢进果园去的足球。说到 XXX 和 XXX,书来信往是有的。互相爱慕之情在信中也有所流露,但这是说服教育问题,何况这类问题,哪班没有呢? 就是甲班,不也有这类事吗? 其次,即使甲班的 X 老师说的都是事实,那也得不出乙班不能评为先进集体的结论,因为乙班的学习成绩是全年级最好的,出勤率是全年级最高的,后进生转化率也是全年级最高的……退一步说,乙班评先进集体不够格,也绝不会就是'流氓班、小偷班'吧!"这位语文教师的反驳同时运用了两种手段:先驳论据,后驳论证。这样既切断了对方论点与论据之间的联系,又釜底抽薪,驳倒了对方的论据;于是对方的论点也就无法站得住了。

运用"双管齐下"的方法要注意以下三点:

(一)"双管齐下"的具体内容是多种多样的,它可以是正反对比,也可以是前后映照;可以是同时选用两种论证、反驳的手段,也可以是同时采取两种表达方法,等等。

(二)运用"双管齐下"的方法,要考虑需要和可能。比如,有的人只讲出一个错误观点,并没有讲出什么论据;你反驳时,就只能对其论点进行直接反驳,而决不能既反驳论点,又反驳论据。又比如,有的问题只从一方面人手或只用一种手段就可以解决,那就用不着画蛇添足。

(三)使用"双管"要尽量突出一方,主次分明,避免平均使用力量;否则,就会变成两个拳头打人,反而显得无力。

二、前后夹击

"前后夹击"是指演讲时,给听众摆出仅有的两条路,而这两条路都不是他们愿意走的,从而把他们逼上演讲者为其选择的道路上去。运用这种方法的好处是,能坚定听众的决心,使他们义无反顾地按照演讲者的主张去行动。所以,此法尤其适用于动员报告或者具有号召性质的讲话,也尤其适用于法庭辩论。

《史记·陈涉世家》这篇文章里,生动地记载了当年陈胜起义时的一次号召性的演讲。用白话文写下来,大致是这样的:

> "诸位正赶上大雨,道路不通,不能按期到达渔阳。按照法律,误了期限,是要杀头的。退一步说,即使侥幸不被杀头,因戍边而死的人,本来就有十分之六七,能活着留下来的,会有几个呢?况且,大丈夫不死就不说了,要死就要举大义,成大业。那些王侯将相,难道天生就是做官的料吗?"

陈胜这段气势磅礴的演讲激起了 900 人的雄心壮志,他们一致表示听从陈胜的命令,接受陈胜的指挥。席卷秦王朝的农民起义就这样开始了。陈胜这段精彩的讲话就成功地运用了"前后夹击"的方法。他给九百名戍卒摆出了两条路:一条是因误了期限而被杀头,一条是因戍边而死去(虽然有人可能幸免)。这两条路严酷地摆在他们面前,显然谁都不愿意接受。既然进退的道路全被堵死,那就必然会选择陈胜为他们选择的另一条道路:举大义,成大业。

还有,公元前399年,古希腊哲学家、雄辩家苏格拉底,在法庭上进行的一段申辩,也用了"前后夹击"的方法。当时他被诬告,被拉到法庭受审,罪名是"有意败坏青年"。苏格拉底为自己辩护说:

"那么,迈来托士,我已蠢到这种地涉,不知道把所有接近的人引诱坏了,自己也有受害的危险,反而像你所说的,有意去引诱他们? 我想世界上没有人会相信你。那么,我或者是没有败坏青年,或者即使败坏了也是出于无心,两方面你都是说谎。我若是无心败坏了青年,那么法律不为无心的罪过拖人来法庭的。"

这段辩护词里,苏格拉底摆出了两种可能:一种是没有败坏青年;一种是败坏了青年,但出于无心。显然,原告对这两种可能都不愿意承认,那么,他只能不打自招地承认自己在说谎,从而证明苏格拉底是无罪的。

运用"前后夹击"的方法要注意两点:

(一)演讲者所摆出的两条道路必须都是合情合理的,其中只要有一条不合情理,就得不出正确的结论。比如,有位领导干部发牢骚,对群众讲道:"要是会议多了,整天开会,没时间处理其他工作;要是会议少了,上级指示支无法传达,基层情况也无法了解。现在的领导实在难当啊!"这位领导用的也是"前后夹击"法,他想借此为自己辩护:开会多,没法处理其他工作;开会少,又不能吃透两头。而其他工作和吃透两头,啥都不能耽误,所以领导无法当好。其实,这位领导所摆的第二条道路是不合情理的,因为大家知道,"开会少"同"无法传达上级指示"、"无法了解基层情况"之间并无必然联系。显然,这位领导想逼听众承认"领导难当"这一结论,那是徒劳的。

(二)我们说的"前后夹击",是以逻辑上讲的"二难推理"为基础的,所以要想正确地熟练地运用"前后夹击"法,必须认真地学习"二难推理"的类型和规则。

"双管齐下"与"前后夹击"的共同点是从不同角度说明问题。但前者强调"殊途同归",即通过两个理由或两种形式更充分更有力地阐明某一主张;后者强调"进退两难",即通过前后堵截的办法,迫使听众接受某一观点。

(撰稿:李淑章)

思考与练习

一、回忆一下,这一章共讲了哪几种演讲方法? 它们之间是怎样的关系? 其中哪些方法之间是互相排斥的关系,哪些是互相交叉的关系?

二、这一章每节都讲了两种演讲方法,共二十种,你给自己感兴趣的几种(至少八种)方法补充例证,把它们抄在笔记本上。

三、每一节所讲的两种方法之间都有密切的联系,请结合实际,谈谈你自己的体会,最好不要重复教材上现成的说法。

四、下列演讲和谈话的片断运用了哪些演讲方法,有的片断从不同的角度分析,所用的方法不止一个,请你指出来。

片断一：

　　1934 年，中央警卫团刚划归中央军委领导，由叶剑英同志分管。警卫团的同志大多是从战斗部队抽调来的，他们普遍有些不安心，总觉得不如重返前线，直接同敌人厮杀带劲儿。叶剑英了解到这一情况后，就亲赴警卫团驻地，召开全团大会。会上，他提高嗓门大声说："中央警卫团应该改名，不叫警卫团，叫钢盔团。"这话把大家弄懵了。你看我，我看你，迷惑不解。这时，叶剑英同志缓缓解释道："钢盔是干什么的？钢盔是保护脑袋的！中央警卫团是保护全党的脑袋——党中央的，所以应该叫它钢盔团，你们说对不对？"大家恍然大悟，齐声说："对！""人没有脑袋行不行？"叶剑英同志追问。"不行！""你们是英雄好汉，到前方去可以杀千百个鬼子，但没有党中央领导，能不能把鬼子打出去呢？""不能！"叶剑英同志接着宣布："谁再不安心警卫工作，叫他到办公室来找我，我们来谈这个道理。"

片断二：

　　传说从前有个国王，闲得没事，想显示一下他的口才。他向全国宣布说："有谁能说一件非常荒唐的事，让我不得不说出这是谎话，我就把一半江山分给他。"结果，好多人都败在国王脚下。国王自认为天下人谁也敌不过他的好口才。一天，一个农民挟着一只斗走进王宫。国王看了很纳闷，就问："你拿这斗来有何贵干？"农民笑着说："陛下欠我一斗金

293

子,我是来讨还金子的。"国王发怒道:"我如此富有,怎么会欠你的债,这不分明是在撒谎吗?"农民立即回答;"既然是说谎,那就分一半江山给我吧!"国王一听,知道上了当,赶紧改口说;"这……这是真话!""好!既然是真话,那你就还我一斗金子吧!"农民紧追不放。

片断三:

1984 年里根总统竞选连任时,有人说他是美国历史上年纪最大的总统候选人。他的对手蒙代尔比他年轻得多。当蒙代尔在电视上进行辩论时,里根笑着说:"我不希望把年龄当成竞选的话题,我决不会利用对方年纪太轻、经验不足作为把柄来攻击对方。"

片断四:

美国著名语言学家戴尔·卡耐基曾租用某家大礼堂来讲课。有一天,他突然接到通知,租金要增加三倍。卡耐基去找经理交涉,他说:"我接到通知,有点吃惊,不过这不怪你,如果我是你,我也会这么做。因为你是旅店的经理,你的责任是使旅馆尽可能盈利。"接着,卡对基为他算了一笔账:将礼堂用以办舞会晚会,当然会获大利。但你撵走了我,也等于撵走了成千上万有文化的中层管理人员,而他们光顾贵旅社,那是你花五千元钱买不来的活广告。那么,哪样更有利呢? 经理被他说服了。

片断五：

1972 年 5 月，美苏关于限制战略武器的协定刚刚签署，基辛格就在莫斯科一家旅馆里向随行的美国记者团介绍情况。当谈到"苏联生产导弹的速度大约每年 250 枚时"，一位记者问："我们的情况呢？我们有多少潜艇导弹在配置分导式多弹头？有多少'民兵'导弹在配置分导式多弹头？"基辛格回答说："我不确切知道正在配置的分导式多弹头的'民兵'导弹有多少，至于潜艇，我的苦处是数目我虽知道，但我不知道是不是保密。"一位记者连忙说："不保密。""不保密吗？"基辛格马上反问道，"那你说说是多少呢？"

片断六：

1933 年，蒋介石逮捕了我党优秀将领陈赓，决心杀害他。宋庆龄闻讯，亲自到南京去见蒋介石。宋庆龄一来就质问蒋介石："你为什么还不释放陈赓？"蒋说："这个，二姐是知道的，他加入了共产党，领导部队，破坏党国的统一，犯了严重错误……"宋庆龄说："他，他们，不是罪犯，而是中国人民最高尚的代表人物！我今天不是跟你争论这个。我要说的是，陈赓是黄埔军校第一期高材生，中山先生在世时是很欣赏他的；东征时，他一直跟着你，东江战役，你打了败仗，是他救了你的命，他对你有救命之恩，难道你忘了吗？"蒋连声说："这怎么能？这怎么能？"宋庆龄继续说："你天天在讲忠信道德，礼义廉耻，你杀了陈赓，我问你：你提倡的礼义廉耻哪里去了？撇开政见、信仰不说，单从陈赓对你有救命之恩这一点说，你也必须释放他！"蒋介石权衡了半天，说道："要的。别人的话我可以不顾，二姐的情面我不能不看……"宋庆龄说："我要你现在就释放他。"蒋说："要的，要的。其实我也很赏识他的才能。"陈赓被释放了。

片断七：

1940年，宋美龄曾发表对美国妇女的谈话，其中有一段这样的话："我对于旅华各国妇女儿童的安全，感到十分焦虑。我们中国人民，一向非常推崇各国教士在华的贡献。我为环境所逼迫，不得不援助他们短期内撤退的措施，所以衷心的苦痛是难以形容的！……保卫侨华外人，诚然是我们由衷的愿望，但是日本军阀今已封锁了中国的海岸，并且要求各国停止供给我们军火，而他们仍可源源输入一切的杀人武器。如此，中国对于保卫本国人民，恐怕也不免发生问题了。这种蛮横的要求，当然是空前未见的，我们希望世界各国不要接受它。日本之所以如此，似乎它对于控制世界的权力，尤其获得国际援助，使中国束手无策，这一点，自信有极大的把握。如今它公然宣言，要打得中国屈膝，置我们于死地，仍然自信世界上没有一个人敢持非议的，事实竟会如此吗？我不敢说。可是世界各国，倘使果真默许日本军阀这种疯狂的屠杀和蛮性的摧残，那么人类文化，已到临末日了。"

片断八：

马玉祥，就是魏巍在《谁是最可爱的人》中写到的那位冒

296

火抢救朝鲜儿童的志愿军战士。他转业回地方工作过了三十年，一直是个普通一"兵"。请听他同大学生的对话：

问：你一生最幸福的是哪件事？最痛苦的是哪件事？

答：1953年，我从朝鲜回国，丹东人民敲锣打鼓欢迎"最可爱的人"归来时，我哭了，我感到最幸福，我们胜利了，我活着回来了！我也感到最痛苦，我们那个排只剩下我一个人，他们都牺牲在朝鲜战场上了……（全场肃然）

问：您是五十年代青年，我们是八十年代青年，两代青年在气质、品格等方面有许多差别，您喜欢哪一代青年？

答：五十年代青年有点"傻"，八十年代青年有点"尖"，还是两代掺和掺和好！（笑，鼓掌）

片断九：

一次，英国一家电视台采访我国知识青年出身的青年作家梁晓声。采访了一个段落后，记者让摄影机停下来，他对梁晓声说："下一个问题，希望您毫不迟疑地用最简短的一两个字，如'是'或'否'来回答。"梁晓声点点头。遮镜板"啪"的一声响，记者把录音话筒伸到梁的嘴边问："没有文化大革命，可能也不会产生你们这一代青年作家，那么文化大革命在你看来，究竟是好是坏？"这问题非常"刁"，答不好，很容易陷入于自相矛盾之中。梁晓声稍加思索，立刻反问记者："没有第二次世界大战，就没有以反映第二次世界大战而著名的作家，那么您认为第二次世界大战是好是坏？"英国记者语塞。

片断十：

一位教"演讲学"的教师在一次小会上讲到身态语言，特别强调手势和表情的重要性。会上，他的一位朋友激动地站起来说："不对！靠手势、表情说话，那只能证明语言本身无力！"这位教师笑了笑，指着朋友涨红的脸和上下左右挥动着的手势，对大家说："是的。你们看，这就是最无力的语言！"朋友一怔，笑了笑，坐下了。

五、如果你碰到下面几种情况，你将怎样对付？

（一）一位年轻而漂亮的女演员，开一位老学者的玩笑："如果我们结婚，生下一个孩子，有你那样聪明的头脑，有我这样美丽的相貌，不是很好吗？"如果你是这位老者，想不失礼貌地回敬对方一下，该怎么办？

（二）甲乙两家是邻居。一次，甲钉钉子，钉子太长，居然钉过了墙皮，钉尖露到了乙家的墙上。甲主动上门道歉，说："我们刚才敲墙壁，想挂一幅画，可能打扰你了，对不起！"在这种情况下，你给乙家想一个最恰当的回答方法。

（三）有位年轻的女教师，给职工学校的学员上课。几个小伙子听了课以后，开她的玩笑，说："老师讲的课很漂亮，写的字也漂亮，跟你的人一样漂亮！"请你为女教师解围。

（四）一位美国记者瞥见周恩来总理桌上放的是一支美国派克钢笔（这支钢笔是朝鲜朋友的抗美战利品），便不怀好意地问："请问总理阁下，你们堂堂的中国人，为什么还要用我们美国生产的钢笔呢？"你能想出总理是怎么回答记者的吗？

（五）1980年8月，邓小平同志曾会见意大利记者奥琳埃

298

娜·法拉奇。法拉奇问了好多问题,邓小平同志一一做了回答。问:"那么,你是否认为资本主义并不是都是坏的?"答:"要弄清什么是资本主义。资本主义要比封建主义优越。有些东西并不能说是资本主义的。比如说,技术问题是科学,生产管理是科学,对任何社会,对任何国家都是有用的。我们学习先进的技术、先进的科学、先进的管理来为社会主义服务,而这些东西本身并没有阶级性。"法拉奇还问邓小平同志:"对江青你觉得应该怎么评价,给她打多少分?"对于这个问题,你觉得怎么回答好。

五、本书第六章和第七章谈的都是演讲艺术,各种演讲艺术之间,它们的关系不一定都是并列关系;因此,大家可以发现,同样的例子,往往在本书中反复出现,这就是因为看问题的角度不同。请注意发现本书中重复的例子,它们还能用来说明哪些演讲方面的问题。

(撰稿:李淑章)

第八章　演讲与幽默

第一节　幽默的概念

一、"幽默"一词的来源

我们现在常说的"幽默"是个半音译外来词,源于拉丁语。据说是 30 年代,由林语堂根据英语"humour"翻译过来的。英语中的"humour"有"会心的微笑"、"非低级趣味的、只可意会的诙谐"等含义。译成汉语后,"幽默"这两个字,在读音上与英语相近,在意思方面也稍有联系:"幽"有深不可测的意思,"默"有含而不露的味道。于是,人们接受了这种翻译,一直用到今天。有人说汉语中早有"幽默",这个词,证据是《楚辞·九章》中有"孔静幽默"的句子。这是不假的。但是,这里的"幽默"是寂静无声之意,与我们要讲的"幽默"是完全不同的两个词。

林语堂从 1932 年 9 月创办《论语》起,就提倡"幽默",他说"《论语》发刊以提倡幽默为目标",还说"幽默处俏皮与正经之间"。不过,林语堂之提倡"幽默",其目的是以自由主义者的姿态为国民党反动派反动统治粉饰太平。鲁迅先生曾写文章说:中国"容不得笑。私塾的先生,一向就不许孩子愤怒,悲哀,也不许高兴。皇帝不肯笑,奴隶是不准笑的。他们会笑,就怕他们也会哭,会怒,会闹起来。"于是,鲁迅说道:"这可见'幽默'在中国是不会有的。"这就是当时对"幽默"的一些看法。这时人们对"幽默"的理解,恐怕就是英语"humour"里的含义了。

此后,"幽默"越用越和"讽刺"的意思接近,于是不少文人、作家也就使用"幽默"这种武器来揭露和嘲笑旧社会和反动统治者。这样,中国人对于"幽默"这个词的解释就渐渐地多了起来,试图给"幽默"下定义的文章也出现在当时的报刊上。但不管是谁,也没有能够下一个使多数人乐于接受的定义。人们按照自己的理解使用着"幽默"这个词。

二、"幽默"的含义和特点

关于"什么是幽默"的问题,不仅在中国,就是在其他国家也一直在讨论着。美国人赫伯·特鲁所写的《论幽默》中说:"连许多幽默大师和致力于学习幽默的人都无法给幽默下个明确的定义。"他说:"我喜欢说的一个定义是:幽默带来快乐,使人从痛苦的经验和情绪中挣脱出来。"我国出版的《辞海》,给幽默下了这样一个定义:"通过影射、讽喻、双关等修辞手法,在善意的微笑中,揭露生活中乖讹和不通情理之处。"这个定义虽然同大家的认识接近,但仍然不理想。

那么,什么样的定义比较理想呢? 我想同大家一起学习一段文章。这段文章题目叫《幽默论》,作者是蔡桂林,发表在1987年第6期的《演讲与口才》上。他说:"所谓幽默,是指人在现实生活中判明和在艺术中再现喜剧性的特征、现象的能力。它的对象不全是荒谬的事物,也不会是失谐的事

301

物,也不是以此为手段寻求解脱。它的对象,是对自己身上的、对别人的、对社会存在着的喜剧性缺点的自我批判性剖析和批判性剖析。而进行这种批判时,不像讽刺那样,将利刃对着别人,自己置身事外;也不像滑稽那样,只在博得廉价的一乐。它是人类怀着深刻的同情,泰然自若地审视人生,寓深刻的理性于丰富的感情之中,达观沉着而又悲天悯人,即使嘲笑他人也把自己引为同类,甚至感到他人也不无原宥和可爱之处。幽默往往三言两语,既妙趣横生,又鞭辟入里,往往使人拍案叫绝,忍不住发出笑来,而当收敛笑容时,掩卷沉思,又会领悟到其中蕴含的智慧和哲理。"蔡桂林同志的这个定义,虽文字较长,但比较全面,而且切中要害。

从这个定义里,我们可以概括出幽默的五个特点来。

(一)它是一种判明和再现喜剧性特征的能力。生活中广泛地存在着富有喜剧性特征的事物,如果你能机敏地发现它,并在一定场合中,通过恰当的形式,把它再现出来,就构成了幽默。比如财主有个孩子蠢得出奇,好几天记不住一个字;一次好容易一天就记住一个字,财主高兴得不得了,逢人就夸奖他的孩子聪明。本来愚蠢,却硬要说聪明;一天识了一个字,本应自惭形秽,却还要在人前显示,这岂不富有喜剧性吗?有一位智者发现了这一点,并且又加以夸张,说:过去有个财主,儿子9岁了,连一个字也记不住。一天,他教儿子认"一"字,认了整整一天,居然真的记住了,百试不爽。第二天,财主大集亲朋,当众显示他儿子的聪明。这天,财主家门庭若市,观者如堵。一位亲友当众用脚在地上写了个"一"字,问财主的儿子念什么。财主的儿子抓耳挠腮,想了半天,就是认不得。财主实在憋不住了,就生气地说:"好好看! 这不是昨天晚上教你的那个'一'字吗?"财主的儿子又瞅了瞅那个老大老大的"一"字,长长地出了口气,说:"哎呀! 一黑夜长了这么大!"这位智者讲的这段话,就构成了幽默。

（二）它是因有趣而引人发笑,甚至让人拍案叫绝的一种艺术。笑有好多种,幽默引人发笑是因为它本身有趣,幽默引起的笑是愉快的,是一种享受,是一种慰藉,它甚至能使极度愤怒或悲哀的情绪得到缓和。因此,可以这样说,不能令人发笑的东西,绝不是幽默。

（三）幽默对人的剖析和批判是善意的,甚至是深表同情的。比如,上面讲的那则幽默,它所针对的是人们的一种爱显示、没有自知之明的缺点;它揭示这种缺点的目的是为了告诫人们不要自作聪明,而这种自作聪明的毛病,即使是创作这则幽默的人,也恐怕在所难免。

（四）幽默能使人领悟到某些智慧和哲理。不少艺术是开门见山地告诉人某些道理的,有些艺术是含蓄地说明某个问题,而幽默给人的东西是深奥的、丰富的,有时甚至是创作幽默的人没有意想到的。比如,上面那则幽默,不同修养的人,便会有不同的领悟:好夸口的人也许因此谦虚起来,教育孩子方法不当的家长也许因此学点"记忆术"……只博一笑、不能给人以深刻启发的东西,也不是幽默。

（五）幽默往往是三言两语,其核心部分甚至仅仅是一句话、一个词。比如,上则幽默最核心的部分只有一句话:"一黑夜长了这么大!"再如,有一则幽默说:某天,上面来了个"解馋团",来考查干部,经过"烟酒",他们认为我们这里的干部是"酒精考验的油袖"干部。这是利用谐音构成的双关语,真正构成幽默的核心,都是一个词。

综上所述,我们可以这样说:幽默具有五种性质——材料的喜剧性,内容的趣味性,批判的同情性,思想的启发性,用语的简练性。这五种性质综合起来,组成一个互相联系的统一体,这就是幽默。

第二节　幽默在演讲中的作用

一、幽默的重要性

莎士比亚说:"幽默和风趣是智慧的闪现。"契诃夫说:"不懂得幽默的人是没有希望的。"有人还说:"幽默感的有无强弱,能决定一个人事业成功的程度。"以上这些话,都认为幽默有改变人生的价值。幽默究竟有无那么大的力量,我们暂且不去管它;这里只就大家平常感受到的,说说它的重要性。

(一)幽默可以给我们的生活带来乐趣。人们常说:"笑比哭好。"的确,不管走到那里,如果常有笑声伴着你,那你会整天高高兴兴,而幽默就恰好有给你带来笑声的这种功能,使你感到愉快,感到生活美好、有趣。比如,你本来有点惧内,又常常在人前打肿脸充胖子。恰巧机关里的一个小伙子正给大家讲一个故事:从前有一个人,被老婆打得藏在床底下了,他老婆手拿笤帚喝道:"出来! 快出来!"他在床下也大声说:"大丈夫说不出来就不出来!"你听了一定会捧腹大笑。笑后你也许如法炮制,回家给你的妻子讲这个故事,说不定两人一笑,你这个惧内的老问题得到了解决呢。这岂不有趣?

（二）幽默是一种良好的交际艺术，它使人乐于接近你，乐于成为你的朋友。人在社会中生活，互相支持，互相帮助，没人理、没人问的孤家寡人，是世界上最痛苦的。你如果善于幽默，能够使紧张的气氛变得和缓、轻松、活泼，有谁会不由衷地感激你呢？如果你善于幽默，能够把别人和自己从局促、尴尬的局面中解脱出来，使人们立即消失掉拘谨和不安，又有谁能不因你的机智和温善而肃然起敬呢？这样，你在生活、学习和工作中，就会得到更多的人的支持和帮助，从中获得无穷的智慧和力量。

（三）幽默有教育、批评作用，是做好思想政治工作的有效方法。列宁曾说："幽默是一种优美的、健康的品质。"在教育、批评人的时候，如果板起面孔，盛气凌人，语言生硬，即使道理讲得无可挑剔，对方也往往反感、抵触，不愿接受。这时，如果换上幽默这种方法，寓理于情，亦庄亦谐，语言轻松委婉，使人感到温厚和善意，那效果自然不言而喻。国外把"有无幽默感"作为评价大学教师教学好坏的标准之一。由此也可以看出幽默的重要性来。

二、幽默在演讲中的特殊作用

上面讲的是一般情况下幽默的作用，这里专门讲讲幽默在演讲中的特殊作用。

（一）幽默是纠正演讲中的失误和解脱困境的"灵丹妙药"。演讲如同作战一样，意外的情况经常发生，即使是有讲稿的演讲，也会遇到主观上或客观上造成的不利于演讲者的情况。遇到这些情况，不妨幽默一下，试试灵不灵。我们知道，开别人的玩笑可能造成误解，开自己的玩笑，恐怕保险系数大一些。这种玩笑，就是自嘲。自嘲其实并不是完全显示自己一钱不值，它往往在自我揶揄中微露自信与自得，是一种诙谐洒脱、能屈能伸的大家风度。只有在困难和失败面前不灰心丧气的人，才会有这种表现。本书第七章讲"自我解脱"法时举了不少例子，那都是出色的幽默。

（二）面对听众或对方的提问或责难时，幽默是反击的有力武器。比如，苏联伟大诗人马雅可夫斯基，在一次演讲中，不知哪句话使一个小伙子不高兴了，他一下子跳起来，喊道："我说马雅可夫斯基！你怎么把我们大家当作白痴吗？"马雅可夫斯基听了他的话，并没发怒，而是故意表现出惊异的样子，然后回答道："哎，这是什么话？我面前看到的只有一个人……"此时，一个矮胖子挤到主席台上来，说道："我应当提醒你，马雅可夫斯基！拿破仑有一句名言：从伟大到可笑，只有一步之差……"马雅可夫斯基仍然没有发怒，只见他突然目测了自己与那个讲话人的距离，然后赞同地说："不错，从伟大到可笑，只有一步之差。"他边说边用手先指指自己，后指指胖子。全场哗然，掌声雷动。马雅可夫斯基继续演讲下去。

（三）幽默可以使事物的本质暴露得更彻底，给听众以更为深刻的启迪。幽默并没有完整的证明或反驳的逻辑过程，但它能以谐趣的方式，揭开荒唐的外衣，暗示事物的本质；因为暗示能激发听众的好奇心，所以事物的本质反而暴露得更彻底。《演讲与口才》1988 年第 12 期上，唐树芝同志提供了一个很好的例子。1946 年 5 月，远东国际军事法庭审判以东条英机为头子的 28 名日本甲级罪犯，当时曾因排定法庭座位，10 个参与国的法官之间展开一场激烈的争论。中国法官理应排在庭长左手的第二把交椅，可是由于中国国力不强，被各强权国所否定。中国法官梅汝璈,面对列强,展开了一场机智的舌战。他首先从正面阐明,座次应按日本投降时各受降国签字的顺序排列,这是唯一正确的原则。接着,他微微一笑说:"当然,如果各位同仁不赞成这一办法,我们不妨找个体重测量器来,然后以体重大小排座,体重者居中,体轻者居旁。各国法官听了忍不住地笑出声来。庭长笑着说:"你的建议很好,但只能适用于拳击比赛。"梅法官接着说:"若不以受降国签字顺序排座,那还是按体重排好。这样纵使我被置末座也心安理得,并且可以此对我的国家有所交代,一旦他们认为我坐在边上不合适,可以派另一名比我肥胖的来换我呀。"这回答引得法官们大笑。请注意:在举世瞩目的国际法庭上,法官们的座次按体重排定,这岂不是天大的荒唐吗? 然而,梅法官就是揭开这个荒唐的外衣,让人们看到了帝国主义以强权践踏公理的丑恶嘴脸。体重大,分明是强权的代名词啊! 在那种倚强压弱、众寡悬殊的情势下,用幽默来代替一般的证明和反驳,不是更有力量吗? 最后,还是按受降国签字顺序排座了。

(四)幽默还可以对演讲的内容、形式以及演讲的环境、气氛起调节作用,使演讲生动活泼,多彩多姿,富有情里。由于演讲是一种复杂的社会活动,演讲者面对的是有思移有感情的听众,因此不能像写文章一样,一成不变,成败完全由作者自己决定。这就需要演讲者随时根据现场的变化,采取有效的办法,始终把听众吸引到自己的演讲上来。在众多有效的办法中,幽默是出类拔萃的佼佼者。此外,幽默本身就可以使人愉快,乐于接受;用幽默的方式来叙述事情,说明问题,往往容易引起听众的注意,使他们获得深刻的印象,受到多方面的启迪。比如,刘伯承同志讲课,就善于用幽默的比喻,使深奥的道理形象化、简明化。一次,他在红军大学讲弹道。他问大家:"子弹出了枪口,是直的还是弯的?"这个问题学员曾争论过,有的说是直的,有的说是弯的,但大部分同志转不过弯儿来,仍相信弹道是直的。刘伯承同志在黑板上画了一个弹道曲线的简图,然后说:"大家看过小孩子挺着肚子小便吧!弹道和小孩小便相似。你们说是直的还是弯的?"说得大家哄堂大笑。这笑声不仅调节了讲课的气氛,而且由于这个比喻幽默风趣,形象生动,大家获得了深刻的印象,对弹道是弧形的这一点,再不怀疑了。

第三节　幽默的方法

幽默的含义和作用明了后,人们就想"幽默"一下,但苦于不知该怎样幽默。这里想介绍几种常见的构成幽默的方法。

一、巧用反语

反语是故意说反话,它是一种修辞手法。并非所有的反语都能构成幽默,只有在特殊场合或气氛中巧妙地运用反语,才能使人感到有趣。比如,一次,XXX家请客,炒菜时女主人误把止咳糖浆倒在锅里,弄得菜甜不甜、咸不咸的,一股怪味。这家男主人责备女主人,女主人又埋怨男主人止咳糖浆放错了地方,席间气氛很不正常。这时,一位客人故意作出一个品尝菜肴的动作,然后笑着说:"你俩不要互相埋怨,我倒觉得这道菜别有风味,这菜有西洋风味,新鲜、解馋,外带治气管炎——噢,这不,我刚才还咳嗽,这回一点也不了!"
他的话逗得满座哈哈大笑,男女主人也互相看了一眼,笑了。

二、一语双关

双关也是一种修辞手法,构成双关有两种方法:一是靠喻义,一是靠谐音。一般的双关也构不成幽默,它也需要时间、地点的凑巧,需要讲话人的机智。比如,第二次世界大战期间,英国首相丘吉尔到美国访问,需要美国支持什么。美国总统罗斯福把他安排在白宫下榻。一天早晨,他正躺在浴盆里,抽着特大号雪茄。罗斯福突然走了进来。丘吉尔大腹便便,肚子露在水面,非常尴尬;罗斯福没打招呼就闯进来,也觉得很不好意思。这两位大人物彼此看着,愣了片刻。只见丘吉尔扔掉烟头,笑着对罗斯福说道:"总统先生,我这个英国首相在您面前,可真是一点也没有隐瞒。"说罢,两人哈哈大笑。这是喻义双关。丘吉尔表面上是说,我赤裸着身子,毫无隐瞒;暗中指我来美国是真心诚意,什么东西都告诉你了,你也应该以诚相待,支持我一下。果然,罗斯福答应了丘吉尔的要求。丘吉尔的外交得到了成功。再如,清代的纪晓岚一次同另一位大臣和珅饮酒。席间,和珅想开纪晓岚一个玩笑,便指着一只狗问道:"是狼(侍郎)是狗?"当时纪晓岚任侍郎的官职。纪晓岚一听,知是针对自己,稍微想了想,就脱口回答:"垂尾是狼,上竖(尚书)是狗。"当时和珅任尚书的官职。这就是谐音双关。纪晓岚以幽默对幽默,实在是巧妙。

三、偷换概念

"偷换概念"本来是逻辑问题,在正常情况下,是应该批评的一种思维错误。而在特定的条件下,一个原是表示甲种意思的词语或句子,却故意让它表示乙种意思,如果用得及时、巧妙,也能构成幽默。比如,有这么一次婚礼,朋友们在新房里围着才接来的新娘,谈笑风生。按道理,这时新郎应出场。可新郎官不见了。过一会,只见他满头大汗地跑进来。原来,他躲在另一辆车里,亲自去接新娘了。后来发现新娘已被接走,就跳下车,去追新娘的车。可惜没追上,只好徒步颠儿回来。新娘满脸不高兴,朋友们又让他讲几句话。这时,新郎官故意作出一副无可奈何的样子,说道:"唉!从恋爱那天就一直追她,没想到结婚这天了,还得舍命地追一次!"朋友们哈哈大笑,新娘也转怒为喜了。后一个"追"同前一个"追"所指不同。再如,某一个工人代表,在某厂分房会议上讲话,他对分房的原则提出看法。讲话中引用了群众中流传的一句"顺口溜":现在住房有规矩,高的高来低的低。二楼三楼,厂长书记;四楼五楼,亲戚关系;工人阶级,顶天立地。"顶天立地"的原意被故意扭曲成住一楼(地)和住六楼(天)了。

四、故意释词

有时对某些词语故意进行人们意想不到的解释,也能达到幽默的效果。比如,有一则故事,说有一贪官卸任时,百姓送了他一块匾,上写四个大字:"五大天地"。贪官问是何意,一位老百姓大声给他解释说:"你这个官一到任,金天银·地;在官府时,花天酒地;坐堂断案时,昏天黑地;百姓喊冤时,怨天恨地;现在你要走了,谢天谢地!"老百姓故意创造了"五大天地"这个词,又对它进行了特殊的解释,对贪官进行了辛辣的讽刺。再比如,某成人高校的一位学员演讲时,说到成人读书的得失,他说:"我们成人上大学简直是'五子登科'。什么叫'五子登科'呢?一是丢了位子,二是少了票子,三是苦了妻子,四是误了孩子,五是弄了块'牌子'(文凭)。"用的也是"故意释词"的方法。

五、隐含判断

这是通过曲折的途径表达真意的一种方法。人们在交往中,由于某种原因,不好明说,于是就通过话里有话的方法,把意思露出去。即在某些话里暗含着一个判断。在批评人或对人表示不满时,运用此法往往既不得罪人,又解决问题。比如,汉武帝时发生了这样一件事:汉武帝的乳母在外犯了事,汉武帝准备处理她。乳母求救于东方朔。东方朔告诉她:见罢汉武帝退出时,可屡屡回头看皇上。乳母果真按照去做,退出时一步一回头地看汉武帝。当时东方朔在汉武帝身旁,故意向着乳母喝道:"你呆了!皇上难道还想起你哺乳时的恩德吗?"汉武帝听了,很觉惭愧,就赦免了乳母的罪。东方朔用的就是隐含判断,那句话明里是责备乳母,暗里是说汉武帝忘恩负义。有些事情明说不文雅,也可以用隐含判断,幽默地表达意思。比如,一位同志去陶瓷店为自己的父亲买一个夜壶,他在柜台前停留了许久,拿着挑选好的夜壶,自言自语:"就是大了点。"这时营业员看透了顾客的心思,就意味深长地说:"冬天,夜长啊!"顾客听了,笑了笑,买走了那个大了点的夜壶。显然,营业员的话里隐含着的那个不好出口的判断,顾客是听懂了。

六、自相矛盾

生活的不一致往往是很好的笑料,善于捕捉别人的自相矛盾,或者故意用同义异词的语句揭示自己的矛盾现象,是造成幽默的好方法。比如,一位演说者告诉人们,办事情、说话,都要一碗水端平。他说:有一位婆婆,她逢人便说她媳妇不好,她说:"我这个媳妇太不像话了,一回娘家,就大包小包地往她家拿。"一会儿,又夸奖她的闺女说:"我那姑娘才好呢!每次回家来,总要给我带来好吃的、好穿的,可孝顺了!我那媳妇能有我的姑娘一半,也就好了。"这是揭穿别人的自相矛盾。再比如,一位同志听别人议论怕老婆的事,大家认为在座的都怕老婆。这位同志笑着说:"我就不怕老婆,不过,我老婆敢打我,我不舍得打老婆。"这是自嘲。"怕老婆"和"舍不得打老婆"在这里意义完全相同,只是用的词语不同罢了。

七、如法炮制

对方用某种语言形式攻击,演讲者也以某种形式去反击这种方法最简便易行,其秘诀是:反击的形式必须相同,反击的内容其尖锐或嘲讽程度较对方要略胜一筹,否则容易形成对骂或互嘲。丹麦童话作家安徒生一生简朴,常常戴一顶破旧的帽子在街上散步。一个不知趣的人嘲笑他说:"你脑袋上边的那个玩意儿是个什么东西,能算是顶帽子吗?"安徒生看了看这个不怀好意的人,说道:"你帽子底下那个玩意儿是个什么东西,难道能算是个脑袋吗?"那个人像挨了一闷棍,无言以对。如果安徒生也说:"你的脑袋上边的那个玩意儿是什么东西呢?"那就毫无力量,也不会造成幽默了。

八、故作天真

弗洛伊德认为天真是最能令人接受的幽默形式。所谓故作天真,是指在某种特殊的场合,故意摆出一种痴呆的样子来,故意装傻,不管是问话、答话,都天真得像个孩子。有一位教师应邀到某校演讲,演讲时间长了一点,有一位听众趴在桌上打起呼噜来,声音很响。这位教师面对这种窘境,想出一个很好的办法。他突然停下来,侧耳静听。这时,听众也都安静下来,目光都集中在教师身上。他说:"你们听,这是什么声音? 是打雷呢,还是发洪水呢?"结果大家都笑了,打呼噜的也醒来了。

九、巧用衬跌

衬跌是这样一种打趣方法;先不说出正意,用一两句话作陪衬,然后陡然一转,说出正意,使前后造成反差十分强烈的对照。比如,有人讲话说,现在正刮着几种风:台风、大风、和风、轻风——耳边风。还有人说,现在是计划赶不上变化,变化赶不上电话,电话赶不上首长一句话。这都是用衬跌法构成的幽默。

十、借用笑话

在适当的情况下,借用笑话,往往既可以说明道理,又能造成幽默。比如,有一位领导同志讲实事求是的作风,他告诉大家千万不要弄虚作假,他说作假总会有漏洞,最终会露馅的。他讲了这样一个笑话:一个男孩打电话向老师请假,他装作成人的样子粗声粗气地对老师说："我很遗憾地告诉你,你的学生张彬彬病了,要请三天假。"老师回答说;"噢,当然可以。希望他早日康复。请问,你是谁呀?""我是我的爸爸。"那个男孩不假思索地回答。这个故事使听众捧腹大笑。大笑之余,有人恐怕想到了他自己。

语言幽默的方法很多,除上述十种外,夸张、对比、转折、倒置、仿造、反复、哆嗦、歇后语、卖关子等,也都为人们所喜闻乐见。

第四节　运用幽默应注意的要点

一、运用幽默应具备的条件

(一)演讲者应有宽广的胸怀和乐观主义的精神。幽默这种艺术从某种意义上说,是一种开玩笑的艺术,是让大家愉快地笑出声来。从这一点讲,一个心地狭窄、遇事想不开的人,无论如何也掌握不了这门艺术。无产阶级革命家,古今中外有名的人物,大都善于幽默,与他们那种大度豁达的胸襟和乐观主义的人生观有密切关系。因此,有志于掌握幽默这种艺术的人,应当首先在树立健康的人生观、培养自己的乐观主义精神上下工夫。

(二)要有较高的文化素养和语言素养。幽默的适应范围极广,没有雄厚的知识做基础,没广博的见闻作保证,就无法信手拈来,左右逢源,当然也就无法使讲话幽默风趣。同样,没有丰富的词汇,没有灵活的表达方式,说起话来就必然不会出口成章,随机应变,至于生动、活泼、巧妙、有趣,那就更谈不上了。

（三）要有敏捷的思维能力和丰富的想象能力。善于幽默是聪明的标志，是思维敏捷的表现。思维迟钝、反应缓慢的人，别人对他是夸是骂、是褒是贬，尚且弄不清楚，还谈什么幽默呢？幽默要求反映事物或现象之间的联系，它要求讲话人迅速地由此及彼，忽而天上，忽而人间，忽而声音变为形象，忽而行云变作流水……如果身无想象的彩翼，就无法飞入幽默这个自由王国的。

二、运用幽默必须注意思想性，决不能为了追求噱头而幽默

幽默的形式是活泼的，令人发笑的，但是它的内容是极其严肃的。有些人通过打趣，散布低级、腐朽的思想，其危害就更大了。那不能叫幽默，只能叫油滑。

三、运用幽默必须分清对象，注意分寸

幽默有用于敌对势力的，也有用于人民内部的；有用于反击挑衅者的，也有用于回敬同志、朋友的。对象不同，幽默的色彩也不相同。比如，1959 年 7 月，尼克松访苏，同赫鲁晓夫有过一次激烈的辩论。当时，赫鲁晓夫大嚷大叫，说："但是我还是不明白，贵国国会为什么要在这样重要的国事访问前夕通过这么一项决议。"说到这里，他怒容满面："这项决议很臭，臭得像马刚拉的屎，没有什么东西比那玩意儿更臭了。"尼克松听了十分气愤，他决定以牙还牙。他想起赫鲁晓夫年轻时候当过猪倌的事，同时想起他自己小时候的事：他知道马粪常常被用作肥料，但有一次他的邻居用了一担猪粪,那可真是臭气冲天。于是,尼克松逼视着赫鲁晓夫的眼睛,以交谈的口气说道:"恐怕主席说错了,还有一样东西比马粪更臭,那就是猪粪。"结果,赫鲁晓夫气得太阳穴的青筋都似乎要爆出来。这是一种尖刻的幽默。在人民内部,在朋友、同志之间,用这种方式,就会伤害感情,影响团结。

四、运用幽默必须注意听众的年龄和理解水平

幽默的目的是教育人的,教育人就必须让人懂得你在说什么。幽默是一种异乎寻常的"奇特"联想,是一种由曲折思维决定的曲折的表达方式。年纪太小的孩子只能欣赏一些传统的双关的幽默,对于变化多端的其他幽默形式就会感到无法理解了。另外,即使是成人,由于他们的文化修养不同,对幽默的理解程度也不相同。因此,幽默必须适应对象的理解水平。比如,某人在一次痛斥"四人帮"的发言中,说:"万恶的'四人帮'干了坏事。我们可以用一副对联形容他们:上联是'一二三四五六七',下联是'孝悌忠信礼义廉'。"他想这样说了以后,大家会笑。没想到全场竟然毫无反应。这就是不考虑理解能力的结果。其实,这副对联很幽默。它的上联含义是"亡八"——一二三四五六七,只丢了一个"八",岂不是"亡八"?下联含义是"无耻"——孝悌忠信礼义廉,只缺了一个"耻",岂不是"无耻"?因为这种幽默脱离了一般听众的文化水平,所以人们无动于衷。

五、运用幽默要围绕主题,为主题服务

有些人演讲,来一点幽默,只是为了让那些困倦的听众兴奋起来;有些人谈话,说几句笑话,只是为了大家愉快愉快。诚然,在气氛不正常的情况下,用幽默来调节一下,并不失为一种好方法。但如果滥用幽默,过多地以此博取听众的笑声,那就必然会淡化主题,弄得喧宾夺主,本末倒置。

六、运用幽默要注意国情和民族性

幽默有国度之别,它跟一个民族的传统文化、审美心理,都有密切的关系。我们很提倡学习外国幽默,但我们学习时,一定要为我所用,不能生搬硬套,否则就会弄出东施效颦的笑话来。比如,在法国巴黎,市场上有一位卖肉的时伙计,他一边打趣,一边手脚灵活地操作。他看到一位老先生在排队买肉,就说:"你好?年轻人!吃点什么?来点烤肉还是小牛肉?……"结果,那位老先生笑逐颜开。小伙计又看到一位老太婆,他说:"你好?我心爱的!你今天气色特别好,五月到了,去哪里休假啊?"结果,老太婆高兴得笑了。称老先生为"年轻人",称老太婆为"心爱的",如黑原封不动地搬到中国来,我看,不换几个耳光,就算走运气。

(撰稿:李淑章)

思考与练习

一、什么叫幽默?你认为幽默的主要特点有哪些?请举例说明。

二、指出下列几段话的幽默之处,并说明它是用什么方法构成的。

(一)《红楼梦》的兴儿向尤二姐介绍贾府情况,说自己见了小姐连气儿也不敢出,尤二姐以为是府内规矩大,下人见了小姐只能躲着,兴儿说:"不是那么不敢出气儿,是怕气大了,吹倒了林姑娘;气儿暖了,又吹化了薛姑娘!"

(二)前苏联著名电视播音员瓦莲金娜·列昂金耶娃有一次向观众介绍一种摔不破的玻璃杯。准备时几次试验都很顺利,谁知正式播出时竟将杯子摔得粉碎。她灵机一动,说道:"看来发明这种玻璃杯的人没考虑我的力气。"

(三)解放初期,在知识分子思想改造运动中,由于某些基层干部作风简单粗暴,不讲清政策,致使一位老教授投河自尽,幸亏被人抢救上来。陈毅同志知道后,把有关干部找来,狠狠地批评了一顿。后来,在一次高级知识分子聚会时,陈毅同志一到场,就关切地询问这位老教授来了没有。老教授应声站了起来,心里惴惴不安。谁知陈毅同志哈哈大笑,一边热情地让他坐下,一边风趣地说:"我说你呀,真是读书一世,糊涂一时,共产党搞思想改造,难道是为了把你们整死吗?我们不过是想帮大家卸下包袱,和工农群众一道前进。你为啥偏要和龙王打交道,不肯和我陈毅交朋友呢?你要投河,也该事先打个电话给我,咱们再商量商量嘛!当然了,这件事,主要怪基层干部不懂政策,也怪我陈毅教育得不够……"。

(四)幽默家兼钢琴家波奇,一次在美国密安执州福林特城演奏,发现全场座位空着的能有一半。他当然很失望。于是他走到台前,对听众讲了一句话:"福林特这个城市的人一定很有钱,我看到你们每个人都买了两三个座的票。"大厅里充满了笑声。

(五)一位教师作报告,谈到写文章要选择不同的角度,说道:"同志们! 你们见过歪脖子看戏的姿态吗? 我告诉大家,歪脖子看戏角度不同! 我们写文章选角度,也要向歪脖子学习,不能千篇一律啊!"

(六)一位政治课教师正在讲"货币本质"时,发现有一位女同学打瞌睡,还打呼噜,他想批评她,后来突然急中生智,先瞥了那女学生一眼,然后向全班同学讲:"我本来以为货币是很有魅力的,谁知在座中就有不为金银所迷惑者,依然打她的呼噜,可敬可佩!"大家的笑声把那位打瞌睡的女学生惊醒了,她羞愧自责。

(七)1986年,在亚洲大专辩论会上,我方队员王雷说:"如果这样盲目地、无节制地发展旅游业,那么就会给民族的传统文化带来冲击和破坏。举个例子,南欧国家崇尚裸体,去年在南斯拉夫还召开了一次世界裸体者代表大会,这个会如果不是在南斯拉夫,而是在中国举行,结果会怎么样呢?现在,比基尼游泳衣已经没有几寸布了。这种裸体运动如果再开展下去,恐怕是服装店的老板们要叫苦连天!"

(八)天津市前市长李瑞环说话风趣。一次,在天津举行国家足球甲级联赛,正好下雨。李瑞环借题发挥,在赛前鼓励天津队的队员说:"下雨了。你们要混水摸'球',要多射快传,千万别'拖泥带水'。"队员听了,顿时活跃起来,以致多年以后还念念不忘。

(九)美国总统里根第一次访问加拿大期间,举行反美示威的人群不时打断他的演讲。他面带笑容地对陪同他的加拿大总统皮埃尔·特鲁多说:"这种事情在美国时有发生。我想这些人一定是特意从美国来到贵国的。他们想使我有一种宾至如归的感觉。"紧皱双眉的特鲁多顿时眉开眼笑了。

（十）在纽约国际笔会第 48 届年会上，轮到我国作家陆文夫发言。面对来自世界上四十多个国家的六百多位代表，他从容不迫，侃侃而谈。有人问他："陆先生，您对性文学怎么看？"陆文夫清清嗓子说："西方朋友接受一盒礼品时，往往当着别人的面就打开来看；而中国人恰恰相反，一般都要等客人离开以后才打开盒子。"听众席里发出会心的笑声，接着是全场鼓掌。

三、你觉得下面几段话中的"幽默"好不好。为什么？

（一）一位中学校长在会上批评一些青年女教师，他说："现在，我们学校的一些女老师讲究打扮，擦脂抹粉，真可以说是为人师表了。在我看来，这些同志应该看看赵树理同志写的《小二黑结婚》，那上面是这样形容三仙姑的：她满脸涂的是粉，好像驴粪蛋上加了一层霜。"

（二）某单位的一位领导，找一位青年谈话。他说："小王，你想想，你身上最锋利的东西是什么呀？"小王说："就这把水果刀了。"说罢，他掏出来水果刀。领导说："我看不见得，你身上最锋利的东西是胡子。"小王："怎么？"领导说："它的穿透力特别强！"小王想了一下，突然领悟过来，一甩门，走了。

（三）一位工会领导干部，对工人讲话，他说："工会的干部要和党委往一块想，不能搞独立王国。如果一搞工作，就闹成两张皮，瘸子的屁股——两拧，那就会离开党的路线。"

四、遇到下列情况，你将怎样处理？

（一）一位同志，在学校期间，他的老师曾说他将来决不会有出息，可现在他当了高级工程师，而且获得了发明奖。一次，在路上遇到了这位老师，他该怎样和老师说话。

（二）有人问一位记者："什么叫新闻?"那位记者很风趣地回答了一句话,使问者体会到了新闻的本质。你能想出一句类似的话吗?

（三）有一位语文教师,1957年被打成"右派分子",被罚在某国营农场劳动。一次,他的一顶崭新的帽子被一个人戴走了,他知道后,笑着说了一句,那顶帽子就回到原来的地方。你猜想一下,他说了句什么样的话。

（撰稿:李淑章）

第九章　演讲的分类和常见的类型

　　随着演讲学的发展和完善,对演讲的分类研究也渐趋科学细密。演讲的分类是演讲学的一个重要的理论问题与实践问题。我们了解和研究演讲的分类有助于从整体上认识演讲的科学体系和社会功能,有助于我们参加演讲活动,也有助于我们进行演讲的组织工作。

　　古代和近代对演讲的分类是比较简单的。古希腊把演讲分成政治演讲(或会议演讲)、法庭演讲、庆祝演讲和"祭文"等几类。近代西方演讲活动兴起后,把演讲分为法律性、政治性、礼仪性、宗教性和学术性等数种。"法律性演说主要为法庭辩护,即为个人自由申辩和对他人控告的抗辩等。政治性演说或称审议性演说,主要是对内政、外交和经济等方面问题进行审议和决策时的辩论。礼仪性演说或称辞藻性演说,其特点是词句优美、音调铿锵和感情洋溢,其主旨在于对人或事进行歌颂赞美,或相反对之进行谴责。"(《简明不列颠百科全书》第 8 卷第 824 页)

　　现代社会推动了演讲活动的广泛展开,各国在建立和提高演讲科学的过程中,对演讲的分类及其标准、依据作过种种的研究与探讨。其分类方法主要有以下三种:第一种是按演讲内容的分类,把演讲分为政治(包括外交、宣传等)、行政

（政务）、经济（包括商业）、军事、学术文化、教育教学、法律、宗教、社会生活等若干类；第二种是按演讲功能的分类，把演讲分为叙事说明、论说论辩、传授知识、宣传纪念（礼仪）等几类；第三种是按演讲方式的分类，把演讲分为宣讲报告、即席即兴、对话谈判、广播电视等几类。应该说，按演讲内容分类，是演讲分类的主要标准和方法，其余是辅助的方法。此外，还有按演讲场合、演讲情调的分类方法。当然，对演讲的分类适用于比较典型的演讲，可以确定无疑地归为某一类的演讲。还有些演讲是跨类的，或者主要可以归为某一类同时兼为另一类。

在这一章中，我们按照演讲内容，提出九种常见的演讲类型，供大家参考。

第一节　政治演讲（上）

政治演讲是代表一定的政党、社会集团和社会力量对于政权更迭、国内政策、对外关系等所作的关于革命、竞选、施政问题的演讲。

一、政治演讲的起源与发展

最早的政治演讲在中国有盘庚迁殷的演讲。商帝盘庚把国都迁到殷，臣民们不喜欢，于是盘庚就发表了一篇晓之利害、威抚并施的宫廷演讲。政治演讲在西方有古希腊的奴隶主贵族民主政治中的会议论辩演讲，古罗马民主政治和权力斗争中的政治论战和施政演讲等。在东西方漫长的封建社会中留下了少量的帝王权臣的宫廷演讲和农民起义领袖的革命演讲。近代资产阶级革命和议会政治中,宣传、竞选、施政演讲逐渐普及。随着无产阶级革命和社会主义建设、改革事业的兴起,政治演讲应用的范围空前广泛。

政治演讲涉及的面比较宽,下面着重讲政治宣传和政务外交两个方面演讲的特点。

二、政治宣传演讲的特点

政治宣传演讲具有的特点是:第一,政治性强。这类演讲的论题常常是严峻紧迫的任务、公众注意的中心,论述的内容带有强烈的褒贬色彩。第二,逻辑严密。既要针锋相对,又要无懈可击。第三,说服力强。要遵循宣传、传播活动的客观规律,即态度诚恳平等,内容真实全面,方式民主有序,注意心理特点等。第四,鼓动性强。情感的成分多,直观的手法多。

三、政治宣传演讲举例

(一)英国著名的政治家、历史学家、文学家丘吉尔在1940年出任英国内阁首相,面临着法西斯德国入侵英国的危急形势。当年5月13日星期一,英国卜院召开特别会议,丘吉尔发表出任首相后的首次演说,要求下院对新政府举行信任投票。他在演讲中说:"上星期五晚上,我接受了英王陛下的委托,组织新政府。……正如我曾对参加本届政府的成员所说的那样,我要向下院说:'我没有什么可以奉献,有的只是热血、辛劳、眼泪和汗水。'摆在我们面前的,是一场极为痛苦的严峻考验。在我们面前,有许多许多漫长的斗争和苦难的岁月。你们问:我们的政策是什么? 我说,我们的政策就是用我们的全部能力,用上帝所能给予我们的全部力量,在海上、陆地和空中进行战争,同一个在人类黑暗悲惨的罪恶史上所从未有过的穷凶极恶的暴政进行战争。这就是我们的政策。你们问:我们的目标是什么? 我可以用一个词来回答,胜利——不惜一切代价,去赢得胜利;无论多么可怕,也要赢得胜利;无论道路多么遥远和艰难,也要赢得胜利;因为没有胜利,就不能生存。大家必须认识到这一点:没有胜利,就没有英帝国的存在,就没有英帝国所代表的一切,就没有促使人类朝着自己目标奋勇前进这一世代相因的强烈欲望和动力。但是当我挑起这个担子的时候,我是心情愉快、满怀希望的。我深信,人们不会听任我们的事业遭到失败。此时此刻,我觉得我有权利要求大家的支持,我要说:'来吧,让我们同心协力,一道前进!'"这次演说结束后,会议大厅经过短暂的沉默,突然爆发出激动人心的欢呼,丘吉尔也不禁热泪盈眶。丘吉尔这篇演讲之所以获得成功,名传史册,从根本上来说是因为顺应了全世界人民反法西斯斗争的历史潮流;同时也可以清楚地看出这篇演讲是符合上述特点的。在政治上提出了一个关系英国民族危急存亡的伟大任务:不惜一切代价同法西斯暴政进行战争去赢得胜利。在逻辑上是坚实有力的:诉诸爱国的良知和对于民众力量的深信。演讲的说服力量在于它的诚恳、坦率、乐观和预见性。演讲的感染力量在于它的奉献精神和号召性语言。

(二)我国著名的诗人、学者、爱国民主志士闻一多,1946年7月15日在昆明云南大学追悼被特务暗杀的李公朴先生大会上仗义攘臂,怒斥凶残,发表了《最后一次的讲演》。他在演讲中说:"这几天,大家晓得,在昆明出现了历史上最卑劣,最无耻的事情!李先生究竟犯了什么罪,竟遭此毒手?他只不过用笔写写文章,用嘴说说话,而他所写的,所说的,都无非是一个没有失掉良心的中国人的话!大家都有一枝笔,有一张嘴,有什么理由拿出来讲啊!有事实拿出来说啊!(闻先生声音激动了)为什么要打要杀,而且又不敢光明正大的来打来杀,而偷偷摸摸地来暗杀!(鼓掌)这成什么话?(鼓掌)"接着,闻一多一方面论证了反动派这种无耻暗杀行径的虚弱性,"他们这样疯狂地来制造恐怖,正是他们自己在慌啊!在害怕啊!……你们杀死一个李公朴,会有千百万个李公朴站起来!你们将失去千百万的人民!"另一方面,闻一多论证了以1945年"一二·一"昆明青年学生为了反对内战遭受屠杀献出宝贵生命,到今天李公朴先生被暗杀,都是昆明的光荣,是云南人民的光荣。最后,闻一多展示了胜利的前景,号召云南青年发扬光荣的历史完成争取民主和平的任务。他说:"人民的力量是要胜利的,真理是永远存在的。历史上没有一个反人民的势力不被人民毁灭的!希特勒,墨索里尼,不都在人民之前倒下去了吗?……光明就在我们眼前,而现在正是黎明之前那个最黑暗的时候。我们有力量打破这个黑暗,争到光明!我们的光明,就是反动派的末日!(热烈的鼓掌)"演讲的结尾以义无反顾的精神表明了一个爱国志士的勇敢与无畏:"我们不怕死,我们有牺牲的精神!我们随时像李先生一样,前脚跨出大门,后脚就不准备再跨进大门!(长时间热烈的鼓掌)"闻一多的这篇政治演讲,以严正的立场触及了当时中国面临的最尖锐的问题;论证逻辑上纵观历史,横剖社会,依靠人民;论证方法上正反对比,回环递进,直言呼吁;在情感运用上如黄钟大吕,江涛奔泻,成为我国现代演讲史上的名篇。

第二节　政治演讲(下)

一、政务外交演讲的特点

政务外交演讲同样需要上节所述政治宣传演讲的政治性强和逻辑严密的特点。此外政务外交演讲还需要具备以下的特点:第一,政务演讲更加强调务实性与可行性。政务演讲不需要很多哲理色彩,更需要的是(具体)规定任务、方针、政策,政务演讲不应该仅仅论证必要性与可能性,更应该论证可能性变为现实性的种种条件;政务演讲提出的任务,一般的是经过可行性的科学测算、分析与论证的,不应该是仅仅粗略估算过的。第二,外交演讲则强调策略性并注意其后果与影响。外交演讲一般需遵循基于本国、本民族利益制订的外交基本原则和策略;外交演讲需要按照国际间的利害关系和实力对比恰当地阐明外交政策与措施;外交演讲对于国外各种势力需要巧妙地施行纵横捭阖,对于友好的力量则需要求同存异,善于广交朋友。

二、政务外交演讲举例

(一)美国第三十二届总统、杰出的资产阶级政治家富兰克林·罗斯福的首次就职演说是一篇著名的施政演讲。1933年罗斯福当选时,正值 1929 - 1933 年资本主义世界经济大危机之际,美国工业生产指数下降 47.3% ,国民收入下降 54.7% ,全国失业人口达 1280 万人,占当时美国劳动力总人口的

24.8%。全国一派萧条景象。民众情绪十分低沉。罗斯福果断地采取了政府调节和改革经济的一系列措施,开始了"新政",他在3月4日就职典礼上的演讲就是一曲气势不凡的前奏。演讲开头,罗斯福即席加上了一句话:"这是一个民族献身的日子。"接着他指出:"首先,允许我申明我的坚定信念:我们唯一值得恐惧的就是恐惧本身——会使我们由后退转而前进所需的努力陷于瘫痪的那种无可名状、毫无道理、决不应有的恐惧。在我们民族生活的每一个暗淡的时刻,坦率而有力的领导都曾经得到人民的谅解和支持,从而保证了胜利。我坚信,在当前的危机时期,你们也会再一次对领导表示支持。"罗斯福列举出经济生活中的种种困难,然后一方面谴责了高官厚禄者们的无能与钱商们的敲诈恶行,呼吁人们认识:"只有诚实、荣誉感、神圣的责任心、忠贞的维护和无私的作为才能鼓舞信心。"另一方面提出了政府干预经济生活以复兴国家的一系列政策措施,诸如政府招雇失业者、提高农产品价格、阻止小农场主破产、监督公用事业和银行业务、制止投机活动等。最后他要求人民保持纪律,要求国会批准给予他"向非常状况开战的广泛行政权力"。他表示:"对于给予我的信任,我愿意拿出时代所要求于我的勇气和坚贞。我决不会有负众望。"罗斯福推行了几年"新政",努力促成了一种围绕在政府周围的各阶层人民的松弛的民主阵线,在很大程度上缓解了经济危机和失业等恶果。罗斯福还首创了每周末总统向全国发表广播演讲(被称为"炉边谈话")的做法,(直接面对公众)宣传政策措施、提出要求、诉诸舆论,成为施政演讲的一种著名方式。

　　(二)1954年4月19日周恩来总理在亚非会议全体会

议上的补充发言,是一次精彩的外交演讲。当时。29 个亚非国家的首脑在印度尼西亚的万隆集会,共商团结反殖民主义的大计。但在帝国主义的挑动下,个别代表在前一天发言中含沙射影地提出所谓"共产主义威胁"、"颠覆活动"以及宗教信仰等问题,意在指责中国,气氛相当紧张。当天周恩来决定把主要发言稿印发出去,利用午间休会时间起草补充发言稿,下午开会时登上讲台。他说:"中国代表团是来求团结而不是来吵架的。我们共产党人从不讳言我们相信共产主义和认为社会主义制度是好的。但是,在这个会议上用不着来宣传个人的思想意识和各国的政治制度,虽然这种不同在我们中间显然是存在的。"他又说;"中国代表团是来求同而不是来立异的。在我们中间有无共同的基础呢?有的。那就是亚非绝大多数国家和人民自近代以来都曾经受过、并且现在仍在受着殖民主义所造成的灾难和痛苦。这是我们大家都承认的。从解除殖民主义痛苦和灾难中找共同基础,我们就很容易互相了解和尊重、互相同情和支持,而不是互相疑虑和恐惧、互相排斥和对立。"接着,他就不同社会制度国家友好合作的基础应该是和平共处五项原则,对于宗教信仰自由的全面理解以及中国决无干涉、威胁颠覆邻邦政府的意图等问题作了阐明。他用事实和道理戳穿了上述谎言。最后他以大度与和解的态度说:"我们是容许不知真相的人怀疑的。中国俗语说:'百闻不如一见。'我们欢迎所有到会的各国代表到中国去参观,你们什么时候去都可以。我们没有烟幕,倒是别人要在我们之间施放烟幕。"演讲获得了普遍的欢迎与赞同。周总理以他特有的敏锐眼光与演讲才能,遵循我国的外交路线,团结朋友,求同存异,争取理解,采取措施,绕过暗礁,为我国与亚非国家的友好合作奠定了坚实的基础。

(三)1988年11月17日正在澳大利亚访问的我国国务院总理李鹏在堪培拉的全国新闻俱乐部发表了讲话并回答了记者的问题。这也是一篇外交演讲。李鹏总理在讲话中体现了我国对当今世界主旋律和平与发展问题的乐观与信心,回答提问既明确又得体。如,"问:两个问题,一个是回顾性的。我们知道,你年轻时曾在周恩来总理家中住过。我们对中国的一些伟大领导人如毛泽东、邓小平、周恩来,他们之间的个人关系是很有兴趣的。你能否给我们介绍一下对在文化大革命前和文化大革命中,他们个人之间关系的看法。另一个问题是展望性的。1997年中国和香港将统一,那么,和台湾什么时候统一? 答:关于第一个问题,我的回答可能会使你感到失望。因为我并不知道你所需要的那些事情。我虽然认识周恩来总理,也受过他的教育,但我一直是独立生活的。当我进入政界并接触高级领导人时,毛泽东主席和周恩来总理都去世了。我是一个电气工程师,也许你有电气方面的问题我可以回答。(全体笑、鼓掌)第二个问题。1997年香港的主权将移交给中国,实行一国两制。至于台湾什么时候回归祖国,什么时候进行统一,我们有个方针,要统一,要在台湾实行一国两制,而且比香港更为优惠。至于说什么时间能够做到这一点,我回答不了。我想世界上任何一个政治家也回答不了。问:1997年前,香港有很多移民,其中相当一部分来到澳大利亚,您对此有何看法? 答:对此我并不感到不安。第一,如果将来香港回归祖国以后,香港是稳定的,繁荣的,那么,我相信,人们会自然而然地回到香港去。当今世界上,无论是技术,无论是经济,无论是人才,都是互相交流的。因此,这也是一种正常现象。……"

第三节 礼仪纪念演讲

礼仪纪念演讲是人们在迎送、庆祝、哀悼或典礼、纪念活动中所作的演讲。

一、礼仪纪念演讲的起源和发展

我们从演讲的历史中可以看到,各个时代、各个阶级都很重视通过礼仪纪念性演讲进行爱国的和优良传统的教育。按照古希腊雅典城邦的习俗,在为战斗中阵亡将士举行国葬之后,要由一位公认最有智慧和最负盛名的人来发表演说。如公元前431年冬季雅典首席将军、著名的政治家伯里克利在这样的仪式上发表了一篇热情歌颂雅典政治理想和制度的演讲,其中有这样的名言:"我们的制度之所以被称为民主政治,因为政权是在全体公民手中,而不是在少数人手中。"近代资产阶级革命更是重视礼仪纪念演讲的作用,如美国总统林肯于1863年11月19日在葛提斯堡国家烈士公墓落成典礼上的演说词,只有十个句子,讲了两分多钟,但内容深刻、情感真挚、语言精炼,崇敬地讴歌了为自由民主国家献身的精神。西方认为这是一篇名垂青史的演讲,其手稿珍藏在美国国会图书馆,其讲词被铸成金文存于英国牛津大学,作为英语演讲的典范。无产阶级革命开辟了世界历史的新篇章,无产阶级革命家的优秀纪念性演讲已成为继承革命传统的好教材。如恩格斯的《在马克思墓前的演说》(1883年),

列宁的《悼念雅·米·斯维尔德洛夫》(1919年),斯大林的《悼念捷尔任斯基》(1926年),毛泽东的《为人民服务》(1944年)等。其中不少内容已经成为千百万劳动人民争相传诵的警句名言。

二、礼仪纪念演讲的特点

礼仪纪念演讲具有的特点是:第一,礼节性。要求与当地当时的礼仪、风俗、传统相结合,感情恰当,语言得体。第二,言之有物。要求托情、喻事、说理。第三,创设意境。即要求有即兴成分。

三、礼仪纪念演讲举例

(一)现代伟大的物理学家、世界和平与进步事业的杰出战士爱因斯坦,不仅为人类留下了量子力学、狭义相对论和广义相对论的科学瑰宝,而且留给我们闪闪生辉的纪念性演讲名篇。1918年4月他在柏林物理学会举办的德国物理学家普朗克60岁生日庆祝会上的演讲《探索的动机》,一开头就以丰富的想象力为听众展示了一幅生动而高雅的画图:"在科学的庙堂里有许多房舍,住在里面的人真是各式各样,而引导他们到那里去的动机实在也各不相同。有许多人所以爱好科学,是因为科学给他们超乎常人的智力上的快感,科学是他们的特殊娱乐,他们在这种娱乐中寻求生动活泼的经验和雄心壮志的满足;在这座庙堂里,另外还有许多人所以把他们的脑力产物奉献在祭坛上,为的是纯粹功利的目的。如果上帝有位天使跑来把所有属于这两类的人都赶出庙堂,那么聚集在那里的人就会大大减少,但是仍然有一些人留在里面,其中有古人,也有今人。我们的普朗克就是其中之一,这也就是我们所以爱戴他的原因。"接着爱因斯坦进一步阐述了探索科学的动机这样一个中心问题,最后以"祝愿他对科学的热爱继续照亮他未来的道路"结束了这篇演讲。1935 年 11 月 23 日,爱因斯坦在纽约罗里奇博物馆举行的居里夫人悼念会上的演讲词《悼念玛丽·居里》,同样歌颂了为科学造福人类而献身的高尚品德:"在像居里夫人这样一位崇高人物结束她一生的时候,我们不要仅仅满足于回忆她的工作成果对人类已经作出的贡献。第一流人物对于时代和历史进程的意义,在其道德品质方面,也许比单纯的才智成就方面还要大。即使是后者,它们取决于品格的程度,也远超过通常所认为的那样。……她一生中最伟大的科学功绩——证明放射性元素的存在并把它们分离出来——所以能取得,不仅是靠着大胆的直觉,而且也靠着在难以想象的极端困难情况下工作的热忱和顽强,这样的困难,在实验科学的历史中是罕见的。居里夫人的品德力量和热忱,哪怕只要有一小部分存在于欧洲的知识分子中间,欧洲就会面临一个比较光明的未来。"

(二)上述爱因斯坦的两篇演说主要体现了礼仪纪念性演讲的言之有物的特点,而下面一篇演讲对礼仪纪念性演讲的特点就体现得更加全面了。这就是周恩来于 1959 年 4 月 29 日在全国政协举行的茶话会上的一篇讲话《把知识和经验留给后代》。开头几句话,便引出了一个清新隽永的意境:"这是个别开生面的会,只请了年满 60 岁的政协委员参加。陈毅和彭真两位副主席例外,他们是'候补老人'。我也只有到今年才敢召开这个会,因为今年刚过六十岁。陈毅同志喜欢用《秋江》里的一句台词,说过了六十岁又是一个新花甲。老道理新解,很好。"接着,周总理就阐明了讲话的中心意思:"在分组会上听了几位老先生的发言,很有感触,觉得有必要和大家谈谈工作安排的问题,希望过了60岁的委员都能把自己的知识和经验留下来,作为对社会的贡献。这是从已故的程砚秋同志那里得到的启示。程砚秋同志的艺术修养很高,解放后在政治上和作风上也有很大进步,但总还是有点孤僻。在旧社会,他是孤身奋斗出来的,养成了洁身自好的习气,不大收徒弟,因此他的唱腔也就流传不广。解放以后,我曾劝他收徒弟。今年纪念他逝世一周年时,算了一下,他的徒弟不过十几个。程派唱腔又难学,徒弟们还没有学得好,他就去世了,录下来的唱片也不多。从这个问题联想到,凡有一技之长的老年人,总是多给社会留下一些东西好。"

(三)用浓笔重彩来表达演讲者的纪念激情的,当属闻一多1944年在昆明文艺界鲁迅逝世八周年纪念会上的讲话了。他说:"有些人死了,尽管闹得非常排场,过了没有几天,就悄悄地随着时间一道消逝了,很快被人遗忘了。有的人死去,尽管生前受到很不公平的待遇,但时间越过得久,形象却越加光辉,他的声名却越来越伟大。我想,我们大家都会同意,鲁迅是经得住时间考验的一位光辉伟大的人物,因为他对中华民族的文化事业留下了宝贵的遗产,他是中国历史上最伟大的文学家。"全场听众想不到这位早年曾参加新月社的诗人,会对鲁迅作出这么高的评价。更使听众感动的是闻一多当众作自我反思。他说,反对鲁迅的还有一种自命清高的人,就像我自己这样的一批人。于是闻一多讲到过去他们在北京的自称"京派"的人如何瞧不起鲁迅这样的他们称之为

"海派"的人。讲到这里,闻一多忽然转过头去,望着墙上挂的鲁迅像,鞠了一躬,然后说:"现在我向鲁迅忏悔:鲁迅对,我们错了! 当鲁迅受苦受难的时候,我们都正在享福。当时如果我们都有鲁迅那样的硬骨头精神,哪怕是只有一点,中国也不至于现在这样了。"全场听众报之以极为热烈的掌声和欢呼。

第四节　教育教学演讲

教育教学演讲是在学校、教育团体中和社会上,教育者为了进行教育、传授知识和提高能力,对特定对象所作的演讲。

一、教育教学演讲的起源与发展

中外教育教学演讲都始于古代著名教育家的讲学活动。中国春秋末期的思想家、教育家孔子(公元前 551 - 前 479)传弟子 3000 人,著名者 72 人,现存《论语》集录孔子言行,其中不少即为教育教学演讲。中国战国末期思想家、教育家荀子(约公元前 313 - 前 238),游学于齐,在稷下讲学,不少内容记其著作《荀子》中。古代希腊著名的哲学家苏格拉底(约公元前 470 - 前 399),他又是一位不取报酬也不设馆的社会道德教师,他喜欢在市场、运动场、街头对人们谈论各种问题,特别是以问答形式进行教学演讲。苏格拉底的弟子柏拉图(公元前 428/7 - 前 348/7)则在雅典近郊开办学校,边教学边著作达 40 年。此后,另一位伟大的思想家亚里士多德(公元前 384 - 前 322),也在雅典开办学校 13 载,他常在校园中率弟子们边踱步边讲学,著述颇丰,为多种学科创始人。到了古代末期,封建官学和神学的垄断局面被打破,私学开设,特别是随着近代自然科学和社会科学的兴起,教育教学演讲有了很大的发展。

二、教育教学演讲的特点

教育教学演讲具有的特点是:第一,有明确的教育教学目的,有充分的准备。当代教育教学演讲都是学校或社会教育教学计划的一部分,或者作为课堂教学的一种讲授方法,或者作为讲座及其他传播活动来进行。第二,内容清晰简明,有严格的时限。教育教学演讲一般的是把已知的真理、前人的经验和成果传播给听众,是经过消化整理的,内容是比较成熟严谨的。第三,以自然语言为主要手段。一般的不应该读稿、背稿而应该运用训练有素的规范化的口语。语言应该科学、高雅而生动活泼。

三、教育教学演讲举例

(一)前苏联杰出的无产阶级革命家和政治活动家加里宁(1875－1946),也是一位马克思列宁主义的宣传家。他一生中坚持不懈地用共产主义精神教育人民和青年,经常深入工厂、部队、学校发表演讲,仅在卫国战争中就达百次之多。他的教育演讲深刻精彩,常常以一位老革命者的心声现身说法,赢得了广大听众特别是青年们的极大尊敬与欢迎。他的言论选集《论共产主义教育》选入演讲二十余篇。他说:"共产主义原则,简言之,就是具有高度学识的、诚挚的和先进的人们的原则,就是爱戴社会主义祖国、友爱、同志情谊、人道主义、正直、酷爱社会主义劳动及其他每个人都了解的高尚品质。教育和培养这种本性与这种高尚品质,也就是共产主义教育的重要的组成部分。"他认为,在社会主义建设时期,共产主义教育要求培养人们的爱国精神和集体精神,要求人们为提高劳动生产率和爱护公有财产而努力工作。他说,高度的劳动生产率不仅表现在产品的数量方面,而且还表现在产品的质量方面。这种产品,不只是体力劳动的产品,而且是智力劳动的产品,即工程师、建筑师、作家、教师、医生、演员、美术家、音乐家、歌唱家等人的劳动产品。他教育青年努力工作,学习理论,通晓文化与技术,从事体育运动,热心集体帮助同志,要成为全面发展的人。加里宁的演讲,教育和感染了一代新人。

(二)我国近年来规模较大、比较成功的教育演讲活动,除了老山前线英模报告团以外,中共中央宣传部、全国总工会、共青团中央、全国妇联、广播电影电视部曾在1986年到1987年组织了"为了实现共同理想"先进人物广播电视汇报演讲活动。几十位有理想和献身精神的先进人物,有全国"五一劳动奖章"获得者,有优秀共产党员,有全国"三八红旗手",有全国"新长征突击手"等,他们通过电视跟全国亿万观众见面,以激越时代的业绩、感人肺腑的精神和质朴无华的语言,博得群众的欢迎。这些经历各异、职业性别不同的先进人物,有的是铸神剑、控电力、降病魔、育新人的知识分子,有的是倡改革、拓新路、巧经营的企业家,有的是勤织布、善饲养、助邻里、暖人心的普通工人农民和其他劳动者。虽然他们的事迹不同,为共同理想献身的高尚品德是共同的。每次演讲只有短短的几十分钟,感染的力量是很强的。

（三）近现代教学演讲的典范，英国大科学家牛顿（1642－1727）的老师，在著名的剑桥大学担任数学讲座的巴罗教授，曾推荐26岁的牛顿继续担任这个讲座的教授达26年之久。鲁迅先生（1881－1936）于1920年后在北京大学讲授中国小说史课程时，常常有外班外系的学生前来坐在窗台上旁听。这些传为佳话的教学演讲当然是内容丰富严谨而又情趣盎然的。从鲁迅先生根根文言讲稿修订发表的《中国小说史略》，对照回忆录文章描述当时鲁迅常脱开讲稿生动讲授，引起全课堂的活跃和呼应的情景，我们也可以窥见其演讲艺术之一斑。当代的教学演讲，作为第二课堂的课外专题演讲，许多优秀教师已经给大家作出榜样；作为课堂讲授的一种方法，许多教师掌握起来也并不困难。

第五节　学术文化演讲

学术文化演讲是为了阐明学术见解、介绍科研成果、普及科技文化知识所作的专题演讲。

一、学术演讲的起源与发展

学术文化演讲在古代是和教育教学演讲归为一类的。这是因为古代的科学研究和知识传授常常是集于一人之身，同时学科的划分也还很简约的缘故。在漫长的封建时期，君主的垄断和神学的控制又使学术文化的发展与传播受阻。只是在欧洲的文艺复兴、启蒙运动和近代科学创立之后，中国的资产阶级革命兴起之际，学术文化演讲才得到振兴。学术报告、专题或系列讲座成为它的主要形式。

二、学术文化演讲的特点

学术文化演讲具有的特点是:第一,学术性强。不仅是科学地论述,而且要体现出锐意进取和尊重论敌的精神。第二,有创见,有个性。这种创见可以是内容上的、理解上的、表述上的或者是应用上的,不能够人云亦云。第三,严谨科学与通俗易懂的统一。多数学术文化演讲是普及性的,不应该是艰深晦涩的,而应该是深入浅出的。

三、学术文化演讲举例

(一)1977 年诺贝尔化学奖金获得者普里高津是以研究非平衡热力学,特别是耗散结构理论而闻名于世界的科学家。他于 1987 年在北京师范大学以《变革的时代、变革中的科学》为题发表演讲。演讲词只有三千多字。演讲一开始用东西方文化的联系引起了中国听众的兴趣:"我们学派所发展的思想能如此热烈地被中国所接受,这毫不偶然。"他说,自 17 世纪以后,中国文化已成为欧洲科学灵感的源泉。"我们现在正处在科学史上非常活跃、有意义的关键时期,这就是我今天演讲的主题。西方科学对世界的看法是确定论的、精确的和解析的,而中国文化则是一种整体的,或现在我们称之为系统论的观点。"接着,他提到了本世纪的三项重大的科学发现,"第一是基本粒子本身的复杂性。第二是关于演化的宇宙观点。第三是发现了非平衡的、相干的、一致的结构。而非平衡可成为导致有序的因素,它改变了我们对平衡态的全部看法。传统地讲,有序是与平衡相联系的。但现在我们所看见的有序主要是与非平衡相联系的。这一观点就是耗散结构理论所强调的。"普里高津举例说明非平衡物理学这个新学科的出现,正在改变我们对整个宏观世界的看法,以能量守恒为标志的经典力学正在经历一场深刻的革命。最后普里高津提出耗散结构理论"除了物理学和化学,还可以用到许多其他领域。例如生态学、人文科学,这就导致了一个新观点"。他非常成功地讲清了非平衡物理学与耗散结构理论的要点、起源和它在实际应用上的广阔前景。

(二)1957年诺贝尔物理学奖金获得者、美籍华人杨振宁教授的学术文化演讲也是很优秀的。他是美国纽约州立大学五溪分校理论物理研究所主任。1982年6月20日在石溪对中国访问学者和研究生的演讲中,针对我国文化传统的教育方法指出:"对大家做学问的方法我有几点建议。第一个建议是随时尽量把自己的知识面变广一些。比如说随时到图书馆去游览一下,'开卷有益'这句话不是没有道理的。……第二个建议是不要钻牛角尖。假如你做一件事情做得很苦,我想也许值得考虑不要做这个东西了,去另外想想别的东西。一个学问的前线的方向是很多的,有许多有生气的方向。……第三点建议……我觉得学习有两个办法;一个办法是按部就班的;一个办法是渗透性的。什么叫渗透性的呢? 就是在你还不太懂的时候,在好像是乱七八糟的状态之下,你就学习到了很多的东西。中国的传统的教育方法是着重按部就班的学法,这确实有它的好处。我想假如我对一组美国学生谈话,我就会讲你们应该多学习一些按部就班的方法。可是对中国来的学生,我想一个好的建议是不要怕不按部就班的学法,不要怕渗透性的学法。因为很多东西常常是在不知不觉中,经过了一个长时期的接触,就自己也不知道什么时候已经懂了。这个学习方法是很重要的。最后我有一点也希望给大家讲的,就是做研究工作到最后必须要做自己所做的东西,不是在那儿跟着别人跑。……在学习过了一个相当程度以后,必须要发展自己的见解。不能老跟着当时‘权威性’的看法跑。"杨振宁的演讲条理清楚,语言通俗易懂,语重心长,极富有启发性。

第六节　社会生活演讲

社会生活演讲是在现代社会中由演讲者就公众关心的社会生活和伦理道德问题进行宣传和阐释的演讲。

一、社会生活演讲的起源与发展

在当代条件下,普通人的地位和价值逐步得到社会的承认,信息的传播与人际关系不断增加,人们也在不断地求得自身的完善与发展。旨在帮助人们更好地适应日趋复杂的社会生活,追求美好与幸福人生的社会生活演讲就应运而生。在发达的资本主义国家中,在社会主义国家的精神文明建设中,社会生活演讲可以成为青少年甚至成年人的良师益友。

二、社会生活演讲的特点

社会生活演讲具有的特点是:第一,范围广,题材新,有时代气息。举凡萦绕现代人的心头的各种社会家庭和道德问题,诸如政治学、经济学、社会学、伦理学、心理学、美学以及文学艺术多学科知识,都可以成为社会生活演讲的课题。

面临改革开放,社会生活多色彩、快节奏、成网络、常变化,必须帮助人们采取有效的对策。第二,内容丰富,信息量大,有深度。在广播电视文化时代,人们的知识来源、文化素养在迅速改善,社会生活演讲也必须在有限的时间内给予人们更为丰富和浓缩的精神食粮。第三,社会生活演讲应体现出友善、平等和心理上的沟通。

三、社会生活演讲举例

(一)在社会生活演讲方面获得巨大成功者,当属美国的演讲家、著作家和教育家戴尔·卡内基(1888—1955)。他家庭贫寒,靠刻苦努力读大学、练演讲,在纽约基督教青年会教授演讲学成功之后,用了二十多年的时间融合演讲学、人际关系学、实用心理学和行为科学等学科的成果,创立了一种独特的成人教育课程,随后发展成为著名的卡内基训练机构,在全世界五十多国设立了一千七百余个分支机构。在长期的教学过程中,卡内基搜集、研究和整理了世界上许多伟人、名人成功的历程和奇闻轶事,在他举办的成人教育班上讲授,在当地电台上播放,大受欢迎。最后编印出版了一部名为《伟大的人物》的著作,其中包括 35 个故事。这也可以叫做一部社会生活演讲集。听众和读者可以从中借鉴经验、汲取力量和增强生活的信心。从这些演讲里可以看到,虽然也有若干偏颇和神秘的色彩,也有败笔,但确也反映和总结了文明进步和人类智慧的结晶。这些演讲,包括画家狄斯尼以爬上他画板的一只老鼠为蓝本构思创造出闻名世界的米老鼠形象;接受了地图说的哥伦布等待了 17 年才实现环球航行的理想;文坛怪杰大仲马壮年才思敏捷、多产巨富而晚年

342

沉醉堕落的悲剧；记忆力很差的爱迪生，并不因此而影响他孜孜以求的发明事业，也不减损他的伟大；发明飞机的莱特兄弟接受了父亲的忠告"家境困难的人不可能既结婚成家又专心研究飞机"，于是两人竟终身未娶等。

（二）近年来，我国的社会生活演讲开始兴起。中国共产党十一届三中全会后的两三年中，北京师范学院中文系教师李燕杰利用教学之余，在北京、天津、沈阳几十所大学及有关机关、工厂、商店作了近二百次演讲，直接的听众有20万人，引起社会上的广泛的兴趣和反响。他的讲题范围广，有《国家、民族与正气》、《德才学识与真善美》、《爱情与美》、《按照美的要求塑造自己》、《心上绽开春花，芳草绿遍天涯》、《青年是我师，我是青年友》等。李燕杰的演讲知识面宽，涉及哲学、历史、文艺、美学。很短的时间内，全国有四千多封信寄给他。到1985年，曲啸的《一个真正牧马人的自述》在全国广大群众中又引起新的强烈反响。曲啸在东北师范大学毕业后从1957年到1979年的22年间，蒙受了被错划为右派、送去劳动教养甚至在"文革"中坐牢十余载的冤屈。但是，他凭靠着对中国共产党和社会主义祖国的深厚情感，凭靠着崇高的理想与信念，在劳动和教课时自尊、自重、自爱、自强，在牢狱中还坚持读书，研究罪犯心理学。平反以后，勤奋工作，关心群众，并以无私的情怀接回被迫离婚的爱人，用挚爱去修补有伤痕的家庭。曲啸的事迹传遍全国，几年内他应邀作了几百场演讲，他的话语："爱的本质是给予，而不是获得。"对于净化社会风气、启迪人们良知，起着很好的作用。曲啸演讲的力量甚至穿透了监狱的大墙。他在应邀去沈阳大北监狱给犯人作报告时，开头一句是这样的："触犯了国家法律

343

的青年朋友们……"就这一句话,使台下爆发出热烈的掌声,有的人甚至流下了泪水。

第七节　法律演讲

法律演讲是在法庭内外依据法律所作的指控、申诉或辩护性的演讲,以及为了宣传贯彻法律理论和法规所作的演讲。

一、法律演讲的起源与发展

法律演讲始于古代希腊的审判和辩护制度。在古代希腊繁荣的雅典城邦逐渐形成了主要由公民大会、五百人会议和民众法庭组成的民主政治制度。雅典法律规定,每年在30岁以上的公民中通过抽签选出6000人担任民众法庭的审判员,经常开庭负责审理全部民事案件和大部分刑事案件等。在民众法庭上,各种形式的法律演讲和论辩都得到广泛的运用。人类渡过了漫长的君主独裁、朕即王法的黑暗时代,在近现代法制逐步健全的国家和社会之中,在公民的诉讼事务中,通过一系列面对公众的法庭演讲与论辩,参与者(如公诉人、辩护律师、原告、被告)共同剖析当事人的行为、动机及社会效果,由法庭依法作出公正的裁决。在我国,随着社会主义民主和法制建设的进行,法庭演讲和普法演讲逐渐增多。

二、法律演讲的特点

法律演讲具有的特点是:第一,以维护法律为目的,以法规条文为重要依据。法律演讲取得成功的关键在于能否伸张真理和正义。第二,事实清楚,证据充分,推断严谨,经得起反驳。第三,语言的准确性、严肃性和雄辩性。

三、法律演讲举例

(一)优秀的法庭演讲在近现代的西方有许多实例。林肯早年在斯普林菲尔德担任律师期间,曾多次运用法庭演讲和论辩取得成功。1836年林肯曾为被控酒醉杀人罪的小阿姆斯特朗出庭辩护,与原告证人福尔逊对质。林肯:"你发誓说认清了小阿姆斯特朗?"福尔逊:"是的。"林肯:"你在草堆后,小阿姆斯特朗在大树下,两处相距二三十米,能认清吗?"福尔逊:"看得很清楚,因为月光很亮。"林肯:"你肯定不是从衣着方面认清的吗?"福尔逊:"不是的。我肯定认清了他的脸蛋儿,因为月光正照在他脸上。"林肯:"你能肯定时间在11点吗?"福尔逊:"充分肯定。因为我回屋看了时钟,那时是11点一刻。"林肯质问完毕,就转身面对陪审团和听众发表了辩护演讲:"我不能不告诉大家,这个证人是个彻头彻尾的骗子。"接着他运用当晚没有月光的可靠论据,证明证人没有也不可能看见被告,从而否定了被告有罪。小阿姆斯特朗因此得救。1837年,一位在独立战争中阵亡的军人的遗孀控告抚恤金代办人替她办来400万抚恤金时竟索要一半当酬劳。林肯立即替这位老妇人诉讼他事前研读了华盛顿传记和美国革命战争史,在法庭演讲中,首先追述了独立战争前北美人民所受殖民压迫之苦,又描述了独立战争中华盛顿率领大陆军抗击英殖民军的事迹,如何忍饥受冻在福吉谷中过冬等。然后林肯指斥那个抚恤金代办人勒索为国捐躯的军人遗孀的不义与贪婪。他深情地向听众呼吁:"我要问的是我们应该怎样援助她呢?"这时,许多听众眼含泪花,深受感动。诉讼胜利了,林肯不但不收这妇人的诉讼费,而且替她付了住旅馆费用和买好回家车票。

(二)保加利亚人民的革命领袖、国际共产主义运动的杰出活动家季米特洛夫(1882-1949),也是著名的宣传家和演讲家。1933年2月27日,刚刚攫取了德国政权的希特勒法西斯制造了"国会纵火案",接着逮捕了当时正在柏林从事革命活动的季米特洛夫等。9月在莱比锡开庭审讯,企图把纵火及"参与纵火"的罪名加在德国共产党和季米特洛夫的头上。审讯持续了3个月,也是各种力量通过法庭论辩和演讲进行严重较量的过程。审讯大体经过了四个阶段:调查国会纵火案,季米特洛夫严词质问假"证人"使之败露;法西斯头子戈林等亲自出庭"作证"反而自漏阴谋;诬告德共以纵火为起义信号也未得逞;季米特洛夫大义凛然的最后发言。据说季米特洛夫在作辩护演讲时,手持德国的诉讼法典和共产国际的纲领,巧妙地利用了当时法律允许的范围、程序和权利击败了反动势力的猖狂进攻。例如,1933年11月4日季米特洛夫在法庭上对戈林提问说:"你以普鲁士的总理和内务部长的资格发表了宣言,……说,共产党人是国会纵火犯(戈林:当然!),这是共产党干的(戈林:当然!),德国共产党同外国共产党员范·德·卢贝和别的类似的人有勾结,在这个宣言发表之后,这种观点就给警察局的侦察以及其后法庭的侦察提供了一个肯定的方向,并且由于你的宣言防止了其他搜索真正的纵火犯的可能和途径,你说对不对?"反动又愚蠢的戈林在答问时竟大叫:"……这是一个政治性的罪行,当它一发生的时候我就明白了,正像我今天一样明白:应当到你们

346

的(转向季米特洛夫)党里去抓罪犯(向季米特洛夫晃拳咆哮)。你们的党是罪犯的党,应当消灭它!"随后,季米特洛夫机警地评论:"戈林先生的这种解释使我十分满意。""总理先生,你害怕我的问题吧?"到12月16日,季米特洛夫在最后发言中用共产国际的章程和有关文件有力地说明:共产国际和德国共产党没有提出立即起义的任务;这样一个世界性的党是以极严肃的态度和充分的责任感来决定关于战略和当前任务的,是不以起义和革命作儿戏的。他进一步尖锐地指出真正的纵火者不是单独的一个人,而真正值得可疑的侦察方向一开始就被搞错了。这样一方面让真的罪犯们隐藏起来,另一方面又以国会纵火为口实来诬蔑和镇压共产党。季米特洛夫就这样以雄辩的法庭论辩捍卫了共产党人和工人阶级的尊严。

第八节　军事演讲

军事演讲是在军队内外就重大军事问题所作的号召命令性或宣传阐述性的演讲。

一、军事演讲的起源与发展

我国有文字记载的军事演讲当推公元前21世纪夏朝国君启所作的《甘誓》(他率部征讨有扈氏,在甘这个地方发表战前的誓词演讲:先指出讨伐有扈氏是天命,然后命令将士作战,讲明赏罚)和公元前16世纪商朝汤王讨伐夏朝暴桀的《汤誓》等。外国如古罗马时代的名将恺撒、安东尼、屋大维等都是很有演讲才能的。各国古代和近代的战争前常有誓师大会,主帅常发表号召命令性的军事演讲。在现代国家的政党、政权、学术和民众集会上,也有关于军事和战争的专题演讲。

二、军事演讲的特点

军事演讲具有的特点是:第一,目标集中,任务明确,态度坚定,情感强烈。第二,形式简练,词语严峻。当然这些特点主要是体现在号召命令性的军事演讲中,至于宣传阐述性的军事演讲则一般篇幅较长,析理较多。

三、军事演讲举例

(一)近代军事史上著名的战前演讲有法国杰出的政治家和军事家拿破仑(1769－1821)远征意大利前的一次演讲。1796 年,代表了法国新兴的大资产阶级利益的拿破仑刚刚崭露头角,奉命率领装备差、士气低的 3 万法军进攻盘踞在意大利的 8 万奥地利帝国的军队。相传,拿破仑在战前向士兵们作过长篇的演讲。现在留传下来的演讲词中有这样一段话:"士兵们,你们没有衣穿,吃的也不好,政府欠下你们许多东西,可是它什么也不能发给你们。你们在这些悬崖峭壁中间显示出来的勇气和坚忍力量是令人惊叹的,可是这并没有给你们带来任何荣誉,它们的光辉并没有照到你们身上。我想带你们到世界上最富饶的国家里去。富饶的地区和繁华的大都市将受你们支配。你们在那儿将会得到尊敬、荣誉和财富。意大利军团的士兵们! 难道你们的勇敢精神和坚忍力量不够吗?"这段讲词很好地表现了拿破仑的那股特有的锐气和信心,也体现了他的"以战养战"的战略思想。正因如此,他在意大利作战获得了辉煌的胜利。

（二）现代军事史上著名的战前演讲有前苏联的斯大林1941年11月7日在莫斯科红场检阅红军时的演说。当时,希特勒法西斯德国的军队已进攻到距莫斯科80公里清地方,斯大林在红场检阅即将开赴前线的红军,沉着刚毅地发表演讲。他承认是在情况严重、处境危急的时候庆祝十月革命24周年,他分析了敌我态势,说明苏军仍有精锐部队和相当充足的粮食、武器和被服,有人民的支持和同盟国,指出德军已损失450万人,因为罪行累累而必定失败。最后他号召:"让伟大的列宁的胜利旗帜引导你们! 彻底粉碎德国侵略者! 消灭德国占领者! 我们光荣的祖国、我们祖国的自由、我们祖国的独立万岁! 在列宁的旗帜下向胜利前进!"这次演讲后,斯大林亲自主管莫斯科的防务,直接指挥12月的莫斯科保卫战,消灭五十多万德军,第一次打破了大战以来德军"不可战胜"的神话。

（三）宣传阐述性的军事演讲,我们熟悉的有毛泽东1936年在陕北红军大学所作著名演讲《中国革命战争的战略问题》、1938年5月26日至6月3日在延安抗日战争研究会的著名演讲《论持久战》和朱德1945年在中国共产党第七次全国代表大会上的军事报告《论解放区战场》等,这里就不再具体阐述。

第九节 经济演讲

经济演讲是指在现代社会中就经济、金融、贸易、商业等问题所作的专题演讲和宣传性演讲。

一、经济演讲的起源与发展

在现代商品经济十分发达,大企业在激烈的市场竞争中需要交流信息、研讨规律、加强管理、推销商品以及树立企业自身形象的时候,经济演讲才勃兴的。与此同时,现代科学中的管理学、演讲学、口才学、传播学、人际关系学、公共关系学等作为可以为商品经济服务的手段,也应运而起。这样,就使经济演讲逐渐成为演讲中的一个重要的类型。前述美国的卡内基成人教育课程,很大程度是替经济企业培训人才的。卡内基回忆说,他的学生们"希望能够站起来在一次办公会议上说几句话而不致吓得昏过去。推销员希望在拜访一个难对付的主顾时,不致为了壮胆而在街角上来回转悠三次。……"到1970年,卡内基课程的在学人数超过了一百五十万人。据1979年卡内基机构对美国1.5万名学员所做的调查,由公司老板推荐参加和负担费用的人竟达57%至72%。

二、经济演讲的特点

经济演讲具有的特点是:第一,符合经济的利益、目标和规律。第二,实用性强。现代经济演讲在发达的资本主义国家是最盛行的。当前,在这些国家中电话、广播和电视已经普及,企业传播交流信息的主要方式由书面语言变为口语及形象。经济演讲当然是符合这种需要的一个重要手段。

三、经济演讲举例

(一)关于成功的经济演讲的实例,可以举出美国当代著名企业家、克莱斯勒汽车公司总裁艾科卡(1924 -)自己学习和实践经济演讲的体验。他在大学读完硕士学位,于1946年进入福特汽车公司做见习工程师,后来做销售工作,1960年升为公司副总裁,1970年任总裁。1978年,他离职去克莱斯勒汽车公司任总裁,又取得很大成功。在美国被称为企业家的英雄。他在1984年写的《艾科卡自传》中说:"你能够推动人的唯一方法就是与他们交往。虽然我在高中是辩论队的成员,过去我还是害怕公开讲话。我工作的前几年腼腆怕羞,不敢轻举妄动。可是那是我到戴尔·卡内基学院学习公开演说之前。那时我刚被任命为福特的全国卡车培训经理。公司把我们一批人派到戴尔·卡内基那里去学习公开演说的各种学问。……我们学到的一些公开演说的基本技巧,现在还在用。比如……一开始就告诉他们,你要对他们讲什么。……你应当在结束之前让你的听众有事可做……不要没有提出要求就离开。……时至今日,我对戴尔·卡内基学院深信不疑。我知道好多工程师有些精彩的想法,可是他们就是不能向别人解释清楚。一位具有非凡天才的人不能把自己的想法对董事会或委员会讲清楚,这总是难堪的事。……我让公司花钱把几十名腼腆内向的人送到戴尔·卡内基那里去。对大多数人而言确实产生了变化。……推动一大群人的最佳方法是公开讲话,……当我对克莱斯勒的团体讲话时,……我的目标应当尽可能直截了当。我发现动员他们的最好办法是让他们了解比赛方案,使他们都能参加进去。……金钱和晋升都是实惠手段,公司借此来表示说:最佳队员。"

(二)日本当代最著名的企业家松下幸之助是扬名全球

的松下公司的创始人。他在日本被誉为"经营之神",很重视演讲的手段。所出版的松下言论集中有很大一部分是演讲词。1981年美国哈佛大学邀请松下去该校开办"经营管理学讲座",说明作为超级大国的学术界对松下经营、管理艺术的肯定。我们从下面的两段松下的演讲词中可以看到其经营思想的独特之处。1963年9月17日松下在美国纽约第13次CIOS国际经营会议上以《竞争之恶》为题发表演讲:"竞争能刺激人们诞生新的东西,也可以说是从竞争中才能诞生更大的进步。可是,不当的竞争或激烈过度的竞争,我认为很有可能造成破坏性。"1964年6月18日在内外情势调查会上以《正派经营,方为上策》为题发表演讲:"今后,日本的经济界要如何安全渡过这种开放的经济? 如果只像现在这样只是互相供应信用,膨胀后能安然过关就引以为满足,我认为这是不可以的。还是要对这一点充分小心,断然停止过多的互相提供信用或彼此膨胀。否则还会继续膨胀下去,很可能最终会形成气球爆裂那样的情形,这就是我们所感到的一种危机。因此我们所想到的,就是在我国各方面正当经营,应该做到什么程度的问题。……"

(二)我国的经济演讲,近年来才从商业演讲上有了开端。我们看到,一些大企业的负责人,在其举办或赞助的招待会或表演会上就本企业的发展、产品的特色、今后的目标等作简短的演讲,给群众留下了较好的印象。

第十节　对话谈判演讲

对话谈判演讲是指在与公众对话中或双边、多边谈判中所作的宣传、讨论或论辩式的演讲。

一、对话谈判演讲的起源与发展

对话式演讲和谈判演讲由来已久。如前所述,中外古代都有问答式或反诘式的学术教育活动。近代的公众演讲也多安排一定时间回答听众提问。现代社会中,国家元首、政府首脑和高级官员举办记者招待会也多采取对话式演讲。近年来我国又出现了刘吉与青年的对话、天津市长李瑞环与人民代表的对话等多种形式的对话演讲。谈判演讲在古代的军事政治谈判中屡见不鲜,在近现代的外交和商业谈判中得到很大的发展。

二、对话谈判演讲的特点

对话谈判演讲具有的特点是:第一,对话演讲是双向交锋。演讲过程中的分析判断和意向表述都具有即席性和快捷性。第二,谈判演讲要遵循谈判的一般规律:平等合作(非压倒对方,双方有妥协之必要,都是胜利者),追求真理(澄清认识,解答问题),运用技巧(非欺诈)。

三、对话谈判演讲举例

(一)1984 年以来,曾任无锡协新毛纺织厂党委书记、国防科工委某基地政治部副主任的刘吉,以亲切平等的态度和言简意赅、幽默风趣的答问形式,当场回答青年提出的许多问题,受到不同层次青年的欢迎,被誉为"青年教育家"。他的对话演讲很有特色。如,"问:因为我看透了别人,所以我现在只考虑自己,你说对吗? 答:不对。就因为你只考虑自

353

己,所以你才看透了别人。(鼓掌)""问:有才不被重用怎么办? 答:不必叹息。李白说过:'天生我材必有用。'问:虽说是'必有用',但有些人就是不用,怎么发挥作用? 答:你是金子,放到哪里都会发光。""问:流行的东西是不是高尚的? 答:流行作为一种社会心理现象,有其自身形成、变化、兴衰的客观规律。但流行的东西不一定都是高尚的。19世纪俄国革命民主主义者、唯物主义哲学家赫尔岑就反问过:'流行性感冒也高尚吗?'(鼓掌)"

(二)近几年来,在市长李瑞环的倡导下,天津市每年都要举行由市领导与市人大代表、市政协委员的对话会,有问有答,沟通意见,或当场拍板、或限期解决、或解释政策。会议实录由报纸发表,会议录相由电视播放。每逢对话,全市收看,市民欢迎,心明眼亮。这样做,既提高了政府办事效率,有助于为官清廉,又增强了市民参政议政的积极性。李瑞环市长的对话演讲,合情合理,明确实在,很受欢迎。如,在1988年5月18日的市长办公对话会上,市人大代表杜蕴珍说:李市长讲到的中小学幼儿园不适宜搞校园经济,我非常拥护。但是,还有很多实际问题,我这里也希望有关部门专门地研究一下这个问题。李瑞环市长说:我同意这个意见。我讲过两句话,在报纸已经登了,有些地方报纸也转载了。就是中小学不提倡搞校园经济,有的中学里边有校办工厂,那还可以接着搞,继续发展下去,学生也可以搞点劳动锻炼,以学点知识为目的,而不能以挣钱为主。这里我再次重申这个意见,大学里怎么搞另说,可以和科研相结合。中小学本来就很苦,你再让小孩去劳动,搞创收,收不了多少钱。我们穷也是穷,困难也是困难,咱们慢慢想办法解决,不能靠这个法。……为什么逼着小学教员去教一堂课,接着卖冰棍?这个没有意思。杜蕴珍说:从校长到老师都不愿意走这条路。

(三)关于谈判演讲也有实例,下面引用的是1971年10月美国基辛格博士一行来华为尼克松总统访华作准备时与周恩来等中国方面的代表谈判公报草案时的情形。10月25日这天,会谈的大部分时间都花在台湾问题上,双方针锋相对,各不相让,这是讨论公报文本中最困难的一个问题。基辛格还是强调:"美国不能抛弃老朋友。"周恩来反驳说:"什么老朋友?台湾问题不是朋友之间的问题,是美国军队进驻台湾而分裂我们国家的问题。朋友之间的道义问题不能代替主权国家的领土完整问题。"这时基辛格与美方代表洛德离席商议。洛德从50年代美国国务院为当时中美谈判所准备的文件中寻找出另一个说法提供给基辛格。基辛格回到谈判桌旁说:"我决定换一种方式表达美国的观点:'美国认识到,在台湾海峡两边的所有中国人都认为只有一个中国,台湾是中国的一部分。'怎么样?"周恩来将这句话重复了一遍,脸上也绽开了笑容,称赞地说:"博士到底是博士,这可是一项奥妙的发明。这句话的基本意思我方可以接受,只是个别词句还需要推敲。……"

(撰稿:林忠雄)

思考与练习

一、演讲的分类原则与依据是什么?为什么说以演讲内容为标准应该是演讲分类的主要方法?

二、现代演讲出现了哪些新的类型？其出现的原因与结果是什么？

三、试划定下列演讲的类型,说明划类的依据,分析其特点。

(一)《在美国度圣诞节的即兴演讲》
(1944 年 12 月)

〔英〕丘吉尔

各位为自由而奋斗的劳动者和将士:

我的朋友,伟大而卓越的罗斯福总统刚才已经发表过圣诞前夕的演说,已经向全美国的家庭致友爱的献词。我现在能追随骥尾讲几句话,内心感觉无限的荣幸。

我今天虽然远离家庭和祖国,在这里过节,但我一点也没有异乡的感觉。我不知道,这是由于本人的母系血统和你们相同;抑或是由于本人多年来在此地所得的友谊;抑或是由于这两个文字相同、信仰相同、理想相同的国家,在共同奋斗中所产生出来的同志感觉;抑或是由于上述三种关系的综合。总之,我在美国的政治中心地——华盛顿过节,完全不感到自己是一个异乡之客。我和各位之间,本来就是手足之情,再加上各位欢迎的盛意,我觉得很应该和各位共坐炉边,同享这圣诞之乐。

但今年的圣诞前夕,却是一个奇异的圣诞前夕。因为整个世界都卷入一种生死的搏斗中,正在使用科学所能设计的恐怖武器来相互屠杀。假若我们不是深信自己对于别国领土和财富没有贪图的恶念,没有攫取物资的野心,没有卑鄙的念头,那么我们在今年的圣诞节中,一定很难过。

战争的狂潮虽然在各地奔腾,使我们心惊胆跳,但在今天,每一个家庭都在宁静的肃穆的空气里过节。今天晚上,我们可以暂时把恐惧和忧虑的心情抛开、忘记,而为那些可爱的孩子们布置一个快乐的晚会。全世界说英语的家庭,今晚都应该变成光明的和平小天地,使孩子们尽量享受这个良宵,使他们因为得到父母的恩赐而高兴,同时使我们自己也能享受这种无牵无挂的乐趣,然后我们担起明年艰苦的任务,以各种的代价,使我们孩子所应继承的产业,不致被人剥夺;使他们在文明世界中所应有的自由生活,不致被人破坏。因此,在上帝庇佑之下,我谨祝各位圣诞快乐。

(二)《建造友谊桥梁的责任》

(1979 年 1 月 30 日于华盛顿)

杨振宁

邓副总理,邓大人,各位贵宾:

我代表全美华人协会和全美各界华人热烈欢迎你们光临这个宴会!

为了写今天这个短短的讲词,我花了很多的时间,稿纸一张一张地都被送到字纸篓里面去,这使我想起四十多年前的一个类似的经验。那时候我在北京崇德中学初中念书。为了参加中山公园里面的初中演讲竞赛,记得我非常紧张。好几个晚上不能睡觉。我的讲题是《中学生的责任》——那是"一二·九"、"一二·一六"的时代。

中美建交和邓副总理的访问是近代史上的分水岭性的发展。国际关系从今开始了新纪元。美中两国的学术、文化和商业旅游等一切交流都将大大扩展。我们全美华人家庭团聚的机会也将大大增加。

为了庆祝中美建交，为了庆祝邓副总理和各位贵宾的访问，我们和美中友好协会合办了今天的宴会。我们特别要感谢邓副总理接受了我们的邀请。邓副总理，你的光临使得在座的五百位主人每人都感到他自己也在中美建交这个划时代的历史事件中尽了少许的力量，也在美中两大民族间的友谊桥梁的建筑工程中放上了几块小小的基石！

美中建交是符合两国人民的利益，符合亚洲人民和世界。人民的利益，符合历史潮流的发展的。所有中国人都同意只有一个中国，而台湾省是中国的一部分。这是四千年中国历史所孕育出来的观念。台湾和中国大陆有共同的语言，共同的文化。在未来的极度竞争性的世局里面，台湾不可能不和大陆有共同的命运。我们呼吁台湾省的每一个人，为了他们自己和他们子孙的长远利益，都能掌握住历史的动态和他们自己对历史的责任而为统一工作做出贡献。

中美两国领导人自1971年以来为两国建交做了许多工作。全世界人民都要感谢他们。他们的报酬将是历史所必然给予他们的卓见和勇气的正面评价。

我们在美华人有一百五十多年的历史。这一百五十多年间曾经经过血泪的、沉痛的经验，也曾对美国社会的发展作出了巨大的贡献。横断美洲大陆的铁路干线的修建就同时是我们的血泪史和巨大贡献的例子。……绝大多数美华人民都是热烈地支持美中建交的，像《纽约时报》上月所报道的那样。

我们深深知道因为我们同时扎根于中美两大民族的文化，我们对增进两国间的友好和了解肩负着特别的责任。在今天这个场合,全美华人协会和全美各界华人重申我们将继续为建造两大民族间的友谊桥梁尽我们每一个人的责任。我们知道没有这座桥梁,世界不可能有真正的和平与安定。

(撰稿:林忠雄)

第十章　演讲的基本功训练

第一节　有声语言的技能训练

　　演讲者主要是依靠有声语言来表达自己的思想感情的。有声语言由声音和语言两要素构成。演讲是否能取得成功，其关键在于能否正确地运用声音和语言。在演讲的过程中如何正确地运用声音，著名的表演艺术家李默然同志用了一句很精当的话来概括，叫做"大江东去与潺潺流水"并用。演讲到激昂处，那声音应洪亮高亢，似山洪暴发，大江东流去，一泻千里；至平静时，又应如山间小溪，潺潺流淌。这就要求演讲者有一副好的嗓音，并且具有正确运用声音的能力。好的嗓音，除了先天条件外，更重要的是依靠后天的训练，而运用声音的技能更需要后天的努力学习、训练才能掌握。

　　声音是语言的外壳，优美动听的声音会给语言涂上一层彩釉。但是，演讲者仅仅有一副好的嗓音是不够的，还必须具有熟练的驾驭语言的能力。演讲的语言应该做到语言清楚，即念字吐音分明；语调自然，即重音、停顿和升降明显、恰当；并能根据需要加以变化，做到优美和谐。

一、声音的训练

(一)练气。

练声先练气,"气乃声之源"。充足稳定的气息是发出优美动听的声音的基础。有的演讲者在讲一大段铿锵有力的语句的时候,由于气息不足,只好把力量集中在喉头,结果声带压力增大,变成喊叫,时间一长,嗓子嘶哑。要使声音洪亮达远,能持久,就必须有充足稳定的气息,这就要求演讲者改变过去的胸式呼吸法,学会用胸腹联合呼吸的方法。

胸腹联合呼吸的方法如下。

第一,正确的吸气方法:横膈膜下压腹部,小腹向中心收缩;胸廓、大腹、腰部同时扩张。

第二,正确的呼气方法:切忌一下把气放出,使胸、腰塌瘪,而把小腹一直坚持收住,胸部和腰部在努力控制下慢慢地呼出气来。

第三,找到支撑点:一般呼吸的毛病是呼得浅,咳嗽式堵塞式地呼吸,整个上部是紧张的。要把这部分扩张开,把紧张点移到丹田,以丹田、胸腔、后胸作为支撑点,发声时好像胸腹中有根粗壮的大竹筒撑着。有了支撑点,声音才有力度。

(二)发声。

演讲者要做到字正音准,必须找准发声部位。发每个音节时,唇、齿、舌、喉等发声器官的活动必须协调。每种字头的发声,要运用气息通过发声器官的摩擦阻力,形成一个着力点;韵腹发声时,气息要流畅地通过各发声器官,发出明亮、充实的声响;韵尾的发声,须较有力地保持该韵母的口形,这样就能达到咬紧字头,发响韵腹,收全韵尾的效果。

(三)共鸣。

人体共鸣腔由口腔、鼻腔、胸腔三部分构成。声音从声带发出时是比较微弱的,只有经口腔、鼻腔、胸腔等共鸣腔的共鸣放大后,才能够变得洪亮、圆润、达远。但是,没有经过发声训练的人,往往只运用口腔发声,而不懂得如何使用三个共鸣腔,他们想加大音量时,就拼命在喉咙上使劲,结果越使劲越糟,音量不大,音色单薄。要发出洪亮达远的声音,就必须使用三个共鸣腔。使用三个共鸣腔的关键在于找准发音部位,部位找对了,共鸣腔自然会产生共鸣,自然能发出洪亮达远的声音。那么,如何找到正确的发音部位呢? 这只有靠平时摸索来解决。比如,在朗读或唱歌时,细心体会在什么情况下,什么部位发出的声音最洪亮。这要下一番苦功夫的。

二、吐字的训练

演讲者要把演讲的内容准确、清晰、优美地传达给听众,必须尽快地闯过普通话的难关,努力做到发音准确,口齿清楚。要做到这一点,首先必须熟练地掌握《汉语拼音方案》;其次,练习绕口令也是一种行之有效的方法。传统的练习吐字的方法就是绕口令。绕口令读起来很费劲,它是把一些字音相近容易混淆的字排列在一起。如果经常练习绕口令,并且达到了一种运用自如的程度,那么,再登台演讲,说些不容易说的句子,就能"得心应口"了。

传统的绕口令段子很多,归纳起来可以分为下面几类:

(一)对"唇"的训练:

一平盆面,烙一平盆饼,饼平盆,盆平饼……

（二）对"齿"的训绝:

隔着窗户撕字纸,字纸里面包着细银丝,细银丝上爬着四千四百四十四个似死不死的死虱子皮……

（三）对"喉"的训练:

大红花碗,扣着五个大红黄活蛤蟆……

（四）对"舌"的训练:

从南边来了个喇嘛,手里提着五斤鳎目,从北边来了个哑巴,腰里别着一个喇叭,喇嘛要拿鳎目换哑巴的喇叭,哑巴不愿意拿喇叭换喇嘛的鳎目……

诸如此类的绕口令很多,我们可以自己多选择一些,反复练习,直到说得行如流水,顺畅自如为止。

三、停连的训练

（一）什么是停连。

停连指的是口头表达语流中声音的中断与延续。在口头表达中,在层次之间,段落之间,语句之间,词组之间,甚至词之间,都可能出现声音的中断和延续,那声音的中断处是停顿,那声音的延续处是连接。停顿与连接的关系是辩证的,停中有连,连中有停,演讲就是在不断的停、连中进行。

（二）停连的作用。

停连,一是由于生理的需要,一是思想感情发展变化的要求。从生理上说,演讲者不可能把许许多多的词句、段落一口气说完,要有喘息的机会,从思想感情发展变化来看,演讲者根据演讲的内容的需要,要把演讲的层次、段落、语句、词组和词纳入语言链条,层层衔接,步步展开。在那区分、转折、呼应、递进等地方,造成适当的声音间隙,承上启下,就需要运用停顿;在那组织严密、感情奔流、语言推进、意思连贯等地方,造成声音千回百转、一气呵成的气势,就要运用连续。

(三)停连在口语表达中的类型:

1.一般性停连。这是为了满足清晰表达思想内容而采用的停连。比如在一篇介绍漫画家张乐平的文章中,谈到他在解放前为救济贫苦儿童举行了义卖画展时,有这样一句话:"最贵的一张值八百美元。"说这句话时,可以有四种停连处理;

第一种:最贵的一张值八百美元。

第二种:最贵的　　一张　　值八百　　美元。

第三种:最贵的一张　　值八百美元。

第四种:最贵的　　一张值八百美元。

我们可以看出:第一种处理,没有停顿,语意不清晰;第二种处理,停顿太多,支离破碎,仍然没有清晰的语言;第三、四种处理,虽语意不同,但都很清晰。由此可见,要表达清楚思想内容,必须掌握一般性的停连规律。

2.特殊性停连。这是指为了满足特殊需要而采取的停顿和连接。演讲者根据自己的理解或由于某种需要,诸如为了突出或强调某一点,而对语句采取一种特殊的停连处理。如"最贵的一张值八百美元"如果是说有一张画最贵,卖到八百美元,那就应该采用第三种停连处理方法;如果是说最贵的有好几张,每一张都可卖八百美元,那就应该采取第四种停连处理方法。

特殊性停连关系很多,例如,强调区别、强调重点、强调某种感情、强调逻辑或语法上的某种关系,强调某种修辞效果等。

要处理好停连关系还必须要考虑以下几点:

(一)听众的心理和听众的文化素养。某些问题,对于文化素养较高的听众来说很容易理解,而对于文化素养较低的听众来说要理解却有一定困难。听众感到不好理解时,停顿的时间就必须长一些,有时还要重复一遍。在听众做出一些反应,诸如由于与演讲者产生共鸣而热烈鼓掌,或场内发生很大噪声等,都应该根据不同情况做出不同的停连处理。

(二)演讲的环境和听讲人数。面对几万人的广场讲话和面对几十人的室内讲话,采取的停顿方式大不相同。在面对几万人的讲话中,往往以词之间、词组之间的停连为主。这样才能讲得真,传得远,使听众听得清。

(三)就停顿和连续的关系而言,停顿技巧是重点。停顿的时间长短要适当,词语间一般应短,句段间较长,随感情发展而定。有时因特殊需要,还可以有一定的空场,以留下悬念,或留下情感转换的空隙。若处理得当,则可以受到"此时无声胜有声"的良好效果。

(四)停连要和咬字、重音、语气、节奏等技巧配合练习,综合使用,以便收到更加完美的功效。

四、重音的训练

(一)重音的含义。

在表达演讲思想内容的时候,各个词、词组并非同等重要,那些重要的词或词组,甚至音节,必然要求通过一定的声音形式显出它的重要及重要到什么程度。我们把那些重要的词或调组,甚至某个音节,或者说在演讲中需要突出或强调的词或词组,甚至某个音节,叫重音。请参看第四章。

我们在理解重音的时候,应该明确两点:第一,重音的存在单位是语句,一般以单句、复句为限。也就是说,要在独立、完整的意思中确定重音。第二,重音不能片面地理解为声音上的加重。在一般情况下,对重音词在咬字的音量和力度上要显得重一些;但是,在某种条件下,也可以采取特殊的处理方式,即把某一词语和其他词语相比,在叙述力度上反而要显得轻微一些。

（二）重音的位置。

重音的处理关键在于确定重音的位置。一般情况下,重音的位置有 10 种:

1. 并列性重音。如"古时候有一个人,一手拿着矛,一手拿着盾,在街上叫卖。"

2. 对比性重音。如,"骆驼很高,羊很矮。骆驼说:'长得高多好啊!'羊说;'不对,长得矮才好呢。'"

3. 呼应性重音。如《一件珍贵的衬衫》一文中,"……每当我捧起它,就不由得回想起那激动人心的往事"同"这件事已经过去四年多了",句中"往事"和"四年"就属于呼应性重音。

4. 递进性重音。如,"在茂密的森林里,有一只老虎正在寻找食物。一只狐狸从老虎身边窜过。老虎扑过去,把狐狸逮住了。"

5. 转折性重音。"这正如地上的路;其实地上本没有路,走的人多了,也便成了路。"

6. 强调性重音。如"今天是开学的第一天。"

7.比喻性重音。如,"站在桥上的人就如同浑身的毛孔都闭住,心口泛淘淘;像是呕出什么来。"

8.拟声性重音。如,"雨,哗哗地下着。"

9.肯定性重音。如,"原来他喜欢的不是真龙。"

10.反义性重音。如,"尼采就自诩过他是太阳,光热无穷,只是给予,不想取得。"

在确立重音的位置之后,还应当注意以下几个方面:一是重音切忌使用过多。如果在一句话中每个词语都是重音,或在一段话中每个句子都是重音,那就等于没有重音了。二是重音也不可使用太少。该用处即用,不要过于吝啬,否则,会使演讲平铺直叙,缺少波澜。三是重音要使用得当。不要过分夸张,不要让听众感到突然,难以接受。

五、语调的应用

(一)语调。

语调是指由于思想感情、语言环境的不同或者为加强某种表达效果而在声音上表达出来的升降、高低的变化。

演讲者要准确地表达思想感情,使演讲的声音随着思想感情的发展变化波澜起伏、抑扬顿挫,就必须善于灵活运用各种词语、语调的变化起伏,越生动活泼,讲话的语言含意就越丰富而有趣,越能吸引听众。假如演讲从头到尾都运用一种语调,没有语调变化,那么,演讲起来必定平板单一,枯燥乏味。

(二)演讲中常用的语调是:高升调、降抑调、曲折调、平直调。高升调,在表达上的特点是由低至高,先低后高。一般用来表示惊讶、反问设问、号召、鼓动、命令等。降抑调在表达上的特点是由高至低,逐渐下降。一般表示自信、肯定、感叹、祈使和话语结束。曲折调表达上的特点是前升后降中间高,或先降后升两头高。表示讽刺、愤慨、思索、怀疑、幽默、意在言外、正话反说等时,一般用曲折调。平直调表达上的特点是从头到尾比较平稳,几乎保持着同样的高低。一般用来叙述、说明、解释,表示庄重、严肃、悼念、冷漠等。这些内容本书第四章已有所涉及,所以这里只略讲一些。

六、节奏的处理

(一)什么是节奏。

演讲中的节奏是指演讲者由于情绪、情感的影响所造成的叙述过程中的抑扬顿挫、轻重缓急等对比关系。节奏包含了停顿、重音和语调,并与它们一起构成语言富有表情的基础。节奏是演讲表情达意的工具,也是一种很重要的表达技巧。它对演讲效果有很大影响。

(二)节奏处理的方法。

讲述重要的、需要给听众留下深刻印象的内容,节奏应当慢些,稳些,有力些;讲述有趣的内容,表达愉快的情绪,节奏应当自由些,活泼而轻松;讲述属于揭露性、批判性的内容,表示愤激的感情,节奏应急促有力而富于变化;讲述表示赞颂的内容,抒发热爱、怀念、悲痛的感情,节奏应当由轻、缓而重、快,或者由重、快而至轻、缓,但是又不能形成公式化,因为赞颂、热爱的思想感情也可以用重而快的节奏表达。

此外,处理节奏时,还应考虑到听众。对青年人演讲,节奏一般宜轻快、强劲,而对老年人演讲,节奏则不宜过于急促、强烈,而应当比较舒缓、轻松一些。

总之,停顿、重音、语调和节奏不是孤立地各司其职,它们是相互联系的,在演讲的过程中,必须配合使用。只要演讲者在演讲时能咬准字音,语言清晰,并能灵活运用停顿、重音、语调、节奏等技巧,并赋予优美的声音,就一定能使演讲的有声语言有效地表达思想感情,以取得良好的演讲效果。

第二节　态势语言的技能训练

演讲是有声语言和态势语言结合的产物。演讲虽然是以有声语言(讲)为主,但决不能低估态势语言(演)的作用。恰当优美的态势语言对演讲者思想感情的表达起着重要的辅助作用。

有人认为态势语言(包括姿态、动作、表情)是伴随着有声语言而产生的,是演讲者在演讲的过程中自然表现出的姿态、动作和表情,没有必要进行训练。殊不知,人们平时有一些不必要的习惯动作常在演讲中不自觉地表现出来,不经过训练,态势语言就不可能变得干练、优美。因此,要想做到态势语言优美恰当,还必须经过努力训练。态势语言的训练可分为以下几个步骤:姿态的训练、力度的训练、灵活性的训练、优美性的训练。

一、姿态的训练

为什么有的人给别人的感觉是气宇轩昂,有的人给别人的感觉是疲疲沓沓,有的人给别人的感觉是精神饱满,有的人给别人的感觉则是无精打采?这固然和一个人的气质、修养有密切的关系,但与平时是否注意自己的态势训练有更为密切的联系。要想使自己的姿态优美,除了注重自己的内在修养外,平时还应注意训练自己的姿态,做到"站如松,坐如钟,行如风"。

二、力度的训练

大家一定还记得在《列宁在一九一八》的电影中有这么一个镜头:列宁身体稍向前倾,头脸微仰,双目眺望远方,右手果断而有力地推击出去。列宁这一演讲手势充分表达了无产阶级革命导师的恢弘气魄、宽广的胸怀和非凡的胆略,给人高屋建瓴、势如破竹的印象。假如这手推出去没有一定的力度,僵硬的或是轻飘飘的,那就很难达到这种效果。

力度训练的方法:

(一)右手屈成约五十度,掌心向内,然后翻掌心向外,与此同时,用力推出。

(二)右手屈成约九十度至胸前,掌心向上,用力向右斜上方向画弧甩出。

(三)右手屈成约九十度至腹部,掌心朝下,用力向右斜下方向画弧甩出。左手训练方法与右手相同,但方向相反。

三、灵活性的训练

演讲时,态势应自然活泼,切忌僵硬、呆板,因此要进行灵活性的训练。

(一)活跃全身机能。

人的肌肉和关节,往往因心理烦劳压抑的缘故,于是便陷于不自然的紧张。必须先除去这种心理,而使身体运动舒展自如,毫无束缚,才能有灵活的姿态。

（二）手臂的训练。

甲，手臂放松，使之下垂而挥舞之。乙，将两臂伸直，绕大圈子，先向前，再向后，各几遍。丙，侧举两手，使之成水平状态，手臂放松，手腕摇动，带动手臂活动。丁，向上举手，至垂直时放松两臂，使它们依靠本身的重量落下。

（三）腿的训练。

甲，举右腿向前，腿脚自然放松，使之下垂而摇动之。左腿训练也可用同样的方法。乙，举右腿离地面45度，自然放松，使之依靠其本身的重量自然落下。左腿训练，方法相同。

（四）头颈腰部的训练。

甲，将颈放松，使头无力地慢慢地向前垂下（要自己觉得头有重量），慢慢地把它举过右肩，再放松，任凭它向后仰倒，再举过左肩，向前垂下，再依其相反的方向练习，各几遍。乙，如前状，腰都放松，而由腰运转，使它前后左右，倾侧十数次，然后复原。

（五）眼部的训练。

甲，将眼珠在眼眶内旋转，先自左而右，再自右而左（练习时要头正身直），共数次。乙，想着左边有一样重要事物，眼睛移左视（头不动），放松，眼珠回到中间，想着右边有一样重要事物，眼睛移右视（头不动），放松，共数次。丙，将两眼皮睁大，至露出眼白。丁，将眼皮睁开，在眼角用力，虽大而不露出眼白。戊、闭一只左眼，再闭一只右眼，共数遍。

（六）嘴部的训练。

甲，口角向下，张口，深呼吸，吹气，作哭状。乙，口角向上，张口，深呼吸，吹气，作笑状。（注意：不深呼吸是哭笑不出来的）丙，口角向下，张口，深呼吸，吹气，作苦笑状；共数次。

四、优美性的训练

态势语言的主要功能是在演讲的过程中辅助有声语言表达演讲者的思想感情。评价态势语言的优劣的第一标准，应该是看其是否适用恰当，是否能有效地辅助有声语言表达演讲的思想感情。但是，人们在听演讲的过程中，不仅希望受到启迪和教益，而且希望能得到美的享受。因此，态势语言还应当符合审美的标准，力争做到优美和谐。下面谈谈态势语言优美性的训练方法。

（一）学习模仿。

随着改革开放的实行，我国正兴起一股演讲热潮。这为广大演讲爱好者提供了良好的学习机会。我们应当利用这个机会很好地向名家学习，在听演讲的过程中，细心观察他们所运用的态势语言，认真琢磨一下他们的态势语言是否恰当自然，和谐优美，能否有效地表达思想感情，通过观察分析，提高审美能力、鉴赏能力，对于他们运用的一些恰当优美、能给听众留下深刻印象的态势.不妨做一些模仿练习。

（二）对镜练习。

苏东坡有诗云："横看成岭侧成峰,远近高低各不同。"这说出了一个道理:站在不同的角度所看到的事物是不同的。照镜子，则是从另一个角度看自己。一些平时自己不易发觉的问题，照镜子则很容易发觉。这和当众练习演讲有异曲同工之妙。

在对镜练习演讲之前，我们可以根据演讲的内容对态势做个大致的设计。有设计、有想法、有目标地进行训练，可以收到事半功倍的效果。设计后，就可以进行对镜练习，边练习边琢磨,看看哪些动作是多余的,不协调的,甚至是拙劣的,及时发现问题,并加以纠正。

对镜练习是行之有效的方法之一,著名的演说家孙中山先生训练态势语言的时候,就常常采用这个方法。

(三)借鉴表演艺术。舞台艺术表演动作,是长期以来舞台艺术工作者不断总结、创新、提炼而成的。它利用虚拟、象征、夸张等艺术手法,巧妙地表现现实生活,传达人物思想感情。它活泼自然,优美凝练,深受广大人民群众的喜爱。演讲中的态势语言虽然和舞台表演动作有很大区别,舞台表演夸张成分较多,我们不能把它照搬到演讲中来;但是,如果我们平时能够多看一些戏剧表演,从中学习借鉴,那么,对于我们学习演讲,提高运用态势语言的能力,是一定大有裨益的。例如,闻一多先生演讲很成功,与他早年喜欢参加表演活动也有很大关系。

第三节　朗读和背诵的训练

所谓朗读,是指把诉诸视觉的文字语言转化为诉诸听觉的有声语言的活动。"朗"是指声音的清澈、响亮,"读"是指读书,念文章。

背诵是指脱离文稿并按文稿的固有次序一字不漏地把文字语言转化为有声语言。它比朗读提出了更高的要求。

朗读和背诵的训练对于更深入地理解、把握文字材料,对于提高演讲者运用有声语言的能力,都有很大的帮助。

下面我们分别谈谈朗读、背诵的训练方法。

一、先谈谈朗读的训练方法

（一）看书读报要用普通话放声朗读。

（二）克服固定腔调。

固定腔调，含有腔调固定、千篇一律的意思，指的是使用某种不变的声音形式把词语纳入一种单一的格式，以不变的声音形式应万变的朗读材料，不管什么内容，什么体裁，也不管是书面语言还是口头语言，是文言文还是白话，是鲁迅的作品还是老舍的作品，都同样对待，从朗读中听不出什么区别来。

固定腔调的朗读，不仅声音形式刻板单调，枯燥乏味，而且很难表达出文字作品的感情色彩和丰富的内涵。所以，朗读时必须克服固定腔调。

（三）多听多练。

现在，一般的家庭都有收录机，中央和省、市电台举办的节目丰富多彩，有演讲比赛，诗朗诵，配乐散文，小说连播，电影录音剪辑等等，这为我们学习朗读提供了很好的学习机会。只要我们平时经常注意收听，朗读水平一定会有提高。当然，听并不能代替读，有的人对别人的朗读能够评论，但是自己朗读则很平常。因此，我们不仅要多听，而且要多练习朗读。如果条件允许，我们可以把电台播出的一些好的配乐散文、演讲比赛、诗朗诵等录下来，反复听，反复琢磨，认真分析好在哪儿，然后，自己也选一些朗读材料，进行有表情的朗读，并把它录下来，和电台录音进行比较，看看自己存在哪些不足，从而及时加以纠正。

另外，我们还可以把自己的录音保存起来，把后一时期

374

的录音和前一时期的录音进行比较。通过比较,可以看到自己的进步,以增强朗读的信心。

(四)速看慢读。

所谓速看慢读是指朗读学习材料时,看和想要非常迅捷,而读,则要从容。

我们朗读文字材料的时候,总是在看了字词后就读出声来,而在读出看过的字词的同时,目光又会落到下一组字词上。朗读就是在这样一个边看边读、边读边看的情况下进行的。我们在朗读时,应该"速看慢读"。看学习材料,不仅要迅速在脑中反映出它的字形、字音、字义,迅速地把字连成词、词组、句子,而且要想象字词意义的形象或色彩,从而获得形象感受和逻辑感受;然后,从容读出。只有这样,才能情动于衷,声形于外,达到表里合一的良好效果。

(五)按朗读技巧练习朗读。要想提高朗读水平,必须认真学习朗读技巧,并自觉地按照朗读技巧去练习朗读。朗读技巧包括停连、重音、语气、节奏。朗读技巧会告诉我们语句应如何停顿和连接,如何处理句子重音,如何把握句子的语气和节奏。

(六)把握不同体裁作品的朗读特点。

不同体裁的文字作品对朗读的要求是不同的,比如,记叙文的朗读,要求因事明理,以事感人,具体、细微,语气自然,节奏简朴;论说文的朗读则必须透辟地把握作品内在的逻辑关系,把概念、判断、推理融会贯通,把握论说方向的内涵、作用,并以切身感受,鲜明的态度,用语言表达出来;小说、诗歌等体裁的文字作品的朗读要求又有不同。我们只有把握住各种不同的体裁文字作品的朗读特点,熟练地运用朗读技巧,才能使朗读达到较高的水平。

二、介绍几种背诵的训练方法

（一）理解法。

理解是背诵的基础。"若要记得,必先懂得。"这是大家熟悉的一句格言。拿到一篇学习材料,如果不理解,机械地去背诵,不仅不容易记下来,而且,即使花了大功夫记下来了,也很容易忘记。所以,我们拿到一篇学习材料,如果要把它背下来,要先理解这篇材料,再在理解的基础上背诵。这样,才能达到事半功倍的效果。

怎么对学习材料进行理解呢? 我们拿到一篇学习材料之后,一定要先浏览几遍或认真地通读一两遍,以了解它的内容大意。在了解大意之后,必须对材料进行逐段分析,归纳出各段的中心思想,并在头脑里或在书面上编制出原文的大纲来。有时,为了彻底理解某一段材料,还要对某些字、词、句作一些细致的分析研究。在了解大意和逐段分析的基础上,还必须能抓住材料的要点、难点和关键。只有抓住并弄清楚了材料的要点、难点和关键,才算对这篇学习材料有了真正的理解。同时,这种要点、难点和关键,也就是记忆的重点;记住了这些主要的地方,那些次要的地方就容易记住了。在对学习材料进行分析之后,还应当把材料从头至尾通读一两遍,以便将对各个段落和各个要点的理解联系起来。

（二）创造趣味法。

"兴趣是记忆的大门"。人们对于那些感兴趣的材料,不仅记得快,而且记得长久。这是因为,人们在感知那些自己感兴趣的材料时,思维特别活跃,注意力也特别集中,因而感知过程也就特别强烈。感知过程越强烈,记忆也就越深。所以,我们在背诵学习材料的时候,应调动各种手段,如利用现有知识,运用联想等,创造趣味,使本来无趣味性的材料变得饶有趣味。这样,背诵起来会容易得多,而且不容易忘记。

(三)使用多种感觉器官背诵法。

我们要善于使用多种感觉器官进行背诵,以增强感知过程的强烈性,改善记忆的效果。在背诵一篇具体材料的时候,我们不仅要使用视觉器官,去看材料,而且可以开口去大声朗读材料,同时就使用了听觉器官,去听材料。朗读时,还可以给材料增添感情色彩和韵味。对于一些较难记忆的字词句段,还可以动手摘录。有时在朗读和背诵时可以来回踱步,甚至加上一些手势和形体动作,都能提高背诵效率。

(四)整体与部分相结合背诵法。

如果一篇学习材料很短,当然无须分成几个部分来背诵,用整体记忆法效果更佳。但若学习材料较长,要从头至尾一下把它背下来就比较困难了。这时,我们就要采用整体与部分相结合的背诵方法。所谓整体与部分相结合的背诵方法,就是先把材料通读一遍或数遍,然后再分成若干部分,一部分一部分去朗读,直至能背诵为止,最后再从头至尾去朗读全篇材料,直到能够整体背诵为止。心理学实验证明,背诵较长的材料,采用这种方法比较理想。

(五)反复阅读与尝试背诵相结合背诵法。

所谓反复阅读与尝试背诵相结合背诵法是指,在背诵某种材料时,阅读几次之后,即掩卷而试着背诵,遇到困难时,再看一下材料,如此交替往复,直到能背诵为止。

这种方法比反复阅读直至能背诵为止的方法更好。因为阅读几次之后即进行尝试背诵可以使我们及时知道哪里记住了,哪里还没有记住或记错了,好把精力集中在那些还没有记住的地方。同时,这种方法使我们不得不进行回忆和联想,从而加强了字、词、句或段之间的联系,也使我们的思维活动始终保持着一种积极状态。

大量的心理实验证明,在学习中,把反复阅读和尝试背诵结合起来进行学习,可以使记忆效率大大提高。举一个典型的实验事例来证明:给被试者阅读一篇约 170 字的传记材料,其所用的方法共有 5 种,每次学习的时间都是 9 分钟,每次学习完毕都进行两次测验,一次在学习后立即举行,一次则在学习后 4 小时举行,所得的结果是:全部用于诵读,当时测验能记住 35%,4 小时后只能记住 16%;1/5 时间用于尝试背诵,当时测验能记住 37%,4 小时后只能记住 19%;2/5 时间用于尝试背诵,当时测验能记住 41%,4 小时后能记住 16%;3/5 的时间用于尝试背诵,当时测验能记住 42%,四小时后能记住 26%;4/5 时间用于尝试背诵,当时测验能记住 42%,4 小时后能记住 26%。

(六)合理安排复习。

我们知道,记忆是头脑中某种神经暂时联系的形成与巩固。要使这种神经暂时联系易于形成并能巩固,就必须不断予以强化,强化的手段就是反复练习。如果不及时反复地予以强化,暂时联系就难以形成,即使形成了,也会很快消失。所以,我们要想使记住的东西长久保持在记忆中,就必须不断复习。

心理学的遗忘曲线告诉我们,遗忘的规律是先快后慢。根据这一规律,我们在复习的时候,不仅要考虑复习时间的分配,而且要合理安排各次复习之间的时间间隔。而合理安排各次复习之间的时间间隔具有更为重要的意义。那么,怎样安排复习才比较合理呢? 这要根据背诵的要求而定。一般来说,在记住某一材料的初期,复习与复习之间的时间间隔要短些,以后,时间间隔应逐步加长。比如,如果对材料需要记住 7 天,那么,7 天的时间可以这样安排复习:第一天应把材料复习两遍,第二天复习一遍,第三天不需要复习,而第四天再重新复习一遍。然后,应当隔两天,第 7 天再复习最后一遍。这样安排,效果就比在 7 天之内每天复习要好,而且比较省力。如果把所有五遍复习都集中在第一天完成,那么记忆的效果会较差。如果前几天不复习,而把复习集中在后几天,那么所学过的东西可能忘得一干二净,因而复习就根本无法完成。如果对材料需要记住两天,那么应这样安排复习才比较合理:过 15－20 分钟复习一遍,再过 8－9 小时复习一遍,然后,再过 24 小时复习一遍。复习的时间间隔,可以依此类推。

最后要强调一点:朗读和背诵是实践性很强的活动,要想真正提高朗读水平和背诵效率,光懂得一些方法是不行的,必须按照这些方法进行刻苦的训练,并且逐渐形成一套适合自己特点的朗读和背诵方法。

第四节　记忆力的训练

人们学习、工作、生活,都离不开记忆,而对于一个演讲者来说,具备良好的记忆力尤其重要。试想,演讲者没有良好的记忆力,大脑中没有许许多多的信息储存,一旦演讲需要,怎么可能侃侃而谈、滔滔不绝呢？没有良好的记忆力,演讲起来还可能颠来倒去,丢三落四,甚至讲到一半,忘了词儿,讲不下去了。

对于演讲者来说,必须具备良好的记忆力,大概人们不会有不同看法。

如何才能具备良好的记忆力呢？记忆能力如何才能得到提高呢？下面就介绍一些训练方法,帮助读者有效地提高记忆能力。

一、明确记忆意图,合理选择信息

记忆活动始于对信息的感知,而对信息的感知在很大程度上是一个需要及时作出筛选和判断的感知过程。人们经常遇到各种各样的大量的信息,首先必须分清主次,即哪些是主要信息,哪些是次要信息。所谓主要信息,是指哪些对帮助达到认识目的具有决定意义的信息,而次要信息则指那些不具有决定意义的信息。要使记忆力能充分发挥作用,首先应该分辨主要信息和次要信息,记住那些主要信息,摆脱那些次要信息的干扰,以腾出更多的精力来记住主要信息。好的记忆的先决条件是:人们对丁自己活动目的和认识对象的了解,以及这些信息对于达到自己的目的有无决定性作用的辨别。如果我们能够熟练地进行这种辨别,并对那些对达到目的有决定性作用的信息进行选择和吸取,那么,我们在增强记忆力方面就迈出了第一步。这种选择进行得越熟练,记忆活动的效率就越高。

二、运用多种感觉器官

宋代著名教育家朱熹说:"读书有三到:心到、眼到、口到。"也有不少人在介绍学习方法时谈到,读书除心到、眼到、口到外,还必须手到。尽管他们都没有从理论上阐述为什么要这样做,但是,他们都注意到在学习过程中必须尽可能地运用人的多种感觉器官。

我们知道,对信息的感知始于感觉器官的活动。也就是说,对信息的感知始于视觉、听觉、触觉、味觉和嗅觉。一定形式的信息通常仅仅通过相应的感觉器官使我们感知到,比如,声音通过耳朵、气味通过鼻子,形象和色彩通过眼睛,等等。但是,也有不少信息可以通过两种或多种感觉器官感知。比如,一篇文章,既可以通过阅读去感知,也可以通过听别人的朗读去感知。在通常的情况下,人们都是使用自己最有效的感觉器官去感知信息。但是,我们注意一下就会发现,对一种信息,如果运用几种感觉器官去感知,那么,印象就会深得多。比如,对一个不熟悉的人,如果只是听到他的名字,也许过后就忘了。但是,如果他就在我们眼前,并且我们和他交谈过,别人道出他的名字,那么,对他的名字,识记起来就要容易得多。这是因为,在感知信息的过程中,运用的感觉器官越多,感知过程就进行得越强烈,感知过程进行得越强烈,印象就越深。因此,在感知信息时,不仅要善于运用自己最有效的感觉器官,而且要尽可能地运用各种不同的感觉器官。运用多种感觉器官,是提高记忆效率的一个重要条件。

三、利用现有知识，培养学习兴趣

有的人记外语单词速度很快，要他说出电影演员的名字，却说不出几个；有的运动员对国内外的某项运动成绩，甚至在哪一年取得的成绩，他都记得一清二楚，但是，要他背外语单词，效果却很差。这是因为，有的运动员对某项运动成绩特别感兴趣，而有的人则对学习外语很感兴趣。各人的兴趣点不同，记忆效率自然也不相同。兴趣之所以能提高记忆效率，是因为兴趣能使人们的注意力集中到所要记忆的对象上去，并且，兴趣越浓，注意就越集中。兴趣还能使人们对所记忆的对象去积极地进行思考。因此，有人把兴趣誉为"记忆的大门"。为此，我们应该利用现有的知识，培养广泛的学习兴趣。

四、注意集中

注意是人的心理活动对外界一定事物的指向与集中。如果我们对某一事物注意力集中，就能提高学习效率；如果注意力不集中，即使复习多次，也不能记住；暂时勉强记住了，也不能持久。为什么注意高度的集中能够增强记忆力呢？人们大脑神经的兴奋与抑制是相互作用的。当某个区域的抑制引起邻近区域的兴奋时，叫做"正诱导"；反之，当某个区域的兴奋引起邻近区域的抑制时，叫"负诱导"。注意力正是诱导的结果。当我们注意力高度集中于记忆时，大脑这一特定区域会高度兴奋，记忆材料会在这一区域留下深刻的痕迹。相反，如果注意力不集中，大脑的兴奋区域就会很多很分散，这样记忆材料就不会在大脑中留下深刻的痕迹，记忆效率当然不高。

既然集中注意对提高记忆效率这么重要,那么如何集中注意呢? 下面介绍集中注意的一般方法。

(一)加强对主要信息的注意。

把自己的注意指向被研究的对象,并试图发现其中一切新的方面、新的特点和新的联系。要尽量使得达到认识目的的过程由于集中注意而变得越来越有效。要留心使注意仅仅指向所研究的对象,而不让它指向其他对象。

(二)不要在记忆中巩固次要信息。

凡是被感知的对理解所研究的对象不起主要作用的信息,都不应当让它在记忆中巩固,也就是说这类信息不应当在记忆中复习。

(三)排除次要信息的干扰。

次要信息常常会干扰注意的集中,要排除次要信息的干扰,必须用感知新信息(最好是主要信息)的方法把被感知的次要信息立即排挤掉;也就是说,在次要信息尚未得到巩固时,就及时排挤掉。一般来说,感知几个新信息,就可把未得到巩固的信息排挤掉。

五、妙用联想,建立广泛联系

良好的记忆,必须有生动的联想以及创造联想的技巧。联想就好比是一个记忆的钓钩,事件正如沉在水底的鱼儿,记忆的钓钩可以自如地把"鱼儿"提到水面上来。

人们都有过这样的体会,某些事物勾起了过去的回忆,这就是所谓的"触景生情"。北宋的宰相寇准,儿童时代很顽皮,他的母亲严加管教,甚至打伤他的脚踝。后来,他发愤读书,终于取得了成就。可他母亲已经过世了。他一抚摩伤疤,便想起望子成材的家教。这便是由"伤疤"产生的联想。如果人们在记忆过程中能够妙用联想,使枯燥的孤立的事物处于相互联系之中,那么,记忆起来就会容易得多,而且能保持长久。所以我们在记忆某事时,要多方寻找联想,使事物之间建立广泛联系。

比如,意大利半岛像长靴一样伸入地中海,脚尖还跟着西西里呢!当你看到靴子,就会想起意大利半岛。

再如,陌生人的姓名比较难记。如果能把他的姓名和当时的环境、情景联系起来,对记忆也一定很有帮助。

六、正确地进行遗忘

以往的心理学有关理论认为,记忆的最大障碍是遗忘,要增强记忆力就必须和遗忘作斗争。似乎只要克服了遗忘,记忆力就会好得惊人。其实,这种观点有很大的局限性。如果把遗忘理解为信息的丢失,那么,有些问题就不好解释。例如,如果信息已经从记忆中完全消失,为什么已经忘记了的信息在一定条件下又可以重现呢?我们认为,遗忘并非信息的丢失,不是记忆不好的标志,恰恰相反,它是构成良好记忆力的重要因素之一。

为了说明这一点,不妨先了解一下遗忘的认识机能。遗忘可以分为积极遗忘和消极遗忘(信息无意被挤掉)两种。就记忆力的训练而言,我们感兴趣的是积极遗忘。积极遗忘的机能在于把信息排济到潜在记忆(无意记忆)之中,它不是信息从记忆中完全消失,而是信息被抑制起来,转为潜记忆。一旦需要时,可以把这类记忆恢复成有意记忆,也就是说可以回想起来。这与那些在瞬时记忆中被丢失的信息是不同的。所以,积极遗忘既能将信息储存起来,又能避免有意记忆的负担过重。我们应该正确地进行遗忘。

上面介绍的是提高记忆能力的一般方法。仅仅掌握一些方法是不够的,读者必须按照上述方法进行不断训练,才有可能使记忆力有一个比较大的提高。

第五节　思维的训练

思维是人脑借助于语言而实现的,以已有的知识为中介,对客观现实的对象和现象的概括而间接的反映。

在演讲活动中,语言的组织,演讲内容先后顺序的安排以及对事物的认识,都依靠思维活动。在某种程度上,演讲能力取决于思维能力。一个演讲者只有具备了清晰、连贯、严密的思维能力,才可能言之有物,言之有序,言之有理,顺理成章。相反,如果一个演讲者思路不清,一个意思前面说了后面又说,却又表达不清,那么,演讲活动就不可能正常进行。

演讲活动,有时有充分的时间准备,有时是在边想边讲、边讲边想的情况下进行的。所以,演讲者的思维不仅要清晰、连贯、严密,而且要敏捷、灵活。

演讲者要提高自己的思维能力,就必须按一定的方法进行坚持不懈的训练。下面谈谈思维训练的一般方法。

一、思维的灵活性训练

(一)培养经常思考问题的习惯。

唐人贾岛说:"一日不作诗,才源如枯井。"这虽不免有些夸张,但是,大脑在每天思考问题的过程中,受到磨砺、锻炼,会逐渐变得更加敏捷灵活起来,这一点不假。每天思考问题,大脑就必须保持一种积极思维状态,只须稍许一点启示,便能触发灵感,使平时难以解决的问题得到解决。相反,如果不爱思考问题,大脑经常处于一种"半睡眠"状态,那么,即使灵感掉到了头上,也不可能捕捉到它。因此,我们应该培养经常思考问题的习惯。主要是带着工作学习和日常生活中的主要问题进行思考,并且随时把感知到的新东西和自己的思考网络挂钩、撞击,以获得新的启发。

(二)进行反向思维训练。

所谓反向思维,简单地说就是反过来想一想,把人们习惯性的思考问题的路子倒过来。

在解决问题的时候,人们往往会自觉或不自觉地受到传统观念和思维习惯的束缚。如果当我们碰到按传统思考习惯难以解决的问题时,能自觉运用反向思维,"反过来想一想",那么,许多问题就能找到解决它的新路子。

(三)进行侧向思维训练。

众所周知,阿基米德解开"王冠之谜"是从洗澡中受到启发的。从思维角度来分析,他运用了侧向思维的方法。

侧向思维又叫旁通思维,是指从其他领域的事物得到启发,从而产生出新设想的一种思维方法。

如果我们平时能有意识地进行测向思维训练,那么,当我们在分析问题解决问题的时候,就有可能由于受到某一事件的启发,"触类旁通",得出解决问题的好办法。

(四)进行两极思维的训练。

386

两极思维是求异思维,它要求把一切论点、一切材料都放到两个极点上去分析。传统运用的是单向思维,思考问题的方式常常只是单向的。比如,写议论文,"失败是成功之母"这一命题,按一般的思维方式,就是在这个观点之下找出证明这一观点的材料,那么,这样一来就排斥了失败之后未必一定能成功的材料。事实上,有些失败只能永远是失败,不可能转化为成功。如果把这一观点放到两个极点上去分析,失败可能是成功之母,也可能不是成功之母,这样一来,分析就会全面深刻得多。

二、思维敏捷性训练

(一)测试法。

由测试者提出问题,要求被测试者迅速作出反应,在尽可能短的时间内迅速作出回答并且阐述论据,尽可能做出周密的论证。

(二)多参加演讲、会议及节目的主持活动。

参加演讲比赛,尤其是参加即席演讲比赛,对于锻炼敏捷的思维能力很有帮助。因为即席演讲要求演讲者在没有充分准备的情况下对听众表述自己的思想,这就要求演讲者在很短的时间内能够确立论点,组织材料,分析论证,并用恰当的语言表达出来。

主持各种会议及文艺晚会也能训练敏捷的思维能力。因为节目主持人要随时对会上各位发言人和演出的节目作出简短而恰当的"评论",对现场的环境进行观察分析,并且要及时回答各种问题。

三、思维的条理性、严密性训练

（一）学习形式逻辑。人类最早的思维科学就是形式逻辑。形式逻辑是研究思维形式（概念、判断、推理）、思维的基本规律以及思维的方法的科学。它有助于我们正确地认识客观世界，包括认识客观事物，了解他人思想，揭露逻辑错误等，有助于我们准确地表达思想。学习形式逻辑能使我们在进行思维活动的时候严格遵循逻辑规则，在进行思考时，全面而有系统；在考虑复杂问题时，能抓住关键；在表达思想时，层次清晰，有条有理。

（二）按照解决问题的思维过程进行经常性训练。心理学告诉我们，解决问题的思维过程是：发现问题，分析问题，提出假设，检验假设，作出判断和结论。比如，科学家们解开"蝙蝠之谜"就遵循了这一思维过程。蝙蝠在黑夜飞行不会碰撞障碍物，这是一种自然现象。根据这一自然现象，科学家们提出一个问题："为什么蝙蝠在黑夜飞行不会碰撞障碍物呢？"接着提出了一个假设：蝙蝠能在黑夜里避开障碍物飞行是由于它有特别强的视力。实验表明，这个假设是不成立的，蝙蝠被蒙上眼睛同样能避开障碍物飞行。于是，又提出另一个假设：蝙蝠能在黑夜里避开障碍物，是由于它能发出一种超声波，而耳朵能听到这种超声波遇到障碍物时所产生的回声。经过检验证明，第二个假设是成立的。于是，揭开了"蝙蝠之谜"。

如果科学家们对蝙蝠黑夜飞行不会碰撞障碍物这一自然现象熟视无睹，不提出为什么，那么，关闭着的思维大门就仍然关闭着，这个谜就可能至今还不能被揭开。

我们应该向科学家们那样,平时对周围发生的自然现象、社会现象不轻易忽略过去,而应多问几个为什么,分析研究产生的原因,寻求解决问题的几种可能的办法,检查验证哪种办法可行,最后得出结论。这样,我们的思维就一定会变得更加严密而有条理。

四、辩护和反驳的训练

练习辩护和反驳,可以说是对思维能力进行综合性训练的好办法。辩护与反驳,不仅要求演讲者在表达自己的思想时层次清晰,有理有据,不遗间隙,又巧设圈套,而且要求演讲者在很短的时间里针对对方提出的问题进行分析、综合判断、推理、证明,揭露对方存在的观点错误,逻辑错误,击中对方的要害。因此,演讲者如果能经常参加辩论会,进行辩护与反驳的训练,就一定能获得严密而敏捷的思维能力。

第六节　想象、联想的训练

想象是在现实刺激影响下,在头脑里加工改造,形成新形象的心理过程。比如,我们看了宇宙飞船登上月球的报道,虽然并没到过月球上,但根据报道的描绘,头脑里便自然会产生一幅月球上山脉、平原的画面。这就是想象所起的作用。联想统属于想象之内,是由此及彼的一种心理过程。

想象和联想最突出的作用就是具有很强的综合力量。法国十九世纪评论家让·保罗曾经说过:"想象力能使一切片段的事物变为完全的整体,使缺陷的世界变为完满的世界,它能使一切事物都完整化,甚至也使无限的、无所不包的宇宙变得完整。"因此,只有演讲者具有丰富的想象和联想力,他在构思演讲的时候,才会浮想联翩,文思泉涌,众多的形象纷至沓来,才能将所看到的、想到的各种事物、观念,围绕着演讲的主题,有机地、自然地组合起来,熔于一炉,"笼天地于形内,措万物于笔端",使演讲内容丰富,感情饱满。不仅如此,演讲者有了丰富的想象力和联想力,还能增加演讲内容的深度和广度,还会使演讲形式丰富多彩,变化多姿,错落有致。

相反,如果演讲者缺乏丰富的想象力、联想力,不能"由此及彼,由表及里",那么,必定思路狭窄,文笔枯涩,演讲内容干瘦单薄,由此也必然导致演讲的形式平直呆板。

所以,演讲者具备丰富的想象力、联想力,是非常重要的,演讲者进行这两种能力的训练是很有必要的。

一、想象、联想产生的基础

想象和联想不是凭空产生的,而是在现实刺激影响下,在过去感知材料的基础上产生的,所以,它们必须以经验和知识作基础。

(一)想象与联想必须以丰富的生活经验作基础。

高尔基在《论笑及其他》中说:"一切幻想都根源于现实,人不可能凭空臆造任何东西。"一个人想象、联想能力的强弱,取决于他是否具有丰富的生活经验,假如他对生活缺乏直接或间接的经验,那么,他就不可能凭空想象和联想。生而盲目的人,从未感知过色彩,他就不可能对色彩产生想象和联想;同样,生而耳聋的人,也不会对声音产生想象和联想。

390

（二）要有广博的知识作基础。

世间万物都是相互联系着的,各种知识也是密切相关的。如果一个人没有掌握与他当前感知到的概念或事物相关的知识,那么,他就不可能触类旁通,由此及彼,就不可能展开想象和联想。法国数学家格洛阿根据看门妇人描述的情景,断定好友鲁柏是被住在 314 房间的人杀害的。被害鲁柏死后手里还紧紧握着一个残缺的"馅饼","馅饼"在英文中是"Pie",在希腊文中就是"π","π"代表圆周率 3.1416……,取其近似值,即 3.14。格洛阿即由"Pie"联想到 π",再想到3.14,想到 314 房间,由此断定死者是被住在 314 房间的人杀害的。事实证明格洛阿的判断是正确的。假如格洛阿不具备"Pie"、"π"的知识,他就不可能想到这里。所以,一个孤陋寡闻的人、知识贫乏的人,是不可能有丰富的想象和联想力的。一个人知识越丰富,他的思路就越敏捷,想象、联想力也就越丰富。

二、想象和联想的训练方法

（一）冥思法。冥思法即利用催眠诱导的方法,使人处于一种松静自然的状态。我们观察发现,有的同志之所以文思枯涩,有时并不完全是由于缺乏某一方面的生活经验,缺乏某一方面的知识,而是由于精神过分紧张,影响了想象联想的展开。只有解除了思想负担,放松点,再放松点,才能打开生活的闸门,才能开阔思路,才能充分活跃想象和联想。

（二）相似想象、联想法。所谓相似想象、联想法,即由于事物相互间某些特点相似而产生想象、联想的方法。相似想象、联想法又可以分为形似和神似想象、联想法。

先谈谈形似想象、联想法。

所谓形似想象、联想法，即由于事物相互间的外形、色彩、声貌等相似而产生想象、联想的方法。比如，"床前明月光，疑是地上霜"，由于"月光"和"霜"的色彩相似，所以诗人李白由"月光"就想到了"霜"。人们常常把美女比作鲜花，美女和鲜花是不同的事物，但给人的美感是相似的，"记得绿罗裙，处处怜芳草"，"芳草"和"绿罗裙"是不同的事物，但它们都是绿色的，所以，看到"芳草"就想起了"绿罗裙"。

再谈谈神似想象、联想法。

所谓神似想象、联想法，是指由于事物相互之间的情调、神态、气质有相似之处，而令人产生想象、联想的方法。比如"枯藤、老树、昏鸦"，形象是毫不相同的，但在一个天涯漂泊者的眼里，其神情韵调却是相同的，所以，可以互相配合，构成一幅悲凉的图景。

（三）对比想象、联想法。

所谓对比想象、联想法是指事物相互之间正反对立着，由正及反或由反及正的一种想象、联想方法。比如"月盈即亏"，由月亮的回想到了缺。"人生没有不散的筵席"，由人的相聚，想到了宴散人别离。再如"黑"与"白"、"矛"与"盾"、"天"与"地"等等。

（四）接近性想象、联想法。

接近性想象、联想法，即指两种事物经常同时发现，由此，看到或谈到一物而想到另一物的方法。比如，"梅雪争春未肯降"，由"梅"常常易想到"雪"；看到"菊"想起陶渊明，因为陶渊明常常做菊花诗。

上述介绍的只是几种常见的想象、联想方法，其实远不止于这些。想象和联想也不一定那么单纯刻板,有时是几种方法混合在一起使用的。如,看到菊花想起陶渊明,一方面是接近性想象和联想,因为陶渊明常做菊花诗;另一方面是类似想象和联想,因为菊花有高人节士的气概,和陶渊明的性格很类似。想象和联想也并不一定单纯由此及彼,由甲到乙,而是从一点出发,一个接一个地想象、联想下去,像连锁反应一样。如"为了我们的父亲",演讲者由罗中立的油画《父亲》,想到推板车的老人,再想到辛勤劳动着的许许多多的工人、农民——我们的父亲。所以,我们在运用想象、联想方法的时候可以灵活运用。

(撰稿:何勇向　赖名祜)

思考与练习

一、什么是胸腹联合式呼吸法? 怎样才能发出洪亮达远的声音?

二、态势语言的训练包括哪几个步骤? 其训练的主要方法有哪些? 请按照介绍的那些方法进行经常性训练。

三、朗读的训练方法有哪些?

四、朗读技巧包括哪些内容? 下面有一段短文,请运用朗读技巧进行朗读。

反动派暗杀李先生的消息传出以后,大家听了都悲愤痛恨。我心里想,这些无耻的东西,不知他们是怎么想法,他们的心理是什么状态,他们的心怎样长的! 其实很简单,他们这样疯狂地来制造恐怖,正是他们自己在慌啊! 在害怕啊! 所以他们制造恐怖,其实是他们自己在恐怖啊! 特务们,你们想想,你们还有几天? 你们完了,快完了! 你们以为打伤几个,杀死几个,就可以了事,就可以把人民吓倒吗? 其实广大的人民是打不尽的,杀不完的! 要是这样可以的话,世界上早就没人了。

五、速看慢读的含义是什么?

六、背诵的训练方法有哪些? 自选两篇一千字左右、难度较大的文章(最好是选自己以前没读过的文章),一篇作一般背诵,另一篇运用背诵方法进行背诵,验证一下那些方法是否有助于背诵。

七、怎样合理选择信息?

八、选出一篇材料,用自己对于感知这种材料具有优势的感觉器官来感知它;也就是说,或者用眼睛看这个材料,或者用耳朵听别人读这个材料;同时要力求更有效地运用其他感觉器官:或高声朗读这篇材料,或先听录音,再默读一遍,然后复述材料的内容。要用一定的语调和韵律来复述这个材料。再试试看,一边来回踱步,一边复述材料内容,效果如何。

九、选择一篇对自己来说是陌生的材料,例如,翻开《百科辞典》,选出一篇含有你不知道的信息的并且使你感兴趣的文章,然后回答下列问题:

这类信息对你的工作有什么意义?

为什么它能引起你的兴趣?

关于这些信息你已经知道些什么?

它同你现有知识有什么关系?

它可能对你的工作有什么好处?

十、集中注意力的练习。

在房间里选择任何一样东西作为认识对象,例如一幅画,努力在一分钟内找出这幅画的各种特征。练习应该按一定的程序进行。比方说,首先简要地描述这幅画的一般特点,包括下列内容:这幅画上画出了什么? 画的作者是谁? 画框好坏? 等等。然后,再研究画本身的特点,研究它的各个细部,弄清这些细部所表现出来的风格等等。

十一、如何排除次要信息的干扰?

十二、请写出"普通砖头"的用处,写得越多越好。

十三、请给下面的一段故事加上一个恰当的标题。

一名传教士被非洲的食人生番者所俘,在这名传教士被放在锅内将用沸水煮之前,该部落的公主许下诺言,只要他愿与公主结婚,便可获释。他拒绝了,因而被煮死。

十四、请给下面一个故事加个结尾。

古时候有两个学生要去读书。一个是财主的儿子,一个是农民的儿子。

他们先后到先生那里。先生说:"我出个题先考考你们。"说着,先生把他们领到一间漆黑的屋子里,对他们说:"我现在给你们每人两百元钱,你们拿去买样东西来,买来的东西要把这间空屋子装得满满的,限你们明天一早完卷。"

……

十五、请给下面一个故事加个结尾。

从前有一个流浪汉,一天,他走到一家饭馆前,只见门上挂着一块牌子,牌子上写着:"明天吃饭不要钱。"流浪汉上前一看,心里很高兴,便急着等待着第二天的到来。

第二天一早,饭馆刚刚开门,流浪汉便走了进去。他找了个座位坐下以后,就赶忙喊起来:"来一盘酱牛肉,一壶酒,再来一盘包子,两碗肉丝面……"

十六、回答下列五个问题。

(一)上数学课时,上课铃声刚响过,就有一个人哇啦哇啦讲起来,这个人是谁?

(二)兄弟间好久不见了,谈话之间,哥哥突然想起自己的侄女最近要结婚的事,他把这件事同弟弟说了。可对弟弟来说,却没有一个要结婚的侄女。当然,这两兄弟不是什么堂兄弟,而是亲兄弟。这是怎么回事?

(三)村边有一棵树,衬底下有一条牛,它被主人用2米长的绳子拴住了牛鼻子。

一会儿,主人拿着饲料来了,他把饲料放在离树三米远的地方,坐在一边抽烟去了。可是,当他没有注意的时候,牛把饲料吃光了。当然,绳子很结实,没有断,也没有解开它。你猜,这牛是怎么吃饲料的?

(四)你有一个准时的闹钟。如果你晚上8点钟上床,把闹钟拨到明天早上9点,你能睡几个小时?

(五)有两个人,一个人脸朝东站着,一个人脸朝西站着。不准走动,不准照镜子,怎么能看到对方的脸?

十七、有一次,英国著名文学家萧伯纳遇到一个肥头胖耳的神父。在谈话时,这个神父上下打量着疲骨伶仃的萧伯纳,阴阳怪气地说:"萧伯纳先生,看你这副模样,真叫人以为英国人都在挨饿呢!"

一位教师念了上面的话以后说:"萧伯纳面临神父的恶毒攻击,应该如问反驳?请同学们认真思考一下,并代萧伯纳反驳。"

有一位学生的反驳词,无论从逻辑上说,还是从语言上说,都很有代表性。他的驳词是这样的:"可敬的神父,如果事情诚如您所言,从一个人的肥瘦可以断定他的生活情况的话,那么,您的尊容,那就明白地告诉别人,您是在猪圈里长大的。"

为了对比学生的驳词,这位老师还介绍了萧伯纳的反驳词。萧伯纳的反驳词是这样的:

"尊敬的神父,看你这副模样,人们一下就明白了,这苦难的根源,就在你们这种人身上啊!"

对照萧伯纳的驳词,指出这个学生的驳词存在什么问题。

十八、在朋友或同学之间进行一次辩论,辩论的命题是《雷锋精神是否值得提倡》。

十九、指出下列几题运用的是什么性质的想象、联想法。

(一)小张看到"酒",想到饮酒,进而想到斗酒诗百篇的李白。

(二)忽如一夜春风来,千树百树梨花开。

(三)周总理手上的老年斑,也恰似梅花点点。

(四)伤心桥下春波绿,曾是惊鸿照影来。

二十、为了开阔思路,你应该经常进行想象、联想训练。如,有个同学根据《路》这个题目,想到了很多。首先,想到了交通往来的路(公路、铁路、山路、水路;农村的泥路、城市的柏油路;平坦的路、崎岖的路……);其次,想到了工人、解放军战士筑路(工人顶烈日,冒严寒铺设柏油路;解放军战士攀山越岭,开山架桥,铺设铁路……);再次,想到了人生的道路、政治道路、社会道路;最后,想到了人对不同道路的选择(爱平稳安定的人,循前人道路前进;爱冒险的人用自己的血汗开辟一条新路……）。现在有个题目叫《海》,请你想想,看能想到哪些内容。

二十一、为了拓宽思路,人们可以自由地进行想象、联想,但是,想象、联想并不是胡思乱想,在写作或演讲过程中,必须遵循一定的原则进行想象、联想。下面有一篇文章,请认真阅读它,如果认为它的缺点是胡思乱想,那就请具体指出它的缺点所在,并提出修改意见。

月夜小景

半轮月斜仄着挂在天际,碧空澄澈,又没有一丝游云,月华满天地充盈着,——只半边挂影就够莹洁的了。

远看,月光像一杯清波,荡漾在村外的庄稼丛里。就近细瞧,叶茎上面,月光疏疏密密地铺撒开去,像片片微光熠熠的鱼鳞,又像点点烁烁的黄金粉屑,给这濛濛的夜色增添了许多妩媚。

这时候,能依稀看得见矮墩墩的棉花棵,牵着长长藤蔓的地瓜秧,亭亭玉立的高粱,……如金如银的月光,流泻在枝头上,闪动上叶片间,波光粼粼,融融漾漾。

啊,幽幽夏夜里,寥寥月宫中,嫦娥与吴刚正在做什么呢?玉兔在那桂树下,是不是已经打着盹儿?什么时候,我能乘上飞船,到月宫里去访问这仙境,把那里的秘密带到人间?

"长安一片月,万户捣衣声"。如今村外虽有一面水塘,但队上如果购买了洗衣机,这明月下却没有了捣衣人了。将来农药也会把水塘污染,青蛙全死掉了。这夜连一声蛙叫也没有。到那时,月夜该是多么清冷啊!所以要保护青蛙,它是益虫,又能给月夜增加诗的意境。你听,它那鸣声,不是像

398

敲鼓吗?

村边的水塘边,可是个好去处,月影倒映在水里,那是月的照相。我想给水里投一撮什么药剂,如果能把月宫里的什么秘密反映出来,那该多好啊!那样,人类就不需要发展宇宙航行事业了。宇宙航行,终究是危险的。

朦胧夜色里那侍立田头的银槐,一棵棵黑魆魆的,该不会使胆小的孩子误以为是身披玄衣的天神乘月降临了吧?

月儿转过一丛高树,地面上显得格外柔和,幽美了。

——呵,多美的月!多美的夜!

(撰稿:何勇向　赖名祜)

第十一章　演讲比赛

第一节　演讲比赛的意义、作用和形式

演讲比赛是演讲活动的一种重要形式。它是通过演讲者比思想、赛技能而达到一定的宣传教育目的的一种脑力竞赛活动。

在我国,随着群众性演讲活动的兴起,演讲比赛在工农商学兵各行各业中普遍开展起来。这对于推动我国演讲事业的发展,促进社会主义物质文明和精神文明的建设都具有重大意义。

从各地演讲比赛的实践可以看出,它具有以下几点作用:

(一)它有助了演讲者的锻炼和提高。演讲比赛是演讲者思想、知识和各种能力的表现和检验,通过演讲比赛,演讲者可以互相学习,取长补短,提高能力,提高演讲水平,加速成才。

(二)它有利于推动群众性演讲活动和演讲事业的发展。通过演讲比赛,可以扩大演讲的影响,激发人们学习演讲的兴趣,吸引更多的人参加演讲活动,促进演讲事业向广度和深度发展。

(三)它有助于促进演讲学科的发展。演讲学是一门科

学,又是一门艺术,涉及面广,要求也高。通过比赛,各家各派可以互相交流,博采他家之长,使演讲学日臻丰富和完美。

(四)它是思想政治教育的得力工具。通常,演讲比赛是根据一定的思想教育目的而举行的,每个演讲者将丰富的思想内容寓于演讲之中,听众听演讲的过程,就是接受思想政治教育的过程,许多听众听演讲受到的教育终生难忘。

(五)它有助于知识和文明的有效传播。演讲比赛是知识和文明的传播活动。由于参赛的演讲都是经过精心准备,精雕细琢而成的,所以听众可以从中获得不少知识。同时,从演讲者表现出的风度、气质、清晰的表达能力和高雅的举止等方面,听众可以获得启迪和享受,无形中受到良好的文明行为的熏陶。

演讲比赛可以从不同角度进行分类。

按使用的语言分,有用普通话进行的演讲比赛,有用外语进行的演讲比赛,有的地方也可组织少数民族语言进行的演讲比赛。按演讲人员分,有大中小学生演讲比赛,有青年演讲比赛,有妇女演讲比赛,有军人演讲比赛等。按内容分,有提供信息的演讲比赛,如,读书演讲比赛,影评演讲比赛。有劝导性的演讲比赛,如,竞选干部的演讲比赛,有关青年问题、妇女问题的演讲比赛。按场所分,有大会演讲比赛,有电视演讲比赛。按形式分,有命题演讲比赛,有即兴演讲比赛,有论辩演讲比赛。

命题演讲比赛是由主办单位规定话题或直接命题,演讲者经过较长时间的准备参加比赛,然后评出名次。如,中共吉林市委宣传部、吉林市妇女联合会、《演讲与口才》杂志社和吉林市电视台,于1987年3月在吉林地区举行了一次较大规模的命题演讲比赛。所命之题为《女性的理想与理想的女性》，分别由女、男同志演讲，女同志讲"女性的理想"，男同志讲"理想的女性"。

即兴演讲比赛是由主持者当场亮题，演讲者做很短时间的准备，然后登台演讲。如，全国 10 城市青少年演讲邀请赛的即兴演讲题有《当我被误解的时候》、《我最崇拜的人》、《新时代的流行色》等。

论辩演讲比赛是将辩论作为一种比赛项目来进行的演练活动。如，1986 年在新加坡举行了一场亚洲大专辩论会。这是一次高水平的论辩演讲比赛。决赛是在北京大学队和香港中文大学队之间进行的。辩题为《发展旅游业利大于弊》。抽签结果，香港队为正方，即认为"发展旅游业利大于弊"，北大队为反方，即认为"发展旅游业弊大于利"，结果，北大队获得胜利，夺取桂冠。

第二节　演讲比赛的组织

演讲比赛的组织是一个系统工程，它是由决策、执行、反馈三个基本要素构成。这些基本要素又包含若干要素，如"执行"这个基本要素又包含比赛、评判、后勤服务、信息发布四个要素，而这四个要素各自又包含若干子要素，如，报名、设计比赛程序、组织评判机构、制定比赛规则和评比标准、选择主持人、会场准备、用品购置、生活服务、听众组织、报到、比赛、评比、发奖、总结等。一次演讲比赛只有通过这些基本要素、要素、子要素有秩序地运动才得以完成。为了说明这些要素之间的关系，特绘制下面一幅简图。

402

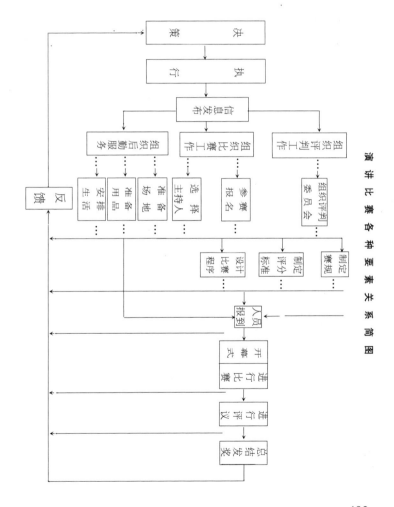

演讲比赛各种要素关系简图

403

下面,就其中若干要素加以说明。

决策,即主办单位做出进行演讲比赛的决定。这个决定应包括比赛的目的、内容、形式、参加人、时间、地点、规模以及有关要求等。尤其是内容和形式要十分明确。

信息发布,即把主办单位进行演讲比赛的决策及时地通知各个有关单位,让其充分做好准备。信息发布可以通过会议,也可以通过报纸、电台、电视台、海报等媒介,或者诸方面兼而用之。定要造成声势,扩大影响,引起重视,而且还特别要注意它的超前性,给有关方面留出充分准备的时间。

报名,即报送参加演讲比赛的单位和演讲员的名单。在这方面,主办单位和参赛单位都有责任把好三关:一是内容关,二是人员关,三是演练关。这三关是关系演讲比赛成败的关键。在内容关方面,一定要抓好演讲稿的审定。在人员关方面,除了注意演讲员一般素质外,值得提醒的是,要注意演讲员的平时表现。演讲员在台上,无疑就是教育者,身教重于言教,他们本人平时的表现是十分重要的。选择在本单位表现好的演讲员,容易得到群众和基层组织的支持。因此不是任何报名者都可以登台参赛,有关方面有责任把报名人员进行综合考察筛选,尔后把最优秀的演讲员送上讲台。在演练关方面,要肯下大工夫,反复演练,精益求精,比赛不开始,演练不终止。可以一个人先关在屋里练,然后再当众练,要请人具体辅导,也要让大家评议。总之,要使演讲中每一句话,每一个动作,每一个眼神,都恰到好处。

设计比赛程序,包括开幕式、演讲员比赛顺序、闭幕式等事项的设计安排。程序设计要讲科学性、可行性。演讲比赛的开幕式一般要庄重、简短。讲话的人不宜多,主要由主办

404

单位致开幕词即可。演讲员登台演讲的顺序安排要做到合理、公道。该抽签决定的一定要抽签决定。如果参赛的人数较多,可以分三个阶段进行,先预赛,再复赛,最后决赛。大型演讲比赛的闭幕式,一定要隆重、热烈。除发奖外,主办单位要作简要总结,还可以请几位获奖者、听众作即席讲话,请各地领队代表发言。

主持人在演讲比赛中起着重大的作用。他是赛场的具体的直接的组织者、指挥者。他要有敏捷的才思和应变能力,能够控制整个会场,要为演讲者创造良好的演讲环境和气氛。有经验的主持人会使会场气氛活跃,生气盎然,吸引听众听讲。主持人高超的主持艺术是比赛获得成功的重要一环。因此,要严格挑选演讲比赛的主持人。

在赛场上,要求主持人做到以下几点:

(一)主持人在比赛开始前,应与演讲员进行必要的联系,共同商讨有关问题,保证演讲比赛的顺利进行。

(二)主持人在演讲比赛开始时的讲话,要尽可能地短些,避免喧宾夺主,因为听众毕竟不是来听主持人演讲的。

(三)"主持语"要得体、恰当、流畅。得体,即话要说得彬彬有礼,讲究分寸,切忌过分地褒扬,廉价恭维。恰当,即话不多说,也不少说,话量适度,而且恰如其分;不要讲套话、老话,要有新意,善于制造悬念,吸引听众。流畅,即话要说得很自然,很流利,不吞吞吐吐,结结巴巴。

(四)主持人要讲究风度、仪表之美。讲话时要根据赛场气氛有恰当的表情。其着装打扮也要与整个赛场气氛相融洽,既不可过分修饰,更不可蓬头垢面。

(五)主持人要始终情绪稳定。当听众由于演讲员精彩的演说而情绪昂奋时,主持人要保持平静,不可手舞足蹈,开怀大笑。当场上出现骚动,主持人要保持镇静,并以平和礼貌的言行作出制止的表示。

(六)主持人在台上不能有不必要的动作。如,随意走动,不时地看手表,做出强迫听众听讲的表示等等,这些都会影响听众情绪,给演讲比赛带来不利的影响。

(七)主持人在演讲比赛告一段落时,如果有必要,可以简明扼要地小结一下。对于听众能听完演讲应作出礼貌的表示。总之,要求主持人在最后设法使听众对演讲比赛留下一个美好的印象,强化演讲比赛的效果。

演讲比赛的规则因演讲比赛的形式不同而有所区别。

命题演讲比赛。参赛的演讲者可根据比赛主题的要求,自己命题,事先做好充分准备,可以请人指导。参赛的时间一般以5分钟左右为宜,超过时间要扣分。例如,全国十城市青少年演讲邀请赛的主题是歌颂青春、事业、改革,歌颂向四个现代化进军的英雄人物。每人演讲的时间为8分钟,讲到7分钟时,评判员以铃声提醒。凡超过8分钟者,以每1-30秒为违例一次,每次从成绩中扣除5分。满分为100分。

即兴演讲比赛。参赛者登场后,先从预备好的题签中抽签,由主持人向听众公布题签内容,然后参赛者到指定地点进行准备7分钟,以后再登台演讲。演讲时间限定为5分钟。从参赛者演讲开始后发出的第一个音节起计时。当讲到第4分钟时,评判员以铃声,有的地方也可组织少数民族语言进行的演讲比赛。演讲者必须在限定的时间内讲完。否则,每超过1-30秒钟为违例一次,从成绩中扣除5分。满分为100分。

406

论辩演讲比赛。这种比赛一般是在各代表队之间进行。论辩的题目由大会决定。题目一般要具备四个特征,即现实性,准确性,可辩性,趣味性。其比赛规则一般包括:阵容构成(由多少人参赛)、角色分配(各人担当什么任务)、辩论程序。当然,不同的比赛,其规则也可以不同,允许灵活规定。如阵容构成,可以采用4:4式,也可以采用3:3式或2:2式。1986年亚洲大专辩论会,双方各由四人组成,即4:4式。1986年6月全国十城市青少年演讲邀请赛中的论辩比赛,双方就各由3人组成。论辩角色分正方和反方,由抽签确定。辩论者必须站在抽签确定的立场上参加辩论。每方人员又有分工。亚洲大专辩论会分规则辩论和自由辩论两个阶段。规则辩论由正反双方轮流派一名代表依次按规定时间发言。每方四个人分别担负表明立场、加强观点、总结论点的任务。自由辩论不按顺序,自由发言。全国10城市青少年演讲邀请赛中的论辩比赛,双方各由一名主辩、两名助辩组成。每方每次发言不得超过3分钟。论辩的程序是:先由正方主辩人阐明观点,然后反方主辩发言。时间均以3分钟为限。然后,双方展开辩论。各方助辩均可在本方发言的限时内,发表意见,进行辩论。几个回合之后,由主持人根据辩论进展情况,决定是否休止或由观众上台参加辩论。如让观众发言,也要限定时间。在论辩比赛中,辩论者必须维护自己选定的立场观点,摆事实,讲道理,以理服人,还要注意不失时机地抓住对方的弱点,进行反驳、诘难,驳倒对方的观点,但是,不能强词夺理,更不能挖苦损害对方。

准备好会场是演讲比赛得以进行的重要条件,也是演讲比赛取得成效的重要保障。通过大量的实验和观察发现,会场的美与丑会直接或间接给予听众和演讲者身心以不同的影响。一般地说，会场美，可以激发人们愉悦、高昂的情绪，有利于消除人们的紧张情绪和身体疲劳。相反，如果会场杂乱、肮脏、吵闹、丑陋，将给听众和演讲者身心带来极其不利的影响。所以，要想组织一次成功的演讲比赛，必须事先做好比赛会场的准备。较好的比赛会场是：

（一）保持通风和恰当处理采光与色彩的和谐。在设计和布置会场时，一定要考虑通风，注意保持空气的清新，因为人们身处空气不流通的令人憋闷的会场之中时，往往会感到呼吸困难，头昏脑涨，有些人甚至还有窒息的可能，所以设法保持空气流通并不是一件无关紧要的小事。观察和实验证明，色彩和光线能影响人的心理，作用于人的情感，或使人情绪稳定，或使人不安，或使人兴奋，或使人压抑。所以要讲究会场色彩和光线的布置、调配，尤其要注意台上和台下的不同采光与恰当使用。

（二）尽可能地控制与减少噪声。科学研究证明，超过六十分贝声压级的音量就属"噪声"之列了。过量的噪声（突破噪声最大允许值85－95分贝），将会严重地损害人的身心健康。它除了损害人的听力之外，还对人体的其他器官产生危害，因此，消除或者减弱会场噪声是一项十分重要的工作。

（三）简朴和整洁。演讲会场富丽豪华、金碧辉煌会分散演讲者和听众的注意力，因此，会场布置以简朴为宜。讲桌上不要放多余而不雅观的东西；演讲者的背后，也不要放其他杂物，挂一幅淡雅的幔布即可。会场内要讲究卫生。口痰，烟头，纸屑、果皮等垃圾遍地的场所使人产生腻烦心理，影响健康，影响听讲。

（四）会场大小要适当。比赛会场过大，听众坐得七零八落，他们的感情容易分散，而且由于听众之间留有较大的空隙和空座位，会严重影响演讲员的情绪和风采的施展。会场过小，听众坐得拥挤不堪，也会影响演讲和听讲效果。一般地说，会场略小于需要为宜。

第三节　演讲比赛的评判

一、评判的意义

评判是演讲比赛的重要组织环节。评判不仅是决定名次的必要条件，也是帮助演讲员和听众提高演讲水平的有效途径和重要的辅导方法，有利于人才的培养。演讲比赛是为了达到一定目的而举行的一种群众性的社会实践活动，参赛的演讲是否得到社会的承认，是否受欢迎，通过评判可以得出结论。演讲员可以根据自己名次的高低，检查自己胜利或失利的原因，有的放矢地提高自己。听众也可以对照评判结果，核对自己的鉴赏能力。而且，评判往往会是一种无形的引导。优胜的演讲在人们心目中就是标准，引导其他演讲向他看齐，这就能更好地发挥演讲的社会作用，更有力地推动群众性演讲活动的开展和促进演讲事业的发展。

二、评判的机构

评议委员会是负责演讲比赛评判工作的机构。其主要职责是制定比赛规则，确定评判条件，评定比赛成绩，决定比赛名次，以及处理其他有关事宜。

评议委员会由主任、副主任和委员组成。必要时可设有顾问。评议委员会的人数，要根据演讲比赛规模的大小确定，一般以 7 - 9 人为宜。评议委员会要有一定的权威性和代表性。评委会主任最好由主办演讲比赛单位的领导担任，以便于顺利开展工作。副主任和委员可由有声望的专家和有代表性的人物担任。

评议委员会的组成人员要防止清一色单纯化一。因为评委本身就是演讲员的辅导员，评委有各方面的人物，演讲员才有可能从各个不同的方面得到帮助。再者，评判一次演讲的成败得失，要从内容、技巧等各个方面去考虑，评委有不同方面的行家，才会使各个方面都受到重视，才不会有偏颇。

评议委员会责任重大，评委应具备以下条件：

（一）要具有高度的责任感。每个评委应当懂得，演讲比赛的评判，是关系到能否评出水平，评出方向，评出人才的大事，重任在肩，要尽心尽职尽责。

（二）要具有高尚的道德情操和道德行为。评判时一定要坚持原则，实事求是，公正廉明，不带私心杂念，不带成见、偏见。正如鲁迅所说："批评必须坏处说坏，好处说好，才于作者有益。"文艺批评是这样，演讲的评判也是如此，只有"坏处说坏，好处说好"，才于演讲者有益，于演讲事业有利。

（三）要具有较高的知识素养、演讲素养。为了对演讲做出公正而准确的评判，除道德修养以外，没有一定的知识基础也不行，不懂得演讲知识和技能同样不行。马克思曾经说过："如果你愿意欣赏艺术，你就必须是一个有艺术修养的人。"对于不懂音乐的耳朵，最美的音乐也没有意义。演讲的评判者，同样必须是有演讲艺术修养的人。如果缺乏演讲修养,就不可能对演讲做出恰当的评判。

三、评判的标准

演讲比赛的具体情况不同,各地采用的标准也有所不同,但总的看来是大同小异。下面介绍一种五类十二项的评判标准。

（一）主题类占 2.5 分,其中深刻性 1 分。针对性 1.5 分。

主题是演讲的灵魂,是吸引听众、引起听众共鸣的关键。对主题的基本要求,一是深刻性,即看是否有真知灼见、有深邃思想与哲理;二是针对性,即看告诉了听众什么,解决了什么问题,是否讲了为听众所关心、感兴趣的问题,以及时代气息较浓的问题。

（二）材料类占 1.5 分,其中典型性 0.8 分,新颖性 0.7 分。

材料是演讲的血肉。对材料的基本要求,一是典型性,即看是否有代表性,能否揭示事物的本质,表现主题;二是新颖性,即看是否有新人、新事、新情况,反映新面貌,讲出新道理,要意新趣远,不落俗套。

（三）结构类占 1 分,其中逻辑性 0.5 分,巧妙性 0.5 分。

结构是演讲的骨架。对结构的基本要求,一是逻辑性,即看是否概念准确、判断恰当、推理正确,结构严谨,层次清楚,前后连贯;二是巧妙性,即看题目是否新颖简明,开场白是否引人入胜,高潮是否能引起共鸣,过渡是否自然、巧妙,结尾是否耐人寻味。

（四）词语类占 2.5 分,其中准确性、通俗性 1 分,形象性、生动性1.5分。

词语是演讲的细胞。演讲实质上是组织词语的艺术。对词语的基本要求,一是准确、通俗,即看是否"上口"、"入耳",能确切表达事物和道理;二是形象、生动,即看是否能给听众以幽默、风趣的印象。

(五)表达类占2.5分,其中发音的正确性和清晰性0.5分,声音的可闻性和节奏性0.5分,姿态、手势1分,举止和仪表0.5分。

表达是演讲的基本功。对表达的基本要求,一是发音的正确性和清晰性,即看发音是否准确、规范、清楚,是否用普通话;二是声音的可闻性和节奏性,即看声音是否洪亮、真切、起伏跌宕、抑扬顿挫;三是神情、态势,即看面部表情、手势等是否配合默契、协调、优美;四是举止和仪表,即看是否潇洒大方,态度谦和,步履稳健。

在演讲比赛中,评委会需要依照以上评判标准制定出简单易行的评分表,到时按表填写。

上述评判标准写出来只供参考,真正组织演讲比赛时,主要根据实际情况和各种条件来确定具体方案。

按照五类十二项评判标准制定的"评分表"写在下面,供参考。

评 分 表

评委签名

评判标准 / 演讲题目 / 姓名	主题类 2.5		材料类 1.5		结构类 1		词语类 2.5		表达类 2.5				合计 10
	深刻性	针对性	典型性	新颖性	逻辑性	巧妙性	准确通俗性	形象生动性	声音清晰正确性	声音节奏可闻性	姿手势态势	举仪止表	
	1	1.5	0.8	0.7	0.5	0.5	1	1.5	0.5	0.5	1	0.5	10

413

对论辩比赛的评判标准,除了上述有关内容外,还应过意是否紧紧围绕题目辩论,反驳对方的论点是否有理,论据是否正确有力,思维是否敏捷,逻辑是否严密,条理是否请晰,以及赛场风格是否高尚,风度是否文雅等。评委可以根据上述项目具体分析,以区分高下,排出名次。

在确定各项评判标准时,要注意两点。第一,不要有交叉。如有的评分表上有"感情"又有"姿态"、"语言"。其实,感情表达是借助于"语言"、"姿态"等手段来表达的。"感情"离开这些手段无法另外单独打分,而"语言"、"姿态"也不能脱离感情表达的要求,这样的评判标准很艰掌握。第二,项目不可过多过细。因评委们是边听边记分的,项目过多.或手忙脚乱,或忙于计算,因而影响听下边的演讲。

四、评判的方法

对于演讲比赛的评判方法,有人主张单项评分,即一个评委只对某一项或某几项打分,理由是"评委们的学识总是有限的,而分项评分,可尽量地使评委扬长避短"。也有人主张综合评分。理由之一是"演讲不是书面语言、有声语言、态势语言的简单叠加,而是它们的有机统一体。所以,综合评分才能科学地、精确地反映出其完美程度"。理由之二是"演讲比赛的评委们学识虽然有限,但至少是懂得演讲特点的。他们对演讲的评价是具有权威性的因而是会令人信服的"。

从目前各地演讲比赛的实践看,一般多是采用综合评分法。各位评委按照高标准、严要求、灵活掌握、恰当给分的原则,尽量合理地地公正地进行评分。为了避免一些主观因素,在各评委打出分数后,要去掉一个最高分和一个最低分,然后求平均值,得出每个演讲者的分数。为准确起见,各位评委评分时,计算到小数点后一位,计分员计算成绩时,保留小数点后两位。

在评判中,如果评委之间发生了争议,经一再讨论仍得不出一致意见时,由评委会主任和顾问仲裁决定。

(撰稿　王金岗)

思考与练习

一、演讲比赛的作用是什么?

二、国际雄辩赛是目前世界上正在兴起的一种比赛项目。这是一项侧重于人们言辞表达能力的比赛。比赛前,先确立一个辩题,辩题可以涉及政治问题、道德问题、法律问题等等。比赛双方分别划为正题方和反题方,正题方支持这一辩题,反题方反驳这一辩题。每一个雄辩队由三人组成,其中一人为主辩,另外两人为辅辩。评分以队员的立论、辞令和演说风度三项为标准,总分最高者为优胜。这项活动是1922 年由英、美两国发起组织的。现在,已有美国、英国、澳大利亚、菲律宾、新西兰、西德、土耳其、加拿大、印度、日本、前苏联、波兰等国家和地区的四十多个雄辩队参加比赛。雄辩队多为各国大学生所组成,其中英国的剑桥、牛津两大学,美国的贝特学院、哥伦比亚大学、华盛顿大学等队是著名的强队。试问,他们这种雄辩赛和我们所讲的论辩比赛有哪些异同?

三、有人主张论辩演讲赛时采取"双向论辩"方法,即甲乙双方就某论题论辩时,共分两轮进行。第一轮论辩时,甲乙双方抽签定观点;第一轮结束后,双方互换观点,甲乙方位互移,再来论辩。两次成绩相加,决定胜负。你认为这种方法可行吗? 它有什么优缺点?

四、十城市青少年演讲邀请赛有个论辩题是《京剧加西洋乐器伴奏问题》,有位听众说:"这个题目站在甲方可讲出些道理,站在乙方也可讲出些道理。这说明这个题目不怎么样。"另一位听众表示异议说:"这正说明这个题目好,因为它有可辩性。"你认为谁说得对。

五、怎样组织演讲比赛?

六、演讲比赛对主持人的要求是什么?

七、有个要上台演讲的同学是湖南人,家乡口音重,普通话较差,许多字音咬不准,试讲时有人听了就忍不住发笑,但其演讲内容较好。如何使听众能认真听他讲而不至于因为他普通话差而影响演讲效果呢? 主持人是这样说的:"现在我想问问诸位:你们有谁到过湖南? (下面立刻有人答"没有")你们听到过湖南人说话吗? 现在我们大家就欢迎一位来自湖南的同学用带着湖南口音的'普通话'给大家演讲!"主持人的话音刚落,会场上就响起一片热烈的掌声。请评论一下主持人的话所起的作用。

八、评判标准应具备哪些基本内容?

九、你认为单项评分法和综合评分法哪种更好些? 为什么?

十、有人提倡"定位评分法",即评委们不是在距演讲者最近的第一排座席上,而是散坐在听众之中,如图所示(见422页),评委 ABCDEF 分别分散坐在前排、中间和后排。这样做的好处是使评委们从不同的地方、不同的角度来感受演

416

讲效果,观察听众情绪,得出全面、准确的评判结果。你认为
这个"定位评分法"可行否。为什么?

（撰稿:王金岗）

中外名家演说轶事

五短身材的晏婴

晏婴(约公元前575－500年)是齐国的宰相,是演讲史上有名的善辩家。一次,晏婴出使楚国,楚王想羞辱他,就故意让他的礼宾官员打开城门旁边的小门,让晏子从小门进来。晏婴立刻识破了他们的居心,是欺侮他个子小。于是,他仪表堂堂地站在正门前,一声不响。楚国的礼宾官员指着小门说:"请从这里进吧!"晏婴冷笑了一声,说道:"这是狗洞啊!只有出使狗国的,才能从狗洞中进去。我今天是出使楚国来了,怎么能从这里进去呢?"礼宾官员羞得面面相觑,只好打开正门,请晏婴进去。

一计不成,再来一计。楚王接见晏婴时,劈头就问:"齐国没有人了吗?"晏婴回答道;"我们的都城临淄几百间人家,张袂成阴,挥汗如雨;大路上,熙熙攘攘,人群比肩继踵,何谓无人?"楚王又问道:"既然齐国有那么多人,那为什么选你来出使楚国呢?"晏婴微微一笑,来了个顺水推舟:"大王有所不知,我们齐国有个规矩:出使国王贤能的国家时,就派贤能的人去;出使国王无能的国家时,就派无能之人去。我晏婴最无能,因此特意派到楚国来了。"楚王听了,无言以对。

优孟谏楚庄王

楚庄王时,有个优孟,身长八尺,善辩。那时,楚国的宰相是孙叔敖。孙叔敖临终时嘱咐他的儿子说:"我死后,你一定会陷于贫困。到时候,你去找优孟,就说你是孙叔敖的儿子,他会替你想办法的。"孙叔敖死后数年,他的儿子果然陷于贫困。一天打柴,路遇优孟,就按照父亲的嘱咐求助于优孟。优孟答应一定替他想办法。此后,优孟穿戴着孙叔敖生时常穿戴的衣帽,学着孙叔敖的举止言谈,大约一年多,竟然使楚王左右的人误认为孙叔敖。一天,楚庄王置酒待客,优孟穿戴着孙叔敖生前爱穿戴的衣帽,上前祝健康,庄王大惊,以为孙叔敖又活了,就想要让他为宰相。优孟回答说:"请让我回家跟妻子商量商量,三天后再当宰相。"庄王答应了。三天后,优孟回报庄王道:"我的妻子说:'千万不要担任楚国的宰相! 不值得! 就像孙叔敖,当了楚国的宰相,尽忠清廉,楚国因而得治。可是,他死后,他的儿子竟然无立锥之地,贫困不堪,以打柴为生。如果一定要你像孙叔敖一样当宰相,你还不如干脆自杀得好!'"优孟的这些话使楚庄工感到惭愧,他感谢优孟用这种方法给他提意见,立刻召见孙叔敖的儿子,封为寝丘候。

张仪受辱

战国时,张仪学成连横合纵之术后,游说于楚国。一次,同楚相宴饮,后来楚相丢了一块璧玉,怀疑张仪偷了去,抓起来打了几百板子,不服,最后释放了他。回家后,他的妻子讽刺他说;"嘻！你如果不读书游说,哪能受这种侮辱呢?"张仪对他的妻子说道:"请你看看,我的舌头还在不在?"张仪伸出了舌头,他的妻子说:"舌头还在啊!"张仪说:"那就足够了。"张仪后来果然靠他的舌头游说成功,做了秦国的宰相。

墨子善喻

战国时的墨翟,人称墨子,是我国古代著名的思想家、语言学家。

一次,墨子生气地批评了他的学生耕想柱于。耕柱子有点不服气地说:"难道我没有比别人好的地方吗?"墨子请他坐下来,说道:"假如我要上太行山,你认为驱赶马去驾车好呢,还是驱赶牛好呢了?"耕柱子不假思索地答道:"当然驱赶马好。"墨子又问:"为什么驱马好呢?"耕柱子答道:"因为马值得驱赶,它可以跑得快;而牛呢,再驱赶也是慢吞吞的。"墨子笑了笑,说:"这就对了。我觉得你是值得鞭策的,所以才重重地批评了你。"耕柱于恍然大悟。

又有一次,墨子的另一个学生子禽问墨子:"多说话好吗?"墨子没有直接回答他的问题,却先打了个比喻:"蛤蟆、青蛙、苍蝇,整天价叫个不停,直叫得口干舌敝,可又有谁听呢? 可是,那报晓的公鸡,一声长鸣,天下振动。这样看来,多说有什么好处呢? 话要说得适时,在骨节眼上,一两句就够了。"

陈平对汉文帝

汉文帝时,周勃任右丞相,陈平任左丞相。一天,文帝问周勃:"全国一年判决多少案件?"周勃说:"不知道。"文帝又问:"全国一年中钱粮进出多少?"周勃仍然回答不出,急得汗流浃背,满脸羞愧。于是文帝改问陈平,陈平从容答道:"皇上要了解这些事,可问当事的人。"文帝说:"当事的人是谁?"陈平说:"皇上要知道全国一年判决多少案件,可把廷尉(中央司法官)叫来,一问便知;关于钱粮的事,可问治粟内史(中央主管钱粮的官)。"文帝又问:"按照你的说法,各个部门都有主管的人,那你管什么呢?"

这是一个非常难答的问题,大臣们都暗暗为陈平捏一把汗。可是,陈平却胸有成竹地回答道:"我的才能平庸,承蒙皇上抬爱,让我担任宰相之职。但我知道,宰相是帮助皇上的,让天下风调雨顺,万物欣欣向荣。对外,使外族归附;对内,使百姓拥护;另外,就是使各级官吏都能各司其职,尽力做好他们分内的事。"文帝听了,点头称善。

中国第一大演说家

马相伯这个名字,现代青年不太熟悉。他是江苏丹阳人,1840年生。他当过神父,当过外交官,60岁后又捐产办学,创办了震旦和复旦两所大学。他在这两所大学担任校长时,十分重视演说,每星期日上午,他把学生留在学校,出许多演讲题目令学生准备,以五分钟为限,由学生轮流演讲,他派人评定优劣。结果,复旦学生在江苏省和上海市的演讲比赛中多次夺得冠军。

马相伯本人就是演讲奇才。1881 年,马相伯跟随黎昌庶出使日本,任清使馆参赞。那时,日本正经历明治维新,国势日强,有些日本人很看不起中国。有一天,日本维新人士大限重信和伊藤博文举行集会,邀马相怕参加。在集会过程中,突然请马相伯讲话。马相伯见推辞不了,便起身讲道:"……人类文化,互相融合,无分国界,这就好比是光亮。打个比方,一盏电灯和一根蜡烛同时亮着,同时发光,将它们放在一起,我们可以考究一下彼此间的互映现象——那时候,我们只能觉出两者之间的光度大小强弱截然不同。但是,我们却无法划分光明的界限。"马相伯用生动的比喻说明了每个民族都有自己的长处,都能为人类作出贡献,使听者折服。

1906 年年底,中国学生在日本发动学潮,那时,不少留学生在认识上总感到救国与读书是矛盾的。1907 年 1 月 28 日,中国留学生在日本举行中日学生演讲会,马相伯应邀发表演讲,他提出了"救国不忘读书,读书不忘救国"的口号,并把这一观点阐述得淋漓尽致,使不少学生茅塞顿开。那时,梁启超是一个三十三岁的青年,他深为马的演讲所感动,边听边作了记录。事后,马相伯看了梁启超的记录,很满意,他说:"我的演讲,只有梁启超听得明白,他能够原原本本地记录下来。"这篇演说辞传到国内后,被当时的湖广总督张之洞看见,张极力称赞,他说:"马相们先生不愧为中国第一大演说家。"

马相伯逝世于 1939 年 11 月 4 日。当时,毛泽东、朱德和彭德怀同志还特地打电报给其家属,表示哀悼。

秋瑾语惊四座

秋瑾是我国近代杰出的女革命家、演说家。她词锋犀利，高谈雄辩，为宣传革命、唤起民众而到处演讲。她曾在日本东京神田区中国留学生会馆内组织"演说训练会"，在留日男女学生中进行演说训练。以后又根据自己的体会，专门写了《演说的好处》一文，指出："演说一事，在世界上大有关系……"秋瑾从1904年初开始穿男装后，一直没有再穿清式女装。她每次演说，必撩衣登坛，风度潇洒倜傥。她的演说语言通俗、平易，而且用普通话，即当时人们说的"京片子"。听过她的演讲的人说，秋瑾的演说，其词淋漓悲壮，荡人心魄，语惊四座，闻者"未尝不泣数行下"。

马骏感动叶会长

马骏，又名马天安，回族，他是周恩来同志的同学和亲密战友，是"五四"运动时优秀的学生领袖。1927年被国民党反动派逮捕，英勇就义。"五四"运动中，他是天津学生中杰出的青年领袖。5月17日，他随学生演讲团到戏园进行反帝爱国演讲，他"慷慨激昂，听者为之动容"。6月9日，他在商会演讲，"声泪俱下，全体鼓掌如雷，声震屋瓦"。6月11日，当商会出尔反尔宣布开市时，马骏非常气愤，指责商董："为什么出尔反尔，自相矛盾？"有的商董讽刺他说："马君何处人，天津有否财产？"马骏愤然痛斥："鄙人吉林人，天津固无财产，然鄙人尚有生命、热血，可流于诸君面前……"说着便向柱子撞去，幸亏有人把他抱住。在场之人，无不为之感动。

当时,商会会长叶兰航当众宣誓:"倘不罢市,我不是姓叶的所生。"马骏演讲之威力可见。

孙中山派人取回讲稿

一次,在广东省议会上,孙中山讲三民主义。当解释到"修身治国平天下"时,他以西洋人的修身为例,说他们出则衣履整齐,纽扣必结,须面必剃,革履必擦,指甲必去污垢。会后,随行人员议论说:今天先生的讲话恐怕有误。中国人讲修身重品行,所谓意诚而后心正,心正而后身修。今天先生所举西洋人的例子,是讲卫生,不是中国人所说的修身。听了这些议论,孙中山问道:"我的讲稿已发给报馆付印去了,怎么办?"随行建议马上取回原稿。孙中山说:"是的,应该马上取回来。"随后便派人取回了讲稿。

孙中山先生知错必改的精神可敬可佩!

"田汉"欢迎田汉

1929年1月间,著名戏剧团体"南国社"曾在南京举行大公演,盛况空前。位于远郊的晓庄师范学校的师生很想看"南国社"的演出,于是请校长陶行知写了邀请信,派代表去见"南国社"负责人、剧作家田汉。田汉欣然接受邀请,率剧社全体人员前往晓庄师范。

当晚,晓庄师范全体师生和周围的农民为剧社举行欢迎仪式。陶行知致欢迎辞:"今天我是以'田汉'的资格欢迎田汉。晓庄是为农友而办的学校,农友是晓庄师生的朋友,我们的教育是为'种田汉'而办的教育。所以我是以一个'种田汉'代表的资格在这儿欢迎田汉……"接着,田汉致答辞:"陶先生说,他是以'田汉'的资格欢迎田汉,实在不敢当! 我是一个假'田汉',陶先生是个真'田汉',我这个假'田汉'能够受到陶先生这个真'田汉'以及在座的许多真'田汉'的欢迎,实在感到荣幸!"陶行知的欢迎辞和田汉的答辞幽默风趣,博得了在场师生和农民的热烈喝彩。

一句话演讲

1936年10月19日,上海各界人士代表举行了公祭鲁迅先生的大会。出版界的代表邹韬奋先生参加了大会。轮到邹先生讲话时,天色已经不早了。他走到台上,讲道:"今天天色不早,我愿用一句话来纪念先生:许多人是不战而屈,鲁迅先生是战而不屈。"邹韬奋先生的这句话,高度概括了鲁迅先生的伟大人格。

谁是爷爷,谁是孙子?

抗日爱国将领冯玉祥当旅长时,一次驻防四川顺庆,与一支"友邻部队"发生了一些矛盾。这支部队打仗不行,穿戴倒很阔气。他们的官长上街都穿着黑花缎的马褂,蓝花缎的袍子,青缎的刺花云子靴,像公子哥一样。有一天,冯玉祥听到报告说:"我们的士兵在街上买东西,第四混成旅的兵见到了,就讥骂我们,说我们穿的不好,是孙子兵。"为了避免因这无聊的事引起乱子,冯玉祥立即召集官兵,做队前讲话。他说："刚才你们来报告,说第四混成旅的兵骂我们是孙子兵,听说大家都很生气,可是我倒觉得他们骂得很对。按历史的关系说,他们的旅长曾做过二十镇的协统,我是二十镇里出来的,你们又是我的学生,算起来你们不正是矮两辈吗? 他们说你们是孙子兵,不是说对了吗? 再拿衣服说,缎子的儿子是绸子,绸子的儿子是布,现在他们穿缎子,我们穿布,因此他说我们是孙子兵,不也是应当的么? 不过话虽这么说,若是有朝一日再上战场,那时就能看出谁是爷爷,谁才是真的孙子来了。"几句话把官兵们讲得大笑起来,再也不生气了。

恽代英演讲的鼓动性

恽代英是中国共产党早期著名的政治活动家、理论家、演说家。他的演讲鼓动性强,具有非凡的号召力。我国新闻工作老前辈徐铸成回忆说:他 1925 年在江苏无锡师范读书,这个学校是军阀控制的极其保守的学校。一次,年仅 27 岁的恽代英到无锡师范演讲。浑代英先用眼把全场一扫,一下子把学生都吸引住了。按着他侃侃而谈,讲救国道理。徐铸成说,挥代英讲话后,学生受到了极大的鼓舞,后来这个学校竟有 1/3 的学生参加了大革命。

一枚小镜子

1922 年深秋,已经是中国共产党党员的萧楚女受党的委派,到四川工作。他先后在泸州川南师范、重庆联合中学和重

426

庆国立第二女子师范教书,并担任《新蜀报》的主笔。他在重庆国立第二女子师范教书时,学生们发现了他的一个秘密:每天凌晨,萧楚女轻轻地起床,走到学校墙外,在一个偏僻的地方停下来。这地方有一株小树,他从怀中掏出一枚小镜子,伸手把它挂在树枝上。他站在镜子前,面对初升的太阳,反复演讲,从中观察自己的表情、神态是否恰当地配合了自己所讲的内容。经过一连好几个月风雨无阻的苦练,他的讲话受到了学生的热烈的欢迎,赢得了"青年的良师"的赞誉。

毛泽东一语醒刘斐

刘斐,在国民党将领中颇有声望。抗战胜利后,他告退还乡。李宗仁执政时,邀请刘斐担任国共和平谈判代表,与张治中等同赴北平。和谈失败后,他思想斗争激烈:是回南京,还是留在北平? 一时难以抉择。一次宴会上,他同毛泽东谈起了打麻将,他说:"打麻将是和清一色好,还是平和好?"毛泽东觉察到刘斐的用意,差点失笑喷饭,立刻回答:"清一色难和,平和容易,还是平和好!"毛泽东的话,形象地说明了革命总是团结的人越多越好。所以刘斐豁然领悟道:"平和好,那么还有我一份。"于是,他就下决心留在北平了。新中国成立后,刘斐先生一直受到党的礼遇,并在政协五届四次会议上当选为副主席。他常常回忆起毛泽东与他的交谈,说一句话对他起了指点迷津的作用。

陈毅接"佛爷"

上世纪60年代,外交部长陈毅同志访问亚洲某国。在当地的公众集会上,一位宗教界的长老代表万民僧众向陈毅赠献佛像。立时万民瞩目。这位著名的共产党人高高兴兴地双手接过佛像,大声说:"靠老佛爷保佑,从此我再也不怕帝国主义了。"一语引得笑声如雷。

曲啸少年时代曾口吃

曲啸以其正直无私的气度和铿锵有力的语言,树立起了一个共产党员的真正形象,成了我国当代著名演讲家。然而,令人难以置信的是,他少年时曾是个结巴。当有人说他是"天才演讲家,天生的好口才"时,他感慨万端地说:"哪来的天才呀!我小时候性格内向,还说话口吃,越着急越结巴,有时候涨得脸通红也说不出话来。上语文课,老师一提问我,就引得同学们哄堂大笑。可说也奇怪,我唱起歌来不结巴,所以,我从小爱唱歌,上音乐课考唱歌我总得满分。有的小朋友总学我结巴,时间长了,传染了好几个。"后来,曲啸考入了大连某高中,为了克服口吃怯场的毛病,清晨,他迎着寒风,在海港的沙滩上,高声背诵高尔基的《海燕》,并在老师的引导下,积极参加各种形式的朗诵辩论会、演讲比赛。为了彻底矫正口吃,他还常常快速背课文,快速说绕口令。这些,为日后曲啸成为演讲家奠定了基础。内向、口吃——二十多年磨难——演讲家,由此可见,曲啸走过的人生道路是何等坎坷啊!

428

刘吉对活前的"约法三章"

近几年来,刘吉同志与各行各业的青年对话达二百多次;他的"答青年问"精思泉涌,妙语迭出,充满魅力,受到了青年们的热烈欢迎。那还是在 1983 年,刘吉在一个大厂任党委书记。一批到厂里搞调查的大学生,要考察一下党委书记的素质和企业思想政治工作情况。他们向刘吉提了许多问题,并"约法三章":第一不听定调的政治灌输;第二必须讲真话;第三要求当场提问当场答。对此,刘吉也提出了三条要求:第一,我是做实际工作的,水平有限,满足不了要求的地方,请原谅;第二,我个人从来都讲真话,但我不要求你们都相信它是真话,因为你们当中肯定有人不完全相信;第三,当场提问当场答,你们会有失言,我也会有失语,不要抓住一点无限上纲,讨论中要有一个良好的相互信任的气氛。

这次对话,刘吉当场回答了一百多个问题,受到了大学生们的热烈欢迎。《工人日报》发表了这次对话记录,相继被全国六十多家报刊转载,受到普遍的好评,被誉为"多年不见的政治性好文章"。从此以后,刘吉就是按照这三条原则同青年们展开对话的。

彭清一走上讲坛的缘由

民族舞蹈艺术家彭清一同志,在谢绝了为之奋斗 36 个年头的舞台生涯之后,又在演讲台上为广大青年奉献出了宝贵的精神食粮。他是怎样开始演讲的呢? 1981 年,他应邀到太原讲学,路过故乡圻县。他满怀深情地来到城墙脚下,要祭奠牺牲在日本侵略者屠刀下的 7 位八路军战士。可是,那里没有令人肃然起敬的烈士墓,也没有令人景仰的墓志铭;40年前高呼"再过十七八年,老子还跟你们拼"的抗日战士,早已被绿油油的庄稼所遮掩。这一幕,使他的心战栗了!他联想起 1956 年从南美演出回国时,10 名战友因飞机失事而牺牲在慕尼黑附近的峡谷里,这一切,似乎都被人们忘却了。他感到再也不能沉默了,他要用演讲向青年进行革命传统教育。于是,他声泪俱下地表达对革命先烈的缅怀,发人深思地阐述"忘记了过去就意味着背叛"的哲理。他的演讲生涯,就以这次经历为契机,悄悄地开始了。

蔡朝东学发音

曾以《理解万岁》的演讲震撼了千百万人心的蔡朝东同志,有一个令人苦恼的问题,那就是,连续讲几场后嗓子就会沙哑。一天,江苏省戏剧学校的钱惠珠老师写信给他,说"嗓子沙哑主要是因为没有掌握科学的发声方法,仅靠'胖大海'是无济于事的"。蔡朝东看信后十分高兴,他希望马上见到这位可敬的老师。星期天,蔡朝东冒雨登门求教,钱老师凭着多年的教学经验,对学生作出了"诊断":你发声的毛病,一是口腔没有共鸣,二是胸部紧张,胸腔也没有产生共鸣。高声说话十分费力,时间一长,嗓子必然沙哑。发声时,要做到使口腔成为一个内大外小的"喇叭",产生充分的共鸣,这样演讲时才能既声音响亮,又不费劲。这位在讲台上滔滔不绝,一讲就是三个多小时的蔡朝东,就这样在老师的指点下,

"咦咦呀呀"地学开了发音,为以后宣讲前线将士的精神,打下了更加坚实的基础。

李瑞环的风趣与博学

天津市长李瑞环,不仅是实干家,而且是演讲家。他的演讲深受欢迎,具有干净利索、节奏明快、风趣幽默的特点。一天,在天津举行国家足球甲级联赛,正好下雨,他这样鼓动足球队员:"下雨了,你们要混水摸球,多射快传,可千万别'拖泥带水'啊。"这样风趣的谈吐,立刻活跃了气氛,给人留下了深刻的印象。李瑞环出身寒微,十分好学。五十年代初,他一边工作,一边自学,几十年来,自学了文学艺术、管理科学、经济学、社会学、政治学、心理学等知识。文革前,他给青年做报告,讲到刻苦自学时,曾引用"衣带渐宽终不悔,为伊消得人憔悴","众里寻他千百度,蓦然回首,那人却在灯火阑珊处"等诗句,信口拈来,运用自如,令一些大学生吃惊和叹服。

海灯法师的口才

1985 年 12 月,成都军区武术总教练海灯法师偕高徒、成都军区武术教练范应莲访问美国。在一次记者招待会上,一位美国记者问道:"法师和你的高徒担任成都军区武术总教练和教练,而成都军区担负着打越南的任务,这岂不犯了你们佛教的杀戒,坏了佛门的规矩?"海灯法师莞尔笑道:"朋友之言须作些修正,勿能称打越南,而谓之自卫还击,此其一;其二,我佛慈悲,善恶须分,惩恶扬善,佛门之本。越南当局忘恩负义,与邻反目,骚扰边境,杀害无辜,吾为中国一佛徒,岂能坐视?"一席话,赢得众人称许:有理,有理。

宋世雄拜师

张之是体坛转播老将,他熟练地掌握了球类比赛和其他体育项目的解说技巧,深受听众好评。当宋世雄还是一个没有选举权的少年时,他就迷上了张之的实况解说,每逢中央台播放张之解说的体育比赛,宋世雄总是厮守在收音机旁洗耳恭听,那认真劲真是"雷打不动"。认真学,用心记,有时录下音来,一句句地背诵。经过三年的苦练,这个染疾赋闲的社会青年,以他利落的口才和对体育播音事业的热爱,取得了张之的同情和器重,后来宋世雄终于拜张之为师,破例地迈进了中央广播大厦,成了新中国的体育转播解说员,实现了自己梦寐以求的愿望。为了提高口头表达能力和应变能力,宋世雄常常跑到街头巷尾,看着过街车辆、行人、街边的建筑,嘴里念念有词。通过这样枯燥的训练,使他能够用简练的语言把事情说清楚。现在,宋世雄已经成了我国优秀的体育播音工作者,他的名字可以说是妇孺皆知,家喻户晓。

李准三句话说哭常香玉

据说李准素有"三句话叫人落泪"的本领,在表演艺术家常香玉"舞台生涯五十周年庆祝会"上,谢添让他当众试试,说哭常香玉。李准为难地说:"香玉,你看看老谢,今天是你的大喜日子,他偏偏让你哭,这不是难为人吗?"没想到常香玉不以为然,说:"你今天能让我哭,算你真有本事!"听罢此言,李准款款说道:"香玉,咱们能有今天,老不容易啊!论起来,你还是我的救命恩人哩!——我十来岁那年,跟着逃荒的难民群到了西安,眼看人们都要饿死了,忽然有人喊:'大唱家常香玉放饭了!河南人都去吃饱!'哗——人们一下子都涌去了!我捧着粥,泪往心里流,想,日后见了这个救命恩人,我得给她叩个头!哪里想到,文化大革命中,你被押在大卡车上游街,让你坐'飞机'!我站在一边,心里又在落泪——我真想喊一句:让我替替她吧,她是俺的救命恩人哪!""老李,你……别说了!"常香玉猛然打断李准的话,捂住脸,转过身,早已泣不成声了。整个大厅没有一点声息,人们皆沉浸在李准的故事之中,连谢添也轻轻吸了吸鼻子。

含石苦练的德摩斯梯尼

德摩斯梯尼是古希腊卓越的演讲家。他年轻时有发音不清、说话气短、爱耸肩的毛病。可是,当时在雅典当一名演说家,必须以声音洪亮、发音清晰、姿势优美、富有辩才见称,尤其需要广博的知识。他最初演说时很不成功,以致被观众哄下台。然而,人们的嘲笑与打击,并没有使他气馁。他一方面刻苦读书,虚心请教朗读方法,学习用最简单的语言表达丰富的思想;另一方面,他又向著名的演讲家请教。为了练习嗓音,他把小石子放在嘴里朗诵,迎着呼啸的大风讲话。为了克服气短的毛病,他故意一面攀登陡峭的山坡,一面不停地吟诗。为了克服耸肩的毛病,每次练习演讲时他在上方挂两柄剑,剑尖正对自己的双肩,迫使自己改掉不必要的动

433

作。为了自己能安心地在家里演讲,不外出游走,他剃了阴阳头。他还在家里安装一面大镜子,经常对着镜子练习演讲,以克服表演上的毛病。

华盛顿的马

华盛顿(1732－1799年)是美国开国元勋,美利坚合众国的第一任总统,被美国人誉为"战争时期的第一人,和平时期的第一人,在美国人心中也是第一人"。

有一次,邻人偷了华盛顿的马,华盛顿同一位警官到邻人所在的农场去索讨。但那邻人拒绝归还,并声称那匹马是他自己的。华盛顿双手蒙住马的眼睛,对邻人说。"如果这匹马是你的,那么,请你告诉我们,马的哪只眼睛是瞎的?"

"右眼。"

华盛顿放开蒙右眼的手,指出马的右眼并不瞎。

"我说错了,马的左眼才是瞎的。"邻人急着争辩说。

华盛顿放开蒙左眼的手,马的左眼也不瞎。

"我又说错了……"邻人还想狡辩。

"是的,你错了,"警官说:"刚才你的话证明马不是你的,必须把马还给华盛顿先生。"

把树桩当听众的林肯

资产阶级革命家、美国第十六任总统林肯,是闻名于世的大演讲家。他的《葛提斯堡的演说》已铸成金文,至今存放在牛津大学,被作为英文演说的典范。他的多次法庭辩护演

434

讲,几度轰动全国。同许多演讲家一样,他的演讲才能是靠苦练获得的。他年轻时,经常徒步30英里,到一个法院里去听律师们的辩护词,看他们如何辩论,如何做手势。他一边倾听那些政治演说家的声如洪钟、慷慨激昂的演说,一边模仿他们。他听了那些云游四方的福音传教士挥舞手臂、声震长空的布道,回来后也学他们的样子。为了练就口才,提高演讲水平,他曾对着树、树桩、成行的玉米演讲过不知多次。

马克·吐温的演讲诀窍

马克·吐温不仅是著名的小说家,同时还是一位著名的演讲家。他的演讲生涯刚刚开始时,为了避免混淆,通常把很多要点写下来。他把主要句子的第一个字母写下来,按照顺序一个要点一个要点地讲。可是这种方法没有取得成功,他虽然把句子背下来,但常常忘记顺序,于是不得不停下来,看看写有要点的稿子,这样就影响了即兴演讲的效果。

后来,他把第一个字的第一个字母写在指甲上。讲着讲着,他忘记该轮到哪个指甲了。于是,他又试着讲完一个要点就把指甲上相应的字母舔掉。听众发现,他对指甲比对演讲的内容更感兴趣。演讲结束后,有几位听众关心地问他是不是指甲出了问题。

不久,马克·吐温想了一个好办法——画图。画图可以帮助记忆,尤其是自己画的,效果更好。马克·吐温虽然不是一个画家,可他在两分钟内能画六张图画,用它们代替要点,结果效果不错。

马克·吐温和理发师

马克·吐温来到法国一个小城市旅行,并作演讲。一天,他独自到理发店去理发。

"先生,你好像是从外国来的?""是的,我是第一次来这地方。""你真走运,因为马克·吐温先生也在这里。今天晚上你可以去听他的演讲。"

"肯定要去。"

"先生,你有入场券吗?"

"还没有。"

"这可太遗憾了!"理发师耸耸肩膀,把双手一摊,惋惜地说:"那你只好从头到尾站着听了,因为那里不会有空位。"

"对。"幽默大师说,"和马克·吐温一起可真糟糕,他一演讲,我就只好永远站着。"

罗斯福和"炉边闲话"

"炉边闲话"是美国总统富兰克林·罗斯福在 30 年代首创的。1933 年,罗斯福就任美国第三十二任总统。八天后,罗斯福准备接见外宾,并发表重要讲话。美国三大广播公司派人在白宫外宾接待室的壁炉前装置了扩音器。罗斯福坚决反对穿插任何官样排场,说:"我希望同外宾无拘无束地交谈,就像在家里同邻居唠家常一样亲切自然,讲出我的心里话。"哥伦比亚广播公司华盛顿经理比彻信口说。"那就叫做'炉边闲话'吧。"罗斯福点头同意。

罗斯福的"炉边闲话",既没有严峻的政治说教,也没有执意的自我表白,而是像同亲朋好友促膝谈心一样,使人倍感亲切。据说,罗斯福就任总统时,美国金融界正陷于瘫痪停顿状态。罗斯福便就美国的金融问题发表了"炉边闲话"。三天之内,574 家银行便重新开业。

田中角荣的一次演讲

田中角荣在青年时期为了克服口吃、发音不准的毛病下了很大的苦功,为了锻炼演讲,更不放过任何机会。有一次,他发表政治演说,由于天下大雨,再加上其他原因,到会的只有三个人——一位老婆婆和她的儿媳、小孙子。但是,田中角荣照讲不误,他把这三个听众看成是 3000 人,全神贯注,竭尽全力,终使三位听众为之动情。

善于应变的威尔森

英国首相威尔森在竞选时,演讲刚讲到一半,突然有个故意捣乱者高声打断他的演讲:"狗屎,垃圾!"显然,他们的意思是叫威尔森"别胡说八道"。威尔森却不理会其本意,只是报以容忍的一笑,安抚地说:"这位先生,我马上就要谈到您提出的脏乱问题。"捣蛋者一下子哑口无言。

最短的开幕词

美国第五十届总统里根,善用精粹简洁之语产生奇效。

他在奥运会开幕式上的致词,译成中文是:"我宣布,进入现代化时代的第二十三届奥运会,在洛杉矶正式开幕!"面对急于想观看奥运会盛况的观众,这短短一句话,不知要强过长篇大论多少倍。

里根一次演讲的价值

1964年10月27日,为帮助美国加利桑那州参议员戈德华特竞选总统筹款拉票,里根在电视上发表了一篇题为《抉择的时代》的演讲,激起了共和党保守派的强烈共鸣。演说后立即筹集到100万美元的竞选基金。之后,又陆续收到一些钱,总数达六百多万美元。《纽约时报》说,这是美国竞选史上筹款最多的一篇演说。《时代》周刊称这个演讲为"在阴沉竞选中见到一点光明"。

最短的演讲辞

1940年夏,希特勒德国向法国进攻,不到两个月,全部摧垮法国防线,法国政府投降。在这民族垂亡之际,夏尔·戴高乐将军于1940年6月18日,在英国伦敦电台发表了一次演说,号召法兰西全国同胞,团结在他的周围,"为拯救祖国而共同战斗"。

战后,这篇演说辞被收进"世界名人演讲集锦",成了有口皆碑的世界第一流演讲辞。戴高乐将军发表这篇演说仅仅用了50秒钟。

最短的就职演说

美国总统华盛顿,1793 年 3 月 4 日举行第二任宣誓典礼。政府所在地是费城,典礼就在费城联邦大厅的参议院举行。华盛顿的就职演说只有 135 个字,是美国历史上最短的总统就职演说。

最后一刻更改演讲稿

1961 年 1 月 20 日,美国第三十五位总统约翰·菲茨杰拉德·肯尼迪宣誓就职。他的就职演说被人认为是美国历史上最精彩的总统就职演说之一,其中有几十句精辟的句子后来有人经常使用。他的最著名的话是:"不要问你的国家愿为你做些什么,而来问你自己愿为你的国家做些什么。"他在最后一刻,把讲话稿中的"愿"字改为"能"字。

丘吉尔反讥萧伯纳

有一次,萧伯纳派人送两张戏票给丘吉尔,并附上短笺说:"亲爱的温斯顿爵士,奉上戏票两张,希望阁下能带一位朋友前来观看拙作《卖花女》的首场演出,假如阁下这样的人也会有朋友的话。"

萧伯纳的幽默以尖刻著称,所以他这样奚落丘吉尔并不为过。丘吉尔看了短笺当然不肯示弱。他马上也写了一张回条加以还击:"亲爱的萧伯纳先生,蒙赐戏票两张,谢谢。

我和我的朋友因有约在先,不便分身前来观赏《卖花女》的首
场演出,但我们一定会赶来观赏第二场的演出,假如你的戏
也会有第二场的话。"

（撰稿:李淑章　孙炜东　何勇向）

中外名家演说词赏析

一

中国土地、人口为各国所不及，吾侪生在中国，实为幸福。各国贤豪，欲得如中国之舞台者利用之而不可得。吾侪既据此大舞台，而反谓无所借乎，磋跎岁月，寸功不展，使此绝好山河仍为异族所据，至今无有能光复之，而建一大共和国以表白于世界者，岂非可羞之极者乎？（摘自孙中山《在东京中国留学生欢迎大会的演说》）

〔赏析〕这段话言辞激越，情感悲愤，振聋发聩。演讲者成功地运用了反问手法，激发人们的爱国热情，焕发人们的斗志，使之毫不犹豫地担起振兴中华的重任。

二

我要出一个问题考诸君一考："什么叫做人？"诸君听见我这话，一定又要说："梁某只怕疯了！这问题有什么难解？凡天地间，'圆颅方趾横目睿心'的动物自然都是人。"哈哈！你这个答案错了。这个答案只能解释自然界"人"字的意义，并不能解释历史上"人"字的意义。历史上的人，其初范围是很窄的，一百个"圆颅方趾横目睿心"的动物中，顶多有三几

441

个够得上做" "人",其余都够不上! 换句话说:从前能够享有人格的人是很少的,历史慢慢开展,"人格人"才渐渐多起来。(摘自梁启超《人权与女权》)

〔赏析〕《人权与女权》这样的论题,高深而复杂,一般演讲者望而生畏,不敢讲;一般听众也闻而却步,怕听不懂。梁启超却把这个深奥的论题讲得如同单田芳、刘兰芳说书,如同他写文章"笔锋常带感情",高低起伏,九曲回肠,引人入胜。既适应于听众,又高出于听众。截选的这一段是全文的第二自然段。它寓庄于谐,以考试打趣,使听众情绪活跃,急欲求知,然后在下文逐层解剖出来。

三

啊,啊! 了不得,了不得! 人类心力发动起来,什么东西也挡他不住。"一! 二! 三! 开步走!""走! 走! 走!"走到十八世纪末年,在法国巴黎城轰的放出一声大炮来:《人权宣言》! 好呀好呀! 我们一齐来! 属地么,要自治;阶级么,要废除;选举么,要普遍;黑奴农奴么,要解放。十九世纪整个欧洲、整个美洲热烘烘闹了一百年,闹的就是这一件事。吹喇叭,放爆竹,吃干杯,成功! 凯旋! 人权万岁! 从前只有皇帝是人,贵族是人,僧侣是人,如今我们和他们一样,不算人的人都算人了,普天之下,率土之滨,凡叫做人的,都恢复他们资格了。人权万岁! 万万岁! (摘自梁启超《人权与女权》)

〔赏析〕这一段演讲词把此次演讲推向第一个高潮。上文讲的是人权运动的三大阶段,在此基础上,本段结合人权问题,叙述十九世纪整个欧洲和美洲革命的盛况。这一段信息量很大,时超一百年,地跨欧美两大洲,事件迭起不断,人物层出不穷,千头万绪,庞然芜杂,然而演讲者仅用二百零几个字,很轻巧、很恰当地作了叙述。叙述得既洗练,又形象,生动活泼,通俗易懂,富有感情,带有艺术性。而且,还把欧美百年革命归纳为一句话:"闹的就是这一件事"(即闹人权),这种高度概括的本领,实堪称美。这一段还用了许多短句,如:"吹喇叭,放爆竹,吃干杯,成功!凯旋!人权万岁!"这些短句的排列,像真的爆竹连声响起一样,迎来了演讲的第一个高潮。

四

亲爱的总司令,你的革命历史,已成为 20 世纪中国革命的里程碑。辛亥革命、云南起义、北伐战争、南昌起义、土地革命、抗日战争、生产运动,一直到现在的自卫战争,你是无役不与。你现在六十岁了,仍然这样健壮,相信你会领导中国人民达到民族解放的最后胜利,亲眼看到独裁者的失败,反动力量的灭亡!

你的强健身体,你的快乐精神,象征着中国人民的必然兴旺。

人民祝你长寿!

全党祝你永康!

(摘自周恩来《为庆贺朱总司令六十大寿的祝辞》)

〔赏析〕一般的祝寿辞都易流于言过其实,过分溢美。而这段祝寿辞突出了"实在"二字。被祝者的光辉历史是确凿无疑的，这是历史的实在。"相信"被祝者能"领导中国人民达到民族解放的最后胜利"，"亲眼看到独裁者的失败，反动力量的灭亡"，后来也果真得以实现，这是预见的科学性，预见的实在。祝"长寿"、"永康"这是发自全国人民和全党同志肺腑的声音，这是感情的实在。而且，朱德的确"长寿"，活了90岁，这可谓祝愿的实在。

五

今天承诸位光临，得到同诸位见面的机会，感谢之余，就让我们趁此正式地、公开地向诸位伸出我们这只手吧！请诸位认清，这是"无缚鸡之力"的书生的手，不可能也不愿意威逼人，因此也不受人的威逼，这只"空空如也"的穷措大的手，不可能、也不愿意去利诱人，因此也不受人利诱。你尽可瞧不起它，但是不要怕它，真是有什么可怕呢？不信，你闻闻，这上面可有血腥味儿？这只拿了一辈子粉笔的手.是随时可以张开给你们看的。你瞧，这雪白的一把粉笔灰，正是它的象征色。我再说一句，不要怕，这是一只洁白的手啊，然而也不可以太小看了它。更有许许多多这样的手和无数的拿锄头的手、开机器的手、打算盘的手、拉洋车的手，乃至缝衣、煮饭、扫地、擦桌子的手——团结捏在一起，到那时你自然会惊讶这些手的神通，因为它们终于扭转了历史，创造了奇迹。

我们现在是用最诚恳的心，向大家伸出这洁白干净的手，希望大家同我们合作，并且给我们指教！（摘自闻一多《一次即席演讲》）

〔赏析〕闻一多在这次演讲里，首先借"洁白干净"的手以

444

借代知识分子。然后又用各种各样的手来指代劳动者,说明团结的力量。因而他的演讲就具有吸引人的形象性,怪不得当时在场的国民党陆军大学校长和抗战时期的驻苏大使杨杰将军对闻一多的演讲赞不绝口,他说:"这是一篇文情并茂的好文章,食之如饴,嚼之有味⋯⋯"

六

在进步的新局面出生的时候,不可避免地产生了一些痛苦和困难。这正如产妇在分娩之前有阵痛一样。⋯⋯如果我们人民政府这个产科医院的一切医生和助手都是很文明的,各种助产设备和药剂都很齐备,在临到这个新局面出生时是可以减少一些痛苦和困难的。(摘自刘少奇的一次讲话)

〔赏析〕用产妇分娩前的阵痛比喻新局面出现时不可避免会有痛苦和困难,让人们在对生活常识的理解中敢于正视还较困难的现实,立足本职,做好工作,多为社会创造财富,尽量使自己变得高明点,为新局面的出生减少困苦,为祖国建设出力献策。这个比喻贴切新颖,听来令人耳目一新,同时给人以启发和力量,给人留下深刻的印象。

七

据我记得的,那时敌人有101个团,30万人。今天胡宗南却只有35个团。那时候我们只有1.5万人,现在可就大不同了。边区那时只有三四十万人,5个县,现在我们是大得多

445

了。大家想一想：看我是不是扯谎，（群众：是真的！）没有扯谎，这是事实。当时红军却总共不超过 1.5 万人。国共兵力是 20 与 1 之比。可是今天他只有 35 个团，17 个旅，我们比那时的一万五十人就多得多了，我们能打胜吗？（群众：一定能打胜的！）是的，是一定能够打胜的。（摘自彭德怀的一次演讲）

〔赏析〕让历史说话，用事实说话，循循善诱，充分调动了听众的激情。不仅表现了横刀立马大将军对敌我兵力的透彻了解，而且表现出他对鼓励群众，树立必胜信心有高超的演讲技艺。台上台下群情振奋，是鼓动演讲的极好例证。

八

"中国人"三个字的解释，应该是真正爱国的人，才能算是中国人。爱国的士绅工农青年妇女，这是十足的中国人。过去的封建军阀、汪精卫、政客、党棍、韩德勤、李守维……他们压迫中国人，与帝国主义勾结，高高在上，把我们老百姓踏在脚下，自命为高等华人，把老百姓当做牛马奴隶，经常同日本帝国主义勾通，这些人不是中国人，不让他们冒充。（摘自陈毅的一次讲话）

〔赏析〕怎样才是中国人？真正爱国的人才是中国人，而那些军阀、卖国贼、政客、党棍是压迫欺负老百姓的人，不是中国人，不准他们冒充。言词激烈，爱憎鲜明，军人的威严，诗人的激情，使敌人闻风丧胆，使朋友团结得更紧。没有正义的立场，没有无畏的气概，没有满腔豪情，是难以做到的。

446

九

因总的形势是敌强我弱,我们如果没有拳头,就不能消灭敌人有生力量。正如按跳蚤一样,用五个指头同时按五个跳蚤,结果一个也按不住,如果看准一个,集中力量去按一个,就会按住一下,消灭一个。核桃很硬,一口是咬不动的。只有集中力量狠击一下,将它打碎,才能一块一块吃掉。(摘自刘伯承的一次讲话)

〔赏析〕运用群众生活中的常见事例来通俗地解释抽象的军事道理,以事喻理,使深奥的理论形象化,简明化。按跳蚤、啃核桃的事例就包孕了集中优势兵力打歼灭战的战略战术,好懂易记,具有听后不忘、记忆常驻的魅力。

十

这一所新的大厦,已提名了是中华人民共和国,这一所新的大厦,是钢骨水泥的许多柱子撑起来的。这些柱子是什么?第一是中国共产党,还有各民主党派、各人民团体、各地区、人民解放军、各少数民族、国外华侨和其他爱国分子,这些单位就是一根一根柱子。这钢骨水泥是什么?就是中国工人阶级、农民阶级、小资产阶级、民族资产阶级、其他爱国分子的人民民主统一战线。这所新的大厦的基础是什么?说理论基础罢,就是马克思列宁主义,毛泽东思想。这所新的大厦多么大,有九百五十九万多方公里。中间住着多少人?有四万万七千五百万人。……这所新的大厦,有五个大

门,每个门上两个大字。让我读起来:独立、民主、和平、统一、富强。……(摘自我国著名爱国民主人士黄炎培的一次讲话)

〔赏析〕以新大厦作为新中国的喻体,通篇采用比喻方法,把自己对新中国的诞生,对共产党的赞美之情形象生动地表现了出来,语言朴实又不乏热情,比喻新颖又确切实在,可谓演讲辞中成功运用修辞手段的一篇佳作。

十一

我的这个发言,与其说是一个老科学工作者的心声,毋宁说是对一部巨著的期望。这部伟大的历史巨著,正待着我们全体科学工作者和全国各族人民来共同努力,继续创造。它不是写在有限的纸上,而是写在无限的宇宙之间。

春分刚刚过去,清明即将到来。"日出江花红胜火,春来江水绿如蓝。"这是革命的春天,这是人民的春天,这是科学的春天! 让我们张开双臂,热烈地拥抱这个春天吧。(摘自郭沫若《科学的春天》)

〔赏析〕虽说年过八旬,演讲却不乏诗人的激情,虽说抱病在身,话语间却充满了生气。作为老科学家、前辈对人们的期待,是在无限的宇宙间创造历史巨著,这气势磅礴、蕴含乾坤的话语,怎能不让人振奋? 让我们张开双臂热烈地拥抱这个春天吧。在粉碎"四人帮"后的第一个春天,这种热情的鼓动,又怎么不牵动每个人的情怀? 熟练地运用优美的语言、形象的比喻、热情洋溢的话语感召听众,正是我们要向郭老学习的高超技法。

十二

至于说有毛主席在,我们党内就可以不出野心人物,我看也是靠不住的。毛主席当然是伟大的领袖,是我们党团结的核心,但是,这是否可以保证我们党内不出李国焘、王国焘呢？也靠不住。我看,只能出得少一些,出得慢一些,但并不保证不出。"毛主席万岁"这是一个政治口号,但是毛主席在生理上是不能万岁的。我在这里,在四中全会上,说毛主席生命不能万岁,这似乎不太好,但我们是唯物主义者,毛主席是不能万岁的。(摘自陈云的一次讲话)

〔赏析〕领袖、皇帝,自古以来至高无上,"万岁,万万岁"是千千万万个人崇拜者喊了千年万岁的口号,陈云竟放在党的会议上,评说主席的作用不能万能,以及毛主席在生理上不能万岁,真是胆大得很。然而,彻底的唯物主义者是无所畏惧的。及时指出个人崇拜可能会产生的糊涂认识,冷静地分析领袖的权威和作用,敲响警钟,正表现了一个党员对领袖赤胆忠心,阿谀奉承才是必须提防的野心家。历史已作了证明。

十三

钢铁、粮食都是硬东西,说假话办不到。钢是一吨一吨炼出来的,粮食是一颗一颗长出来的。孙悟空拔根毫毛一吹,要啥有啥,这本领已经失传了,没地方学。现在我们要的是真铁、真钢,不是要假"钢铁卫星"。社会主义不是靠吹牛

449

得来的,而是靠一点一点用劳动建设起来的。不能虚报的受奖,说实话的插"黑旗",要是这样的话,我看这种"黑旗"比弄虚作假的"红旗"还好得多。(摘自我国著名哲学家杨献珍的一次讲话)

〔赏析〕在全国"大跃进"的第二年,演说者就敢于抓住"真"与"假"这个真理与现实极大的反差,用中肯、浅显、生动的语言,呼吁人们要坚持实事求是,反对弄虚作假,旗帜鲜明地指出:说实话的"黑旗"比弄虚作假的"红旗"要好得多。了解这段历史背景的人会体验到在全国滥刮浮夸风的特殊时期,保持"众人皆醉我独醒"多么不容易,要把真实道理说出来,更不容易,既要有宣传真理的决心与勇气,又要有为真理而献身的精神。而这种精神恰恰是演讲者最必需的品德。

十四

人脑虽然被皮、肉、颅骨等紧紧地封闭着,但人的头部却有"七窍":两耳、双目、一个嘴巴和两个鼻孔。我认为,要"入脑"首先要"入窍":写的文章要让人看进去,讲的话要让人听进去,让人张大嘴巴说话,让鼻孔时时呼吸到清新的政治空气。"七窍"皆通,正面教育焉有不入脑之理?(摘自李永田的一次演讲)

〔赏析〕这样来回答思想政治工作怎样入脑的问题,新颖别致,形象风趣且句句在理,"七窍皆通,正面教育焉有不入脑之理?"一句总结式的反问,提纲挈领,令人心悦诚服。

十五

我吞服了大量的安眠药,并且还给自己打了六支冬眠灵。我躺在床上,静静地等待着离开这个世界。可是,我躺着的时候,脑海却激烈地翻腾起来。……我发现我舍不得离开这些乡亲们。我想起了保尔,想起他在海滨公园自杀的情景。……我又想:保尔·柯察金伟大之处,就在于他虽然绝望过,想自杀过,但是他终于没有这样做,他终于战胜了,成为生活的胜利者。我要像他那样,我要做一个胜利者。想到这里,我就挣扎着想爬起来。可这时候,药物起作用了,我爬不起来了。我拼尽全力喊:来人啊,救救我,把我救活吧。我还年轻,我错了。(摘自张海迪的一次演讲)

〔**赏析**〕人非圣贤,被誉为生活强者的张海迪也曾有轻生的念头和行动,这是她的自述。而强与弱的最大区分,是在关键时刻战胜自己,战胜死神。演讲者敢于暴露自己的软弱,用意识流的手法向人们讲述了整个思想过程,真实自然,更使人们对她增添几分敬意。演讲者透彻地理解保尔对自己的影响作用。她也用自己的言行影响别人。真实感人的事迹现已化为巨大的精神力量,海迪已成为广大青年最好的朋友和榜样。

十六

敌人眼看就要崩溃,最后的胜利就在于再坚持一下的奋战之中,我只要还有一口气,就要挺住。于是,我忍着伤痛,扶着身边的一棵小树站起来,高声喊道:"同志们,为党、为人民杀敌立功的时候到了,向前冲啊!"同志们高喊着:"为排长报仇,冲啊!"我捡起冲锋枪,向前吃力地爬去。不知什么时候,我摔进一个坑里,昏了过去。(摘自老山英雄史光柱的一次演讲)

〔赏析〕这是英雄在血与火的战场上指挥战士夺取高地的最后战斗场景。身负重伤也不忘自己的责任,扶着树干站起来,鼓动战友:"为党为人民杀敌立功的时候到了,向前冲啊!"战士们闻声跃起,一举拿下高地。与其说夺取胜利是指挥员鼓吹号召得及时、有力,毋宁说是榜样力量的鼓舞。言行一致,身先士卒,是演讲者宝贵的品德,也是产生巨大感召力的根本所在。

十七

(一个青年成熟的标志是)温柔而不软弱,成熟而不世故,谨慎而不拘泥,忍让而不怯懦,刚强而不粗暴,自信而不狂妄,热情而不蛮干,勇敢而不鲁莽,好学而不盲从,纯真而不清高,敏锐而不轻率。(摘自中国科技大学党委副书记、演讲家刘吉的一次对话)

〔赏析〕整齐有序的排比,正反对举的语汇,有万马奔腾的气势,有令人折服的内容,有透彻明晰的尺度。成熟与不成熟,辩证的对立统一,是马克思主义者分析问题的立足点。能及时明确地回答听众提问,没有科学的方法,精髓的思想,广博的知识,以及丰富的语汇,是难以做到的。

十八

　　我觉得像我这样经历过严重波折,特别是在十年动乱里受过迫害的人,面前确实存在一个如何正确地对待过去、现在和将来的问题,正确对待别人和自己的问题。尽管自己这些年来的遭遇是不幸的,"家破人亡,妻离子散,"但是我想,我们的党不是也同样地遭受了巨大的损失吗?如果我把我的损失看作资本,把手伸出来向党要这要那,那我们党的损失向谁要赔偿呢?同样遭了一场大病,又有哪个儿女向父母要赔偿呢?所以我在平反以后没有向组织提出任何要求,组织怎么说我就怎么做,工作完全服从组织的分配。(摘自曲啸的一次演讲)

　　〔赏析〕"思风发于胸臆,言泉流于唇齿"。杰出的演讲家总是把自己的感情倾注于演讲之中,将叙事、抒情、说理融为一体,以说服听众,感动听众。曲啸的演讲正是突出了这一特点。"同样遭了一场大病,哪个儿女向父母要赔偿呢?"这句建立在对自身经历回顾的基础上的议论,朴实无华但情义深长,无需回答的反问句已给了人们明确的回答。那就是对祖国、对党的无私奉献。给予才是爱,索取就不是真爱。

十九

　　他们贡献了他们的生命给国家和我们全体,至于他们自己,他们获得了永远长青的赞美,最光辉灿烂的坟墓——不是他们的遗体所安葬的坟墓,而是他们的光荣永远留在人心

453

的地方……你们应该努力学习他们的榜样。你们要下定决心:要自由,才能有幸福;要勇敢,才能有自由。……一个聪明的人感受到,因为自己懦弱而引起的耻辱比爱国主义精神所鼓舞而意外地死于战场,更为难过。(摘自古希腊伯里克利《在阵亡将士将国葬典礼上的演说)

〔赏析〕这篇演说发表于雅典和以斯巴达为首的伯罗奔尼撒同盟进行战争的第一年。伯里克利除了歌颂雅典民主政治的优越性外,还以鲜明的语言、严密的逻辑把为国捐躯升华到生命意义的一个新的层次。

二十

我一生,无论在朝在野,总是这样一个人,不曾背义而对任何人让步,不论诽谤我的人所指为我的弟子或其他人。我不曾为任何人之师;如有人,无论老少,愿听我谈论并执行使命,我不拒绝,我与人接谈不收费、不取酬,不论贫富,一体效劳;我发问,愿者答,听我讲。其中有人变好与否,不应要我负责,因为我不曾应许传授什么东西给任何人。如有人说从我处私下学会或听到他人所不曾学、不曾听的东西,请认清,他不是说实话。(摘自古希腊柏拉图《苏格拉底的申辩》)

〔赏析〕一代哲人苏格拉底在这篇申辩词里,以委婉而确定的语言、庄重而坦然的态度,申明了思想信仰自由、传播学说无罪的道理。

二十一

　　卡提利那,你恣意地滥用我们的耐心还要多久? 你疯狂地嘲笑我们何时才了? 你肆无忌惮地炫耀自己的无耻行径有无止境? 难道无论是帕拉提乌姆山冈(编者注:是古罗马七里山冈之一)的夜间警戒,无论是罗马城里的频繁巡逻,无论是全体人民的惊恐,无论是所有高尚的人的集会,无论是选择这一受到严密保卫的地方作元老会场,无论是元老们的脸色和表情,都未能使你有所感触? 你难道不知道你的计划已经败露? 你难道看不出你的阴谋已被在座的人识破而难以施展? 你认为我们当中谁都不知道你昨天夜里干了什么? 前天夜里干了什么? (编者注;指卡提利那召集同谋开会决定采取行动)这两夜你待在哪里了? 召集哪些人开过会? 做过什么决定? 呵,时代! 呵,世风! 元老院全都知道,执政官也了如指掌,可是这个人还活着。岂止活着,不,而且还来出席元老会议,参与国事讨论,用眼神暗示、指定我们中谁该被杀害。……事实上,卡提利那,既然夜晚的昏暗都掩盖不了你们的罪恶活动,私人宅邸的院墙都封锁不住你的同谋者们的声音,既然一切都已公开,都已暴露无遗,你还期待什么呢? 相信我吧,是改变主意的时候了,忘掉杀戮,忘掉纵火吧! 你已经被紧紧束缚住了,你的全部计划对我们来说如同白日的阳光一样明显。……(摘自古罗马西塞罗《反对卡提利那》)

　　〔赏析〕本篇一又称为《第一篇控告卡提利那辞》,是被后代欧洲许多政治家奉为政治演讲的典范之一。西塞罗的演

455

讲词都经过精心设计,鲜明流畅,音韵铿锵,善于运用呼吁、排比、提问和反问等修辞手法,使之具有宏大与逼人的气势。但事实也说明,西塞罗不是一个具有正直品格的人,他的演讲中也混杂有罗织事例、主观臆断、玩弄词藻和煽惑公众的成分。

二十二

高尚的哲学家们对于我们的世界所说的话,同样也适用于莎士比亚;我们称为罪恶的东西,只是善良的另一面,这一面对于后者的存在是必要的,而且必然是整体的一部分。正如要有一片温和的地带,就必须有炎热的赤道和冰冻的拉普兰(编者注:斯堪的那维亚半岛极北部苔原区)一样。

他带领我们游览全世界,而我们这些娇生惯养,没有经历的人遇见任何一种奇异的蝗虫时,便喊道:天啊,它要把我们吃掉了。

起来吧,诸位先生! 吹起号角,把所有高贵的心灵从所谓文雅趣味的乐园中唤醒,他们倦眼惺忪,在无聊的朦胧中过着半死不活的存在,心底里有着热情,骨子里却没有精髓,既不是太困要去睡眠,却又是太懒不能活动,在桃金娘(编者注:常绿灌木,结大如樱桃暗紫色浆果,可食)和月桂树丛之间游荡,打着哈欠消磨他们影子似的生存。(摘自德国诗人歌德《莎士比亚命名日》)

〔赏析〕歌德以比喻的手法明确地提出了对现存社会陈腐的封建观念的怀疑与批判;接着他风趣辛辣、神采飞扬地歌颂了莎士比亚的伟大精神。

二十三

我们已毫无退路,除非甘愿受屈辱和奴役!囚禁我们的锁链已经铸就,波士顿草原上已经响起镣铐的丁当声。战争已不可避免——那么就让它来吧!

回避现实是毫无用处的。先生们会高喊:和平!和平!!但和平安在?实际上,战争已经开始,从北方刮来的大风都会将武器的铿锵回响送进我们的耳鼓。我们的同胞已身在疆场了,我们为什么还要站在这里袖手旁观呢?先生们希望的是什么?想要达到什么目的?生命就那么可贵?和平就那么甜美?甚至不惜以戴锁链、受奴役的代价来换取吗?全能的上帝啊,阻止这一切吧!在这场斗争中,我不知道别人会如何行事,至于我,不自由,毋宁死!(摘自美国杰出的民众领袖和演讲家帕特瑞克·亨利《在弗吉尼亚州议会上的演说》)

〔赏析〕这是全篇演讲的结尾部分。作者以严峻的事实、尖锐的课题和凝练的语言说明了两层意思:一是英国殖民者已经大军压境,决心用武力镇压北美人民的独立要求,而北方波士顿的民众已经拿起武器来斗争。弗吉尼亚州应该怎么办?二是人们在战争的生死考验面前,能不能把民族独立自由摆在最高的地位,敢于并乐于为之献身?最后喊出这样一句庄严壮烈的口号:"不自由,毋宁死!"成为点燃北美独立战争的思想火炬,成为传诵后世的名言。

二十四

各位朋友和同胞:

我们重新选举一位公民来主持美国政府的行政工作,已为期不远。此时此刻,大家必须考虑把这一重任托付给谁。因此,我觉得我现在应当向大家声明,尤其因为这样做有助于使公众意见获得更为明确的表达,那就是我已下定决心,谢绝将我列为候选人……

同胞们,在向你们提出这些出于一位亲爱的老朋友的忠告时,我不敢希望这些忠告将产生强烈的和持久的印象,但我愿这些忠告会抑制通常产生的感情冲动,或防止我们的国家走上迄今为止留着各国命运印迹的老路。但是我竟能希望这些忠告可能产生部分的效益和一些暂时的好处,可以不时提醒你们要避免党派性的泛滥并预防外来的离间阴谋,警惕伪装的爱国主义的欺诈行为,那么,为你们幸福担忧的心情将得到充分的补偿,这些忠告就是根据这一希望提出来的。

(摘自北美独立战争的领导人、美国第一、二两任总统华盛顿《告别词》)

〔赏析〕华盛顿这篇演讲以开国元勋竟谢绝继续竞选总统却又发出充满爱国之心的老朋友谆谆忠告这种充满心理反差的行动,强烈地感染了美国民众。他的避免党派纷争、加强民族团结、不卷入欧洲矛盾等告诫,对于美国政治生活和历史的发展起了重大的作用。

二十五

公民们,请恕我问一问:今天为什么邀我在这儿发言?我,或者我所代表的奴隶们,同你们的国庆节有什么相干?《独立宣言》中阐明的政治自由和生来平等的原则难道也普降到我们的头上?因而要我来向国家的祭坛奉献上我们卑微的贡品,承认我们得到并为你们的独立带给我们的恩典而表达虔诚的谢意么?……

事到如今,不能再寄希望于辩论,而是应该烧熔我们的镣铐。哦,要是我有神力,能站到我们民族的耳旁,今天我会让辛辣而尖刻的嘲笑冲出我胸膛,将愤懑的痛斥、令人羞惭的讥讽和严厉的谴责一起冲入这耳腔。我们需要的不是火光而是烈焰!和风细雨已不能解决问题,我们要的是闪电雷鸣!我们要的是风暴、狂飙、地震!要激起民族的感情,唤起公众的良知,杜绝我们民族不体面的行为,揭露国家的伪善,将它亵渎上帝和人类的一切罪行公布于众并严加痛斥。(摘自美国废奴运动领袖弗·道格拉斯《谴责奴隶制的演说》)

〔赏析〕演讲词开门见山地以反问句式对主题作了论证:《独立宣言》的原则并没有在奴隶们身上实施。接着作者以愤怒的情感、上帝的教义和血淋淋的现实控诉了美国黑人奴隶制的罪恶,并且把这种控诉推到了一个展示出语言伟大的高潮。

二十六

　　87 年前,我们的先辈在这个大陆上创立了一个新国家,它孕育于自由之中,奉行一切人生来平等的原则。

　　现有我们正从事一场伟大的内战,以考验这个国家,或者任何一个孕育于自由和奉行上述原则的国家是否能够长久存在下去。我们在这场战争中的一个伟大战场上集会。烈士们为使这个国家能够生存下去而献出了自己的生命,我们来到这里,是要把这个战场的一部分奉献给他们作为最后安息之所。我们这样做是完全应该而且是非常恰当的。

　　但是,从更广泛的意义上来说,这块土地我们不能够奉献不能够圣化,不能够神化。那些曾在这里战斗过的勇士们,活着的和去世的,已经把这块土地圣化了,这远不是我们微薄的力量所能增减的。我们今天在这里所说的话,全世界不大会注意,也不会长久地记住,但勇士们在这里所做过的事,全世界却永远不会忘记。毋宁说,倒是我们这些还活着的人应该在这里把自己奉献于勇士们已经如此崇高地向前推进但尚未完成的事业。倒是我们应该在这里把自己奉献于仍然留在我们面前的伟大任务——我们要从这些光荣的死者身上汲取更多的献身精神,来完成他们已经完全彻底为之献身的事业。我们要在这里下定最大的决心,不让这些死者白白牺牲,我们要使国家在上帝福佑下得到自由的新生,要使这个民有、民治、民享的政府永远长存。(美国第十六任总统林肯《葛提斯堡的演说》全文)

　　〔**赏析**〕这是一篇在当时轰动了美国而后被西方推崇为

英语演讲的最高典型,用金文铸就,至今珍藏在牛津大学的一篇演讲词。它集中地体现了林肯演讲阐述命题精确简洁、论证推理有条不紊、表达情意清澈明了和朴素无华、风格动人的特点。美国内战是一场旨在解放南部地区黑人奴隶的正义战争,是美国第二次资产阶级革命。这篇演讲奏出了一曲在当时历史条件下歌颂爱国主义的奉献和献身精神的最强音。

二十七

同志们:在认识肤浅的人看来,在我国革命的无数敌人和至今还动摇于革命和革命敌人之间的人看来,革命最引人注意的特征,是对剥削者、对劳动人民的敌人的坚决无情的镇压。毫无疑问,没有这一特征,没有革命暴力,无产阶级就不能胜利。但同样毫无疑问,只有在革命发展的一定时期,只有在一定的特殊条件下,革命暴力才是必要的和当然的革命手段。而组织无产阶级群众,组织劳动人民却始终是革命的深刻得多的经常的特点,始终是革命胜利的条件。把千百万劳动群众组织起来,这是革命最有利的条件,这是革命胜利最深的泉源。由于无产阶级革命的这个特征,在斗争进程中,也就出现了一些最能体现以前的革命没有过的特征(即组织群众)的领袖。由于无产阶级革命的这个特征,也就出现了像雅·米·斯维尔德洛夫这样一位首先是和主要是组织家的人物。(摘自列宁《悼念雅·米·斯维尔德洛夫》)

〔赏析〕作为俄国共产党(布尔什维克)和苏维埃俄国领导人之一的斯维尔德洛夫的所具有的杰出的组织工作才能,

列宁在本篇和同时发表的其他两篇悼念演讲词中首先提到了,并称之为卓越的、非凡的组织才能。本篇则更进一步从无产阶级革命取得胜利的基本条件的理论高度,令人信服地说明具有这种组织才能的必要性和可能性。这样就可以使广大共产党员和无产阶级革命者更加自觉地去增强组织才能,以推进无产阶级的事业。

二十八

警官海勒在法庭里宣读过 1925 年出版的一本书上的一首共产党员所作的诗,来证明共产党员于 1933 年放火烧国会。

请允许我也来引证一首德国最伟大的诗人歌德的诗。

要及早学得聪明些。
在命运的伟大天平上,
天秤针很少不动;
你不得不上升或下降。
必须统治和胜利,
否则服役和失败。
或者受罪,或者凯旋,
不做铁砧,就做铁锤。
对! 谁不想做铁砧,谁就应当做铁锤!

德国工人阶级在 1918 年,或者 1923 年,或者 1932 年 7 月 20 日,或者 1933 年 1 月都根本没有认识到这个真理。……

17 世纪科学物理学的奠基者伽利略曾经受宗教裁判所的审判,宗教裁判所认为他是一个异教徒,要处他死刑,而他却满怀信心和决心地喊道：

"地球仍然在转动！"

这个科学的原理后来成了全人类的财富。

（庭长急剧地打断季米特洛夫的话……）

我们共产党人现在能够和老伽利略一样坚定地说：

"它仍然在转动！"

历史的年轮在转动，向前转动……（摘自保加利亚人民的伟大领袖季米特洛夫《在莱比锡审讯的最后发言》）

〔赏析〕这两个片段体现了这样的特点：一是针对问题抓住实质进行答辩，同时宣传了真理，取得主动；二是引用著名诗歌和历史轶事，嬉笑怒骂，挥洒自如。

二十九

我是戴高乐将军，我现在在伦敦，我向目前在英国土地上和将来可能来到英国土地上的持有武器或没有武器的法国官兵发出号召，我向目前在英国土地上和将来可能来到英国土地上的军火工厂的一切工程师和技术工人发出号召，请你们同我取得联系。

无论发生什么事情，法国抵抗的火焰都不能熄灭，也绝不会熄灭。

明天我将再次从伦敦广播。（摘自法国杰出的政治家戴高乐的《告法国人民书》）

〔赏析〕这是全文的结尾部分。戴高乐义正词严，高举反法西斯侵略和维护民族生存的大旗，号召人民起来战斗，成为法兰西民族抗战的号角。语言明确朴素，斩钉截铁。

三十

是的,弟兄们,他们是伟大人物(编者注:这里指印度尼西亚民族运动领导人佐克罗阿米诺托、集普托·曼昆库苏摩等人),正如伟大民族的历史中经常有伟大人物一样,他们是伟大人物;但还有比他们更伟大的,那就是理想,藏在他们心中的理想。正是那理想给了他们斗争的力量……使他们不怕牺牲,使他们虽然遭受贫困但仍含着微笑,虽然被关在牢狱里或被放逐但仍含着微笑,虽然面对着绞架但仍含着微笑。那理想是不会死亡的,那理想是永远活着的,那理想甚至在这个时代还代表着我们。那理想是现在我们尊敬的民族复兴之河的泉源。

因此,让那河流一直流吧!毫无阻碍地流吧!一切都在流动!流到理想实现的大海!

它一直向前流,里面有我们,也有未来的一代;它一直向前流,流到广阔的海洋——民族尊严的大海,国家安全的大洋,——社会福利的大洋,人类幸福的大洋。……(摘自印度尼西亚杰出的反殖民主义战士苏加诺《忠于你的泉源》)

〔赏析〕这是全文结尾部分的片段。全文很长,但气势磅礴,热情洋溢,穿插了对历史事件、人物及现实形象的描写,有很强的表现力和感染力。本片段在上述基础上归纳论题,作了三层升华:他们是伟大人物;更伟大的是给他们以力量的理想;那理想是我们民族复兴的泉源。而在这理性的阐发中,仍然伴随着比喻和形象,易于引起听众的共鸣。

(撰稿:王金岗　陶宇咸　林忠雄)

后　记

　　《演讲学》终于同读者见面了。这本书是全国南北六所成人高等院校合编的。编者多是从事演讲研究和演讲教学多年的教师。大家志同道合,愿意为演讲学的研究和发展竭尽驽钝。

　　本书的出版,应该特别感谢编者所在的各学院领导同志,如果没有他们的关心、支持和指导,编者的愿望恐怕很难实现。

　　承蒙内蒙古师大中文系主任马国凡教授为本书题字,又蒙内蒙古自治区党委办公厅秘书长刘云山同志为本书作序,这里谨致谢忱。内蒙古人民印刷厂的富家驹同志为本书精心设计版式、字体等,费了不少心思,对他的热情,也表示衷心的感谢。

　　本书其他编者授权王金岗、林忠雄和我负责统稿,由于各种原因,王、林二位对统稿工作提了一些宝贵意见后,又授权我来完成。结果,全书的最后统稿、审校工作,均由我"包办"下来。本书在付印前,无法再征求大家的意见,所以,"文责"主要由我来负。

　　本书定有不少缺点,诚恳地希望大家批评指正。

李淑章

1989 年 8 月

图书在版编目(CIP)数据

演讲学/李淑章著.–呼和浩特:内蒙古人民出版社,
1989.8(2013.6 重印)

ISBN 978-7-204-00799-8

Ⅰ.①演… Ⅱ.①李… Ⅲ.①演讲–语言艺术

Ⅳ.①H019

中国版本图书馆 CIP 数据核字(2013)第 127781 号

演讲学

作　者	李淑章	
责任编辑	张　钧	
封面设计	张国卿	
出版发行	内蒙古出版集团　内蒙古人民出版社	
地　址	呼和浩特市新城区新华大街祥泰大厦	
印　刷	呼和浩特市铭泰精工印务有限公司	
开　本	890×1240　1/32	
印　张	15	
字　数	320 千	
版　次	1989 年 8 月第一版	
印　次	2013 年 6 月第二次印刷	
印　数	6000–8000 册	
书　号	ISBN 978-7-204-00799-8/G·95	
定　价	36.00 元	

如出现印装质量问题,请与我社联系。

联系电话:(0471)4971562　4971659